**OS SEGREDOS
QUE VÃO MUDAR
SUA VIDA**

DOS TRÊS MESTRES DO SUCESSO

NAPOLEON HILL
JOSEPH MURPHY
DALE CARNEGIE

OS SEGREDOS QUE VÃO MUDAR SUA VIDA

Tradução
Patrícia Arnaud

13ª edição

Rio de Janeiro | 2024

CIP-BRASIL. CATALOGAÇÃO NA PUBLICAÇÃO
SINDICATO NACIONAL DOS EDITORES DE LIVROS, RJ

M96s   Murphy, Joseph
13ª ed.   Os segredos que vão mudar sua vida / Joseph Murphy, Dale Carnegie, Napoleon Hill ; tradução: Patrícia Arnaud. – 13ª ed. – Rio de Janeiro: Best*Seller*, 2024.
il.

Tradução de: Life changing secrets from the three masters of
success
Inclui apêndice
ISBN 978-85-7684-765-6

1. Autorrealização. 2. Autoaceitação. 3. Pensamento Novo. I. Carnegie, Dale. II. Hill, Napoleon. III. Título.

14-12044   CDD: 289.98
CDU: 289.98

Texto revisado segundo o Acordo Ortográfico da Língua Portuguesa de 1990.

Título original norte-americano
LIFE CHANGING SECRETS FROM THE THREE MASTERS OF SUCCESS
Copyright © by JMW Group, Inc. Larchmont
Copyright da tradução © 2014 by Editora Best Seller Ltda.

Publicado mediante acordo com JMW Group, Inc., Larchmont.

Capa: Guilherme Peres
Editoração eletrônica: Abreu's System

Todos os direitos reservados. Proibida a reprodução,
no todo ou em parte, sem autorização prévia por escrito da editora,
sejam quais forem os meios empregados.

Direitos exclusivos de publicação em língua portuguesa para o Brasil
adquiridos pela
EDITORA BEST SELLER LTDA.
Rua Argentina, 171, parte, São Cristóvão
Rio de Janeiro, RJ – 20921-380
que se reserva a propriedade literária desta tradução

Impresso no Brasil

ISBN 978-85-7684-765-6

Seja um leitor preferencial Record.
Cadastre-se no site www.record.com.br e receba informações sobre
nossos lançamentos e nossas promoções.

Atendimento e venda direta ao leitor:
sac@record.com.br

Sumário

Prefácio   9

PARTE I
PENSE E ENRIQUEÇA

Introdução   17
Prefácio do autor   20

1. O poder do pensamento   26

2. O desejo: O ponto de partida de toda conquista   37

3. A fé: Visualização, crença e realização do desejo   54

4. A autossugestão: O meio para influenciar o subconsciente   73

5. O conhecimento especializado:
Experiências pessoais ou observações   81

6. A imaginação: O *workshop* da mente   86

7. O planejamento organizado: A cristalização
do desejo em ação   99

8. A decisão: O domínio da procrastinação   133

Os segredos que vão mudar sua vida

9. A persistência: O esforço sustentado necessário
para induzir a fé   137

10. O poder da Mente Mestra: A força motriz   146

11. O mistério da transmutação do sexo   154

12. O subconsciente   175

13. O cérebro: Uma estação de recepção e
transmissão para o pensamento   183

14. O sexto sentido: A porta do templo da sabedoria   191

Apêndice A   203

PARTE II
O PODER DO SUBCONSCIENTE

Introdução   207

1. O poder do pensamento   209

2. Como funciona a mente:
O poder milagroso do subconsciente   217

3. Recupere a saúde com o poder do subconsciente
Curas mentais na Antiguidade   238

4. Buscar a riqueza com o poder do subconsciente   272

5. Receba orientação do subconsciente
*Como as invenções e as descobertas foram possíveis
com o uso do subconsciente*   297

6. Encontre relacionamentos gratificantes
com o poder do subconsciente
A solução de problemas conjugais   311

7. Desenvolver hábitos positivos com o subconsciente   341

8. Como manter o espírito jovem para sempre   367

Parte III
Como falar em público e influenciar pessoas no mundo dos negócios

Introdução — 383

1. **As regras de ouro de Dale Carnegie para o sucesso**
   Torne-se uma pessoa mais amigável — 386
2. **Como chegar à frente no mundo de hoje**
   Uma mensagem especial para os jovens — 393
3. **Desenvolva coragem e autoconfiança através da oratória** — 410
4. **Preparando a palestra**
   A aquisição da autoconfiança por meio da preparação — 417
5. **A realização da palestra**
   O segredo da boa apresentação — 442
6. **O conteúdo da palestra**
   Os quatro principais objetivos de cada discurso — 454

Parte IV
Questionário de autoavaliação —
Como falar em público e influenciar pessoas no mundo dos negócios

PREFÁCIO

MUITO ANTES DE LIVROS como *O segredo* prometerem transformar nossas vidas através de um pensamento e antes de livros de autoajuda proliferarem com suas variadas fórmulas rápidas para o sucesso, três mestres do século XX nos apresentaram os passos para trazer nossos maiores desejos para a realidade. Juntas, essas obras clássicas sobre como obter maestria na vida venderam mais de 1 bilhão de exemplares no mundo inteiro, e gerações de leitores aplicaram de forma bem-sucedida os insights nelas contidos para alcançar satisfação pessoal e profissional em todas as áreas da vida — e o programa para a busca da felicidade é mais relevante agora do que nunca.

Os segredos que vão mudar sua vida não vai dizer o que você deve querer, vai dizer *como* conseguir o que você deseja. Reunindo três livros poderosos em um único volume — *Pense e enriqueça*, de Napoleon Hill; *O poder do subconsciente*, de Joseph Murphy; e *Como falar em público e influenciar pessoas no mundo dos negócios*, de Dale Carnegie —, esta obra relata meios práticos que irão ajudá-lo a ir atrás de seus objetivos pessoais e *alcançá-los*.

Esses autores não se apresentam como gurus ou especialistas. Eles ensinam que você já é especialista no próprio sucesso. Conforme seus escritos deixam claro, o verdadeiro segredo para ser bem-sucedido não é ter as amizades certas, ou a família certa, ou a educação certa, ou o salário certo, ou qualquer combinação misteriosa ou mística disso. É completamente grátis e está disponível para qualquer pessoa, independente de riqueza, nível educacional ou qualquer tipo de vantagem. É a coisa mais básica do que nos faz iguais. É o *poder da mente*, um poder disponível a todos os indivíduos neste momento. Seus pensamentos são mais importantes que a combinação de dinheiro, influência e oportunidade, e são determinantes para se você ficar eternamente parado no mesmo empregou ou ter mais sucesso do que você jamais sonhou.

Este livro é mais do que um simples guia para o seu sucesso pessoal. É uma descrição da maneira como o mundo funciona. E apresentar os princípios básicos dos três autores em um volume é a melhor maneira de destacar o plano geral que se perdeu através dos anos: nenhum especialista tem as respostas que você procura. As respostas não estão "lá fora" em algum lugar, elas estão dentro de você. O princípio invisível que governa a tradução dos nossos desejos para a realidade está em *seu* controle, e os "manuais da vida" aqui coletados dizem isso claramente: siga o processo e o sucesso será seu.

Pense e enriqueça, publicado originalmente em 1937, demostra uma abordagem prática, baseada em causa e efeito, do poder de transformação da mente, surgindo em um dos momentos econômicos mais desafiadores da história dos Estados Unidos. No meio da Grande Depressão, muitos americanos se viram sem horizontes após passarem por anos de pobreza, e alguns experimentaram um desespero ainda mais profundo, da depressão à dependência. No entanto, mesmo naquela época, alguns indivíduos ficaram ricos — e não apenas ricos, mas fabulosamente ricos. Nós, do mundo atual, poderíamos dizer: "Os magnatas do petróleo? As pessoas que fizeram cartéis? Os donos de imóveis que se aproveitavam dos pobres? É claro, qualquer um pode ficar rico se é egoísta e desumano o suficiente para tirar vantagens dos outros." Porém, em 1937, Andrew Carnegie, um desses magnatas do petróleo fabulosamente rico, contratou um jovem chamado Napoleon Hill para corrigir essa ideia equivocada.

Hill foi contratado para entrevistar centenas de indivíduos ricos e conhecidos e escrever um livro baseado em seus segredos para

Prefácio

chegar a um sucesso tão proeminente. Na verdade, o que se seguiu não foi uma compilação de segredos, mas apenas um, a "fórmula mágica", que está na raiz do sucesso. Conforme Hill escreveu no prefácio de *Pense e enriqueça*: "Foi ideia de Andrew Carnegie que a fórmula mágica, que deu a ele uma fortuna extraordinária, devesse estar ao alcance de pessoas que não têm tempo para investigar como os homens ganham dinheiro. Ele esperava que eu pudesse testar e demonstrar a solidez da fórmula por meio da experiência de homens e mulheres."

Carnegie contou a Hill o segredo antes mesmo de ele começar as entrevistas, então não era realmente segredo algum. Mas a pesquisa de Hill se mostrou positiva. Ele descobriu que a fortuna de cada indivíduo que ele entrevistou ou estudou, como Thomas Edison, Henry Ford, Charles Schwab e até mesmo o próprio Andrew Carnegie, não dependeram de rudeza ou cobiça, nem de riqueza anterior e nem mesmo de influência. Ele realmente encontrou 13 denominadores comuns nas pessoas que entrevistou. Mas todos esses 13 traços se resumem ao poder da mente. O segredo era exatamente o que Andrew Carnegie afirmou desde o início: "Todo negócio começa com uma *ideia*."

A capacidade que uma ideia tem para criar a mudança e impulsionar o objetivo de alguém é a força por trás do importante guia do potencial humano de Joseph Murphy. Enquanto *Pense e enriqueça* aplica o poder da mente apenas no contexto para obter riqueza, *O poder do subconsciente* enfatiza que os princípios do pensamento podem ser aplicados de forma poderosa e prática a qualquer aspecto de nossa vida. Murphy, um pastor e líder de um dos maiores movimentos de desenvolvimento pessoal do século XX, explica detalhadamente como a mente consciente dá "ordens" para o subconsciente, que as viabiliza por qualquer meio possível, trabalhando constantemente para transformar nossas esperanças e nossos desejos — ou, caso nossos pensamentos conscientes não sejam muito controlados, nossos medos — em realidade.

E Murphy não se limita à teoria: *O poder do subconsciente* revela instruções específicas para colocar os princípios em prática. Entre os tópicos que ele aborda, há um que ensina a "programar" a mente subconsciente para que você alcance seus objetivos, como superar problemas no casamento e na família, como superar o medo e a preocupação, como sair da pobreza e ficar rico e como se afastar da doença e da fraqueza, tudo para aproveitar uma vida recompensadora e cheia de sucesso verdadeiro.

O mesmo espírito de praticidade pode ser encontrado no trabalho de Dale Carnegie, que escreveu muitos clássicos da autoajuda, incluindo o famosos *Como fazer amigos e influenciar pessoas*. O trabalho presente neste compêndio, um guia bastante prático chamado *Como falar em público e influenciar pessoas no mundo dos negócios*, informa como aplicar os princípios mentais para aprender a habilidade mais eficiente para levar o sucesso a qualquer área da vida: o poder da persuasão. Nele, Carnegie demonstra como você pode desenvolver postura, adquirir confiança, melhorar a memória, deixar claro o significado das suas palavras, atrair mais pessoas à sua forma de pensar e ganhar disputas sem fazer inimizades.

Como falar em público e influenciar pessoas no mundo dos negócios também oferece centenas de dicas valiosas para você influenciar as pessoas importantes da sua vida — seus amigos, seus clientes, seus sócios, seus empregadores. Melhor ainda, o processo já foi testado largamente: as informações do livro foram usadas com sucesso por mais de 1 milhão de estudantes no famoso Dale Carnegie Course em "Discurso eficiente e relações humanas". Além disso, esse texto inclui atualizações que fazem as dicas e as técnicas de Carnegie ainda mais aplicáveis para a busca do sucesso no mundo atual.

A verdade é que cada um desses livros venceu a barreira do tempo, e cada um é um clássico por si só. Juntos, eles apontam um caminho para o sucesso que todos nós podemos seguir, independente do país em que se viva ou o que quer que se tenha. Esses princípios não têm nada a ver com geografia, etnia ou mesmo oportunidade; esses mesmos princípios, amplamente aplicados, têm o poder de fazer vidas individuais, famílias, comunidades e nações inteiras bem-sucedidas e influentes da melhor maneira possível.

Os Estados Unidos não se tornaram uma potência mundial porque tinha riqueza ou poder — o país não começou com nada disso. Nem era dependente de instituições fortes — muito pelo contrário.

Prefácio

O sucesso da nação começou com uma *ideia*. A ideia de que todas as pessoas são criadas iguais, e por serem iguais, todas têm o direito inalienável à vida, à liberdade e à busca da felicidade. Essa é a ideia dos Estados Unidos, e é verdadeira no restante do mundo também. E a busca da felicidade é, por si só, um processo de ideias — que você verá nas próximas páginas enquanto segue cada passo no caminho para o sucesso por meio do poder da sua própria mente.

Parte I
PENSE E ENRIQUEÇA

Transforme ideias em abundância financeira.
NAPOLEON HILL

INTRODUÇÃO

PENSE E ENRIQUEÇA. ESSA não é uma ideia nova. Dezenas de livros de autoajuda, publicados há décadas, são baseados no seguinte princípio: o modo como a pessoa pensa sobre sua vida e seu potencial tem um efeito maior do que qualquer vantagem material que ela possa ter. Até mesmo no mundo dos negócios, o poder muitas vezes inexplorado da mente é fundamental e tem o potencial de ser um divisor de águas. Explore o poder do seu subconsciente e o céu pode ser o limite para o sucesso pessoal.

À medida que o comércio na internet cresce, muitos empreendedores dão início a negócios com nada mais do que uma ideia. Para iniciar um empreendimento próspero, porém, é necessário adotar um método e segui-lo passo a passo, a fim de transformar essa ideia em oportunidade de negócio; e essa oportunidade de negócio, por sua vez, em um fluxo constante de renda. É possível que as pessoas se surpreendam ao saber que vão encontrar esse método apresentado na íntegra no livro *Pense e enriqueça*, de Napoleon Hill, publicado pela primeira vez em 1937.

Imediatamente após a crise de 1929, muitos norte-americanos encontraram-se estagnados depois de experimentar anos de pobreza. Um número muito grande de pessoas estava à beira do desespero, do desânimo e da dependência. No entanto, alguns se tornaram

Os segredos que vão mudar sua vida

ricos, e não apenas ricos, mas milionários. Muitas pessoas, no século XXI, poderiam zombar: "Os magnatas do petróleo? Os monopolistas? Os proprietários e exploradores de espeluncas? Claro, qualquer um pode ficar rico se for egoísta e impiedoso o suficiente para tirar vantagem dos outros, para usá-los em benefício próprio." Andrew Carnegie, um daqueles magnatas do petróleo bem ricos, contratou um jovem chamado Napoleon Hill para corrigir esse equívoco. Hill foi convidado a entrevistar um grande número de famosos indivíduos abastados e a escrever um livro baseado nos segredos de sucesso dos entrevistados. Na verdade, não se tratava de uma compilação dos muitos segredos, mas de um único segredo, uma espécie de "fórmula mágica" que residia na base do sucesso de todos aqueles indivíduos. No prefácio do livro que foi resultado desse trabalho, *Pense e enriqueça*, Hill escreveu: "Foi ideia de Andrew Carnegie que a fórmula mágica, que deu a ele uma fortuna extraordinária, devesse estar ao alcance de pessoas que não têm tempo para investigar como os homens ganham dinheiro. Ele esperava que eu pudesse testar e demonstrar a solidez da fórmula por meio da experiência de homens e mulheres." Carnegie disse ainda que "essa fórmula deve ser ensinada em todas as escolas públicas e faculdades, e, se ensinada da forma adequada, revolucionaria o sistema educacional de tal maneira que o tempo despendido na escola poderia ser reduzido à metade". Carnegie contou o segredo a Hill antes mesmo que ele começasse a realizar as entrevistas e, portanto, a fórmula não era exatamente um segredo. No entanto, independentemente de ser chamado de segredo, de fórmula mágica ou de denominador comum, Hill descobriu que a riqueza de cada pessoa que ele entrevistou, incluindo Thomas Edison, Henry Ford, Charles Schwab e o próprio Andrew Carnegie, não dependeu de crueldade, ganância, riqueza herdada ou influência. Em vez disso, ele encontrou 13 outras características comuns a todos aqueles que foram entrevistados. E todas essas 13 características chegaram, segundo ele, até o poder da mente. A conclusão a que Hill chegou? "Toda conquista começa com uma ideia."

Lido no contexto atual, esses princípios fornecem um método passo a passo, surpreendentemente moderno e oportuno, para de-

Introdução

senvolver o espírito de empreendedorismo baseado em serviços. Embora o título *Pense e enriqueça* possa evocar imagens da ganância a alguns, Hill escreveu em uma época muito diferente da atual. Por exemplo, após a crise de 1929, "enriquecer" era, indiscutivelmente, bom para a vasta maioria dos norte-americanos que, naquela época, vivia em pobreza absoluta e sem esperança. Além disso, naquele momento da vida nos Estados Unidos, é de se presumir que a maioria das pessoas quisesse ajudar umas às outras.

Hoje, ninguém pode tomar isso como certo. Depois do colapso econômico de 2008, desencadeado pela cobiça, as pessoas em todo o mundo têm razões para almejar negócios "iluminados" e empreendedorismo "verde". Estão aí para serem vistos os resultados da ganância corporativa descomunal e, para a maioria das pessoas, a ostentação da riqueza material como um objetivo não é mais o que era antes. O indivíduo não quer apenas "enriquecer"; ele quer criar um trabalho significativo para os outros e para si mesmo, além de desenvolver (ou fazer parte de) negócios sustentáveis e globais, que façam o bem e deem lucro.

Na verdade, Napoleon Hill fez essa observação há muito tempo: se uma pessoa faz dinheiro oprimindo os outros, é menos provável que ela consiga manter esse capital. Essa observação ficou comprovada no século XX. A maioria das pessoas simplesmente não deu ouvidos à lição.

Ainda assim, a época em que esse livro foi escrito é muito parecida com os dias de hoje, em diversos aspectos. As novas tecnologias estão mudando tudo: naquela época, era a eletricidade e o automóvel; agora, é a internet e o smartphone. O potencial de riqueza é vasto, e o que Napoleon Hill disse em 1937 é totalmente válido ainda hoje: "Se o que você deseja fazer é correto, e você acredita nisso, vá em frente e faça." Transforme o mundo — e sua conta bancária — em algo melhor.

PREFÁCIO DO AUTOR

EM TODOS OS CAPÍTULOS deste livro é feita menção ao segredo de como se ganhar dinheiro, segredo que gerou fortunas para mais de quinhentas pessoas extremamente abastadas. E, durante um longo período de anos, essas pessoas foram analisadas de forma cuidadosa.

Andrew Carnegie trouxe o segredo ao meu conhecimento há mais de 25 anos. O escocês astuto e amável jogou-o de forma descuidada em minha mente, quando eu ainda era um menino. Depois, ele se recostou na cadeira, com um brilho alegre nos olhos, e observou atentamente para ver se eu tinha inteligência suficiente para compreender o pleno significado do que ele havia revelado.

Quando viu que eu o havia compreendido, perguntou se eu estaria disposto a passar vinte anos ou mais me preparando para levar essa ideia ao mundo, para homens e mulheres que, sem o segredo, poderiam fracassar a vida inteira. Respondi que sim e, com a cooperação de Carnegie, mantive minha promessa.

Após ter sido submetido a um teste prático com um grande número de indivíduos em quase todos os períodos de suas vidas, este livro traz o segredo. Foi ideia de Carnegie que a fórmula mágica, que lhe proporcionou uma fortuna extraordinária, devesse ser colocada ao alcance das pessoas que não tinham tempo para investi-

Prefácio do autor

gar como as pessoas fazem dinheiro, e ele tinha esperança de que eu pudesse testar e demonstrar a solidez da fórmula por meio da experiência de homens e mulheres. Ele acreditava que a fórmula deveria ser ensinada em todas as escolas públicas e faculdades, e expressava a opinião de que, se fosse passada da forma adequada, revolucionaria o sistema educacional de tal modo que o tempo despendido na escola poderia ser reduzido para menos da metade.

A experiência com Charles M. Schwab e com outro jovem do mesmo estilo convenceu Carnegie de que muito do que é ensinado nas escolas não tem valor algum no que se refere a ganhar o próprio sustento ou acumular riquezas. Ele chegou a essa conclusão porque havia contratado para seu negócio um jovem atrás do outro, muitos deles com pouca escolaridade e, ao ensinar-lhes essa fórmula, desenvolveu neles uma liderança fora do comum. Além disso, esse treinamento foi capaz de gerar fortunas para todos aqueles que seguiram suas instruções.

No capítulo sobre a fé há uma história surpreendente sobre a organização da gigante United States Steel Corporation; a empresa foi concebida por um dos jovens por meio dos quais Carnegie comprovou que sua fórmula iria funcionar para todos que estavam dispostos a segui-la. Essa única aplicação do segredo, por aquele jovem, Charles M. Schwab, propiciou-lhe uma fortuna enorme, tanto em dinheiro como em *oportunidade*. *Grosso modo*, essa aplicação da fórmula em particular valeu 600 milhões de dólares.

Esses fatos — que são comuns a praticamente todas as pessoas que conheciam Andrew Carnegie — dão uma ideia justa do que a leitura deste livro pode proporcionar ao leitor, desde que o leitor *saiba o que quer*.

Mesmo antes de se submeter aos vinte anos de teste prático, o segredo foi passado para mais de 100 mil homens e mulheres, que o usaram para obter benefícios pessoais, conforme Carnegie havia planejado que eles o fariam. Algumas pessoas fizeram fortunas com isso. Outras usaram o segredo com sucesso na criação de harmonia em casa.

O segredo aqui referido foi mencionado não menos do que uma centena de vezes ao longo desse livro. Ele não foi nomeado de forma clara e direta, pois parece que funciona melhor quando é simplesmente descoberto e deixado à vista, nos locais onde *aqueles que estão prontos e buscam por ele* possam captá-lo. É por isso que Andrew Carnegie lançou isso para mim de forma tão discreta, sem me dar o nome específico.

Se a pessoa está *pronta* para colocá-lo em prática, ela vai reconhecer esse segredo pelo menos uma vez a cada capítulo. Gostaria de poder sentir o privilégio de dizer como as pessoas sabem se estão prontas, mas isso as privaria de grande parte do benefício que receberão ao fazerem a descoberta, cada uma à sua própria maneira.

Enquanto este livro estava sendo escrito, meu próprio filho, que na época terminava o último ano de faculdade, pegou o manuscrito do Capítulo 2, leu e descobriu o segredo para si mesmo. Ele usou as informações de modo tão eficaz que foi diretamente promovido para uma posição de responsabilidade, com um salário maior do que podia ter imaginado. A história dele foi descrita de forma resumida nesse mesmo capítulo. Ao analisá-la, talvez o leitor descarte algum sentimento que possa ter tido no início do livro, de que este prometia muito. E, além disso, se o leitor já sentiu desânimo ou dificuldades para superar perdas, se já tentou e fracassou ou foi prejudicado por alguma doença ou problema físico, a história sobre a descoberta do meu filho e o uso da fórmula de Carnegie pode vir a ser o oásis no deserto da Esperança Perdida, pelo qual o leitor tem procurado.

O presidente Woodrow Wilson, durante a Primeira Guerra Mundial, usou esse segredo de forma exaustiva. O segredo foi transmitido para todos os soldados que lutaram e cuidadosamente embalado no treinamento recebido antes de irem para o front. O presidente Wilson chegou a mencionar que isso foi um fator importante para arrecadar os fundos necessários para a guerra.

No início do século XX, Manuel L. Quezon (então comissário residente das Filipinas) foi inspirado pelo segredo para obter a liberdade de seu povo e passou a liderá-los ao assumir o cargo de presidente daquele país.

Um aspecto peculiar sobre esse segredo é que aqueles que o adquirem e o utilizam sentem-se literalmente arrastados para o sucesso, mas com pouco esforço, e nunca mais se rendem ao fracasso!

Quem duvida disso, por favor, pesquise os nomes daqueles que utilizaram o segredo, onde quer que tenham sido mencionados, verifique seus registros e veja por si mesmo.

Não existe essa coisa de *algo a troco de nada*!

O segredo aqui mencionado não pode ser adquirido sem um preço, embora o preço seja muito menor do que ele vale. Aqueles que não o estão buscando não podem tê-lo a qualquer custo. Ele não pode ser doado, nem comprado por dinheiro nenhum, porque vem em duas partes. Uma parte já está em possessão daqueles que estão prontos para ele.

O segredo serve igualmente bem a todos que estão prontos. O grau de educação não tem relação alguma com isso. Muito antes de eu nascer, o segredo encontrou seu caminho quando esteve sob a posse de Thomas A. Edison, e este soube como utilizá-lo de forma tão inteligente que se tornou o principal inventor do mundo, embora tivesse apenas três meses de escolaridade.

O segredo foi passado para um sócio de Thomas A. Edison. Ele o utilizou com tanta eficácia que acumulou uma grande fortuna e se aposentou ainda jovem. Essa história pode ser encontrada no início do primeiro capítulo. Isso deve convencer qualquer um de que as riquezas não estão fora de alcance, de que as pessoas ainda podem ser o que desejam ser, de que o dinheiro, a fama, o reconhecimento e a felicidade podem ser obtidos por todos aqueles que estão prontos e determinados a ter essas bênçãos.

Como sei dessas coisas? O leitor precisa ter a resposta antes de terminar este livro. Pode-se encontrar no primeiro capítulo ou na última página.

Enquanto eu executava a tarefa de vinte anos de pesquisa, que havia aceitado a pedido de Andrew Carnegie, analisei um grande número de homens famosos, muitos dos quais admitiram ter acumulado suas vastas fortunas com a ajuda do segredo de Carnegie. Dentre esses homens estavam:

Henry Ford	John Wanamaker
Theodore Roosevelt	James J. Hill
William Wrigley Jr.	Wilbur Wright

William Jennings Bryan   Alexander Graham Bell
Woodrow Wilson   John D. Rockefeller
William Howard Taft   Thomas Edison
Elbert Henry Gary   F.W. Woolworth
King Gillette   Clarence Darrow

Esses nomes representam apenas uma pequena fração dos muitos norte-americanos célebres, cujas conquistas, sejam financeiras ou em outras esferas, revelam que aqueles que compreendem e aplicam o segredo de Carnegie alcançam altas posições na vida. Jamais conheci alguém que tenha se inspirado a usar o segredo e não tenha alcançado um sucesso notável na vocação escolhida. Nunca conheci pessoa alguma que tenha se distinguido ou acumulado riquezas, de qualquer espécie, sem a posse desse segredo. A partir desses dois fatos, cheguei à conclusão de que o segredo é mais importante como parte do conhecimento essencial para a autodeterminação do que qualquer conhecimento que alguém possa receber por meio do que é conhecido popularmente como "educação".

O que é *educação*, afinal? Existem respostas detalhadas para definir educação. Até onde se sabe sobre o nível educacional dessas pessoas, muitas tiveram muito pouca escolaridade. John Wanamaker uma vez me disse que a pouca escolaridade que ele teve foi adquirida exatamente da mesma maneira como uma locomotiva moderna se abastece de água: "colhendo-a enquanto está em movimento". Henry Ford nunca chegou ao ensino médio, muito menos à faculdade. Não quero minimizar o valor da qualificação, e sim expressar minha convicção sincera de que aqueles que dominam e aplicam o segredo vão alcançar altas posições, acumular riquezas e ter poder de barganha na vida em seus próprios termos, mesmo com pouco estudo.

Em algum lugar, durante a leitura, o referido segredo vai saltar da página e se colocar de forma audaciosa diante de você, *mas somente se você estiver pronto para isso*! Quando ele aparecer, você vai reconhecê-lo. Quer receba o sinal no primeiro ou no último capítulo, pare por um momento quando ele se apresentar e comemore, pois essa ocasião marcará o momento da virada mais importante da sua vida.

Passemos agora para o Capítulo 1 e para a história do meu querido amigo, que reconheceu com generosidade ter visto o sinal místico, e cujas conquistas profissionais se constituíram como evidências suficientes para que ele comemorasse. Ao ler a história dele (e também as outras), lembre-se de que eles lidam com problemas importantes da vida, tal como qualquer pessoa.

Os problemas são decorrentes do esforço para o sustento, para encontrar esperança, coragem, satisfação e paz de espírito; para acumular riqueza e gozar a liberdade de corpo e espírito.

Lembre-se também de que, à medida que você avança na leitura, o livro lida com fatos, não com ficção, uma vez que seu propósito é transmitir uma grande verdade universal, com a qual todos aqueles que estão PRONTOS podem aprender não apenas *o que* fazer, mas também *como* fazer! Além disso, recebem *o estímulo necessário para começar*.

Como palavra final de preparação, antes de começar o primeiro capítulo, posso oferecer uma breve sugestão que pode ser uma pista para reconhecer o segredo de Carnegie? Ei-la: *toda realização e toda riqueza começam com uma ideia*! Se você estiver pronto para o segredo, já possui metade dele e, portanto, reconhecerá facilmente a outra metade no momento em que ela chegar à sua mente.

Napoleon Hill, 1937

CAPÍTULO 1

O poder do pensamento

NA VERDADE, "PENSAMENTOS SÃO ferramentas", ferramentas poderosas que, quando misturadas com definição de objetivo e persistência, geram um DESEJO ARDENTE para sua concretização em riquezas ou outros bens materiais.

Edwin C. Barnes descobriu como de fato é verdade que os homens realmente *pensam e ficam ricos*. Essa descoberta não veio de uma hora para outra. Veio aos poucos, começando por um *desejo ardente* de se tornar sócio do grande Thomas Edison.

Uma das principais características do desejo de Barnes é que este era bastante definido. Ele queria trabalhar *com* Edison, e não trabalhar *para* ele. Observe atentamente a descrição do modo como ele transformou seu *desejo* em realidade, para que você tenha melhor compreensão dos 13 princípios que conduzem à riqueza.

Quando esse *desejo* ou impulso de pensamento brilhou pela primeira vez em sua mente, ele não tinha condições de agir. Havia duas dificuldades no caminho: ele não conhecia Edison e não tinha dinheiro suficiente para pagar uma passagem de trem para Orange, Nova Jersey, nos Estados Unidos.

Essas dificuldades seriam suficientes para desencorajar a maioria das pessoas de tentar realizar o desejo. Mas o desejo dele não era um desejo qualquer! Ele estava tão determinado a encontrar um

O poder do pensamento

modo de concretizá-lo que finalmente decidiu viajar de carona em um trem de carga, em vez de se sentir derrotado.

Barnes apresentou-se no laboratório de Edison e anunciou que pretendia ingressar no negócio do inventor. Anos mais tarde, ao falar do primeiro encontro que teve com Barnes, Edison disse: "Ele ficou parado diante de mim, parecendo um mendigo qualquer, mas havia algo em sua expressão que me deu a impressão de que ele estava determinado a conseguir aquilo que ele havia se proposto. Eu tinha aprendido, com os anos de experiência ao lidar com pessoas, que, quando um homem realmente *deseja* uma coisa de forma tão profunda a ponto de estar disposto a arriscar todo o seu futuro em um único tiro no escuro para consegui-lo, ele seguramente há de vencer. Dei-lhe a oportunidade que ele pediu, porque percebi que ele estava decidido a ficar até ser bem-sucedido. Os acontecimentos que se seguiram comprovaram que não foi um erro."

O que o jovem Barnes disse a Edison naquela ocasião foi muito menos importante do que aquilo que pensou. Foi o próprio Edison quem contou isso! Não pode ter sido a aparência do jovem que tenha feito com que ele fosse admitido no escritório de Edison, pois isso estava definitivamente, depondo contra ele. O que contou foi o que ele *pensava*.

Se o significado dessa declaração pudesse ser transmitido a cada pessoa que a lê, o restante do livro seria desnecessário.

Barnes não conseguiu tornar-se sócio de Edison logo na primeira entrevista. Ele conseguiu uma oportunidade para trabalhar no escritório de Edison, com um salário bem baixo, para fazer o que não era importante para o inventor, mas muito importante para Barnes. Esse trabalho deu a ele uma oportunidade para promover sua "mercadoria" de modo que seu pretenso "sócio" pudesse vê-la.

Meses se passaram. Aparentemente, nada que levasse ao objetivo desejado, que Barnes tinha definido em sua mente como seu *principal objetivo definido*, aconteceu. Porém, algo importante se passava na mente de Barnes. Ele intensificava constantemente o *desejo* de se tornar sócio de Edison.

Os psicólogos afirmaram de forma precisa: "Quando alguém está preparado de fato para algo, isso se torna evidente." Barnes estava pronto para se associar a Edison e, além disso, *determinado a manter-se preparado até conseguir o que procurava.*

Ele não disse a si mesmo: "Ora, para que isso serve? Acho que vou mudar de ideia e tentar uma vaga de vendedor." Mas disse: "Vim para entrar no negócio com Edison e vou realizar esse objetivo, nem que leve o resto da minha vida." Ele pretendia fazer exatamente isso! Como teria sido diferente a história contada pelos homens, se eles ao menos tivessem adotado um *propósito preciso* e esperassem até que este se tornasse uma completa obsessão!

Talvez o jovem Barnes não soubesse naquele momento, mas a determinação obsessiva e a persistência em se concentrar em um único *desejo* tiveram como objetivo eliminar toda a oposição e atrair a oportunidade que ele procurava.

Quando a oportunidade veio, ela pareceu ser diferente do que Barnes esperava, tanto em termos de forma quanto em sua procedência. Esse é um dos truques da oportunidade: ela costuma entrar sorrateiramente pela porta dos fundos e, muitas vezes, vem disfarçada na forma de desgraça ou de derrota temporária. Talvez seja por isso que muitas pessoas não conseguem reconhecer as oportunidades.

Thomas Edison havia acabado de aperfeiçoar um novo dispositivo para escritório, conhecido naquela época como Ditafone (mais tarde batizada de Ediphone). Os vendedores não estavam animados com a máquina nem acreditavam que ela poderia ser vendida facilmente. Barnes viu ali sua oportunidade. Ela se arrastou em silêncio, escondida em uma máquina de aparência esquisita que não interessava a ninguém a não ser a Barnes e ao inventor.

Barnes sabia que ele poderia vender o Ditafone. Sugeriu isso a Edison e foi então que obteve a chance imediatamente. E de fato vendeu a máquina. Na verdade, ele vendeu tão bem que Edison deu a ele os direitos de distribuição e venda para todo o território nacional mediante um contrato. Com essa associação empresarial, o slogan mudou para "Produzido por Edison e instalado por Barnes". A partir dessa aliança, Barnes tornou-se rico não somente no quesito dinheiro, mas realizou algo infinitamente maior: provou que uma pessoa realmente pode "pensar e enriquecer".

O poder do pensamento

Não tenho como saber o quanto valeu esse primeiro *desejo* de Barnes em termos financeiros. Talvez tenha lhe rendido 2 ou 3 milhões de dólares, mas o montante, seja ele qual for, torna-se insignificante quando comparado ao maior ativo que ele adquiriu: o conhecimento definitivo de que um impulso intangível do pensamento pode se materializar através da aplicação de princípios conhecidos.

Em pensamento, Barnes literalmente visualizou a si próprio como sócio do grande Thomas Edison! E se viu como uma pessoa abastada. Ele não tinha nada com que começar, exceto a capacidade de *saber o que queria e a determinação para manter o desejo até realizá-lo.*

Ele não possuía dinheiro para começar. Tinha pouca instrução. Não era influente. Entretanto, tinha iniciativa, fé e vontade de vencer. Com essas forças intangíveis, ele se tornou o homem mais importante que trabalhava com o maior inventor de todos os tempos.

Agora, veja uma situação diferente: um homem teve muita prova concreta de riqueza, mas a perdeu porque parou a um metro do objetivo que havia estipulado.

A UM METRO DO OURO

Uma das causas mais comuns do fracasso é o hábito de desistir quando se é surpreendido por uma derrota temporária. Todas as pessoas cometem esse erro, em um ou outro momento.

R.U. Darby, que mais tarde tornou-se um dos vendedores de seguros de mais bem-sucedidos dos Estados Unidos, conta a história de seu tio, que, na época da Corrida do Ouro, foi contagiado pela chamada "febre do ouro", e seguiu para o Oeste para *escavar e enriquecer*. Ele nunca tinha ouvido falar que havia mais ouro no cérebro dos homens do que na Terra. Investiu em sua participação e começou a trabalhar com uma pá e uma picareta. O avanço foi duro, mas sua cobiça pelo ouro era definitiva.

Depois de semanas de trabalho, ele foi recompensado pela descoberta do metal bruto brilhante, mas precisava de maquinário para que o minério chegasse à superfície. Sem contar a ninguém, ele encobriu a mina, refez seus passos até sua casa em Williamsburg, Maryland, e contou aos seus parentes e alguns poucos vizinhos sobre o "achado". Em conjunto, arrecadaram dinheiro para adquirir o maquinário necessário e despachá-lo. Darby e seu tio voltaram para trabalhar na mina.

O primeiro carro de minério foi carregado e enviado para uma fundição. Com os resultados, constatou-se que eles detinham uma das minas mais ricas do Colorado! Mais alguns carros do minério seriam suficientes para compensar as dívidas do investimento. Em seguida, viriam os lucros.

Desceram as brocas; subiram as esperanças, de Darby e do tio. E, então, algo aconteceu: o veio do metal bruto desapareceu! Eles haviam chegado ao fim do arco-íris, e o pote de ouro não estava mais lá. Continuaram a perfurar e a tentar desesperadamente encontrar o veio novamente, mas o esforço foi em vão.

Finalmente, *desistiram*. Venderam o maquinário para o proprietário de um ferro-velho por algumas centenas de dólares e pegaram o trem de volta para casa. Alguns homens que trabalham com "sucata" são tolos, mas não aquele! Ele chamou um engenheiro de minas para dar uma olhada na mina e fazer uma pequena avaliação. O engenheiro informou que o projeto tinha falhado porque os proprietários não estavam familiarizados com as "falhas geológicas". Seus cálculos mostraram que o veio seria encontrado *a apenas um metro do local onde os Darby tinham parado a perfuração*! Foi exatamente nesse ponto que o minério foi encontrado!

O homem da "sucata" levou milhões de dólares em minério, pois sabia que era necessário procurar uma orientação especializada antes de desistir. Grande parte do dinheiro, que foi para o maquinário, foi obtida pelos esforços de R.U. Darby, que na época era muito jovem. O dinheiro veio de seus parentes e vizinhos, por causa da fé que tinham nele. Embora tivesse levado anos para quitar a dívida, ele pagou cada dólar devido.

Muito tempo depois, Darby recuperou-se da perda e ganhou muito mais, quando descobriu que o *desejo* poderia ser transformado em ouro. A descoberta veio depois de ele ter ingressado no negócio de seguros de vida.

O poder do pensamento

Ao lembrar que havia perdido uma enorme fortuna, por ter *parado* a um metro do ouro, Darby se beneficiou da experiência no novo trabalho, por meio de um método em que simplesmente diz a si mesmo: "Parei a um metro do ouro no passado, mas nunca mais vou parar quando os homens disserem 'não' à minha oferta de seguro." Ele deve sua "habilidade de perseverar" à lição que aprendeu com a "habilidade de desistir" no negócio de mineração de ouro.

Antes de o sucesso chegar, a maioria das pessoas sabe que vai se deparar com muita derrota temporária, e talvez até com algum fracasso. Quando confrontado com a derrota, a atitude mais fácil e lógica é *desistir*. É isso exatamente o que a maioria das pessoas faz.

Mais de quinhentas das pessoas mais bem-sucedidas que os Estados Unidos já conheceram disseram ao autor que o sucesso chegou a apenas um passo além do ponto em que tinham sofrido uma derrota. O fracasso é um trapaceiro com grande senso de ironia e astúcia; ele sente enorme prazer em dar uma rasteira em alguém quando o sucesso está ao seu alcance. Mas o que faz o homem que não tem nem tempo nem inclinação para estudar o fracasso e buscar o conhecimento que possa levá-lo ao sucesso? Onde e como ele vai aprender a arte de converter a derrota em trampolins para novas oportunidades?

Este livro foi escrito em resposta a essas perguntas.

A resposta exigiu uma descrição de 13 princípios, mas lembre-se: à medida que for lida, a resposta que você procura para as perguntas que o levaram a ponderar sobre a estranheza da vida pode ser encontrada em sua própria mente, através de alguma ideia, um plano ou um propósito.

Uma boa ideia é tudo de que você precisa para alcançar o sucesso. Os princípios descritos neste livro contêm o melhor e o que há de mais prático de tudo o que é conhecido, relativo a maneiras e meios de se criarem ideias úteis.

Antes de dar prosseguimento à descrição desses 13 princípios, leia a seguir algumas observações importantes:

Quando a riqueza começa a chegar, ela vem tão rapidamente e em uma abundância tamanha que é de se pensar onde é que ela se escondeu durante todos esses anos de vacas magras. Essa é uma declaração surpreendente quando se leva em consideração a crença popular de que a riqueza só vem para aqueles que trabalham duro e por bastante tempo.

Quando se começa a ler este livro, pode-se observar que a riqueza começa com um estado de espírito, com a definição de um propósito, com pouco ou nenhum trabalho. Qualquer um pode ter interesse em saber como adquirir esse estado de espírito que atrairá riquezas. O autor deste livro passou um quarto de século realizando pesquisas e analisou mais de 25 mil pessoas, porque também queria saber "como os homens abastados se tornaram ricos".

Este livro não poderia ter sido escrito durante a pesquisa. É muito importante que se saiba que a Grande Depressão começou em 1929 nos negócios e continuou durante um período recorde de destruição, até um determinado tempo depois que o presidente Roosevelt tomou posse. Depois, a crise começou a diminuir, até desaparecer. Da mesma forma que o técnico de luz em um teatro vai aumentando as luzes de forma tão gradual que a escuridão se transforma em luz antes que o público perceba, o feitiço do medo nas mentes da população desapareceu gradualmente e tornou-se fé.

O leitor deve observar atentamente que, assim que dominar os princípios dessa filosofia e começar a seguir as instruções de como aplicar esses princípios, sua situação financeira vai começar a melhorar e tudo o que você tocar vai começar a se transformar em uma vantagem para o seu próprio benefício. Impossível? De maneira alguma!

Um dos principais pontos fracos da humanidade é a familiaridade do homem comum com a palavra "impossível". Ele conhece todas as regras que *não* vão funcionar. Ele sabe todas as coisas que *não podem* ser feitas. Este livro foi escrito para aqueles que buscam as regras que tornaram outras pessoas bem-sucedidas e estão dispostos a arriscar tudo nessas regras.

Há muitos anos comprei um belo dicionário. A primeira coisa que fiz foi procurar pela palavra "impossível", recortá-la e eliminá-la do livro. Essa não seria uma atitude imprudente para qualquer um.

O sucesso chega para aqueles que se tornam *conscientes do sucesso*.

O poder do pensamento

O fracasso chega para aqueles que, de forma indiferente, se permitem tornar-se *conscientes do fracasso*.

O objetivo deste livro é ajudar todos aqueles que buscam aprender a arte de mudar suas mentes, da *consciência do fracasso* para a *consciência do sucesso*.

Outro ponto fraco da maioria das pessoas é o hábito de medir tudo e todos de acordo com suas próprias impressões e convicções. Algumas pessoas que lerão o presente estudo vão achar que ninguém pode *pensar e ficar rico*. Elas não pensam em termos de riqueza, porque seus pensamentos se habituaram à pobreza, à escassez, à miséria, ao fracasso e à derrota.

Milhões de pessoas olham para as conquistas de Henry Ford e têm inveja dele, por causa de seu destino, sua sorte, sua genialidade, ou seja, qualquer coisa que elas associem à fortuna de Ford. Talvez uma pessoa a cada 100 mil conheça o segredo do sucesso de Henry Ford, e essas, que realmente sabem, são muito modestas ou muito relutantes, para falar sobre isso, em função da simplicidade da questão. Uma única atitude ilustra o "segredo" perfeitamente.

Quando decidiu produzir seu agora famoso motor V-8, Henry Ford resolveu construir um motor com todos os oito cilindros fundidos em um único bloco, instruindo os engenheiros a produzir um design para esse motor. O design foi colocado no papel, mas os engenheiros acreditavam que era simplesmente impossível fundir um motor a gasolina a um bloco de oito cilindros em uma única peça.

— Produzam mesmo assim — disse Ford.

— Mas... — retrucaram os engenheiros. — É impossível!

— Sigam em frente — comandou Ford. — E permaneçam no local de trabalho até que tenham êxito, não importa quanto tempo seja necessário.

Os engenheiros foram em frente. Não havia nada mais que eles pudessem fazer se quisessem se manter na equipe da Ford. Seis meses se passaram e nada aconteceu. Outros seis meses se passaram e nada ainda havia acontecido. Os engenheiros tentaram cumprir as ordens de todos os meios possíveis, mas o negócio parecia estar fora de alcance, era "impossível"!

Ao final do ano, Henry Ford verificou o serviço com seus engenheiros e, mais uma vez, eles informaram que não haviam encontrado nenhum modo de cumprir suas ordens.

— Sigam em frente — ordenou Ford. — Eu quero e vou conseguir.

Eles prosseguiram e, em seguida, como que por um passe de mágica, o segredo foi descoberto. *A determinação* de Henry Ford vencia mais uma vez!

Essa história pode não estar descrita com precisão, mas os pontos importantes estão corretos. Deduza o segredo dos milhões de Ford a partir do que foi narrado, se puder. Não é preciso se esforçar demais.

Henry Ford é extremamente bem-sucedido porque entende os princípios do sucesso e os aplica. Um desses princípios é o *desejo*: saber o que se quer. Lembre-se dessa história de Ford à medida que a lê e selecione as linhas em que o segredo de sua prodigiosa conquista foi descrito. Se puder fazer isso, se puder estabelecer qual grupo de princípios em particular fez de Henry Ford um homem rico, você será capaz de conseguir as mesmas realizações em quase qualquer exigência para a qual esteja preparado.

VOCÊ É "O SENHOR DO SEU DESTINO, O CAPITÃO DA SUA ALMA."

Quando o poeta inglês W.C. Henley escreveu as linhas proféticas: "Sou o senhor do meu destino, sou o capitão da minha alma", ele deveria ter informado que a razão para tal era o fato de ele ter o poder de controlar seus pensamentos.

Ele deveria ter dito que o éter no qual esta pequena Terra flutua, no qual as pessoas se movem e vivem, é uma forma de energia que se desloca a um ritmo de vibração espantosamente alto; o éter é preenchido com uma forma de poder universal que se *adapta* à natureza dos pensamentos que as pessoas mantêm em suas mentes, e as *influencia* de forma natural, para que transformem seus pensamentos em seu equivalente físico.

O poder do pensamento

Se o poeta tivesse elucidado o significado desse ditado, seria possível saber *por que* cada um é senhor do seu destino e capitão da sua alma. Ele deveria ter contado, com bastante ênfase, que esse poder não tem nenhuma intenção de distinguir pensamentos destrutivos de pensamentos construtivos, e que isso vai incitar as pessoas a transformarem os pensamentos de pobreza em realidade física de forma tão rápida quanto influenciá-las a agir de acordo com pensamentos de riquezas.

Henley deveria ter esclarecido também que o cérebro magnetiza os pensamentos dominantes que o indivíduo mantém em sua mente. Não se sabe ao certo, mas esses "ímãs" atraem as forças, as pessoas e as circunstâncias da vida, e isso se harmoniza com a natureza dos pensamentos dominantes da pessoa.

Ele deveria ter dito que, antes de poderem acumular riquezas em grande abundância, os indivíduos têm de magnetizar suas mentes com um *desejo* intenso por riqueza, e que eles devem desenvolver uma "consciência voltada para o dinheiro" até que o *desejo* por dinheiro os estimule a criar planos definidos para adquiri-lo.

Entretanto, como era poeta e não filósofo, Henley contentou-se em declarar uma grande verdade em forma poética e deixou para seus seguidores a missão de interpretação do significado filosófico de suas linhas.

Pouco a pouco, a verdade foi se revelando, e agora parece certo que os princípios descritos neste livro mantenham o segredo do domínio sobre o destino econômico das pessoas.

Agora o leitor está pronto para examinar o primeiro desses princípios. Mantenha um espírito de mente aberta e lembre-se, enquanto os lê, que esses princípios são invenção de apenas um homem. Os princípios foram reunidos a partir de experiências de mais de quinhentos homens que realmente acumularam grandes riquezas, homens que vieram da pobreza, com pouca educação e sem nenhum tipo de influência. Os princípios funcionaram para eles. Qualquer um pode colocá-los em ação em benefício próprio e contínuo.

Não é difícil. Pelo contrário, é fácil.

O próximo capítulo fornece informações concretas que podem mudar com facilidade o destino financeiro de qualquer pessoa, da mesma maneira que trouxe de forma definitiva mudanças de grandes proporções às vidas das duas pessoas citadas.

É importante saber que o grau de relacionamento entre esses dois homens e o autor é tanto que ele não poderia tomar nenhuma liberdade em relação aos fatos, mesmo se quisesse. Um deles foi seu grande amigo por mais de 25 anos, e o outro é seu próprio filho. O sucesso incomum desses dois homens — sucesso esse que eles atribuem com generosidade ao método descrito no próximo capítulo — mais do que justifica a referência pessoal por parte do autor como um meio de enfatizar o grande poder.

CAPÍTULO 2

O desejo:
O ponto de partida de toda conquista

QUANDO EDWIN C. BARNES desceu do trem de carga em Orange, Nova Jersey, há mais de 30 anos, ele podia estar com a aparência de um vagabundo, mas seus pensamentos eram os de um rei.

Durante o trajeto que fez entre a estação até o escritório de Thomas A. Edison, sua mente estava em ação. Viu-se em pé na presença de Edison. Ouviu a si próprio pedindo a Edison uma oportunidade de realizar a *obsessão profunda de sua vida*, um *desejo ardente* de tornar-se sócio do grande inventor.

O desejo de Barnes não era uma esperança, não era uma simples vontade! Era um *desejo* ardente e pulsante, que transcendia qualquer coisa. Era *definitivo*.

O desejo não era novo quando se aproximou de Edison. Já era um desejo dominante há muito tempo. No começo, quando o desejo apareceu em sua mente, pode ter sido apenas uma vontade, e provavelmente foi. No entanto, quando se viu diante de Edison, já não era mais mera vontade.

Alguns anos mais tarde, Edwin C. Barnes encontrou-se novamente frente a frente com Edison, no mesmo escritório onde esteve pela primeira vez com o inventor. Naquele dia, porém, o *desejo, o maior sonho de sua vida*, se transformou em realidade. Ele passou a fazer parte do negócio de Edison. Hoje, as pessoas inve-

Os segredos que vão mudar sua vida

jam Barnes pela sorte que a vida lhe rendeu. Elas só enxergam os dias de triunfo, sem se dar ao trabalho de investigar a causa de seu sucesso.

Barnes teve êxito porque escolheu um objetivo definido, e concentrou toda a energia, todo o poder e todo o esforço — tudo, em suma — nesse objetivo. Ele não se tornou sócio de Edison no dia em que chegou. Contentou-se em começar no trabalho mais braçal, contanto que esse proporcionasse uma oportunidade de dar pelo menos um passo na direção do objetivo desejado.

Cinco anos se passaram antes que a oportunidade que ele buscava aparecesse. Durante todos aqueles anos, nenhum raio de esperança e nenhuma promessa de realização de seu *desejo* tinha sido atendida. Para todos, mas não para si próprio, ele parecia ser apenas mais um dente na engrenagem do negócio de Edison. Entretanto, em sua própria mente, *ele era o sócio de Edison a cada minuto do tempo*, desde o dia em que entrou ali para trabalhar.

Trata-se de uma demonstração notável do poder de um *desejo definido*. Barnes conquistou seu objetivo porque quis ser sócio de Edison acima de qualquer outra coisa. Ele criou um plano para alcançar esse propósito, porém *queimou todas as pontes pelas quais passou*. Concentrou-se no *desejo* até que este se tornasse a obsessão dominante de sua vida e, finalmente, um fato.

Quando foi para Orange, não disse para si mesmo: "Vou tentar convencer Edison a me dar um emprego qualquer." Ele afirmou: "Vou ver Edison e mostrar que vim para fazer parte do negócio dele."

Ele não disse: "Vou trabalhar por alguns meses e, se eu não tiver incentivo, vou pedir demissão e conseguir um emprego em algum outro lugar." Ele afirmou: "Vou começar em qualquer lugar. Vou fazer qualquer coisa que Edison me mande fazer, mas em breve serei seu sócio."

Ele não falou: "Vou ficar de olho em outras oportunidades, para o caso de não conseguir o que quero na empresa de Edison." Ele falou: "Só existe *uma* coisa no mundo que estou determinado a ter, e essa é estar associado profissionalmente com Thomas A. Edison. Vou eliminar todas as possibilidades de voltar atrás e apostar *todo o meu futuro* na minha capacidade de conseguir o que desejo."

O desejo: O ponto de partida de toda conquista

Ele não deixou qualquer possibilidade de recuo. Era vencer ou morrer! Isso é tudo o que há da história de sucesso de Barnes!

Há muito tempo, um grande guerreiro deparou-se com uma situação em que era necessário tomar uma decisão que garantisse a vitória no campo de batalha. Ele estava prestes a enviar seus soldados contra um poderoso adversário, que contava com muito mais homens. Embarcou seus soldados em navios que se dirigiram para o país inimigo. Em terra, desembarcou os soldados e os equipamentos e, em seguida, deu ordens para queimar os navios que os havia transportado. Ao dirigir-se aos seus homens, antes da primeira batalha, ele deu a instrução:

— Vocês veem os navios em chamas? Isso quer dizer que não podemos sair daqui vivos se não vencermos! Agora não temos escolha. É vencer ou morrer!

Eles venceram.

Todas as pessoas que têm êxito em qualquer empreendimento devem estar dispostas a queimar seus navios e a cortar todas as possibilidades de recuo. Só assim se pode ter certeza de manter esse estado de espírito conhecido como *desejo ardente de ganhar*, essencial ao sucesso.

Na manhã seguinte ao grande incêndio de Chicago, um grupo de comerciantes encontrava-se na State Street, observando os restos esfumaçados do que tinham sido suas lojas. Eles se reuniram para decidir se deveriam tentar reconstruir os prédios ou partir de Chicago e recomeçar em uma parte mais promissora do país. Todos decidiram que deixariam Chicago, exceto um.

O comerciante que escolheu ficar e reconstruir seu negócio apontou o dedo para o que havia sobrado de sua loja e afirmou:

— Senhores, neste mesmo lugar, vou construir a maior loja do mundo, não importa quantas vezes ela venha a pegar fogo.

A loja foi construída. Ela permanece lá até hoje, um monumento imponente ao poder desse estado de espírito conhecido como *desejo ardente*. O mais fácil para Marshall Field teria sido fazer exatamente o que seus colegas fizeram. Diante de condições adversas e de um futuro sombrio, eles recuaram e foram para um lugar que lhes pareceu mais favorável.

Os segredos que vão mudar sua vida

Marque bem essa diferença entre Marshall Field e os outros comerciantes, porque é a mesma que distingue Edwin C. Barnes de muitos outros jovens que trabalharam na empresa de Thomas Edison. É a mesma diferença que distingue praticamente todos os que são bem-sucedidos daqueles que fracassam.

Todo ser humano, ao atingir a idade de compreender a finalidade do dinheiro, deseja tê-lo. O simples querer não traz riquezas. Porém, desejar riquezas com um estado de espírito que se torne uma obsessão e, seguindo-se a isso, planejar as maneiras e os modos de adquiri-las e executar esses planos com uma persistência que não permita o fracasso é o que vai trazer riquezas.

O método pelo qual o *desejo* de riquezas pode ser transformado em seu equivalente financeiro consiste em seis passos práticos e definidos:

Primeiro. Fixar na mente o montante exato de dinheiro que se quer. Não basta simplesmente afirmar: "Eu quero muito dinheiro." Seja preciso quanto ao valor. (Há uma razão psicológica para determinar o valor, que será descrita mais à frente.)

Segundo. Determinar exatamente o que se pretende dar em troca do dinheiro desejado. (Aqui não se aplica o "algo a troco de nada".)

Terceiro. Estabelecer uma data definida de quando pretende possuir o dinheiro que deseja.

Quarto. Criar um plano definido para realizar seu desejo e começar de uma vez, esteja pronto ou não, a colocar esse plano em ação.

Quinto. Fazer uma declaração clara e concisa, por escrito, do montante de dinheiro que se pretende adquirir, determinar o prazo para essa aquisição, declarar o que se pretende dar em troca do dinheiro e descrever de forma clara o plano por meio do qual se pretende acumulá-lo.

Sexto. Ler sua declaração por escrito em voz alta, duas vezes ao dia, uma à noite, antes de dormir, e a outra de manhã, ao se levantar. *Ao ler, veja, sinta e acredite em si mesmo de posse do dinheiro.*

É importante que as instruções descritas sejam seguidas nesses seis passos. E é especialmente importante observar e seguir a sexta instrução.

O desejo: O ponto de partida de toda conquista

Há quem reclame que é impossível "ver a si próprio com dinheiro" antes de realmente possuí-lo. Aqui está o momento em que o *desejo ardente* virá em auxílio de quem precisa. Se a pessoa realmente *deseja* o dinheiro, de uma forma tão profunda que esse desejo vira uma obsessão, ela não terá dificuldade de se convencer de que vai adquiri-lo. O objetivo é querer o dinheiro e, com tal determinação, chegar ao ponto de se convencer de que vai possuí-lo.

Apenas aqueles que se tornam "conscientes do dinheiro" chegam a acumular grandes fortunas. A consciência do dinheiro significa que a mente se tornou tão completamente tomada pelo *desejo* de dinheiro que a pessoa já consegue se ver de posse dele. Para os não iniciados — aqueles que não conhecem os princípios do funcionamento da mente humana — essas instruções podem parecer impraticáveis. Para aqueles que não reconhecem a força dos seis passos, pode ser útil saber que as informações por eles transmitidas foram recebidas de Andrew Carnegie, que começou a vida como operário em uma usina siderúrgica, mas que, apesar da origem humilde, conseguiu fazer com que esses princípios lhe proporcionassem uma considerável fortuna de mais de 100 milhões de dólares.

Pode ser também de grande ajuda saber que os seis passos aqui recomendados foram cuidadosamente analisados por Thomas Edison, que deu sua aprovação total, caracterizando-os não apenas como os passos essenciais para o acúmulo de dinheiro, mas também necessários para a realização de qualquer objetivo definido.

Os passos não exigem nenhum "trabalho duro". Não demandam nenhum sacrifício. Não requerem que as pessoas se tornem tolas ou crédulas. Para aplicá-los, não se exige nenhum nível educacional elevado. Entretanto, a aplicação bem-sucedida desses seis passos requer imaginação suficiente para permitir que os indivíduos vejam e compreendam que a acumulação do dinheiro não pode ser deixada ao acaso, ao destino e à sorte. É preciso perceber que todos os que acumularam grandes fortunas acumularam, primeiro, um determinando montante de sonho, de esperança, de vontade, de *desejo* e de *planos*, antes de efetivamente ganhar dinheiro.

Os segredos que vão mudar sua vida

É possível aprender também que não se pode ter grandes fortunas *a não ser que* a pessoa possa criar uma força ardente que leve ao *desejo* por dinheiro e realmente *acreditar* que vai possuí-lo.

Saiba que todo grande líder, desde os primórdios da civilização até o presente, é sonhador. Quem não vê grandes fortunas em sua imaginação nunca as verá em seu saldo bancário. Nunca, na história dos Estados Unidos, houve uma oportunidade tão grande para os sonhadores como agora. As pessoas que estão nessa corrida pela fortuna devem ser encorajadas a tomar conhecimento de que esse mundo dinâmico em que vivem exige novas ideias, novas formas de executar as coisas, novos líderes, novas invenções, novos métodos de ensino, novas ferramentas de marketing, novos livros, nova literatura, novos aplicativos para computadores, novas curas para doenças e novas abordagens para cada um dos aspectos profissionais e pessoais. Por trás de toda essa demanda por coisas novas e melhores há uma qualidade que as pessoas precisam possuir para vencer, que é *definição do propósito*: o conhecimento do que elas querem e um *desejo* ardente de possuí-lo. O cumprimento desse propósito requer sonhadores que possam a colocar seus sonhos em prática, e o façam. Os sonhadores sempre foram os formadores de padrões da sociedade, e sempre serão. Quem deseja acumular riquezas deve ter em mente que os verdadeiros líderes do mundo sempre foram as pessoas que aproveitaram — e colocaram em prática — aquilo que era intangível, as forças invisíveis da oportunidade, e converteram aquelas forças (ou impulsos de pensamento) em arranha-céus, cidades, fábricas, aviões, automóveis, melhor saúde e tudo o que torna a vida mais agradável.

Tolerância e mente aberta são necessidades práticas para o sonhador de hoje. Aqueles que têm receio de novas ideias estão condenados antes mesmo de começarem. Nunca houve um momento mais favorável para os pioneiros do que o atual. Na verdade, não há nenhum Velho Oeste selvagem e desconhecido a ser conquistado, como na época da carroça, mas há um vasto mundo industrial, financeiro e de negócios a ser remodelado e redirecionado, com condutas novas e melhores.

42

O desejo: O ponto de partida de toda conquista

Ao planejar a conquista de suas parcelas de riqueza, as pessoas não devem deixar que ninguém as influencie a desprezar a figura do sonhador. Para vencer os grandes desafios neste mundo em constante mudança é preciso captar o espírito dos grandes pioneiros do passado que, com seus sonhos, deram tudo o que há de valor para a civilização. É esse o espírito que funciona como o sangue que dá vida ao próprio país, é a oportunidade de todos para desenvolver e comercializar seus talentos.

Não esqueça que Cristóvão Colombo sonhou com um mundo desconhecido, arriscou sua vida em busca dele e descobriu esse mundo! Copérnico, o grande astrônomo, sonhou com uma pluralidade de mundos, e os desvendou! Ninguém o denunciou como "impraticável" depois que ele triunfou. Em vez disso, o mundo o venerou em seu santuário e, portanto, mais uma vez ficou provado que *o sucesso não requer desculpas e o fracasso não permite álibis.*

Se o que a pessoa deseja está certo, e ela acredita nisso, é preciso então que ela siga em frente e vá torná-lo realidade! Deve concretizar seu sonho e não se importar com o que "eles" possam dizer caso depare com derrotas temporárias, pois "eles" talvez não saibam que *cada fracasso traz em si a semente de um sucesso equivalente.*

Henry Ford, pobre e sem instrução, sonhou com uma carruagem sem cavalos. Começou a trabalhar com as ferramentas que possuía, sem esperar que uma oportunidade lhe favorecesse e, hoje, a prova de seu sonho está em todos os lugares da Terra. Ele apostou mais em sua empresa do que qualquer outro homem, porque não teve medo de apoiar seus sonhos. Thomas Edison sonhou com uma lâmpada que poderia funcionar com eletricidade, começou do nada para colocar seu sonho em ação e, apesar de mais de 10 mil fracassos, manteve-se firme no sonho até que este se tornou uma realidade física. Sonhadores, *não desistam!*

Antes de passar para o próximo capítulo, o leitor deve acender mais uma vez em sua mente o fogo da esperança, da fé, da coragem e da tolerância. Quem tiver esses estados de espírito e o conhecimento prático dos princípios descritos, tudo mais que for necessário virá ao seu encontro quando estiver *pronto* para isso. Deixe que Ralph Waldo Emerson, filósofo norte-americano, exponha seus pensamentos nestas palavras: "Cada provérbio, cada livro e cada máxima que servem de auxílio e conforto certamente chegarão até você através de caminhos diretos ou tortuosos. E todo amigo de alma grandiosa e gentil o prenderá em seu abraço."

Há uma diferença entre *querer* algo e estar *pronto* para recebê-lo. Ninguém está pronto para algo até que acredite que pode adquiri-lo. O estado de espírito deve ser a *crença*, e não simplesmente a esperança ou a vontade. Ter a mente aberta é essencial para a crença. As mentes fechadas não estimulam a fé, a coragem e a crença.

Lembre-se de que para sonhar alto na vida, para exigir abundância e prosperidade, não é preciso mais esforço do que para aceitar a miséria e a pobreza.

O DESEJO ILUDE A MÃE NATUREZA

Como apogeu deste capítulo, o autor apresenta uma das pessoas mais inusitadas que já conheceu, um indivíduo que ele viu pela primeira vez alguns minutos após ele nascer. Essa pessoa veio ao mundo sem qualquer sinal físico de orelhas e, segundo admitiu o médico, ao ser pressionado a dar uma opinião, a criança poderia ser surda e muda a vida inteira.

Desafiei a opinião do médico. Eu tinha o direito de fazer isso, pois eu era o pai da criança. Também cheguei a uma conclusão e formei minha opinião, mas me mantive em silêncio, no sigilo do meu próprio coração. Decidi que meu filho ouviria e falaria. A natureza pode ter me enviado uma criança sem orelhas, mas não poderia me induzir a aceitar a realidade da aflição. Na minha mente, eu sabia que meu filho ouviria e falaria. Como? Eu tinha certeza de que haveria de existir um meio, e sabia que o encontraria. Pensei nas palavras imortais do filósofo Emerson: "Todo o curso das coisas serve para nos ensinar a fé. Basta que obedeçamos. Há orientação para todos nós e, se ouvirmos com humildade, escutaremos a palavra certa."

A palavra certa? *Desejo!* Mais do que qualquer outra coisa, eu *desejava* que meu filho não fosse surdo-mudo. A partir desse desejo,

O desejo: O ponto de partida de toda conquista

nunca mais retrocedi, nem por um minuto. Muitos anos antes, eu tinha escrito que "as únicas limitações que temos são aquelas que estabelecemos em nossas mentes". Pela primeira vez, indaguei se essa afirmação era verdadeira. Deitado, em casa, na minha frente, estava um bebê recém-nascido, sem o equipamento natural de audição. Mesmo que pudesse ouvir e falar, ele estava obviamente desfigurado para o resto da vida. Com certeza, tratava-se de uma deficiência que a criança não tinha estabelecido em sua própria mente. O que eu poderia fazer em relação a isso? Eu encontraria, de alguma forma, um meio para transplantar para a mente daquela criança meu próprio *desejo ardente* de transmitir som para seu cérebro sem o auxílio de orelhas.

Logo que a criança tivesse idade suficiente para cooperar, eu encheria sua mente com tanto *desejo ardente* de ouvir que a natureza, por seus próprios métodos, transformaria esse desejo em realidade. Todo esse raciocínio foi criado em minha mente, e não comentei nada com ninguém. Todo dia eu renovava a promessa que tinha feito para mim mesmo de não aceitar que um filho permanecesse surdo-mudo.

À medida que ele crescia e começava a tomar conhecimento das coisas ao seu redor, percebemos que ele tinha um leve grau de audição. Quando atingiu a idade em que as crianças normalmente começam a falar, ele não fez nenhuma tentativa para fazer isso. Porém, percebia-se por suas ações que ele podia ouvir ligeiramente alguns sons. E aquilo era tudo o que eu precisava saber! Eu estava convencido de que, se ele podia ouvir, ainda que de leve, poderia desenvolver a capacidade de ouvir ainda mais. Então aconteceu algo que me deu mais esperança, e veio de uma fonte totalmente inesperada. Compramos um toca-discos e, quando o menino ouviu a música pela primeira vez, entrou em êxtase e se apropriou de imediato do equipamento. Logo mostrou preferência por determinados discos e, dentre eles, *It's a Long Way To Tipperary*. Em uma ocasião, ele colocou para tocar a música que dá o nome ao álbum repetidamente por quase duas horas, permanecendo de pé em frente ao toca-discos, com os dentes presos na borda da caixa do aparelho. O significado desse hábito instintivo tornou-se claro mais tarde, pois não se conhecia o princípio da "condução óssea" do som naquela época.

Pouco tempo depois de ele ter se apropriado do toca-discos, descobri que ele podia me ouvir claramente quando eu falava com meus lábios tocando seu osso mastoide (saliência óssea atrás da orelha) ou na base do cérebro. Essas descobertas me forneceram os meios necessários para concretizar meu Desejo Ardente de ajudar meu filho a desenvolver a audição e a fala. Naquela época, ele se esforçava para falar certas palavras. A perspectiva estava longe de ser encorajadora, mas o *desejo apoiado pela fé* não conhece a palavra impossível.

Ao verificar que ele podia ouvir o som da minha voz de forma nítida, comecei imediatamente a transferir para sua mente o desejo de ouvir e falar. Logo descobri que o garoto gostava de histórias antes de dormir e, então, passei a criar histórias destinadas a desenvolver nele a autoconfiança, a imaginação e um profundo desejo de escutar. Havia uma história em particular que eu costumava enfatizar com um novo e dramático tom cada vez que a contava. Foi criada para implantar em sua mente o pensamento de que sua aflição não era um passivo, e sim um ativo de grande valor.

Embora toda a filosofia examinada por mim indicasse claramente que *toda adversidade traz em si uma vantagem equivalente*, devo confessar que não tinha a menor ideia de como essa aflição poderia se tornar um trunfo. No entanto, continuei a envolver essa filosofia nas histórias contadas antes de dormir, com a esperança de que chegaria o momento em que ele encontraria algum plano em que sua deficiência pudesse servir a algum propósito útil.

A razão me dizia nitidamente que não havia nenhuma compensação adequada para a falta de orelhas e do aparelho auditivo natural. O *desejo* apoiado pela *fé* empurrou a razão de lado e me estimulou a seguir em frente.

À medida que analiso a experiência em retrospectiva, posso perceber agora que a fé do meu filho em mim teve uma relação direta com os resultados surpreendentes. Ele não questionava nada que eu lhe dizia. Eu o convenci de que ele possuía uma vantagem distinta sobre seu irmão mais velho, e que essa vantagem se refletiria em

O desejo: O ponto de partida de toda conquista

muitos aspectos. Por exemplo, os professores na escola observariam que ele não tinha orelhas e, em função disso, lhe dariam atenção especial e o tratariam com uma gentileza fora do comum. Eles sempre agiram assim. A mãe dele pôde conferir ao fazer visitas aos professores e providenciar que eles dessem uma atenção especial à criança. Vendi a ele também a ideia de que, quando tivesse idade suficiente para vender jornais, teria grande vantagem sobre seu irmão mais velho, que já tinha se tornado um comerciante de jornais, uma vez que as pessoas lhe pagariam dinheiro extra por suas mercadorias, pois poderiam ver que ele era um trabalhador brilhante, apesar da ausência das orelhas.

Pôde-se notar que a audição do menino estava melhorando de forma gradual. Além disso, ele não tinha a mais leve tendência para ser autoconsciente, por causa de sua aflição. Com cerca de 7 anos de idade, ele mostrou a primeira evidência de que o método de trabalhar sua mente frutificara. Por vários meses, implorou para ter o privilégio de vender jornais, mas sua mãe não consentiu. Ela tinha o receio de que não fosse seguro para ele andar sozinho na rua devido à surdez.

Finalmente, ele assumiu a responsabilidade pelos próprios atos. Uma tarde, ao ficar em casa sozinho com os empregados, ele escalou a janela da cozinha, pulou para o lado de fora e fugiu. Pegou algumas moedas emprestadas com um sapateiro da vizinhança, investiu-os em jornais, vendeu-os, reinvestiu o capital e continuou repetindo o processo até tarde da noite. Depois de fazer o balanço de suas contas e pagar de volta os centavos que pegara emprestado do sapateiro, ele obteve um lucro líquido seis vezes maior que o valor inicial investido. Quando voltamos para casa naquela noite, ele estava na cama dormindo, segurando o dinheiro na mão.

Minha esposa abriu a mão dele, pegou as moedas e chorou. De todas as coisas, chorar pela primeira vitória do filho pareceu tão impróprio! Minha reação foi o inverso: ri com vontade, pois eu sabia que meu esforço para implantar na mente do garoto uma atitude de fé em si mesmo tinha sido bem-sucedido.

Os segredos que vão mudar sua vida

A mãe viu, no primeiro empreendimento do filho, um menino surdo que saíra às ruas e arriscara a vida para ganhar dinheiro. Eu vi um pequeno empresário valente, ambicioso e autoconfiante, cuja fé em si mesmo aumentara 100%, porque ele ingressou em um negócio por iniciativa própria e venceu. A transação me agradou, porque eu sabia que ele tinha um traço de desenvoltura que o acompanharia por toda a vida.

Outros acontecimentos posteriores revelaram que era verdade. Quando seu irmão mais velho queria alguma coisa, jogava-se no chão, dava chutes no ar, chorava para obtê-la e conseguia o que queria. Quando o "menino surdo" queria algo, ele planejava uma forma de ganhar dinheiro e, então, realizava a compra. Ele ainda segue esse plano! Na verdade, meu próprio filho me ensinou que as deficiências podem ser convertidas em trampolins para subir em direção a algum objetivo digno, a não ser que sejam aceitas como obstáculos e usadas como álibis.

O menino surdo cursou o estudo fundamental, o ensino médio e a faculdade sem poder ouvir os professores, exceto quando eles falavam alto, a uma curta distância. Não permitimos que ele aprendesse a linguagem dos sinais. Ele não frequentou nenhuma escola especial, pois achávamos que ele deveria levar uma vida normal, e mantivemos essa decisão, embora isso tenha nos custado muitas discussões acaloradas com os profissionais da área de educação.

Enquanto estava na escola, ele tentou usar um aparelho auditivo elétrico, mas não deu certo, provavelmente em virtude de o Dr. J. Gordon Wilson (médico de Chicago que fez uma cirurgia em um lado da cabeça do menino, quando ele tinha 6 anos) ter descoberto que não havia sinal da existência do aparelho auditivo natural. Na última semana na faculdade, 18 anos após a cirurgia, aconteceu algo que se tornou o momento decisivo da sua vida: através do que parecia ser um mero acaso, chegou às suas mãos outro aparelho auditivo elétrico, que lhe fora enviado como teste. Ele demorou para testá-lo, devido ao desapontamento anterior com um aparelho semelhante. Por fim, ele pegou o instrumento e, sem muito cuidado, colocou-o na cabeça, conectado à bateria. Eis que, como num passe

O desejo: O ponto de partida de toda conquista

de mágica, seu *desejo de audição normal tornou-se realidade*! Pela primeira vez na vida ele ouviu praticamente tão bem quanto qualquer pessoa com audição normal.

"Deus se move de formas misteriosas para realizar suas maravilhas." Radiante com o mundo transformado que se apresentara por meio do dispositivo auditivo, ele correu para o telefone, ligou para a mãe e conseguiu ouvir sua voz perfeitamente. No dia seguinte, ouviu nitidamente as vozes dos professores, na sala de aula, pela primeira vez na vida! Anteriormente, ele só conseguia ouvi-los quando eles falavam alto a uma curta distância. Ele escutou rádio e as imagens que falavam na TV. Também pela primeira vez na vida pôde conversar tranquilamente com as outras pessoas, sem necessidade de pedir que falassem mais alto. Na verdade, ele tomou posse de um mundo transformado. Nós nos recusamos a aceitar o erro da natureza e a induzimos a corrigi-lo, através do único meio prático disponível, o *desejo persistente*.

O *desejo* havia começado a pagar suas dívidas, mas a vitória não estava completa. O rapaz ainda teve de encontrar um modo prático e definido de converter sua deficiência em uma vantagem equivalente.

Sem nem mesmo compreender o significado do que havia conquistado, mas contagiado pela alegria do mundo recém-descoberto do som, ele escreveu uma carta para o fabricante do aparelho auditivo, em que descrevia com entusiasmo sua experiência. Algo em sua carta, que talvez estivesse nas entrelinhas, fez com que a empresa o convidasse para uma visita à cidade de Nova York. Ao chegar, ele foi escoltado pela fábrica e, enquanto conversava com o engenheiro-chefe, contando-lhe sobre seu mundo transformado, sentiu que brilhava em sua mente um pressentimento, uma ideia, uma inspiração, ou algo com outro nome. Foi esse impulso de pensamento que converteu sua aflição em vantagem, destinada a pagar dividendos tanto em dinheiro como em felicidade a várias pessoas.

A importância daquele impulso de pensamento foi o seguinte: ocorreu-lhe que, se os milhões de surdos que passam anos de suas vidas sem saber dos benefícios do aparelho auditivo soubessem da

Os segredos que vão mudar sua vida

história de seu mundo transformado, ele poderia ser muito mais útil. Naquele momento, ele tomou a decisão de dedicar o resto de sua vida a prestar serviços para os deficientes auditivos. Durante um mês inteiro, levou adiante uma pesquisa intensiva: analisou todo o sistema de marketing do fabricante de aparelhos auditivos e criou meios de se comunicar com as pessoas com dificuldade de audição no mundo todo com o propósito de compartilhar com eles seu mundo transformado recém-descoberto. Feito isso, redigiu um plano bienal baseado em suas descobertas. Ao apresentar o plano à empresa, recebeu imediatamente um cargo com a finalidade de realizar sua ambição. Mal sabia ele que, quando começou a trabalhar, estava destinado a levar esperança e alívio para um grande número de pessoas que, sem sua ajuda, estariam condenadas a serem surdas mudas para sempre.

Pouco tempo depois de ter se associado ao fabricante de aparelho auditivo, ele me convidou para comparecer a uma aula ministrada em sua empresa, com o propósito de ensinar surdos-mudos a ouvir e a falar. Eu nunca havia tomado conhecimento de tal forma de educação e, portanto, compareci à aula com certo ceticismo, porém esperançoso de que meu tempo não fosse totalmente perdido. Ali eu vi uma demonstração que me deu uma perspectiva extremamente ampliada do que eu tinha feito para despertar e manter vivo na mente do meu filho o *desejo* por uma audição normal. Vi surdos-mudos sendo ensinados a ouvir e a falar, através da aplicação do mesmo princípio que eu havia usado, há mais de vinte anos, para salvar meu filho da surdez e da mudez.

Assim, devido a alguma estranha reviravolta do destino, meu filho Blair e eu fomos destinados a ajudar a corrigir a surdez e a mudez daqueles que ainda não haviam nascido. Nós somos os únicos seres humanos, que eu saiba, a estabelecer definitivamente a possibilidade de correção para essas deficiências a ponto de restabelecer uma vida normal para aqueles que sofrem com esse problema. Foi realizado para um e será feito para outros.

Não tenho dúvida de que Blair teria sido surdo-mudo a vida inteira se sua mãe e eu não tivéssemos conseguido trabalhar sua men-

O desejo: O ponto de partida de toda conquista

te como fizemos. O médico que fez o parto dele nos confidenciou que ele poderia nunca vir a ouvir e a falar.

Na idade adulta, Blair foi examinado pelo Dr. Irving Voorhees, um conhecido especialista nesses casos. O médico ficou impressionado quando percebeu o quanto ele ouvia e falava bem e contou que o exame indicava que, "teoricamente, o rapaz não deveria ser capaz de ouvir nada". No entanto, meu filho era capaz de ouvir, apesar de as imagens de raios X mostrarem que não havia nenhuma abertura no crânio, onde as orelhas deveriam estar, que permitisse qualquer conexão com o cérebro.

Quando implantei em sua mente o *desejo* de ouvir e falar, junto a esse impulso surgiu uma influência estranha, que fez a natureza se tornar uma construtora de pontes, atravessando o abismo de silêncio que separava o cérebro de Blair e o mundo exterior. Nem mesmo os maiores especialistas médicos foram capazes de interpretar esses meios. Seria um sacrilégio para mim conjeturar a forma como a natureza realizou esse milagre. Seria imperdoável se eu deixasse de passar ao mundo o conhecimento que adquiri da modesta parte que assumi nessa incrível experiência. É meu dever e meu privilégio dizer que acredito, e não sem fundamento, que nada é impossível para a pessoa que mantém o *desejo* com *fé* duradoura.

Não tenho dúvida de que um *desejo ardente* se transforme em seu equivalente material através de meios tortuosos. Blair *desejou* uma audição normal, e agora ele a possui! Ele nasceu com uma deficiência que poderia facilmente ter levado outra pessoa, com um desejo *menos* definido, para as ruas, com um caixote de engraxar e uma caneca de lata. Essa deficiência agora promete servir como um meio através do qual ele vai prestar um serviço útil para milhões de pessoas que têm problemas de audição, além de dar a ele um emprego de utilidade com uma compensação financeira adequada para o resto da vida. A pequena "mentira branca" que implantei em sua mente quando ele era criança, levando-o a *acreditar* que seu defeito se tornaria uma grande vantagem da qual ele poderia tirar proveito, justificara-se. Não há nada, seja certo ou errado, que a *crença*, aliada ao *desejo ardente*, não possa tornar real. Essas qualidades estão à disposição de qualquer um.

Em toda a minha experiência em lidar com homens e mulheres com problemas pessoais, nunca tratei de um único caso que demonstrasse de forma mais definitiva o poder do *desejo*. Alguns autores, às vezes, cometem o erro de escrever sobre assuntos dos quais têm um conhecimento superficial ou muito elementar. A minha sorte foi ter tido o privilégio de testar a solidez do *poder do desejo* através do problema do meu filho. Essa experiência foi muito oportuna, pois, com certeza, ninguém é mais bem-preparado do que ele para servir de exemplo do que acontece quando o *desejo* é colocado à prova. Se a Mãe Natureza se rende à vontade do desejo, faz sentido que meros homens possam derrotar um desejo ardente? O poder da mente humana é peculiar e imponderável! O ser humano ainda não entende o método que a mente usa a cada circunstância, com cada indivíduo e cada elemento físico dentro de seu alcance, como um meio de transmutar o *desejo* em sua contraparte física. Talvez a ciência venha a descobrir esse segredo.

Implantei na mente do meu filho o *desejo* de ouvir e de falar como qualquer pessoa sem deficiências ouve e fala. Esse *desejo* agora se tornou realidade. Implantei em sua mente o *desejo* de converter sua maior deficiência em sua maior vantagem. Esse *desejo* foi realizado.

Não é difícil descrever o *modus operandi* por meio do qual esse resultado surpreendente foi alcançado. Este era constituído de três fatos muito definidos: primeiro, passei para o meu filho uma *união* de *fé* com *desejo* de ter uma audição normal. Segundo, comuniquei meu desejo a ele de todas as formas possíveis e disponíveis, através de um esforço persistente e contínuo, durante anos. Terceiro, fiz que *ele acreditasse em mim*!

Acredito no poder do *desejo* apoiado pela *fé*, porque vi esse poder fazer com que pessoas de origens humildes ascendessem a posições de poder e riqueza; vi esse poder roubar túmulos de suas vítimas; vi como esse poder pode servir, de várias maneiras diferentes, como um meio para que as pessoas se recuperem após derrotas; vi o poder proporcionar uma vida normal, feliz e bem-sucedida ao meu próprio filho, apesar da natureza tê-lo trazido ao mundo sem orelhas.

O desejo: O ponto de partida de toda conquista

Como é possível explorar e usar o poder do *desejo*? A resposta encontra-se neste e nos próximos capítulos deste livro.

Tenha em mente que toda realização, não importa qual seja sua natureza ou seu propósito, deve começar com um *desejo ardente* intenso por algo específico. Através de algum princípio desconhecido e poderoso de "química mental", a natureza envolve-se no impulso do *forte desejo*, aquele "algo" que não reconhece o impossível e não aceita a derrota.

CAPÍTULO 3

A fé:
Visualização, crença e
realização do desejo

A FÉ É O chefe químico da mente. Quando a *fé* é combinada com a vibração do pensamento, o subconsciente, instantaneamente, capta essa vibração, transforma-a em seu equivalente espiritual e o transmite para a Inteligência Infinita. É, por exemplo, o caso da oração. As emoções da *fé*, do *amor* e do *sexo* são as mais poderosas de todas as grandes emoções positivas. Quando as três são misturadas, elas têm o efeito de "colorir" a vibração do pensamento de tal maneira que este alcança de modo imediato o subconsciente. Lá, ele é modificado para sua forma espiritual equivalente, a única forma que induz a uma resposta proveniente da Inteligência Infinita.

O amor e a fé são fenômenos psíquicos e estão relacionados ao lado espiritual humano. O sexo é puramente biológico, estando relacionado apenas à parte física. A mistura ou a combinação dessas três emoções tem o efeito de abrir uma linha direta de comunicação entre o finito, o pensar da mente humana e a Inteligência Infinita.

COMO DESENVOLVER A FÉ

A *fé* é um estado de espírito que pode ser criado ou induzido por meio da repetição de afirmações para o subconsciente ou de instruções através da autossugestão.

A título ilustrativo, considere qual é a sua finalidade presumida ao ler este livro. Naturalmente, o objetivo é adquirir a capacidade de transmutar o impulso do pensamento intangível do *desejo* em sua contraparte física, que é o dinheiro. Ao seguir as instruções referidas nos capítulos sobre autossugestão e subconsciente, qualquer pessoa pode *convencer* o subconsciente de que acredita que vai receber aquilo que pediu, e o subconsciente agirá de acordo com essa crença; a crença, por sua vez, será transmitida por ele de volta para você, na forma de *fé*, seguida de planos definidos para obtenção do que a pessoa deseja.

O método adotado pelas pessoas que desenvolvem a *fé*, onde esta já não existe, é muito difícil de descrever. Na verdade, é tão difícil quanto seria descrever a cor vermelha para uma pessoa cega que nunca viu nenhuma cor. A fé é um estado de espírito e pode ser desenvolvida, porém, ela se desenvolve de forma voluntária, e para isso é necessário que antes se adotem os 13 princípios.

A repetição do envio de ordens ao subconsciente é o único método conhecido para o desenvolvimento voluntário da emoção da fé. Talvez o significado possa ficar mais claro com a explicação a seguir sobre a maneira como indivíduos se tornam criminosos. De acordo com as palavras de um criminologista famoso: "Quando as pessoas têm um primeiro contato com o crime, elas o abominam. Se continuam em contato com o crime, por pouco tempo, elas se acostumam, e o suportam. Se elas permanecem em contato com o crime por um tempo suficientemente longo, elas finalmente o abraçam e passam a ser influenciadas por ele."

Isso equivale a dizer que qualquer impulso de pensamento transmitido repetidamente para o subconsciente é por fim aceito e colocado em prática, sendo transformado em seu equivalente material pelo procedimento mais prático disponível. Relacionado a isso, considere mais uma vez a afirmação: *todos os pensamentos que se transformaram em emoção* (em função de sentimento) *e combinados com a fé* começam imediatamente a se transformar em seu equivalente material.

As emoções — ou a parte dos "sentimentos" dos pensamentos — são os fatores que dão vitalidade, vida e ação aos pensamentos. As emoções de fé, amor e sexo, quando combinados com qualquer impulso de pensamento, dão um poder de ação maior ao pensamento do que qualquer dessas emoções isoladamente. Os impulsos do pensamento que podem alcançar e influenciar o subconsciente não são apenas os combinados com a fé, mas também aqueles combinados com quaisquer emoções positivas ou negativas.

Depreende-se desta afirmação que o subconsciente transforma um impulso de pensamento de natureza negativa ou destrutiva tão facilmente quanto o de natureza positiva ou construtiva em seu equivalente material. Isso explica o fenômeno que tantas pessoas vivenciam, conhecido como "desgraça" ou "azar".

Há milhões de pessoas que *acreditam* estar "condenadas" à pobreza e ao fracasso, devido a alguma estranha força sobre a qual *creem* não ter controle. Elas são as criadoras da própria "desgraça", por causa da *crença* negativa, que é captada pelo subconsciente e convertida em seu equivalente.

Este é um momento adequado para sugerir, mais uma vez, que, ao transmitir a seu subconsciente qualquer *desejo* que queira converter em sua contrapartida física ou financeira, qualquer pessoa pode se beneficiar de um estado de expectativa ou *crença*, e a transmutação realmente acontecerá. A *crença* ou a *fé* é o elemento que determina a ação do subconsciente. Não há nada que impeça as pessoas de "enganar" o próprio subconsciente ao lhe dar instruções por meio da autossugestão, da mesma forma que enganei o subconsciente do meu filho.

Para tornar mais realista esse ato de "enganar", quando se recorre ao subconsciente é preciso apenas agir como se *já tivesse de posse do elemento material demandado*. Através do meio mais prático e direto disponível, o subconsciente vai transmutar em seu equivalente físico qualquer ordem que lhe seja dada em um estado de *crença* ou *fé*.

A fé: Visualização, crença erealização do desejo

Com certeza, a partir de então terá sido criado o ponto de partida para que seja possível, através da experimentação e da prática, adquirir a capacidade de combinar a *fé* com quaisquer ordens dadas ao subconsciente. A perfeição vem com a prática. Não pode vir simplesmente da leitura das instruções.

Se for verdade que uma pessoa pode se tornar criminosa por associação com o crime, e isso é um fato sabido, também é verdade que uma pessoa pode desenvolver a fé sugerindo voluntariamente ao subconsciente que ela tem fé. A mente vem, finalmente, assumir a natureza das influências que a dominam. A compreensão dessa verdade é essencial para se conhecer a importância de se encorajar as emoções positivas como forças dominantes da mente, e desencorajar e eliminar as emoções negativas.

Uma mente dominada por emoções positivas torna-se uma morada favorável para o estado de espírito conhecido como fé. Uma mente bem-dominada pode, à sua própria vontade, dar instruções ao subconsciente, que vai aceitar e agir de forma imediata.

A FÉ É UM ESTADO DE ESPÍRITO QUE PODE SER INDUZIDO PELA AUTOSSUGESTÃO

Ao longo dos séculos, os religiosos advertiram a humanidade em dificuldades a "ter fé" nisso, naquilo e em outro dogma ou credo, mas deixaram de dizer às pessoas *como* elas deviam fazer para ter fé. Eles não informaram que a fé é um estado de espírito que pode ser induzido pela autossugestão.

Tudo o que é conhecido sobre como a *fé* pode ser desenvolvida, quando ela ainda não existe, encontra-se descrito a seguir, em uma linguagem que qualquer pessoa pode entender. Tenha *fé* em si mesmo, *fé* no Infinito. Antes de começar, vale lembrar mais uma vez que:

A fé é o "elixir eterno" que dá vida, poder e ação ao impulso do pensamento!

Vale a pena ler a frase anterior uma segunda, uma terceira e uma quarta vez. Seria interessante lê-la em voz alta!

Os segredos que vão mudar sua vida

A *fé* é o ponto de partida para todo acúmulo de riqueza!

A *fé* é a base de todos os "milagres" e de todos os mistérios que não podem ser analisados pelas regras da ciência!

A *fé* é o único antídoto para o *fracasso*!

A *fé* é o elemento, a "química" que, quando combinada com a oração, dá ao indivíduo comunicação direta com a Inteligência Infinita.

A *fé* é o elemento que transforma a vibração comum do pensamento, criada pela mente finita do homem, no equivalente espiritual.

A *fé* é a única entidade através da qual a força cósmica da Inteligência Infinita pode ser aproveitada e usada.

Todas as afirmações anteriores são passíveis de comprovação!

A prova é simples e facilmente demonstrada. Está relacionada ao princípio da autossugestão, a ser abordado aqui, com o objetivo de definir o que é e do que é capaz de alcançar.

O fato de os indivíduos passarem a *acreditar* em algo que repitam para si é bem conhecido, independentemente de a afirmação ser verdadeira ou não. Se uma mentira for repetida várias vezes pela pessoa, essa mentira será finalmente aceita como verdade. E, além disso, as pessoas vão *acreditar* nela como uma verdade. Cada indivíduo é o que é por causa dos *pensamentos dominantes* que ele permite ocuparem sua mente. Os pensamentos deliberadamente colocados na mente, encorajados com simpatia e combinados com uma ou mais emoções são as forças motivadoras que dirigem e controlam cada movimento, atitude e ação do indivíduo!

Os pensamentos que são combinados com quaisquer emoções funcionam como uma força "magnética" que atrai, a partir das vibrações do éter, outros pensamentos similares ou relacionados.

Portanto, um pensamento "magnetizado" com emoção pode ser comparado a uma semente que, quando plantada em solo fértil, germina, cresce e se multiplica várias vezes, até que o que era originalmente uma pequena semente se transforme em milhões de plantas da *mesma espécie*!

O éter é uma grande massa cósmica de forças eternas em vibração. É composto tanto de vibrações destrutivas quanto de vibra-

58

A fé: Visualização, crença e realização do desejo

ções construtivas. Carrega, o tempo todo, vibrações de medo, pobreza, doença, fracasso, sofrimento, e também vibrações de prosperidade, saúde, sucesso e felicidade. Ele, seguramente, leva o som de diversas orquestras e uma variedade de vozes humanas, cada uma com sua própria individualidade, identificadas por meio de rádio.

A partir do grande depósito do éter, a mente humana atrai constantemente as vibrações harmonizadas com aquilo que ela *domina*. Qualquer pensamento, ideia, plano ou propósito que alguém mantenha em sua mente atrai, a partir das vibrações do éter, uma série de "elementos afins", que são acrescentados à sua própria força. Consequentemente, esse pensamento se desenvolve e cresce até tornar-se o *mestre motivador* dominante do indivíduo em cuja mente está alojado.

Agora, voltando ao ponto de partida, a forma como a semente original ou informação de uma ideia, plano ou propósito pode ser plantada na mente se dá através de repetição do pensamento. É por isso que todos estão convidados a escrever uma declaração com seu principal propósito, ou Principal Objetivo definido, enviá-lo para a memória e a repeti-lo, com palavras audíveis, dia após dia, até que essas vibrações de som alcancem seu subconsciente.

As pessoas são o que são por causa das vibrações de pensamento que captam e registram, por meio dos estímulos do cotidiano.

É importante que as pessoas decidam por ignorar as influências de quaisquer ambientes infelizes e coloquem sua vida em *ordem*. Ao fazer um inventário das qualidades e deficiências mentais, é possível descobrir que o maior ponto fraco é a falta de autoconfiança. Essa deficiência pode ser superada e timidamente transformada em coragem por meio do auxílio do princípio da autossugestão. A aplicação desse princípio pode ser feita através de um arranjo simples dos impulsos de pensamento positivo declarados por escrito, memorizados e repetidos, até que se tornem parte do mecanismo de funcionamento da faculdade subconsciente.

Os segredos que vão mudar sua vida

A FÓRMULA DA AUTOCONFIANÇA

Primeiro. Sei que tenho a capacidade de atingir o objetivo do meu Propósito Definido na vida. Portanto, *exijo* de mim mesmo uma ação contínua e persistente em prol de sua realização e, aqui e agora, prometo executar essa ação.

Segundo. Compreendo que os pensamentos dominantes da minha mente vão acabar se reproduzindo em ação física externa e, gradualmente, irão se transformar em realidade física. Portanto, vou concentrar meus pensamentos, durante trinta minutos por dia, na tarefa de mentalizar a pessoa em quem pretendo me tornar, assim criando uma clara imagem mental dessa pessoa na minha mente.

Terceiro. Tenho conhecimento, por meio do princípio da autossugestão, de que qualquer desejo que eu mantenha de forma persistente em minha mente vai acabar procurando uma expressão através de algum meio prático de atingir o objetivo por trás dele. Portanto, vou dedicar dez minutos por dia para exigir de mim mesmo o desenvolvimento da *autoconfiança*.

Quarto. Anotei de forma clara uma descrição do meu *principal objetivo definido* na vida e nunca vou parar de tentar alcançá-lo até que tenha desenvolvido a autoconfiança suficiente para sua realização.

Quinto. Compreendo perfeitamente que nenhuma riqueza ou posição pode durar muito se não for construída baseada na verdade e na justiça. Portanto, não vou me envolver em nenhuma transação que prejudique outras pessoas. Serei bem-sucedido atraindo para mim mesmo as forças que desejo usar e a cooperação de outras pessoas. Irei induzir os outros a me servirem, em função da minha disposição em servir os outros. Eliminarei o ódio, a inveja, o ciúme, o egoísmo e o cinismo através do desenvolvimento do amor pela humanidade, pois sei que uma atitude negativa para com os outros nunca vai poder me trazer sucesso. Farei os outros acreditarem em mim, porque vou acreditar neles e em mim mesmo. Vou assinar meu nome nessa fórmula, enviá-la para a minha memória e repeti-la uma vez por dia, com plena *fé* de que ela influencie de forma gradual meus *pensamentos* e *ações*, de modo que me torne uma pessoa autoconfiante e bem-sucedida.

Por trás dessa fórmula está a lei da natureza que ninguém ainda foi capaz de explicar, incluindo os cientistas de todos os tempos. Os psicólogos deram-lhe o nome de Lei da "Autossugestão", e assim ficou.

Pouco importa o nome pelo qual ela é chamada. O que importa é que essa lei *funciona* para a glória e o sucesso da humanidade, *se* for usada de forma construtiva. Por outro lado, se usada de forma destrutiva, causará destruição imediatamente. Nessa declaração pode ser encontrada uma verdade muito significativa, ou seja, que aqueles que persistem na derrota e terminam a vida na pobreza, na angústia e na dificuldade, assim procedem devido à aplicação do princípio da autossugestão. A causa pode ser encontrada no fato de que *todos os impulsos do pensamento têm uma tendência de revestir-se com seu equivalente físico.*

O subconsciente, ou seja, o laboratório químico no qual todos os impulsos do pensamento são combinados e preparados para se materializar, não faz distinção entre impulsos de pensamentos construtivos e destrutivos. O subconsciente vai transformar em realidade um pensamento impulsionado pelo *medo* de modo tão rápido quanto um pensamento movido pela *coragem* ou pela *fé*.

As páginas da história médica são ricas com exemplos de casos de "suicídio sugestivo". Uma pessoa pode cometer suicídio por meio da sugestão negativa com a mesma eficácia que por qualquer outro meio. Em uma cidade do Centro-Oeste dos Estados Unidos, um bancário chamado Joseph Grant "pegou emprestada" uma grande soma de dinheiro do banco onde trabalhava, sem o consentimento dos diretores. Ele perdeu o dinheiro em um jogo de azar. Uma tarde, o inspetor da empresa resolveu verificar a contabilidade. Grant saiu do banco, reservou um quarto em um hotel e, quando o encontraram, três dias depois, ele estava deitado na cama, chorando e se lamentando, repetindo várias vezes as seguintes palavras:

"Meu Deus, isso vai me matar! Não posso suportar essa desgraça." Em pouco tempo ele estava morto. Os médicos declararam o caso como "suicídio psicológico".

Da mesma forma que a eletricidade faz girar as engrenagens da indústria e presta um serviço útil se usada de forma construtiva, ela extingue uma vida se usada de forma errada. A lei da autossugestão também conduz o indivíduo à paz e à prosperidade ou ao vale do sofrimento, do fracasso e da morte, de acordo com o seu grau de compreensão e aplicação dela.

Se a mente for preenchida com *medo*, dúvida e descrença na capacidade de usar as forças da Inteligência Infinita, a lei da autossugestão vai usar esse espírito de descrença como um padrão pelo qual o subconsciente irá se transformar em seu equivalente físico.

Essa afirmação é tão verdadeira quanto a declaração de que dois e dois são quatro!

Como o vento que leva um navio para o Leste e outro para o Oeste, a lei da autossugestão vai elevar as pessoas ou puxá-las para baixo, de acordo com a forma como elas conduzem as velas do *pensamento*.

Em algum lugar na formação da pessoa (talvez em seus neurônios), encontra-se adormecida a semente da realização que, se despertada e colocada em ação, levaria essa pessoa às alturas, como se ela nunca tivesse tido a esperança de alcançar.

Assim como um músico pode fazer os mais belos acordes jorrarem das cordas de um violino, qualquer pessoa pode despertar o gênio adormecido em seu cérebro e fazer que este a impulsione para cima, para alcançar qualquer objetivo que deseje.

Abraham Lincoln foi um fracasso em tudo o que tentou, até após os seus 40 anos. Ele era um "ninguém de lugar nenhum", até que vivenciou uma grande experiência e pôde fazer despertar o gênio adormecido em seu coração e cérebro. Assim, o mundo conheceu um dos homens mais importantes e realmente considerados grandiosos. Essa "experiência" foi harmonizada com emoções de tristeza e *amor* e chegou até ele por meio de Ann Rutledge, a única mulher que ele amou de verdade.

A fé: Visualização, crença erealização do desejo

É fato conhecido que a emoção experimentada no *amor* é muito próxima ao estado de espírito conhecido como *fé*, e esta, em função de estar muito próxima ao amor, transforma os impulsos de pensamento das pessoas em seu equivalente espiritual. Durante seu trabalho de pesquisa, o autor descobriu, analisando o trabalho de uma vida inteira e as conquistas de muitos homens notáveis, que havia a influência do amor de uma mulher por trás de quase *todos eles*.

A emoção do amor, no coração e no cérebro humano, cria um campo favorável de atração magnética, que provoca um influxo das mais altas e mais finas vibrações que flutuam no éter.

Vamos considerar o poder da *fé*, como está demonstrado, por um homem que é bem conhecido por toda a civilização: o indiano Mahatma Gandhi. Por intermédio desse homem, a humanidade experimentou um dos exemplos mais espantosos já conhecidos das possibilidades da *fé*.

Gandhi exerceu um poder com mais potencial do que qualquer homem que tenha vivido em seu tempo, tudo isso sem possuir nenhuma das ferramentas tradicionais de poder, tais como dinheiro, armas, soldados e materiais bélicos. Gandhi não tinha dinheiro, não tinha casa, não tinha sequer uma muda de roupas, mas *ele tinha poder*.

Como ele chegou a esse poder?

Ele o criou a partir de sua compreensão sobre o princípio da fé e através de sua capacidade de inspirar essa fé nas mentes de 200 milhões de pessoas.

Gandhi conquistou, através da influência da *fé*, aquilo que o poder militar mais forte da Terra não conseguiu fazer, e nunca conquistaria por meio de soldados e equipamentos militares. Ele realizou a proeza surpreendente de *influenciar* 200 milhões de indivíduos a se *unir e a se mover em uníssono, como uma única mente*. Que outra força na face da Terra, com exceção da *fé*, poderia fazer tanto?

As palavras-chave do futuro serão: *felicidade* e *gratificação*. Quando esses estados de espírito forem alcançados, a realização se fará por conta própria, de forma mais eficaz do que qualquer coisa que já tenha sido feita em algum outro momento em que as pessoas não conseguiram unir a *fé* ao interesse individual no trabalho de cada um.

Os segredos que vão mudar sua vida

Devido à necessidade de fé e de cooperação nos negócios e na indústria, será tanto interessante quanto proveitoso analisar um evento que proporcione uma boa compreensão do método através do qual empresários e líderes de negócios acumulam grandes fortunas. Ou seja: ter o que oferecer antes de tentar ganhar.

O evento escolhido para esse exemplo remonta à década de 1900, quando a United States Steel Corporation estava em formação. Durante a leitura dessa história, tenha em mente os fatos fundamentais para compreender como as *ideias* foram convertidas em grandes fortunas.

Primeiro, a grande United States Steel Corporation nasceu na mente de Charles M. Schwab, na forma de uma *ideia* que ele criou através de sua *imaginação*! Segundo, ele combinou a *fé* com essa *ideia*. Terceiro, formulou um *plano* para a transformação da *ideia* em realidade material e financeira. Quarto, colocou o plano em ação com seu famoso discurso no Clube Universitário. Quinto, aplicou e acompanhou seu *plano* com *persistência* e *decisão* firme, dando suporte ao que era necessário até sua total realização. Sexto, preparou o caminho para o sucesso através de um *desejo ardente* de sucesso.

A história da criação da United States Steel Corporation será bastante esclarecedora para o leitor que sempre quis saber como as grandes fortunas são acumuladas. Para quem tem dúvida de que é possível *pensar e enriquecer*, essa história deve dissipar essa dúvida, pois nela pode-se ver a aplicação da maior parte dos 13 princípios descritos neste livro.

John Lowell, no *New York World-Telegram*, cuja amabilidade encontra-se aqui reproduzida, deu, de forma dramática, essa descrição impressionante sobre o poder de uma *ideia*.

"UM BELO DISCURSO APÓS O JANTAR POR 1 BILHÃO DE DÓLARES"

"Quando, na noite de 12 de dezembro de 1900, cerca de oitenta membros da nobreza financeira da nação reuniram-se no salão de festas do Clube Universitário, na Quinta Avenida, para prestar ho-

A fé: Visualização, crença e realização do desejo

menagem a um jovem oriundo do Oeste dos Estados Unidos, nem meia dúzia dos convidados percebeu que estavam para testemunhar um dos episódios mais significativos da história industrial americana.

"J. Edward Simmons e Charles Stewart Smith, com os corações cheios de gratidão por Charles M. Schwab, pela hospitalidade gentilmente concedida a eles durante uma recente visita a Pittsburgh, organizaram o jantar para apresentar o 'homem do aço', de 38 anos, à sociedade bancária do Leste. Não esperavam, no entanto, que ele provocasse um tumulto no evento. Os dois rapazes já haviam advertido Schawab que, na verdade, os corações dentro das camisas engomadas de Nova York não seriam muito receptivos à oratória e que se ele não quisesse aborrecer os Stilimans, os Harrimans e os Vanderbilts, seria melhor limitar sua fala a 15 ou vinte minutos de generalidades elegantes e nada mais.

"Até mesmo John Pierpont Morgan — sentado à direita, conforme exigiam as conveniências imperiais — só tinha a intenção de honrar a mesa de banquete com sua presença por pouco tempo. E, tanto para a imprensa como para o público, o acontecimento todo foi tão rápido que não foi encontrada nenhuma menção a ele nos jornais no dia seguinte.

"Assim, os dois anfitriões e seus convidados deram prosseguimento à degustação dos sete ou oito pratos. Houve pouca conversa, e a que houve foi discreta. Poucos banqueiros e corretores conheciam Schwab, cuja carreira havia florescido ao longo das margens do rio Monongahela, e nenhum deles o conhecia muito bem. Porém, antes que terminasse a noite, todos eles, incluindo Morgan, "o senhor do dinheiro", foram arrebatados, e um bebê de 1 bilhão de dólares, a United States Steel Corporation, estava para ser concebido.

"Talvez seja lamentável para a história que não tenha sido feito nenhum registro do discurso de Charlie Schwab no jantar. Ele repetiu algumas partes desse discurso em uma data posterior, durante um encontro semelhante de banqueiros em Chicago. E, ainda mais tarde, quando o governo entrou com uma ação para dissolver a Steel Trust Corporation, ele deu sua própria versão, como teste-

Os segredos que vão mudar sua vida

munha, sobre as observações que estimularam Morgan em um frenesi financeiro.

"É provável, no entanto, que tenha sido um discurso 'caseiro', com problemas de concordância (pois as sutilezas da linguagem nunca preocuparam Schwab), cheio de sátiras e intercalado com tiradas inteligentes. Porém, fora isso, teve força e efeito galvânicos sobre o capital estimado em 5 bilhões, representado pelos comensais. Terminada a reunião, e ainda sob o seu feitiço, embora Schwab tivesse falado por noventa minutos, Morgan levou o orador até uma janela mais reservada. Balançando as pernas que pendiam de um alto e desconfortável assento, eles conversaram por mais uma hora.

"A magia da personalidade de Schwab foi lançada com força total; porém, o mais importante e duradouro foi o programa bem-desenvolvido e definido que ele formulou para o engrandecimento da Steel Corporation. Muitos outros homens tentaram convencer Morgan a formar um truste de aço em conjunto com eles, nos padrões dos trustes de biscoitos, arames e argolas, açúcar, borracha, uísque, óleo ou chiclete. O apostador John W. Gates insistira nisso, mas Morgan não confiava nele. Os Moore, Bill e Jim, corretores de Chicago que juntaram um truste de fósforos e uma empresa de biscoitos, fracassaram na tentativa. Elbert H. Gary, um hipócrita advogado rural, quis fomentar a ideia do truste, mas não era grande o suficiente para impressionar. Até que a eloquência de Schwab levou J.P. Morgan às alturas, de onde pôde visualizar os resultados sólidos da instituição financeira mais ousada já concebida, e o projeto foi considerado como um sonho delirante de loucos por dinheiro fácil.

"O magnetismo financeiro que há uma geração começou a atrair muitas empresas pequenas, às vezes dirigidas de forma ineficiente, para alianças grandes e capazes de esmagar a concorrência, tornouse operacional no mundo do aço, por meio dos estratagemas de John W. Gates, esse jovem pirata dos negócios. Gates já havia formado a American Steel and Wire Company a partir de uma rede de pequenas empresas e, juntamente com Morgan, criara a Federal Steel Company. As empresas National Tube e American Bridge foram mais duas empresas de Morgan, e os Moore Brothers tinham abandonado o negócio de fósforos e biscoitos para formar o 'Ame-

A fé: Visualização, crença erealização do desejo

rican' Group, composto pelas empresas Tin Plate, Steel Hoop, Sheet Steel e a National Steel Company.

"Entretanto, ao lado do truste vertical gigantesco de Andrew Carnegie, operado por 53 sócios, aquelas outras coligações eram insignificantes. Eles podiam se associar à vontade, mas o grupo todo não chegava aos pés da organização Carnegie, e Morgan sabia disso.

"O velho escocês excêntrico também sabia disso. Ele viu, das magníficas alturas do Castelo Skibo, primeiro achando divertido e depois com ressentimento, as tentativas das empresas menores de Morgan de eliminarem seus negócios. Quando as tentativas se tornaram muito ousadas, a calma de Carnegie transformou-se em raiva e retaliação. Ele decidiu reproduzir todas as fábricas de propriedade de seus rivais. Até então, ele não estivera interessado em arames, tubos, argolas ou papel. Pelo contrário, estava satisfeito em vender a essas empresas o aço bruto e deixar que moldassem no formato que bem entendessem. Agora, tendo Schwab como seu tenente e encarregado, planejou encostar seus inimigos contra a parede.

"Portanto, foi no discurso de Charles M. Schwab que Morgan viu a resposta para seu problema de sociedade. Um truste sem Carnegie, o gigante entre todos, não seria um truste, e sim um pudim de ameixas, como disse um escritor, sem as ameixas.

"O discurso de Schwab na noite de 12 de dezembro de 1900, sem dúvida, levou à conclusão, embora não à promessa, de que o vasto empreendimento de Carnegie poderia ser conduzido para debaixo da tenda de Morgan. Ele falou do futuro do mundo para o aço, da reorganização em busca da eficiência, da especialização, do sucateamento das fábricas malsucedidas e da concentração de esforços sobre as propriedades florescentes, das economias no comércio do ouro, das economias nos departamentos gerais e administrativos, da captação de mercados estrangeiros.

"Mais do que isso, disse aos piratas entre eles onde estavam os erros da pirataria habitual deles. O propósito deles, segundo o próprio inferiu, fora criar monopólios, elevar preços e ter privilégios provenientes de gordos dividendos. Schwab condenou o sistema da forma mais sincera. A falta de visão de tal política, disse ele aos ouvintes, estava no fato de que restringia o mercado em uma época em

Os segredos que vão mudar sua vida

que tudo clamava por expansão. Com o barateamento do preço do aço, argumentou ele, poderia ser criado um mercado que permanecesse em constante expansão, maiores utilidades para o aço, além de captar boa parte do comércio mundial. Na verdade, embora ele próprio não soubesse, Schwab era um apóstolo da moderna produção em massa.

"Assim chegou ao fim o jantar no Clube Universitário. Morgan foi para casa pensando nas previsões róseas de Schwab. E Schwab voltou para Pittsburgh para administrar o negócio de aço para Andrew Carnegie, enquanto Gary e os outros voltaram para suas cotações de ações, para passar o tempo, na expectativa do próximo passo.

"Não demorou muito para esse próximo passo chegar. Morgan levou cerca de uma semana para digerir o banquete de razões que Schwab colocara diante dele. Quando teve certeza de que não poderia resultar em nenhuma indigestão financeira, mandou buscar Schwab e encontrou aquele jovem um tanto reservado. Carnegie, indicou Schwab, poderia não gostar de descobrir que o presidente de sua companhia, uma pessoa de confiança, flertara com o imperador de Wall Street, a rua na qual Carnegie resolvera nunca pôr os pés. Então, foi sugerido por John W. Gates, o intermediário, que se 'acontecesse' de Schwab estar no Bellevue Hotel, na Filadélfia, poderia 'acontecer' de J.P. Morgan também estar lá. Quando Schwab chegou, entretanto, Morgan estava muito doente em sua casa em Nova York e, portanto, diante do convite urgente do homem mais velho, Schwab foi para Nova York e apresentou-se à porta da biblioteca do financista.

"Agora, determinados historiadores de economia professaram a crença de que, do começo ao fim do drama, o palco fora montado por Andrew Carnegie. Ou seja, que o jantar para Schwab, o famoso discurso, a conferência no domingo à noite entre Schwab e o rei do dinheiro teriam sido arranjados pelo astuto escocês. Porém, a verdade é exatamente o oposto. Quando Schwab foi chamado para consumar o acordo, sequer sabia se o 'patrãozinho', como Andrew era chamado, ao menos ouviria uma oferta de venda, especialmente para um grupo de homens que Andrew considerava como pouco

A fé: Visualização, crença e realização do desejo

dotados de santidade. Entretanto, Schwab levou consigo para a conferência, escritas de próprio punho, seis páginas de números perfeitamente nítidos, que representavam o valor e a capacidade potencial de ganho de cada empresa de aço que considerava como uma estrela no firmamento do novo metal.

"Quatro homens refletiram sobre esses números a noite toda. É claro que o chefe era Morgan, firme em sua crença no Direito Divino do Dinheiro. Com ele encontrava-se seu sócio aristocrático, Robert Bacon, um estudioso e um cavalheiro. O terceiro era John W. Gates, a quem Morgan desprezava como jogador e o usava como instrumento. O quarto era Schwab, que conhecia mais sobre os processos de fabricação e de venda de aço do que qualquer grupo repleto de homens vivos naquele momento. Durante a conferência, os números do rapaz de Pittsburgh nunca foram questionados. Se ele dissesse que uma empresa valia um determinado valor, então seria aquele valor e nada mais. Ele era insistente também quanto a incluir na sociedade apenas as empresas designadas por ele. Ele tinha concebido uma empresa em que não haveria duplicação, nem mesmo para satisfazer a ganância de amigos que queriam descarregar suas empresas nos ombros largos de Morgan. Assim deixou de fora, intencionalmente, algumas das maiores empresas sobre as quais os lobos de Wall Street tinham lançado olhares famintos.

"Quando amanheceu, Morgan levantou-se e alongou as costas. Só lhe restou uma pergunta:

"— Você acha que é capaz de persuadir Andrew Carnegie a vender? — perguntou.

"— Posso tentar — respondeu Schwab.

"— Se conseguir que ele venda, eu me responsabilizo pela negociação — concluiu Morgan.

"Até ali, tudo bem. Mas será que Carnegie venderia? Quanto ele iria pedir? (Schwab pensou em 320 milhões de dólares.) Como exigiria o pagamento? Em *commons* ou ações preferenciais? Em títulos? Em dinheiro? Ninguém poderia levantar um terço de 1 bilhão de dólares em dinheiro.

"Em janeiro, houve um jogo de golfe nos campos gelados de St. Andrews, em Westchester, com Andrew enrolado em suéteres e

Charlie tagarelando de forma animada, como de costume, para manter seu ânimo em alta. Porém, nenhuma palavra sobre negócios foi mencionada, até que os dois se sentassem no aconchegante chalé de Carnegie, ali perto. Então, com o mesmo poder de persuasão que hipnotizara oitenta milionários no Clube Universitário, Schwab despejou as brilhantes promessas de aposentadoria com conforto, de milhões incalculáveis, para satisfazer os caprichos sociais do velho. Carnegie rendeu-se, anotou um número em um pedaço de papel, entregou-o a Schwab e disse:

"— Tudo bem, é por essa quantia que vamos vender.

"O valor era de aproximadamente 400 milhões de dólares, e foi obtido tomando-se os 320 milhões mencionados por Schwab como um valor básico, acrescentando-se a isso 80 milhões de dólares que representavam o aumento do valor do capital durante os dois anos anteriores.

"Mais tarde, no convés de um transatlântico, o escocês disse, com pesar, para Morgan:

"— Gostaria de ter lhe pedido 100 milhões de dólares a mais.

"— Se tivesse pedido, teria conseguido — respondeu Morgan, alegremente.*

" Schwab, aos 38 anos, teve sua recompensa: foi eleito presidente da nova empresa e permaneceu no controle até 1930."

A história dramática do "grande negócio" foi incluída neste livro por ser um exemplo perfeito do método pelo qual o *desejo pode ser transformado em seu equivalente físico*! Acredito que alguns leitores

---

* "Houve um tumulto, é claro. Um correspondente britânico telegrafou que o mundo do aço estrangeiro estava 'chocado' com a gigantesca sociedade. O presidente Hadley, de Yale, declarou que, mesmo que os trustes fossem regulamentados, o país poderia esperar 'um imperador em Washington nos próximos 25 anos'. Mas Keene, um hábil manipulador de ações, passou a trabalhar para empurrar as novas ações para o público de forma tão vigorosa que todo o excesso, calculado em algo próximo a 600 milhões de dólares, foi absorvido em um piscar de olhos. Dessa forma, Carnegie teve seus milhões, e a corporação de Morgan teve 62 milhões de dólares por todo o seu 'trabalho'. E assim todos os 'rapazes', de Gates a Gary, tiveram seus milhões também."

A fé: Visualização, crença erealização do desejo

hão de questionar a afirmação de que um mero *desejo* intangível pode ser convertido em seu equivalente físico. Sem dúvida, alguns dirão: "Não é possível converter *nada* em *alguma coisa!*"

A resposta está na história da United States Steel Corporation.

Essa organização gigantesca foi criada na mente de um homem. O plano, através do qual as fábricas de aço deram estabilidade financeira à organização, foi criado na mente do mesmo homem. Sua *fé*, seu *desejo*, sua *imaginação* e sua *persistência* foram os verdadeiros ingredientes que entraram na United States Steel Corporation. As fábricas de aço e os equipamentos mecânicos adquiridos pela empresa, *depois de assegurada sua existência legal*, foram acidentais. Porém, uma análise cuidadosa vai revelar o fato de que o preço estimado das propriedades adquiridas pela corporação aumentou em aproximadamente 600 milhões de dólares, pela simples transação que as consolidou sob uma única gestão.

Em outras palavras, a *ideia* de Charles M. Schwab, mais a *fé* com que a transmitiu para as mentes de J.P. Morgan e de outros, foi vendida com um lucro de aproximadamente 600 milhões de dólares. Uma soma nada insignificante para uma única *ideia*!

O que aconteceu com algumas das pessoas que tiveram participação no lucro de milhões de dólares resultante dessa transação é um assunto que não vem ao caso no momento. O que há de importante nessa surpreendente conquista é o fato que ela serve como prova inquestionável do quanto a filosofia descrita neste livro é sólida, pois essa filosofia compôs o enredo e a trama de toda a transação. Além disso, a viabilidade da filosofia foi estabelecida em função de a United States Steel Corporation ter prosperado e se tornado uma das empresas mais ricas e mais poderosas dos Estados Unidos, empregando um número enorme de pessoas, desenvolvendo novos usos para o aço e abrindo novos mercado, provando, assim, que o lucro de 600 milhões de dólares produzido pela *ideia* de Schwab foi válido.

As *riquezas* começam na forma de *pensamento*! O montante é regulado na mente da pessoa que movimenta esse *pensamento*. A *fé* remove limitações! As pessoas devem se lembrar disso quando estiverem prontas para negociar qualquer coisa com a Vida. Lembre-se também que o homem que criou a United States Steel Corporation era praticamente desconhecido naquela época. Ele era simplesmente o "braço direito" de Andrew Carnegie até dar origem à sua famosa *ideia*. Depois disso, ele subiu rapidamente para uma posição de poder, fama e riqueza.

CAPÍTULO 4

A autossugestão:
O meio para influenciar o subconsciente

AUTOSSUGESTÃO É UM TERMO que se aplica a todas as sugestões e a todos os estímulos autoadministrados que atingem a mente através dos cinco sentidos. Em outras palavras, autossugestão é a sugestão que a pessoa faz para si mesma. Trata-se de um instrumento de comunicação entre a parte da mente onde ocorre o pensamento consciente e a parte que serve como área de ação do subconsciente. Através dos pensamentos dominantes que o indivíduo permite que permaneçam no consciente, independentemente de esses pensamentos serem negativos ou positivos, o princípio da autossugestão atinge o subconsciente de forma voluntária e o influencia com esses pensamentos.

Nenhum pensamento, seja ele negativo ou positivo, *pode entrar no subconsciente sem o auxílio do princípio da autossugestão*, com exceção dos pensamentos captados do éter. Dito de outra forma: todas as impressões dos sentidos que são percebidas através dos cinco sentidos são interrompidas pela mente *consciente* do pensamento, podendo ser transmitidas para o subconsciente ou rejeitada, a critério do indivíduo. A faculdade consciente serve, portanto, como uma proteção externa para a abordagem do subconsciente.

A natureza desenvolveu o indivíduo para que ele, por meio dos cinco sentidos, tenha *controle absoluto* sobre o conteúdo que

Os segredos que vão mudar sua vida

chega ao seu subconsciente. Isso não significa, contudo, que o indivíduo *sempre exerça* esse controle. Na grande maioria dos casos, as pessoas *não* mantêm esse controle, o que explica por que tantas delas passam a vida na pobreza. Lembre-se do que foi dito sobre o subconsciente assemelhar-se a uma área fértil do jardim, e se não forem plantadas ali as sementes das espécies mais desejadas, as ervas daninhas vão crescer em abundância. A *autossugestão* é o instrumento de controle através do qual o indivíduo pode alimentar o subconsciente de forma voluntária com pensamentos de natureza criativa ou, por negligência, permitir que pensamentos destrutivos encontrem seu caminho nesse rico jardim da mente.

O leitor foi instruído, nos últimos seis passos descritos no capítulo sobre Desejo, a ler *em voz alta*, duas vezes por dia, a afirmação *por escrito* de seu *desejo por dinheiro*, e a se *ver e se sentir* de posse do dinheiro! Ao seguir essas instruções, o indivíduo comunica o objetivo de seu *desejo* diretamente para o *subconsciente* em um espírito de *fé* absoluta. Por meio da repetição desse procedimento, criam-se hábitos de pensamento, de forma voluntária, que são favoráveis aos esforços do indivíduo para transformar o desejo em seu equivalente financeiro. Volte para esses seis passos descritos no Capítulo 2 e releia-os com bastante atenção antes de prosseguir. Depois leia com muito cuidado as quatro instruções para organizar seu grupo da Mente Mestra, descritas no Capítulo 7 sobre planejamento organizado. Ao comparar esses dois conjuntos de instruções é possível perceber que ambos envolvem a aplicação do princípio de autossugestão.

O leitor deve lembrar, portanto, ao ler em voz alta a afirmação de seu desejo (através do qual se esforça para desenvolver uma "consciência do dinheiro"), que a mera leitura das palavras não tem *nenhum significado, a menos que* seja combinada com emoção ou sentimento. Repetir 1 milhão de vezes a famosa fórmula de Émile Coué que diz: "Dia após dia, sob todos os pontos de vista, estou ficando cada vez melhor", sem misturar emoção e *fé* com as palavras, não vai promover nenhum resultado satisfatório. O subconsciente reconhece e atua *apenas* sobre os pensamentos que foram misturados com emoção ou sentimento.

Este é um fato de tamanha importância que vale ser repetido em praticamente todos os capítulos, pois a falta de compreensão disso é a principal razão de a maioria das pessoas que tenta aplicar o princípio de autossugestão não obter os resultados esperados.

Palavras simples e destituídas de emoção não influenciam o subconsciente. Resultados significativos não podem ser obtidos até que se aprenda a atingir o subconsciente com pensamentos ou palavras faladas que tenham sido harmonizadas emocionalmente com a *crença*.

O indivíduo não deve desanimar caso não consiga controlar e orientar as emoções na primeira tentativa. É preciso lembrar que não existe a possibilidade do *algo a troco de nada*. A capacidade de alcançar e influenciar o subconsciente tem seu preço, e *é preciso pagar esse preço*. Não se pode trapacear, mesmo que se queira. O preço da capacidade de influenciar seu subconsciente é a *persistência* eterna na aplicação dos princípios aqui descritos. Não se pode desenvolver a capacidade desejada por um preço mais baixo. *Apenas o indivíduo* é quem deve decidir se a recompensa pela qual está lutando (a "consciência do dinheiro") vale o preço que deve pagar pelo esforço.

Apenas a sabedoria e a astúcia não vão atrair nem reter o dinheiro, exceto em alguns casos muito raros, nos quais a lei das médias favoreça a atração do dinheiro por meio dessas fontes. O método para atrair dinheiro aqui descrito não depende da lei das médias. Além disso, o método não tem favoritos, ou seja, vai funcionar para uma pessoa tão efetivamente quanto para outra. Na ocorrência de fracasso, o responsável por ele foi o indivíduo, não o método. Se o indivíduo tentar e falhar, deve tentar novamente, repetidas vezes, até ser bem-sucedido.

A capacidade de utilizar o princípio de autossugestão depende, em grande parte, da capacidade da pessoa para se *concentrar* em um determinado *desejo* até que o desejo se torne uma *obsessão ardente*.

Os segredos que vão mudar sua vida

Quando as instruções, conectadas, começam a ser executadas com os seis passos descritos no Capítulo 2, é necessário que se adote o princípio da *concentração*.

Seguem aqui sugestões para o uso eficaz da concentração. No começo da execução do primeiro dos seis passos, aquele que oferece as instruções para "fixar na mente o montante *exato* de dinheiro desejado", os pensamentos sobre esse montante de dinheiro devem ser mantidos por meio da *concentração*, ou da fixação da atenção, com os olhos fechados até que a aparência física do dinheiro *realmente* possa ser *visualizada*. Isso deve ser feito pelo menos uma vez por dia. Enquanto esses exercícios são assimilados, o leitor deve seguir as instruções dadas no capítulo sobre *fé* e procurar se ver realmente *de posse do dinheiro*!

Aqui está o fato mais significativo: o subconsciente aceita quaisquer ordens dadas com espírito de *fé* absoluta e atua sobre essas ordens, embora, antes de serem interpretadas, as ordens, muitas vezes, tenham de ser apresentadas várias vezes através de repetição. Em sequência à afirmação anterior, considere a possibilidade de usar um "truque" perfeitamente legítimo com o subconsciente. Esse truque tem como finalidade fazê-lo acreditar — uma vez que o indivíduo acredita e precisa ter o montante de dinheiro que visualiza — que esse dinheiro já está à espera do indivíduo, que o subconsciente *deve* entregar ao indivíduo planos práticos para que este obtenha o dinheiro.

Entregue o pensamento sugerido no parágrafo anterior para a *imaginação* e veja o que ela pode ou poderá fazer para criar planos práticos para a acumulação de dinheiro através da transmutação do desejo.

Não espere por um plano definido, por meio do qual pretenda receber serviços ou produtos em troca do dinheiro que visualiza, mas comece a ver a si próprio de posse do dinheiro, enquanto *exige* e *espera* que o subconsciente entregue o plano, ou planos, de que precisa. Esteja alerta para esses planos e, quando eles surgirem, coloque-os *imediatamente* em *ação*. Quando os planos aparecerem, provavelmente, ficarão brilhando na mente por meio do sexto sentido, na forma de uma "inspiração". Essa inspiração pode ser considerada uma mensagem direta da Inteligência Infinita. Trate-a com res-

A autossugestão: O meio para influenciar o subconsciente

peito e aja sobre ela assim que ela surgir. Deixar de fazer isso será *fatal* para a obtenção de sucessos.

No quarto dos seis passos, instrua-se a "criar um plano definido para realizar seu desejo e começar de uma vez a colocá-lo em ação". Essa instrução deve ser seguida exatamente da maneira descrita no parágrafo anterior. Não confie na "razão" ao criar o plano para a acumulação de dinheiro por meio da transmutação do desejo; a razão das pessoas apresenta falhas. Além disso, a faculdade de raciocínio pode ser preguiçosa, e as pessoas podem se decepcionar se dependerem completamente delas.

Ao visualizar o dinheiro que pretende acumular, com os olhos fechados, veja-se prestando o serviço ou entregando a mercadoria que pretende dar em troca desse dinheiro. Isso é importante!

SUMÁRIO DAS INSTRUÇÕES

O fato de ler este livro é uma indicação de que o leitor busca um conhecimento sério. É também sinal de que é um estudante do assunto. Se for apenas um estudante, esta é uma oportunidade de aprender muita coisa que ainda não sabe, porém, para realmente aprender, será necessário assumir uma atitude de humildade. Se escolher seguir algumas das instruções, mas negligenciar ou se recusar a seguir outras, será um fracasso na certa! Para obter resultados satisfatórios, é preciso seguir *todas* as instruções com *fé*.

As instruções relacionadas aos seis passos dadas no Capítulo 2 estão aqui resumidas e combinadas com os princípios referidos no presente capítulo, como segue:

Primeiro. Vá para um lugar calmo (de preferência, a sua cama, à noite), onde não seja perturbado ou interrompido. Feche os olhos e repita em voz alta (de modo que possa ouvir as próprias palavras) a declaração por escrito do montante de dinheiro que pretende acumular, o prazo para sua acumulação e a descrição do serviço ou produto que pretende oferecer em troca do dinheiro. À medida que executa essas instruções, *veja a si mesmo de posse do dinheiro*. Por exemplo: suponha que pretenda acumular 100 mil dólares no dia 1º de janeiro, daqui a cinco anos, ao prestar serviços como representante de vendas. A declaração por escrito do propósito em questão deve ser similar ao seguinte:

"No dia 1º de janeiro de (escolha o ano), terei em meu poder 100 mil dólares, que virão a mim em montantes variáveis, de tempos em tempos. Em troca desse dinheiro, oferecerei serviços mais eficientes, em maior quantidade e de melhor qualidade de que sou capaz como representante de vendas de (descreva o serviço ou produto que pretende vender).

Acredito que terei esse dinheiro em meu poder. Minha fé é tão forte que posso ver agora esse dinheiro diante dos meus olhos. Posso tocá-lo com as mãos. O dinheiro está agora aguardando para ser transferido para mim, no momento e à medida que eu entregar o serviço que pretendo prestar. Aguardo um plano para acumular esse dinheiro, e vou segui-lo."

Segundo. Repita esse programa à noite e pela manhã, até que consiga visualizar (em sua imaginação) o dinheiro que pretende acumular.

Terceiro. Coloque uma cópia por escrito da declaração onde possa vê-la à noite e de manhã, e leia-a antes de dormir e ao se levantar, até que seja memorizada.

Lembre-se: à medida que executa essas instruções, estará aplicando o princípio da autossugestão com a finalidade de dar ordens ao subconsciente. Lembre-se também de que o subconsciente agirá *apenas* mediante instruções fundamentadas em emoção e entregues com "sentimento". A *fé* é a mais forte e mais produtiva das emoções. Siga as instruções do capítulo sobre *fé*.

Essas instruções podem, à primeira vista, parecer abstratas. Não deixe isso perturbá-lo. Siga as instruções, não importa o quanto possam parecer abstratas ou impossíveis no início. Chegará o momento

A autossugestão: O meio para influenciar o subconsciente

em que, se agir de acordo com as instruções, tanto no pensamento quanto na prática, um universo totalmente novo de poder se desdobrará para você.

O ceticismo frente a *todas* as novas ideias é característico de qualquer ser humano. Entretanto, ao seguir as instruções descritas, o ceticismo logo será substituído pela crença de que, por sua vez, logo se cristalizará em *fé absoluta*. É quando, então, terá chegado ao ponto em que pode verdadeiramente dizer: "Sou o mestre do meu destino, sou o capitão da minha alma!"

Muitos filósofos declararam que as pessoas têm controle sobre seus próprios destinos terrenos, mas a maioria deles não conseguiu explicar o motivo de as pessoas terem esse controle. A razão pela qual se pode controlar a própria condição terrena e, especialmente, a condição financeira, é explicada neste capítulo de forma minuciosa. As pessoas podem obter controle de si e de seu ambiente porque elas têm o *poder de influenciar o próprio subconsciente* e, por meio dele, obter a cooperação da Inteligência Infinita.

Este capítulo representa a pedra angular do arco dessa filosofia. As instruções nele contidas devem ser compreendidas e *aplicadas com persistência* se você conseguir transformar desejo em dinheiro.

O desempenho real da transmutação do *desejo* em dinheiro envolve o uso da autossugestão como um instrumento para se atingir e influenciar o subconsciente. Os outros princípios são simplesmente ferramentas para se aplicar as autossugestões. Mantenha isso em mente e estará sempre consciente da importância que o princípio da autossugestão possui sobre os seus esforços para acumular dinheiro através dos métodos descritos neste livro.

Aplique essas instruções como se fosse uma criança pequena. Introduza em seus esforços algo da *fé* infantil. O autor teve o máximo de cuidado de não incluir instruções inviáveis, em vista de seu desejo sincero de ser útil.

Depois de ler o livro inteiro, volte para este capítulo e siga em espírito e em ação esta instrução:

Leia o capítulo inteiro, em voz alta, uma vez todas as noites, até que você se torne totalmente convencido de que o princípio da autossugestão é

Os segredos que vão mudar sua vida

sólido, e que ele vai realizar para você tudo o que lhe foi solicitado. À medida que lê, sublinhe com um lápis todas as frases que o impressionam positivamente.

Siga estas instruções ao pé da letra, e elas vão abrir o caminho para uma completa compreensão e domínio dos princípios de sucesso.

CAPÍTULO 5

O conhecimento especializado: Experiências pessoais ou observações

HÁ DOIS TIPOS DE conhecimento. Um é geral, o outro é especializado. O conhecimento geral, não importa o quanto possa ser grande em termos de quantidade ou variedade, é de pouca utilidade para a obtenção de dinheiro. As faculdades das grandes universidades possuem, em conjunto, praticamente todas as formas de conhecimento geral de que se tem notícia. Elas são especializadas no ensino do conhecimento, mas não na organização ou na aplicação dele.

O *conhecimento* não atrairá dinheiro se não for organizado e dirigido de forma inteligente, por meio de *planos de ação* práticos, para a *finalidade definida* de acumulação de dinheiro. A falta de compreensão desse fato é o motivo para que muitas pessoas acreditem erroneamente que "conhecimento é poder". Não é nada disso! O conhecimento é apenas poder em potencial. Torna-se poder apenas quando — e se — for organizado através de planos definidos de ação e direcionados para uma finalidade específica.

Esse "elo que falta" em todos os sistemas de educação utilizados atualmente pode ser encontrado na incapacidade de as instituições educacionais ensinarem seus estudantes em *como organizar e utilizar o conhecimento após adquiri-lo*.

Muitas pessoas cometem o erro de supor que Henry Ford não foi um homem de "educação", inteligente, devido à sua pouca escola-

Os segredos que vão mudar sua vida

ridade. Essas pessoas não conheceram Henry Ford nem entendem propriamente o verdadeiro significado da palavra "educar". Essa palavra deriva do termo latino *educo*, que significa deduzir, interpretar, *desenvolver a partir de dentro*.

Uma pessoa educada (inteligente) não é, necessariamente, aquela que tem abundância de conhecimento geral ou especializado. As pessoas educadas desenvolveram as capacidades de suas mentes com as quais podem adquirir qualquer coisa que queiram, ou seu equivalente, sem violar os direitos dos outros. Henry Ford se encaixa muito bem no sentido desta definição.

Durante a Primeira Guerra Mundial um jornal de Chicago publicou determinados editoriais em que, dentre outras declarações, Henry Ford foi chamado de "pacifista ignorante". Henry Ford contestou as declarações e entrou com um processo contra o jornal por difamação. Quando a ação foi julgada no tribunal, os advogados do jornal pleitearam justificação e colocaram o próprio Henry Ford no banco das testemunhas, com o objetivo de provar ao júri que ele era ignorante. Os advogados fizeram uma série de perguntas a Henry Ford, todas com a intenção de provar, por meio do seu depoimento, que, embora ele possuísse considerável conhecimento especializado em fabricação de automóveis, era, em essência, um ignorante.

Henry Ford foi bombardeado com as seguintes perguntas:

— Quem foi Benedict Arnold? — perguntou o advogado. — Quantos soldados os britânicos enviaram aos Estados Unidos para acabar com a Rebelião de 1776?

— Não sei o número exato de soldados enviados pelos britânicos, mas ouvi dizer que era um número consideravelmente maior do que o que voltou.

Finalmente, Henry Ford ficou cansado dos questionamentos e, em resposta a uma pergunta particularmente ofensiva, inclinou-se, apontou seu dedo para o advogado que havia feito a pergunta e disse:

— Se eu realmente *quisesse* responder à pergunta estúpida que você acabou de fazer, ou a qualquer uma das outras que me fez, deixe-me lembrá-lo que tenho uma fileira de botões elétricos na

O conhecimento especializado: Experiências pessoais ou observações

minha mesa e que, se eu pressionar o botão da direita, posso chamar em meu auxílio pessoas que podem responder a *qualquer* pergunta que eu deseje fazer em relação ao negócio ao qual dedico grande parte dos meus esforços. Agora poderia me dizer, por favor, *por que* eu deveria ocupar minha mente com conhecimentos gerais, com a finalidade de ser capaz de responder a essas perguntas, se tenho pessoas ao meu redor que podem fornecer qualquer conhecimento que eu precise?

Certamente houve uma boa lógica para essa questão de Henry Ford.

O advogado manteve-se calado. Todas as pessoas no tribunal perceberam que não foi uma resposta de um homem ignorante, mas de um homem inteligente, de *educação*. Qualquer pessoa é considerada educada se souber onde obter conhecimento quando necessário e como organizar esse conhecimento em planos definidos de ação. Através da assistência de seu grupo da Mente Mestra, Henry Ford tinha a seu comando todo o conhecimento especializado que precisava para permitir que se tornasse um dos homens mais ricos do país. Não era essencial que ele tivesse esse conhecimento na própria mente. Com certeza, nenhuma pessoa que tenha inclinação e inteligência suficiente para ler um livro dessa natureza pode deixar escapar o significado desse exemplo.

Antes que se possa ter certeza da capacidade de transformar o DESEJO em seu equivalente monetário será necessário ter *conhecimento especializado* do serviço, produto ou profissão que se pretende oferecer em troca do dinheiro. Talvez seja necessário um conhecimento muito mais especializado do que a capacidade ou inclinação para obtê-lo, e se isso vier a ser verdade, esse ponto fraco pode ser superado com o auxílio do grupo da Mente Mestra.

Andrew Carnegie declarou que ele, pessoalmente, não conhecia nada sobre o aspecto técnico do negócio de aço. Além disso, não se preocupava particularmente em conhecer nada sobre o assunto. O conhecimento especializado que precisava para a fabricação e comercialização de aço lhe foi disponibilizado nas unidades individuais de seu *grupo de Mente Mestra*.

Os segredos que vão mudar sua vida

O acúmulo de grandes fortunas exige *poder*, e este é adquirido através do conhecimento especializado muito organizado e inteligentemente direcionado. Entretanto, esse conhecimento não precisa estar necessariamente com a pessoa que acumula a fortuna. O parágrafo anterior deve dar esperança e estímulo para o indivíduo que possui a ambição de fazer fortuna, mas que não possui a "educação" ou a instrução necessária para suprir esse conhecimento especializado que possa ser necessário.

Às vezes, as pessoas sofrem de complexo de inferioridade a vida inteira, por não terem educação formal ou uma qualificação. O indivíduo que consegue organizar e dirigir um grupo de pessoas de Mente Mestra, pessoas com um conhecimento útil para ganhar dinheiro, é um indivíduo tão inteligente quanto qualquer outro do grupo. Quem sofre do sentimento de inferioridade por causa da limitação de sua formação deve *lembrar-se disso*.

VALE A PENA SABER COMO COMPRAR CONHECIMENTO

Antes de tudo, é preciso decidir o tipo de conhecimento especializado de que você necessita e saber qual a finalidade desse conhecimento. O que ajuda a determinar o conhecimento necessário, em grandes proporções, é o maior propósito na vida, ou seja, o objetivo para o qual se está trabalhando. Com essa questão resolvida, o próximo passo requer que se tenham informações precisas sobre as fontes confiáveis de conhecimento. As fontes mais importantes dessas informações são as seguintes:

- A própria experiência e a formação.
- A experiência e a formação disponível através da cooperação de terceiros.
- As faculdades e universidades.
- A internet.
- As bibliotecas públicas.
- Os cursos de qualificação especial.

O conhecimento especializado: Experiências pessoais ou observações

À medida que é adquirido, o conhecimento deve ser organizado e colocado em uso, para uma finalidade definida, através de planos práticos. O conhecimento não tem valor se não puder ser obtido para ser aplicado em um fim digno. Esta é uma das razões pelas quais a formação universitária não é garantia de carreiras bem-sucedidas.

Ao considerar obter alguma qualificação adicional, é preciso primeiro determinar o objetivo de se adquirir o conhecimento pretendido e, depois, procurar saber, através de fontes confiáveis, onde esse tipo de conhecimento pode ser encontrado. As pessoas bem-sucedidas, em todo tipo de profissão, nunca deixam de adquirir conhecimento especializado relacionado ao seu maior propósito, negócio ou profissão. Aquelas que não são bem-sucedidas geralmente cometem erros ao acreditar que o período de aquisição de conhecimento termina quando terminam o período tradicional de escolaridade. A verdade é que a aprendizagem escolar convencional faz pouco mais do que colocar as pessoas no caminho para aprenderem como obter conhecimento prático.

A pessoa que para de estudar simplesmente porque finalizou os estudos tradicionais está fadada à mediocridade, não importa qual seja sua profissão. O caminho do sucesso é o caminho da busca constante do conhecimento.

CAPÍTULO 6

A imaginação:
O *workshop* da mente

A IMAGINAÇÃO É LITERALMENTE o *workshop* onde são moldados todos os planos criados pelo homem. O impulso e o *desejo* adquirem forma e entram em *ação* através do auxílio da faculdade imaginativa da mente.

Dizem que o homem é capaz de criar qualquer coisa que possa imaginar. Esse é o momento mais favorável de todos os tempos para o desenvolvimento da imaginação, pois vivemos em uma época de mudanças rápidas. Em todos os cantos é possível entrar em contato com estímulos que desenvolvem a imaginação. Através do auxílio da criatividade, a humanidade descobriu e aproveitou mais as forças da natureza durante os últimos cinquenta anos do que durante toda a história da civilização anterior a esse período. Conquistou-se o ar de forma tão plena que os pássaros não são páreos para os humanos em voo; o homem explorou o éter e fez com que este servisse como meio de comunicação instantânea com qualquer parte do mundo; analisaram-se e verificaram-se as características do sol a uma distância de milhões de quilômetros, e determinou-se, por meio do auxílio da *imaginação*, os elementos que o compõem; descobriu-se que o cérebro do ser humano é tanto uma estação transmissora quanto receptora para a vibração do pensamento e agora estão em andamento estudos para fazer uso prático dessa descoberta. Au-

A imaginação: O *worshop* da mente

mentou-se a velocidade da locomoção em tal proporção que hoje é possível viajar a uma velocidade de cerca de mil quilômetros por hora. Pode-se tomar café da manhã em Nova York e almoçar em São Francisco.

A única limitação do ser humano está no desenvolvimento e uso da sua imaginação. Ainda não foi atingido o ápice do desenvolvimento no uso da capacidade imaginativa do homem. Descobriu-se apenas que as pessoas têm imaginação e que começaram a usá-la de uma forma muito elementar.

DUAS FORMAS DE IMAGINAÇÃO

A faculdade imaginativa funciona de duas formas. Uma delas é conhecida como Imaginação Sintética e a outra como Imaginação Criativa.

IMAGINAÇÃO SINTÉTICA: por meio dessa faculdade, podem-se organizar antigos conceitos, ideias ou planos através de novas combinações. Essa faculdade não cria nada e funciona apenas com o material abastecido pela experiência, pela educação e pela observação. É a faculdade mais utilizada pelo inventor, com exceção do "gênio", que recorre à Imaginação Criativa quando não consegue solucionar algum problema por meio da Imaginação Sintética.

IMAGINAÇÃO CRIATIVA: por meio da Imaginação Criativa a mente finita da humanidade mantém uma comunicação direta com a Inteligência Infinita. É por meio dessa faculdade que são recebidos "palpites" e "inspirações", e por onde todas as ideias, básicas ou novas, são desenvolvidas. É através dessa faculdade que são recebidas as vibrações do pensamento dos outros, e também por onde um indivíduo pode "entrar em sintonia" ou se comunicar com o subconsciente dos outros.

A Imaginação Criativa opera automaticamente, na maneira descrita nas páginas a seguir. Porém, essa faculdade funciona *apenas* quando a mente consciente vibra a uma velocidade extremamente rápida. Por exemplo, quando a mente consciente é estimulada pela emoção de um forte desejo.

Os segredos que vão mudar sua vida

A faculdade criativa se torna mais alerta, mais receptiva às vibrações das fontes mencionadas na proporção em que ocorre o seu desenvolvimento pelo *uso*. Essa afirmação é significativa! Pondere sobre isso antes de seguir em frente.

Ao seguir esses princípios, é preciso ter em mente que a história total de como se pode converter o *desejo* em dinheiro não pode ser dita em uma afirmação somente. A história estará completa apenas quando todos os princípios forem *dominados, assimilados e colocados em prática*.

Os grandes líderes de negócios, da indústria, da área financeira e os grandes artistas, músicos, poetas e escritores tornaram-se personalidades importantes porque desenvolveram a faculdade da Imaginação Criativa.

Tanto as faculdades de imaginação sintéticas quanto as criativas se tornam mais alertas com o uso, assim como qualquer músculo ou órgão do corpo se desenvolve pelo uso.

O desejo é apenas um pensamento, um impulso. É nebuloso e efêmero. É abstrato e não tem nenhum valor até que seja transformado em sua contraparte física. Embora a Imaginação Sintética seja usada com mais frequência, no processo de transformação do impulso do *desejo* em dinheiro deve-se ter em mente que pode haver circunstâncias que exijam o uso da Imaginação Criativa também.

A faculdade imaginativa é capaz de tornar-se fraca pela falta de atividade. Entretanto, pode ser reativada e tornar-se alerta através do *uso*. Essa faculdade não morre, mas pode ficar inativa por falta de uso.

Concentre a atenção, por enquanto, no desenvolvimento da Imaginação Sintética, pois essa é a faculdade mais frequentemente usada no processo para converter desejo em dinheiro.

A transformação do impulso intangível do *desejo* na realidade tangível do *dinheiro* requer o uso de um ou mais de um plano. Esses planos devem ser formados com o auxílio da imaginação e, principalmente, com a faculdade da Imaginação Sintética.

Leia o livro inteiro e, depois, volte para este capítulo, começando imediatamente a colocar a sua imaginação para funcionar na elaboração de um plano, ou planos, para a transformação do *desejo* em

A imaginação: O *worshop* da mente

dinheiro. Foram dadas instruções detalhadas para a elaboração de planos em quase todos os capítulos. Execute as instruções que melhor se adaptem às suas necessidades. Coloque o plano por escrito no papel, caso ainda não o tenha feito. Ao acabar de redigi-lo, o *desejo* intangível terá recebido *definitivamente* uma forma concreta. Leia a frase anterior mais uma vez. Leia em voz alta, bem devagar, e enquanto faz isso, lembre-se de que, a partir do momento em que organizar a declaração do desejo e fizer um plano para sua realização, por escrito, esse terá sido realmente o *primeiro* de uma série de passos que permitirá que o pensamento se converta em sua contraparte física.

A Terra em que vivem os homens e todos os outros objetos materiais é o resultado de mudanças evolutivas, através das quais pedaços microscópicos de matéria foram organizados e dispostos de uma forma ordenada.

Além disso — e esta declaração é de extrema importância —, nessa Terra, cada uma das bilhões de células individuais do corpo humano e cada átomo de matéria começaram como uma forma intangível de energia.

O *desejo* é um impulso do pensamento! Os impulsos de pensamento são formas de energia. Quando você dá início a um impulso de pensamento, no caso, um *desejo* de acumular dinheiro, significa que está fazendo uso dos mesmos "materiais" que a natureza usou na criação deste planeta, incluindo-se o corpo e o cérebro em que funcionam os impulsos de pensamento.

Até onde a ciência foi capaz de determinar, o universo inteiro é composto por apenas dois elementos: matéria e energia. Por meio da combinação da energia com a matéria criou-se tudo o que é perceptível, incluindo a humanidade.

Agora é o momento de se empenhar na tarefa de tirar proveito dos métodos da natureza. O indivíduo, ao se esforçar para converter o *desejo* em seu equivalente físico e monetário, está (com sinceridade e de modo fervoroso, é o que se espera) tentando se adaptar às leis da natureza. *Todos os indivíduos são capazes de fazer isso! Já foi feito antes!*

Os segredos que vão mudar sua vida

É possível construir uma fortuna com o auxílio de leis que são imutáveis. Primeiro, porém, é preciso ter familiaridade com essas leis e aprender a *usá-las*. O autor espera revelar o segredo do acúmulo das grandes fortunas por meio da repetição e da descrição desses princípios, sob todos os ângulos possíveis. Por estranho e paradoxal que possa parecer, o "segredo" *não é um segredo*. A própria natureza divulga o "segredo" na Terra em que vivem os homens, nas estrelas, nos planetas que não se consegue visualizar a olho nu, nos elementos acima e em torno de todos os seres humanos, em cada folha de grama e em toda forma de vida.

A natureza divulga esse "segredo", biologicamente falando, através da conversão de uma célula minúscula, tão pequena que pode ser perdida na ponta de um alfinete, em um *ser humano* que agora lê esta linha. A conversão do desejo em seu equivalente físico não é mais milagrosa, com certeza!

COMO FAZER USO PRÁTICO DA IMAGINAÇÃO

As ideias são os pontos de início de todas as fortunas. As ideias são produtos da imaginação. Algumas ideias bem conhecidas, que resultaram em grandes fortunas, estão aqui apresentadas como exemplos, com o objetivo de transmitir informações definidas a respeito do método pelo qual a imaginação pode ser usada na obtenção de riquezas.

A CHALEIRA ENCANTADA

Há muitos anos, um velho médico do interior foi até a cidade, amarrou seu cavalo em um canto, entrou discretamente em uma farmácia pela porta dos fundos e começou a "pechinchar" com o jovem balconista. Sua missão era produzir bastante riqueza para muitas pessoas. Pretendia proporcionar o maior benefício à região sul desde a Guerra Civil.

Por mais de uma hora, o médico e o balconista conversaram em voz baixa, atrás do balcão. Depois o médico saiu. Foi até a carroça e

A imaginação: O *worshop* da mente

trouxe uma chaleira grande e velha e uma colher de pau (usada para mexer o conteúdo da chaleira), colocando-as na parte dos fundos do recinto.

O balconista examinou a chaleira, botou a mão no bolso, tirou um maço de notas e entregou-o ao médico. O maço continha exatamente quinhentos dólares, valor que na época representava todas as economias do balconista!

O médico entregou um pequeno pedaço de papel no qual estava escrita uma fórmula secreta. As palavras naquele pedaço de papel valiam uma fortuna, *mas não para o médico*! Aquelas palavras mágicas eram essenciais para colocar a chaleira para ferver, mas nem o médico nem o jovem balconista imaginavam as fortunas fabulosas que brotariam daquela chaleira.

O velho médico ficou feliz em vender o utensílio por quinhentos dólares. O dinheiro pagaria suas dívidas e lhe daria a sensação de liberdade. O balconista acabara de assumir um grande risco ao apostar todas as economias de uma vida inteira em um simples pedaço de papel e uma velha chaleira. Ele nunca imaginou que seu investimento faria com que a chaleira transbordasse de ouro e que superaria o desempenho milagroso da lâmpada de Aladim.

O que o balconista comprou, na verdade, foi uma *ideia*!

A chaleira velha e a colher de pau, juntamente com a mensagem secreta em um pedaço de papel, foram casuais. O estranho desempenho daquela chaleira aconteceu depois que o novo proprietário da farmácia decidiu misturar à fórmula secreta um ingrediente que o médico desconhecia.

Leia essa história com atenção e faça um teste com sua imaginação: veja se consegue descobrir o que foi que o jovem balconista adicionou na mensagem secreta e fez a chaleira transbordar de ouro. Lembre-se, durante a leitura, que essa não é uma história de *As mil e uma noites*. Tem-se aqui uma história de fatos mais estranhos do que uma ficção, fatos esses que começaram na forma de uma *ideia*.

Dê uma olhada nas grandes fortunas de ouro produzidas por essa ideia. Ela rendeu, e ainda rende, fortunas enormes para homens e mulheres em todo o mundo, que distribuem o conteúdo da chaleira para milhões de pessoas.

Os segredos que vão mudar sua vida

A antiga chaleira velha é hoje uma das maiores consumidoras do mundo de açúcar e, com isso, gera emprego permanente para uma grande quantidade de homens e mulheres envolvidos no cultivo de cana-de-açúcar, no refino e na comercialização do produto.

A antiga chaleira consome anualmente milhões de garrafas de vidro, dando emprego a um grande número de trabalhadores. A antiga chaleira dá emprego a inúmeros trabalhadores, redatores e publicitários em todo o país. Trouxe fama e fortuna para vários artistas que criaram magníficas imagens para descrever o produto. A velha chaleira transformou uma pequena cidade sulista na capital de negócios do Sul, que agora beneficia, direta ou indiretamente, todos os negócios e praticamente todos os habitantes da cidade. A influência resultante dessa ideia agora traz benefícios a todos os países civilizados no mundo, despejando um fluxo contínuo de ouro para todos os que o tocam.

O ouro da chaleira construiu e mantém uma das faculdades mais importantes do Sul, onde muitos jovens recebem o treinamento essencial para o sucesso.

A antiga chaleira fez outras coisas maravilhosas.

Durante todo o período da crise na década de 1930, quando fábricas, bancos e casas de comércio entraram em colapso e muitos foram fechados, o proprietário da Chaleira Encantada seguiu em frente, deu emprego contínuo a uma multidão de homens e mulheres em todo o mundo e pagou porções extras de ouro para aqueles que, muito tempo atrás, tiveram fé na ideia.

Se o produto daquela velha chaleira de latão pudesse falar, contaria emocionantes fábulas em todas as línguas: fábulas de amor, de negócios, de homens e mulheres em suas profissões, que são estimulados diariamente por ele.

O autor tem certeza de pelo menos uma dessas fábulas, pois fez parte dela, e começou não muito longe do mesmo lugar onde o balconista da farmácia comprou a velha chaleira. Foi ali que o autor conheceu sua esposa, e foi ela quem primeiro lhe falou da Chaleira Encantada. Era o produto daquela chaleira que eles estavam bebendo quando ele pediu que ela o aceitasse "na alegria e na tristeza".

A imaginação: O *worshop* da mente

Agora que você já sabe que o conteúdo da Chaleira Encantada é uma bebida mundialmente famosa, é conveniente que o autor confesse que a cidade de origem da bebida lhe ofereceu uma esposa e, além disso, a própria bebida lhe proporciona estímulos ao pensamento sem provocar intoxicação e, portanto, serve para dar o frescor à mente que um autor deve ter para fazer o seu melhor trabalho.

Seja você quem for, onde quer que viva, qualquer que seja a ocupação na qual possa estar envolvido, apenas lembre-se, no futuro, toda vez que se deparar com o termo "Coca-Cola", que o seu vasto império de riqueza e influência nasceu de uma única *ideia*, e que o ingrediente misterioso que o balconista da farmácia, Asa Candler, misturou com a fórmula secreta era...

IMAGINAÇÃO!

Pare e pense nisso por um momento.

Lembre-se também que os 13 passos para a riqueza descritos neste livro foram o meio pelo qual a influência da Coca-Cola se espalhou por todos os bairros, vilas e cidades do mundo, e que *qualquer ideia* que se possa criar, tão sólida e louvável quanto a Coca-Cola, tem a possibilidade de duplicar o prodigioso recorde desse matador mundial da sede.

Na verdade, os pensamentos são coisas, e seu escopo de atuação é o mundo em si.

O QUE EU FARIA SE TIVESSE 1 MILHÃO DE DÓLARES

Esta história comprova a veracidade daquele velho ditado: "Onde há vontade, há um caminho." Quem me contou foi o querido educador e clérigo Frank W. Gunsaulus, que começou sua carreira como pregador no sul de Chicago.

Durante a época em que o Dr. Gunsaulus frequentava a faculdade, observou muitos defeitos no sistema educacional, defeitos que ele acreditava poder corrigir se fosse o diretor da faculdade. Seu mais profundo desejo era tornar-se o diretor de uma instituição educacional em que homens e mulheres jovens fossem ensinados a "aprender fazendo".

Ele decidiu organizar uma nova faculdade em que pudesse colocar em prática suas ideias, sem ser prejudicado pelos métodos ortodoxos de educação. Era necessário 1 milhão de dólares para executar o projeto! Onde ele poderia obter uma soma tão grande de dinheiro? Esta era a pergunta que absorvia grande parte dos pensamentos do jovem e ambicioso pregador, e ele não conseguia fazer progresso algum.

Todas as noites ele levava consigo esse pensamento para a cama, e levantava-se com ele de manhã. O pensamento o acompanhava em qualquer lugar para onde fosse. Revolvia-o repetidamente em sua mente, até que se tornou uma obsessão que o consumia. Um milhão de dólares é muito dinheiro. Reconheceu esse fato, mas reconheceu também a verdade de que a única limitação é que se estabelece na própria mente.

Sendo filósofo, além de pregador, o Dr. Gunsaulus reconhecia, como todos os que são bem-sucedidos na vida, que a *definição de propósitos* é o ponto de partida para começar. Reconhecia também que a definição de propósitos acontece quando há entusiasmo, vida e poder apoiados por um *desejo ardente* de concretizar esse propósito em seu equivalente material.

Ele sabia de todas essas grandes verdades, mas não sabia onde ou como obter 1 milhão de dólares. O procedimento natural seria desistir e parar, dizendo: "Bem, minha ideia é boa, mas não posso fazer nada com ela, porque nunca conseguirei ter o dinheiro necessário." É exatamente o que a maioria das pessoas teria dito, mas não foi o que o Dr. Gunsaulus disse. O que disse e o que fez são tão importantes que agora vou apresentá-lo e deixá-lo falar por si.

"Em uma tarde de sábado, eu estava sentado no meu quarto, pensando nos meios e modos de levantar o dinheiro para realizar meus planos. Por quase dois anos fiquei pensando, e não fiz nada além de pensar!

"Mas o momento para a *ação* tinha finalmente chegado!

A imaginação: O *worshop* da mente

"Decidi, naquele segundo, que obteria o milhão de dólares necessário em uma semana. Como? Eu não estava preocupado com isso. A coisa mais importante foi a decisão de obter o dinheiro dentro de um período de tempo específico, e quero dizer que, no momento em que cheguei a uma decisão definida de conseguir o dinheiro em um prazo determinado, tive uma estranha sensação de certeza, como nunca havia experimentado antes. Algo dentro de mim parecia dizer: 'Por que não chegou a essa decisão há mais tempo? O dinheiro está esperando por você o tempo todo!' As coisas começaram a acontecer depressa. Telefonei para os jornais e anunciei que faria um sermão na manhã seguinte, intitulado 'O que eu faria se tivesse 1 milhão de dólares'.

"Comecei a trabalhar imediatamente no sermão, mas devo dizer que, francamente, a tarefa não foi difícil, porque eu já vinha preparando esse sermão há quase dois anos. O espírito por trás dele era parte de mim!

"Muito antes da meia-noite, eu havia terminado de escrevê-lo. Fui para a cama e dormi com um sentimento de confiança, pois podia ver a mim mesmo já de posse do milhão de dólares.

"Na manhã seguinte, levantei cedo, fui ao banheiro, li o sermão e então ajoelhei e pedi que ele pudesse chamar a atenção de alguém que fornecesse o dinheiro necessário.

"Enquanto estava orando, tive novamente aquela sensação de que o dinheiro estaria próximo. Em minha empolgação, saí sem o meu sermão e não percebi o descuido até estar no púlpito, prestes a lê-lo.

"Era tarde demais para voltar e pegar minhas anotações, e que bênção isso foi! Em vez disso, meu próprio subconsciente gerou o material necessário. Quando levantei para dar início ao sermão, fechei os olhos e falei, de coração e alma, dos meus sonhos. Não falei apenas com o público, mas imagino que também tenha falado com Deus. Eu disse o que faria com 1 milhão de dólares, se obtivesse aquela quantia. Descrevi o plano que eu tinha em mente para organizar uma grande instituição educacional, onde os jovens aprenderiam a fazer coisas práticas e, ao mesmo tempo, a desenvolver suas mentes.

"Quando terminei e me sentei, um homem levantou-se devagar de seu assento, em uma das três últimas fileiras, e caminhou até o

Os segredos que vão mudar sua vida

púlpito. Fiquei imaginando o que ele pretendia fazer. Caminhou até o púlpito, estendeu a mão e disse: 'Reverendo, gostei do seu sermão. Acredito que possa fazer tudo o que disse que faria, se tivesse 1 milhão de dólares. Para provar que acredito em você e em seu sermão, se for ao meu escritório amanhã de manhã, darei a você a quantia desejada. Meu nome é Philip D. Armour.'"

O jovem Gunsaulus foi ao escritório de Armour e o milhão de dólares lhe foi entregue. Com o dinheiro, ele fundou o Instituto de Tecnologia Armour, hoje conhecido como Instituto de Tecnologia de Illinois.

Isso é mais dinheiro do que a maioria dos pregadores jamais viu em toda a vida, mas o impulso de pensamento por trás do capital foi criado na mente do jovem pregador em fração de minutos. O milhão de dólares necessário veio como resultado de uma ideia. Por trás da ideia estava um *desejo* que o jovem Gunsaulus acalentara em sua mente por quase dois anos.

Observe este fato importante: *ele obteve o dinheiro 36 horas depois de ter chegado à decisão definida, em sua própria mente, para obtê-lo, e de se decidir por um plano definido para isso!*

Não havia nada de novo ou original em relação ao vago pensamento do jovem Gunsaulus sobre 1 milhão de dólares, e em ter uma leve esperança de obtê-lo. Outros antes dele, e muitos desde então, tiveram pensamentos semelhantes. Entretanto, havia algo muito original e diferente sobre a decisão a que ele chegou naquele sábado memorável, quando deixou a incerteza para trás e disse com determinação: "Vou adquirir esse dinheiro em uma semana!"

Deus parece se colocar ao lado das pessoas que sabem exatamente o que querem, se estiverem determinadas a conseguir *exatamente isso!*

Além disso, o princípio através do qual o Dr. Gunsaulus conseguiu seu milhão de dólares ainda está vivo! Está disponível para qualquer um! Essa lei universal pode tanto ser praticada hoje quanto na época em que o jovem pregador a utilizou de forma tão bemsucedida. Este livro descreve, passo a passo, os 13 elementos dessa grande lei, sugerindo como eles podem ser colocados em uso.

A imaginação: O *worshop* da mente

Observe que o balconista de farmácia Asa Candler e o Dr. Frank Gunsaulus possuíam uma característica em comum: ambos conheciam a verdade espantosa de que *ideias podem ser transformadas em dinheiro através do poder do propósito definido, adicionado a planos definidos*.

Aquele que acredita que o trabalho duro e a honestidade, por si só, são suficientes para trazer riquezas, deve deixar de pensar desta forma, pois não é verdade! As riquezas, quando vêm em enormes quantidades, nunca são o resultado de trabalho *árduo*! As riquezas vêm, se é que vêm, em resposta a exigências definidas, baseadas na aplicação de princípios definidos, e não por acaso ou por sorte.

De modo geral, uma ideia é um impulso de pensamento que estimula a ação, através de um apelo à imaginação. Todos os representantes de vendas gabaritados sabem que as ideias podem ser vendidas onde não se consegue vender mercadorias. Os representantes de vendas comuns não sabem disso, e é por isso que são "comuns".

Não há um preço padrão para ideias. O criador de ideias faz seu próprio preço e, se for esperto, consegue vendê-la.

A indústria cinematográfica criou muitos milionários. A maioria era de homens que não podiam criar, *porém*, tinham a imaginação para reconhecer ideias quando elas surgiam.

Andrew Carnegie sabia muito pouco sobre a produção de aço, e ele mesmo admitiu isso; no entanto, fez uso prático de dois dos princípios descritos neste livro, e conseguiu que o negócio de aço lhe rendesse uma fortuna.

A história de praticamente toda grande fortuna começa com o dia em que um criador de ideias e um vendedor de ideias se uniram e trabalharam em harmonia. Carnegie cercou-se de especialistas que podiam fazer tudo o que ele não podia fazer: pessoas que criavam ideias e homens que colocavam ideias em operação. E tornou-os muito ricos.

Milhões de pessoas passam pela vida à espera de "acontecimentos" favoráveis. Talvez um acontecimento favorável possa ser uma oportunidade, mas o plano mais seguro é não ter que depender da sorte. Foi um "acontecimento" favorável que me deu a maior oportunidade da minha vida, mas tive que dedicar 25 anos de esforço determinado a essa oportunidade antes que ela se tornasse um ativo.

O "acontecimento" consistiu em minha sorte de conhecer e obter a cooperação de Andrew Carnegie. Naquela ocasião, Carnegie plantou em minha mente a ideia de organizar os princípios da conquista em uma filosofia de sucesso. Um grande número de pessoas tirou proveito das descobertas feitas nos 25 anos de pesquisa, e várias fortunas foram acumuladas com a aplicação da filosofia. O começo foi simples. Foi uma *ideia* que qualquer um poderia ter desenvolvido.

O acontecimento favorável veio através de Carnegie. Mas, e quanto à *determinação, à definição do propósito, ao desejo de alcançar o objetivo e ao esforço persistente de 25 anos*? Não se tratava de um DESEJO comum que sobreviveu a desapontamentos, desânimos, derrotas temporárias, críticas e à lembrança constante da "perda de tempo". Era um *desejo ardente*! Uma *obsessão*!

Quando Andrew Carnegie plantou pela primeira vez a ideia em minha mente, ela foi persuadida, cuidada e seduzida para permanecer viva. Aos poucos, a ideia se tornou um gigante com poder próprio e me persuadiu, cuidou de mim e me conduziu. Primeiro se dá vida, ação e orientação às ideias e, depois, elas assumem um poder próprio e colocam os outros de lado.

CAPÍTULO 7

O planejamento organizado:
A cristalização do desejo em ação

FOI VISTO ATÉ AQUI que tudo o que é criado ou adquirido começa na forma de um *desejo*. O desejo enfrenta a primeira volta de sua viagem do abstrato para o concreto no *workshop* da *imaginação*, onde são criados e organizados *planos* para sua transição.

No Capítulo 2, você foi instruído a dar seis passos práticos definidos, como um primeiro lance para transformar o desejo em seu equivalente monetário. Um desses passos é a formação de um, ou mais de um, plano prático *definido*, através do qual possa ser feita essa transformação.

Veja as instruções de como elaborar planos práticos:

1. Alie-se a um grupo com um número de pessoas necessário para a criação e realização de um plano, ou planos, para acúmulo de dinheiro, fazendo uso do princípio da Mente Mestra, descrito no Capítulo 10. (O cumprimento dessa instrução é absolutamente essencial. Não deve ser negligenciado.)
2. Antes de formar a aliança da Mente Mestra, é preciso decidir quais benefícios podem ser oferecidos aos membros do grupo, em troca da cooperação de cada um. Ninguém vai trabalhar indefinidamente sem alguma forma de compensação.

Nenhuma pessoa inteligente vai pedir ou esperar que outra trabalhe sem um reconhecimento adequado, embora isso nem sempre seja na forma de dinheiro.

3. Marque uma reunião com os membros do grupo de Mente Mestra pelo menos duas vezes por semana, ou mais, se possível, para trabalhar em conjunto até que o(s) plano(s) esteja(m) perfeito(s) para o acúmulo de dinheiro.

4. Mantenha a PERFEITA HARMONIA entre você e cada um dos membros do grupo da Mente Mestra. Se não conseguir realizar essa instrução ao pé da letra, é provável que não tenha êxito. O princípio da Mente Mestra não pode ser aplicado onde não prevaleça a *perfeita harmonia*. Tenha em mente os seguintes princípios:

a) O compromisso com o qual está envolvido é da maior importância para você. Para ter certeza do êxito, é preciso ter planos que sejam impecáveis.

b) É preciso ter a vantagem da experiência, educação, capacidade inata e imaginação de outras mentes. Isso está alinhado com os métodos seguidos por cada uma das pessoas que fizeram grandes fortunas.

Nenhum indivíduo tem experiência, educação, sabedoria inata e conhecimento suficientes para garantir a obtenção de uma grande fortuna sem a cooperação de outras pessoas. Qualquer plano que seja adotado, no esforço para acumular riqueza, deve ser a criação conjunta entre você e todos os outros membros do grupo de Mente Mestra. Você pode originar seus próprios planos, em parte ou no todo, mas *saiba que esses planos são verificados e aprovados pelos membros da aliança da Mente Mestra.*

Se o primeiro plano adotado não funcionar com sucesso, substitua-o por um novo plano, e se esse novo plano falhar, substitua-o por outro e assim por diante, até encontrar um plano que *funcione*. É exatamente nesse ponto que a maioria das pessoas se depara com o fracasso, devido à falta de *persistência* em criar novos planos para tomar o lugar daqueles que não deram certo.

O planejamento organizado: A cristalização do desejo em ação

As pessoas mais inteligentes não têm sucesso em acumular dinheiro nem em qualquer outro empreendimento sem planos que sejam práticos e viáveis. Basta ter isso em mente e lembre-se, quando os planos falharem, de que essa derrota temporária não é um fracasso permanente. Pode simplesmente significar que os planos não estavam completos. Elabore outros planos. Comece tudo de novo.

Thomas A. Edison "falhou" 10 mil vezes antes de aperfeiçoar a lâmpada elétrica, isto é, ele se deparou com a derrota temporária 10 mil vezes antes de seus esforços serem coroados com o sucesso.

A derrota temporária deve ter apenas um motivo: a certeza de que há alguma coisa de errado com o plano. Muitas pessoas passam a vida na miséria e na pobreza por não terem um plano sólido para fazer fortuna.

Henry Ford ficou rico não por causa de sua mente superior, mas porque adotou e seguiu um *plano* que provou ser perfeito. Várias pessoas que poderiam ser apontadas com uma educação melhor do que a de Ford, no entanto, vivem na pobreza, porque não possuem o plano *certo* para a obtenção de dinheiro.

James J. Hill defrontou-se com a derrota temporária quando, num primeiro momento, procurou levantar o capital necessário para construir uma estrada ferroviária de Leste a Oeste dos Estados Unidos, mas transformou a derrota em vitória por meio de novos planos.

É comum olhar para as pessoas que acumularam grandes fortunas e, muitas vezes, reconhecer apenas os triunfos, deixando de lado as derrotas passageiras que elas tiveram que superar antes de chegar ao sucesso.

Nenhum seguidor desta filosofia pode esperar, de forma sensata, acumular uma fortuna sem passar pela experiência da derrota temporária. Quando a derrota vem, aceite-a como um sinal de que seus planos não estão completos, refaça-os e prossiga mais uma vez, em direção ao objetivo desejado. Se desistir antes de alcançar seu objetivo, você será um "desistente".

Um desistente nunca vence, e um vencedor nunca desiste.

Os segredos que vão mudar sua vida

Copie esta frase em um pedaço de papel com letras de aproximadamente três centímetros, e coloque-a onde você possa vê-la todas as noites antes de dormir e todas as manhãs antes de ir para o trabalho.

Quando começar a selecionar os membros para o grupo de Mente Mestra, procure selecionar aqueles que não levam a sério a derrota.

Algumas pessoas acreditam piamente que apenas *dinheiro* pode fazer dinheiro. Isso não é verdade! O *desejo*, transformado em seu equivalente monetário, por meio dos princípios aqui enunciados, é o instrumento através do qual é "feito" o dinheiro. O dinheiro em si não é nada além de matéria inerte. Não pode se mover, pensar ou falar, porém pode "ouvir" quando quem o *deseja* pede que ele venha!

O PLANEJAMENTO DA VENDA DE SERVIÇOS

O restante deste capítulo se refere à descrição de formas e meios de negociar serviços pessoais. As informações aqui transmitidas serão de ajuda prática para qualquer pessoa que tenha algum tipo de serviço a oferecer ao mercado. Porém, será de benefício inestimável para aquelas que aspiram ocupar posição de liderança nas áreas da sua escolha.

O planejamento inteligente é essencial para o sucesso em qualquer empreendimento concebido para acumular riquezas. Serão encontradas aqui instruções detalhadas para aqueles que têm de começar a juntar riquezas por meio da venda de serviços pessoais.

Deve ser alentador saber que praticamente todas as grandes fortunas começaram na forma de compensação por serviços pessoais, ou a partir da venda de *ideias*. O que mais, além de ideias e serviços pessoais, alguém que não possui propriedade tem que dar em troca de riquezas?

Em linhas gerais, há dois tipos de pessoas no mundo. Um dos tipos é conhecido como *líder* e o outro, como *seguidor*. É preciso de-

O planejamento organizado: A cristalização do desejo em ação

cidir, no início, se você pretende se tornar um líder na vocação escolhida ou permanecer um seguidor. A diferença na compensação é grande. O seguidor não pode esperar a compensação destinada à posição de líder, embora muitos seguidores cometam o erro de alimentar essa expectativa.

Não há nenhum problema em ser um seguidor. Por outro lado, não há crédito em permanecer um seguidor. A maioria dos grandes líderes começa na condição de seguidor. Tornaram-se grandes líderes porque eram *seguidores inteligentes*. Com poucas exceções, as pessoas que não conseguem seguir um líder de forma inteligente não conseguem se tornar líderes eficientes. As pessoas que conseguem seguir um líder de forma mais eficiente geralmente são aquelas que alcançam a liderança mais rapidamente. Um seguidor inteligente tem muitas vantagens, dentre elas a *oportunidade de adquirir conhecimento proveniente do líder*.

OS PRINCIPAIS ATRIBUTOS DA LIDERANÇA

A seguir estão definidos fatores importantes da liderança:

1. *Coragem inabalável* com base no conhecimento de si mesmo e de sua ocupação. Nenhum seguidor quer ser dominado por um líder carente de autoconfiança e coragem. Um líder assim não vai dominar por muito tempo seus seguidores.

2. *Autocontrole*. As pessoas que não conseguem se controlar nunca conseguem controlar os outros. O autocontrole constitui em poderoso exemplo para os seguidores, principalmente os mais inteligentes.

3. *Um grande senso de justiça*. Sem um senso de equidade e justiça, nenhum líder pode comandar e manter o respeito de seus seguidores.

4. *Definição de decisão*. As pessoas que vacilam nas decisões demonstram que não estão seguros de si. Elas não podem liderar os outros com sucesso.

Os segredos que vão mudar sua vida

5. *Definição de planos.* O líder de sucesso deve planejar o trabalho e trabalhar o plano. Um líder que se move por suposição, sem planos definidos e práticos, é comparável a um navio sem leme. Mais cedo ou mais tarde vai colidir com as rochas.

6. *O hábito de fazer mais do que é pago para fazer.* Uma das penalidades da liderança é a necessidade da boa vontade, por parte dos líderes, de fazer mais do que eles exigem de seus seguidores.

7. *Uma personalidade agradável.* Nenhuma pessoa descuidada e desleixada pode se tornar um líder de sucesso. A liderança exige respeito. Os seguidores não respeitam líderes que não tenham alto grau em todas as características de uma personalidade agradável.

8. *Solidariedade e compreensão.* Os líderes de sucesso devem ser solidários os seus seguidores. Além disso, devem compreender seus seguidores e seus problemas.

9. *Domínio dos detalhes.* A liderança de sucesso exige domínio dos detalhes da posição de líder.

10. *Disposição para assumir total responsabilidade.* Os líderes de sucesso devem estar dispostos a assumir a responsabilidade pelos erros e pelas deficiências de seus seguidores. Se tentarem transferir essa responsabilidade, não vão permanecer como líderes. Se os seguidores cometem erros e se tornam incompetentes, a culpa pela falha é do líder.

11. *Cooperação.* Os líderes bem-sucedidos devem entender e aplicar o princípio do esforço cooperativo e ser capaz de induzir os seguidores a fazer o mesmo. A liderança exige *poder*, e o poder exige *cooperação*.

Existem duas formas de liderança. A primeira, e de longe a mais eficaz, é a *liderança por consentimento* dos seguidores, com a solidariedade dos mesmos. A segunda é a *liderança pela força*, sem o consentimento e sem a solidariedade dos seguidores.

A história está repleta de evidências de que a liderança pela força não pode perdurar. A queda e o desaparecimento dos "ditadores" e

O planejamento organizado: A cristalização do desejo em ação

reis são significativos. Isso quer dizer que as pessoas não vão seguir lideranças pela força por tempo indeterminado.

O mundo entrou em uma nova era de relacionamento entre líderes e seguidores, que, muito claramente, demanda novos líderes e um novo padrão de liderança nos negócios e na indústria. Aqueles que pertencem à velha escola de liderança pela força precisam adquirir uma compreensão do novo tipo de liderança, a cooperação, ou serão relegados à categoria dos seguidores. Não há outra saída para eles.

No futuro, a relação entre empregador e empregado, ou líder e seguidor, será de cooperação mútua, com base em uma divisão equitativa dos lucros do negócio. A relação de empregador e empregado será mais como uma parceria do que foi no passado. Hitler, Stalin e Saddam Hussein são exemplos de liderança pela força. A liderança deles já não existe mais. Sem muita dificuldade, podem-se apontar os protótipos desses ex-líderes, entre os líderes de negócios, financeiros e trabalhistas dos Estados Unidos, que foram destronados ou serão. A liderança pelo consentimento dos seguidores é o único tipo que pode perdurar!

As pessoas podem seguir a liderança pela força, temporariamente, mas não vão fazer isso de bom grado.

A nova *liderança* vai abranger os 11 fatores de liderança descritos neste capítulo, assim como alguns outros fatores. As pessoas que fizerem desses fatores a base de sua liderança encontrarão muita oportunidade para liderar em qualquer ocupação.

AS DEZ PRINCIPAIS CAUSAS DO FRACASSO DA LIDERANÇA

Veja agora as principais falhas dos líderes que fracassam. Saber *o que não fazer* é tão essencial quanto saber *o que fazer*.

1. *Inabilidade para organizar detalhes*. A liderança eficiente exige capacidade de organizar e dominar detalhes. Nenhum líder genuíno se encontra sempre "muito ocupado" para fazer

qualquer coisa que lhe possa ser exigido como líder. Se um líder ou seguidor está "muito ocupado" para mudar os planos, ou para dar atenção a qualquer emergência, é uma indicação de ineficiência. O líder de sucesso deve dominar todos os detalhes relacionados com a posição. Isso significa, evidentemente, que deve ser adquirido o hábito de relegar detalhes para assessores capazes.

2. *Relutância em prestar serviço de forma humilde.* Os grandes líderes de verdade são solícitos, quando a ocasião exige, em desempenhar qualquer tipo de trabalho que pediriam a alguém para desempenhar. "O maior dentre vós é aquele que serve a todos" é a verdade observada e respeitada por todos os líderes capazes.

3. *A expectativa de pagar pelo que eles "sabem" em vez do que eles fazem com o que sabem.* O mundo não paga por aquilo que as pessoas "sabem" e sim pelo que elas *fazem*, ou induzem os outros a fazerem.

4. *Medo da concorrência dos seguidores.* O líder que teme que um de seus seguidores possa tomar o seu lugar quase sempre acaba por ter o medo transformado em realidade, mais cedo ou mais tarde. Os líderes capazes treinam substitutos a quem possam delegar tarefas. Essa é a única forma de os líderes se desdobrarem e se prepararem para estar em vários lugares e dar atenção a várias coisas ao mesmo tempo. É uma verdade eterna o fato de as pessoas receberem mais por sua *capacidade de levar os outros a realizar* do que poderiam conseguir por esforço próprio. Os líderes eficientes podem, através do conhecimento de suas funções e do magnetismo de suas personalidades, aumentar em muito a eficiência dos outros, além de levá-los a prestar mais e melhores serviços do que poderiam prestar sem a sua orientação.

5. *Falta de imaginação.* Sem imaginação, os líderes são incapazes de lidar com as emergências e de criar planos para orientar os seguidores de forma eficiente.

O planejamento organizado: A cristalização do desejo em ação

6. *Egoísmo*. Os líderes que reivindicam toda a honra pelo trabalho de seus seguidores podem estar certos de se deparar com o ressentimento. Os líderes realmente bons *não reivindicam honra alguma*. Eles se contentam em ver que as honras, quando existem, são destinadas a seus seguidores, porque sabem que a maioria das pessoas trabalha de forma árdua para obter louvor e reconhecimento do que para conseguir dinheiro propriamente.

7. *Descontrole*. Os seguidores não respeitam um líder descomedido. Além disso, o excesso em quaisquer de suas várias formas destrói a resistência e a vitalidade de todos que se entregam a ele.

8. *Deslealdade*. Talvez esse devesse estar como o primeiro da lista. Os líderes que não são fiéis ao seu cargo e aos de seus associados, tanto acima como abaixo deles, não conseguem manter a liderança por muito tempo. A deslealdade relega-os a menos do que o pó da terra e lhes impinge o desprezo que merecem. A falta de lealdade é uma das maiores causas de fracasso em toda carreira.

9. *Ênfase na "autoridade" da liderança*. Os líderes eficientes lideram por meio do incentivo, e não através da tentativa de provocar medo em seus seguidores. Os líderes que tentam impressionar os seguidores com sua "autoridade" são da categoria de liderança pela *força*. Os *verdadeiros líderes* não precisam anunciar esse fato, pois se impõem pela conduta, solidariedade, compreensão, justiça e pela demonstração do conhecimento do trabalho.

10. *Ênfase no título*. Os líderes competentes não necessitam de "título" para ganhar o respeito de seus seguidores. Os líderes que dão muita importância ao título geralmente têm pouquíssimo a oferecer. As portas do escritório dos verdadeiros líderes são abertas a todos que queiram entrar e seus ambientes de trabalho não têm formalidades ou ostentação.

Essas estão entre as causas mais comuns de fracasso na liderança. Qualquer uma dessas falhas é suficiente para levar ao fracasso.

Os segredos que vão mudar sua vida

Estude a lista com atenção se pretende seguir carreira de liderança e certifique-se de que não vai incorrer nessas falhas.

ALGUNS CAMPOS FÉRTEIS EM QUE SERÁ EXIGIDA A "NOVA LIDERANÇA"

Antes de terminar este capítulo, atente para alguns dos campos férteis que apresentam um declínio de liderança, e nos quais o novo tipo de líder pode encontrar bastante *oportunidade*.

Primeiro. No campo da política há uma demanda mais insistente por novos líderes, demanda que indica emergência. Muitos políticos tornaram-se aparentemente chantagistas legalizados de alto grau. Aumentaram os impostos e corromperam a máquina da indústria e dos negócios até que as pessoas não pudessem mais suportar o fardo.

Segundo. O mercado financeiro está em processo de reforma. Os líderes nesse campo perderam quase que completamente a confiança do público. Os executivos financeiros já sentiram a necessidade de reforma e já começaram a executá-la.

Terceiro. A indústria pede novos líderes. O velho tipo de líder pensava e se mudava em termos de dividendos, em vez de pensar e mudar-se com base nas equações humanas! Os líderes do futuro na indústria, para se manterem no cargo, devem se considerar funcionários públicos, cujo dever é o de gerenciar sua própria confiança, de tal forma que não precise trabalhar as dificuldades de nenhum indivíduo ou grupo de indivíduos. A exploração de trabalhadores é coisa do passado. Deixe que aqueles que têm ambição pela liderança no campo empresarial, industrial e da mão de obra lembrem-se disso.

Quarto. Os líderes religiosos do futuro serão forçados a dar mais atenção às necessidades temporais de seus seguidores, para solução de seus problemas pessoais e econômicos do presente, e menos atenção ao passado morto e ao futuro ainda por vir.

Quinto. Nas profissões da área de direito, medicina e educação, será necessária uma nova marca de liderança e, até certo ponto,

O planejamento organizado: A cristalização do desejo em ação

novos líderes. E será especialmente fundamental no campo da educação. Os líderes nesse campo devem, no futuro, encontrar formas e meios de ensinar as pessoas a *aplicarem* o conhecimento que recebem na escola. Elas devem lidar mais com a *prática* e menos com a *teoria*.

Sexto. Novos líderes serão necessários no campo do jornalismo. A mídia do futuro, para ser conduzida com sucesso, deve estar dissociada do "privilégio especial" e perdurar sem o subsídio da publicidade.

Esses são apenas alguns dos campos em que as oportunidades para novos líderes e um novo tipo de liderança estão disponíveis no momento. O mundo está passando por uma mudança rápida. Isso significa que as mídias, por meio das quais são promovidas as mudanças nos hábitos humanos, devem ser adaptadas. As mídias aqui descritas são aqueles meios de comunicação que, mais do que quaisquer outros, determinam a tendência da civilização.

COMO OBTER EXATAMENTE A POSIÇÃO DESEJADA

Todo mundo gosta de realizar o tipo de trabalho para o qual se acha mais preparado. Um pintor adora trabalhar com tintas, mecânicos trabalham com as mãos, um escritor ama escrever. Aqueles com talentos menos definidos têm preferências por determinadas áreas empresariais e da indústria. Se há coisa que os Estados Unidos fazem bem é oferecer uma gama completa de ocupações, desde o cultivo do solo, produção, marketing até as profissões liberais.

Primeiro. Decida *exatamente* o tipo de emprego que deseja. Se a posição desejada não existe, talvez possa criá-la.

Segundo. Escolha a empresa ou o indivíduo para quem deseja trabalhar.

Terceiro. Estude seu empregador em potencial, quanto às políticas, ao pessoal e às chances de ascensão.

Quarto. Ao se autoanalisar quanto aos seus talentos e capacidades, descubra *o que pode oferecer* e planeje formas e meios de fornecer vantagens, serviços, desenvolvimentos e ideias que possa cumprir com sucesso.

Quinto. Esqueça a ideia de "obter um emprego". Esqueça se existe ou não uma vaga. Esqueça a rotina habitual de "Tem um emprego para mim?". Concentre-se no que você pode oferecer.

Sexto. Uma vez tendo o plano em mente, peça a um profissional experiente para ajudá-lo a colocar o plano no papel, em uma forma organizada e com todos os detalhes.

Sétimo. Apresente o plano para a pessoa apropriada e com autoridade para tomada de decisão. Toda empresa busca pessoas que possam oferecer algo de valor, sejam ideias, serviços ou "conexões". Toda empresa tem espaço para a pessoa que tem um plano definido de ação, o que é uma vantagem para essa empresa.

Essa linha de execução pode tomar alguns dias ou semanas, mas a diferença no rendimento, no progresso dentro da empresa e na obtenção de reconhecimento vai economizar anos de trabalho duro com remuneração baixa. Existem muitas vantagens, sendo que a principal é a economia de tempo, muitas vezes de um a cinco anos, para alcançar um objetivo determinado.

Toda pessoa que começa, ou "entra" no meio do caminho para subir a escada, assim o faz devido ao planejamento deliberado e cuidadoso (com exceção, é claro, do filho do chefe).

UMA NOVA FORMA DE VENDER SERVIÇOS

Os "empregos" agora são "parcerias".

Homens e mulheres que vendem seus serviços para usufruir de uma condição melhor no futuro devem reconhecer a grande mudança que aconteceu na relação entre empregador e empregado.

Há de chegar o tempo em que a "regra dourada", e não a "regra de ouro", será o fator dominante, tanto na comercialização de mer-

O planejamento organizado: A cristalização do desejo em ação

cadorias como na oferta de serviços pessoais. A futura relação entre empregadores e empregados estará mais sob o formato de uma parceria que consiste em:

a) O empregador
b) O empregado
c) O cliente servido por eles

Essa forma de vender serviços pessoais é denominada de "nova" por muitos motivos. Em primeiro lugar, tanto o empregador quanto o empregado do futuro serão considerados como companheiros de trabalho, cuja missão será *servir ao público de forma eficiente*. No passado, empregador e empregado negociavam entre si, conduzindo, também entre si, as melhores barganhas, sem considerar que, em última análise, estavam, na realidade, *barganhando à custa de terceiros, ou seja, do cliente servido por eles*.

No futuro, empregadores e empregados hão de reconhecer que *não terão mais o privilégio de fazer barganhas à custa daqueles servidos por eles*. O verdadeiro empregador do futuro será o cliente. Toda pessoa que procura vender serviços pessoais de forma efetiva deve ter isso em mente de forma clara.

Os termos "cortesia" e "serviço" são os lemas na comercialização hoje em dia e se aplicam à pessoa que oferece serviços de forma ainda mais direta do que o empregador a quem ela serve. No final das contas, tanto o empregador quanto seu empregado são *empregados pelo cliente a quem eles servem*. Se deixarem de atender bem o cliente, vão arcar com a perda do privilégio de servir.

QUAL É A SUA AVALIAÇÃO DE "QQE"?

Foram descritas com clareza as causas de sucesso na prestação *efetiva* e permanente de serviços. A menos que essas causas sejam estudadas, analisadas, compreendidas e *aplicadas*, ninguém consegue prestar serviços de forma efetiva e permanente. Cabe a cada um oferecer seus próprios serviços. A *qualidade* e a *quantidade* de serviço prestado, bem como o *espírito* em que é prestado são o que determina, em grande parte, o preço e a duração do emprego. Para oferecer serviços pessoais de forma efetiva (o que significa uma venda permanente, a um preço satisfatório, sob condições agradáveis), é preciso adotar e seguir a fórmula "QQE", ou seja, *qualidade*, mais a *quantidade*, mais o *espírito* apropriado de cooperação, que, juntos, resultam em um serviço perfeito. Lembre-se da fórmula "QQE" e faça mais: *aplique-a e faça dela um hábito!*

Veja a seguir uma análise da fórmula para compreender exatamente o que ela significa.

1. A *qualidade* de serviço deve ser interpretada como a preocupação com o desempenho de todos os detalhes, de acordo com a posição ocupada pela pessoa, da maneira mais eficiente possível, tendo-se sempre em mente o objetivo de obter a maior eficiência.

2. A *quantidade* de serviço deve ser entendida como a *prática* de prestar todo o serviço de que a pessoa é capaz, a qualquer tempo, com o propósito de aumentar a quantidade de serviço prestado à medida que se desenvolve maior habilidade por meio da prática e da experiência. Coloca-se novamente ênfase aqui na palavra *prática*.

3. O *espírito* da prestação de serviço deve ser interpretado como o *hábito* da conduta agradável e harmoniosa que induza a cooperação dos funcionários e colegas de trabalho.

A adequação da *qualidade* e da *quantidade* de serviço não é suficiente para manter um mercado permanente para os serviços de um indivíduo. A conduta ou o *espírito* com o qual o serviço é oferecido é forte fator determinante tanto no que diz respeito ao preço que o indivíduo recebe quanto à duração do seu emprego.

Andrew Carnegie ressaltou esse ponto mais do que outros em relação à descrição dele para os fatores que levam ao sucesso na oferta de serviços pessoais. Ele enfatizou mais uma vez a necessidade da *conduta harmoniosa*. Destacou que nunca manteria qualquer

O planejamento organizado: A cristalização do desejo em ação

pessoa, independentemente da *quantidade* do serviço ou da eficiência na *qualidade* do seu trabalho, a menos que ela trabalhasse em espírito de *harmonia*. O Sr. Carnegie insistia que todos fossem *agradáveis*. Para provar que dava grande valor a esse fator, ele permitiu que muitas pessoas que atuaram sob seus padrões se tornassem muito ricas. Aquelas que não se ajustaram aos padrões tiveram que dar lugar a outros.

A importância de uma personalidade agradável foi salientada, pois trata-se de um fator que permite à pessoa prestar serviço em um *espírito* propício. Se a pessoa tem uma personalidade que *agrada* e presta seu serviço em espírito de *harmonia*, esses atributos compensam as deficiências tanto em relação à *qualidade* quanto à *quantidade* de serviços por ela prestados. Nada, porém, pode ser *substituído com sucesso pela conduta agradável.*

O VALOR DO CAPITAL DOS SERVIÇOS

A pessoa que obtém sua renda diretamente da prestação de serviços não é diferente de um comerciante que vende *commodities*, e pode muito bem estar sujeita *exatamente às mesmas regras* de conduta como o mercador que vende mercadorias.

É importante que isso seja enfatizado em função de a maioria das pessoas que vivem da prestação de serviços pessoais cometer o erro de achar que não precisa seguir as regras de conduta e as responsabilidades associadas àquelas envolvidas na comercialização de *commodities*.

A nova forma de prestar serviços praticamente forçou empregador e empregado a formarem alianças de parceria para levar em consideração os direitos de terceiros: *a clientela servida por eles.*

O dia do "empreendedor", caracterizado pelo indivíduo dinâmico, foi suplantado pelo "altruísta", aquele que dá valor aos outros. Os métodos de alta pressão nos negócios finalmente explodiram a tampa. Nunca mais haverá a necessidade de colocar a tampa de volta, pois, no futuro, os negócios serão conduzidos por métodos que não vão exigir pressão.

O valor do capital real visualizado mentalmente por um indivíduo pode ser determinado pelo montante de renda que ele produz ao vender seus serviços. Ao multiplicar seu rendimento anual por 16 anos, dois terços podem ser uma estimativa razoável do valor do capital do serviço dele, uma vez que é factível estimar que o rendimento anual dele representa 6% de seu capital. O dinheiro rende 6% ao ano. O dinheiro não vale mais do que cérebros. Muitas vezes, vale muito menos.

Os "cérebros" competentes, se preparados com eficácia, representam uma forma de capital muito mais desejável do que a exigida para conduzir um negócio que lida com *commodities*. Os "cérebros" são uma forma de capital que não pode ser depreciada por depressões, nem roubada ou desperdiçada. Além disso, o dinheiro que é essencial para a realização dos negócios, até se unir a "cérebros" eficientes, é tão inútil quanto uma duna de areia.

AS TRINTA PRINCIPAIS CAUSAS DE FRACASSO
QUANTAS DESSAS CAUSAS IMPEDEM VOCÊ DE AVANÇAR?

A maior tragédia da vida é a realidade de homens e mulheres que tentam arduamente e falham! A tragédia reside no fato de a grande maioria das pessoas fracassarem, em comparação com as poucas que são bem-sucedidas.

O autor teve o privilégio de observar vários homens e mulheres, 98% dos quais classificados como "fracassados". Existe alguma coisa extremamente errada com uma civilização e com um sistema de educação que permitem que 98% das pessoas passem pela vida se considerando fracassadas. Entretanto, este livro não foi escrito com o propósito moralista de determinar o certo e o errado no mundo, pois iria exigir um livro muito maior do que este.

Essa análise mostrou que há trinta razões principais para o fracasso e 13 grandes princípios através dos quais as pessoas acumulam fortunas. Neste capítulo serão descritas as trinta maiores causas para o fracasso. À medida que passar por cada

O planejamento organizado: A cristalização do desejo em ação

uma das causas da lista, faça uma autoanálise, com o objetivo de descobrir quantas dessas causas de fracasso podem estar entre o sucesso e você.

1. *Histórico hereditário desfavorável.* Há pouca coisa, quase nada, a ser feita por pessoas que nascem com alguma deficiência intelectual. Essa filosofia oferece apenas um método para minimizar essa fraqueza, que é através do auxílio da Mente Mestra. No entanto, trata-se da *única* das trinta causas de fracasso que não podem ser corrigidas facilmente por nenhum indivíduo.

2. *Falta de um propósito bem-definido na vida.* Não há esperança de sucesso para a pessoa que não tem um propósito fundamental, um objetivo definido como alvo. Noventa e oito por cento dos indivíduos analisados não possuíam esse objetivo. Talvez essa fosse a *principal causa do fracasso deles.*

3. *Falta de ambição para alcançar um objetivo acima da mediocridade.* Se uma pessoa é indiferente quanto a querer progredir na vida e não está disposta a pagar o preço para isso, ela não apresenta expectativa de sucesso.

4. *Qualificação insuficiente.* Essa é uma desvantagem que pode ser superada com relativa facilidade. A experiência tem demonstrado que muitas pessoas inteligentes frequentemente são aquelas conhecidas como "autodidatas". É preciso mais do que uma faculdade para se ter um preparo satisfatório. A pessoa inteligente é aquela que aprende a obter qualquer coisa que queira na vida sem violar os direitos dos outros. A inteligência é composta não apenas pelo conhecimento, mas pelo conhecimento *aplicado* com eficácia e persistência. As pessoas são valorizadas, não simplesmente pelo que elas sabem, mas mais particularmente pelo *que elas fazem com aquilo que sabem.*

5. *Falta de autodisciplina.* A disciplina vem através do autocontrole. Isso quer dizer que é preciso que todas as qualidades negativas sejam controladas. Antes que se possam controlar as situações, é preciso primeiro controlar a si mesmo. Lidar

115

Os segredos que vão mudar sua vida

com o autodomínio é uma tarefa extremamente difícil. Quem não conquista seu próprio "eu", será conquistado por ele. É possível ver, de uma só vez e ao mesmo tempo, tanto o seu melhor amigo como o seu maior inimigo, ao passar na frente de um espelho.

6. *Problemas de saúde.* Nenhuma pessoa pode desfrutar do sucesso sem gozar de uma boa saúde. Muitas das causas de problemas de saúde estão sujeitas ao domínio e ao controle. Esses, em geral, são:

   a) Excessos de alimentos que prejudicam a saúde.
   b) Maus hábitos de pensamento que dão livre expressão aos negativos.
   c) Sexo sem segurança.
   d) Falta de exercícios físicos apropriados.
   e) Problemas diversos, devido à respiração inadequada.

7. *Influências ambientais desfavoráveis durante a infância.* "Conforme se dobra o galho, assim cresce a árvore." A maioria das pessoas com tendências criminosas desenvolve essa característica como resultado de um ambiente ruim e de más companhias durante a infância.

8. *Procrastinação.* Esta é uma das causas mais comuns de fracasso. O fracasso é a sombra de todas as pessoas e fica esperando a oportunidade de estragar as chances de sucesso. A maioria das pessoas passa a vida esperando pelo "momento certo" para começar a fazer algo que valha a pena. Não existe "momento certo". Comece onde estiver e trabalhe com quaisquer ferramentas que estejam ao seu alcance, pois as melhores ferramentas serão encontradas à medida que você avançar.

9. *Falta de persistência.* Muitos indivíduos são bons "iniciadores", mas têm dificuldade para acabar tudo o que começam. Além disso, as pessoas têm uma propensão a desistir nos primeiros sinais de derrota. Não há substituto para a *persistência.* A pessoa *persistente* descobre que o "fracasso" finalmente

O planejamento organizado: A cristalização do desejo em ação

se cansa e *vai embora*. O fracasso não consegue lidar com a *persistência*.

10. *Personalidade negativa*. Não há esperança de sucesso para aquele que repele as outras pessoas por conta de uma personalidade negativa. O sucesso vem da aplicação do *poder*, e esse poder é alcançado através dos esforços de cooperação de outras pessoas. Uma personalidade negativa não estimula a cooperação.

11. *Falta de desejo sexual*. A energia sexual é o mais poderoso de todos os estímulos que impulsionam as pessoas para a *ação*. Por ser a mais poderosa das emoções, essa energia tem de ser controlada, por meio da transmutação, e convertida em outros canais.

12. *Desejo descontrolado por "algo a troco de nada"*. O instinto do jogo leva milhões de pessoas ao fracasso. Prova disso pode ser constatada pelo fiasco das empresas surgidas na internet, no início dos anos 2000, período em que muitas pessoas tentaram fazer dinheiro investindo em empresas não confiáveis que fecharam da noite para o dia.

13. *Falta de um poder de decisão bem-definido*. As pessoas bem-sucedidas chegam a decisões rapidamente, e as alteram, se necessário, de forma muito lenta. As pessoas que fracassam chegam a decisões, se necessário, de forma muito lenta, e as alteram com frequência e rapidez. A indecisão e o adiamento andam juntos. Quando um é encontrado, geralmente se encontra o outro também. Livre-se de ambos antes que eles o amarrem no círculo vicioso do fracasso.

14. *Um ou mais dos seis medos básicos*. Esses medos encontram-se analisados mais adiante no livro. Eles podem ser dominados antes de se proceder à venda de serviços de forma efetiva.

15. *Má seleção do companheiro*. Essa é a causa mais comum de fracasso. A relação no casamento leva as pessoas a um contato íntimo. Se essa relação não for harmoniosa, existe uma propensão maior para o fracasso. Além disso, será uma forma

de fracasso marcado pelo sofrimento e infelicidade, tendendo a destruir todos os sinais de *ambição*.

16. *Excesso de cautela*. A pessoa que não corre riscos geralmente fica com as sobras das pessoas que fazem escolhas. O excesso de cautela é tão ruim quanto a falta dela. Ambos são fatores contra os quais é preciso se proteger. A vida em si é repleta de riscos.

17. *Má seleção de parceiros nos negócios*. Esta é uma das causas mais comuns de fracasso nos negócios. Na negociação de serviços pessoais, é preciso ter cuidado para selecionar um empregador que seja uma inspiração e que seja inteligente e bem-sucedido. As pessoas imitam aqueles mais próximos, com quem convivem. Escolha um empregador que mereça ser imitado.

18. *Superstição e preconceito*. A superstição é uma forma de medo. É também um sinal de ignorância. As pessoas de sucesso mantêm a mente aberta e não têm medo de nada.

19. *Má escolha da vocação*. Ninguém pode ser bem-sucedido em uma área de atuação de que não gosta. Escolher uma ocupação na qual possa se entregar de corpo e alma é o passo essencial na negociação dos serviços pessoais.

20. *Falta de concentração e de esforço*. A pessoa que é "pau para toda obra" raramente é boa naquilo que faz. É preciso concentrar todos os esforços em um *objetivo principal definido*.

21. *O hábito de gastar indiscriminadamente*. Os esbanjadores não conseguem ter sucesso, principalmente porque têm eterno *medo da pobreza*. É bom adotar o hábito de poupar sistematicamente, guardando um percentual definido do rendimento. O dinheiro no banco dá uma base bastante segura de *coragem* quando da negociação para a venda de serviços pessoais. Sem dinheiro, a pessoa é obrigada a aceitar o que lhe é oferecido, e a ficar feliz com isso.

22. *Falta de entusiasmo*. Sem entusiasmo ninguém pode ser convincente. Além disso, o entusiasmo é contagioso, e a pessoa que tem entusiasmo sob controle geralmente é bem-vinda em qualquer grupo de pessoas.

O planejamento organizado: A cristalização do desejo em ação

23. *Intolerância.* A pessoa com uma mente "fechada" raramente progride. Intolerância significa que a pessoa parou de adquirir conhecimento. As formas mais prejudiciais de intolerância são as relacionadas às diferenças de opinião religiosas, raciais e políticas.

24. *Excessos.* Os excessos mais prejudiciais estão relacionados aos atos de comer, beber em demasia e atividades sexuais. O exagero em qualquer dessas ações é fatal para o sucesso.

25. *Incapacidade de colaborar com os outros.* Mais pessoas perdem seus cargos, e grandes oportunidades na vida, por causa desta falha do que todas as outras causas combinadas. Trata-se de uma falha não tolerada por nenhum executivo de negócios bem-informado.

26. *Exercício do poder que não foi adquirido por esforço próprio.* (Filhos de famílias abastadas e outros que não ganham e sim herdam dinheiro.) O poder nas mãos daqueles que não o conquistaram de forma gradual normalmente é fatal para o sucesso. A *riqueza fácil* é mais perigosa do que a pobreza.

27. *Desonestidade intencional.* Não há substituto para a honestidade. Uma pessoa pode ser desonesta temporariamente, por força das circunstâncias, das quais não se tem controle, sem danos permanentes. Entretanto, *não há esperança* para as pessoas que são desonestas por opção. Mais cedo ou mais tarde, elas serão pegas por seus atos e pagarão, perdendo a reputação e talvez até a liberdade.

28. *Egoísmo e vaidade.* Esses defeitos servem como luzes de alerta para manter os outros afastados. *São fatais para o sucesso.*

29. *Adivinhar em vez de refletir.* A maioria das pessoas é muito indiferente ou preguiçosa para obter *fatos* de modo a *refletir com clareza.* Elas preferem agir com base em "opiniões" criadas por adivinhações ou juízos apressados.

30. *Falta de capital.* Esta é uma causa comum de fracasso entre aqueles que abrem negócios pela primeira vez, sem reserva de capital suficiente para absorver o choque de seus erros e sustentá-los até que tenham estabelecido uma *reputação.*

Os segredos que vão mudar sua vida

31. Neste item, indique alguma causa de fracasso em particular que tenha sofrido e que não esteja incluída na lista acima.

Nessas trinta principais causas de fracasso encontra-se uma descrição dos motivos do insucesso pelo qual passa praticamente toda pessoa que tenta e fracassa. Será de grande utilidade se puder fazer com que alguém que o conheça bem reveja esta lista com você, de forma a ajudá-lo a se autoanalisar considerando-se as trinta causas de fracasso. Pode ser benéfico tentar fazer isso sozinho. A maioria das pessoas não consegue se ver como os outros a veem. Você pode ser uma dessas pessoas.

A mais antiga das advertências é: "Conhece-te a ti mesmo!" Quem vende mercadoria com sucesso, tem de conhecer a mercadoria. O mesmo vale para a venda de serviços pessoais. A pessoa deve conhecer todos os seus pontos fracos para poder superá-los ou eliminá-los completamente. Deve conhecer seus pontos fortes para poder destacá-los quando da venda de seus serviços. A pessoa só consegue conhecer a si mesma por meio de uma análise profunda.

Antes mesmo de começar a negociar um reajuste de salário em sua posição atual ou procurar emprego em outro lugar, *tenha certeza de que você vale mais do que o que recebe atualmente*.

Uma coisa é *querer* dinheiro — e todo mundo quer mais. Outra, totalmente diferente, é *valer mais*! Muitas pessoas confundem seus *desejos* com seus *deveres*. As necessidades ou desejos financeiros não têm nada a ver com o quanto *vale* a pessoa. Esse valor é estabelecido de forma integral pela capacidade de a pessoa prestar um serviço útil ou fazer com que os outros prestem tal serviço.

FAÇA UM INVENTÁRIO DE SI MESMO
VINTE E OITO PERGUNTAS QUE VOCÊ DEVE RESPONDER

A autoanálise anual é fator essencial na venda eficaz de serviços pessoais, assim como o inventário anual no comércio de mercadorias. Além disso, a análise feita anualmente deve revelar uma *redução nas falhas* e um aumento nas *virtudes*. Na vida, as pessoas avançam, não saem do lugar ou retrocedem. O objetivo das pessoas deve ser avançar, é claro. Uma autoanálise anual revelará se houve um avanço e, em caso positivo, de quanto. Revelará também a possível ocorrência de retrocessos. A venda eficaz de serviços pessoais requer que as pessoas avancem, mesmo que o progresso seja lento.

A autoanálise anual deve ser feita no final de cada ano, de modo que as melhorias por ela indicada possam ser incluídas nas resoluções de ano-novo. Faça esse inventário respondendo as perguntas a seguir, e verifique as respostas com a ajuda de alguém que o impeça de se enganar quanto à veracidade e à precisão das mesmas.

QUESTIONÁRIO DE AUTOANÁLISE PARA INVENTÁRIO PESSOAL

1. Alcancei o objetivo que estabeleci como minha meta para este ano? (Você deve trabalhar com um propósito anual definido para ser alcançado como parte de seu principal objetivo de vida.)
2. Prestei um serviço com a melhor *qualidade* de que sou capaz ou poderia ter melhorado alguma parte desse serviço?
3. Prestei um serviço na maior *quantidade* de que sou capaz?
4. O meu espírito de conduta foi harmonioso e com senso de cooperação o tempo todo?
5. Permiti que o hábito de *adiamento* reduzisse a minha eficiência e, em caso positivo, até que ponto?
6. Melhorei minha *personalidade* e, em caso positivo, de que forma?
7. Fui *persistente* em seguir meus planos até concluí-los?
8. Cheguei a *decisões pronta e definitivamente* em todas as ocasiões?

9. Permiti que um ou mais dos seis medos básicos reduzissem a minha eficiência?

10. Tive excesso ou falta de cautela?

11. A minha relação com meus companheiros no trabalho foi agradável ou desagradável? Caso tenha sido desagradável, a culpa foi minha em parte ou no todo?

12. Dissipei parte da minha energia por falta de *concentração* de esforço?

13. Mantive a mente aberta e fui tolerante em relação a todos os assuntos?

14. De que forma melhorei a minha capacidade de prestar serviços?

15. Cometi excessos em qualquer um dos meus hábitos?

16. Expressei, aberta ou secretamente, alguma forma de egoísmo?

17. A minha conduta para com meus colegas levou-os a me *respeitar*?

18. Minhas opiniões e *decisões* foram baseadas em suposições ou veracidade de análise e *reflexão*?

19. Segui o hábito de estimar meu tempo, minhas despesas e meu rendimento, e fui conservador nessas estimativas?

20. Quanto tempo, que eu poderia ter usado com mais proveito, devotei para esforços *inúteis*?

21. Como posso fazer uma nova estimativa do meu tempo e mudar meus hábitos de modo a ser mais eficiente durante o próximo ano?

22. Fui culpado de alguma conduta que não foi aprovada pela minha consciência?

23. De que forma prestei *mais e um melhor serviço* do que fui pago para prestar?

24. Fui injusto com alguém e, em caso afirmativo, de que forma?

25. Se eu fosse o comprador do meu próprio serviço durante o ano, estaria satisfeito com a compra?

26. Estou na vocação certa? Em caso negativo, por que não?

27. O comprador dos meus serviços ficou satisfeito com o serviço prestado por mim? Em caso negativo, por que não?

O planejamento organizado: A cristalização do desejo em ação

28. Qual é a minha classificação atual nos princípios fundamentais de sucesso? (Faça essa classificação de forma justa e franca e providencie que seja checada por alguém que seja bastante corajoso para proceder de forma precisa.)

Depois de ter lido e assimilado as informações transmitidas neste capítulo, o próximo passo é criar um plano prático para oferecer seus serviços pessoais. Encontra-se aqui uma descrição adequada de todos os princípios essenciais para o planejamento da venda dos serviços pessoais, incluindo os principais atributos de liderança, as causas de fracasso mais comuns na liderança, uma descrição dos campos com oportunidades de liderança, as principais causas de fracasso em todas as ocupações e carreiras e as perguntas importantes que devem ser usadas na autoanálise.

Essa apresentação extensa e detalhada de informações foi incluída por que todos que pretendem acumular riquezas por meio da venda de serviços pessoais vão precisar delas. Aqueles que perderam suas fortunas e os que estão apenas começando a ganhar dinheiro não têm nada a oferecer além de serviços pessoais em troca de riqueza e, portanto, é essencial que tenham à disposição as informações práticas necessárias para vender serviços de forma proveitosa.

As informações contidas neste capítulo serão de grande valor para todos que aspiram alcançar a liderança em qualquer profissão. Será particularmente útil para aqueles que visam oferecer seus serviços como executivos de negócios ou da indústria.

A completa assimilação e compreensão das informações aqui transmitidas será útil na venda de seus próprios serviços, além de também ajudá-lo a se tornar mais analítico e capaz de julgar as pessoas. As informações serão inestimáveis para diretores e gerentes de RH e outros executivos encarregados da seleção de funcionários, e para a manutenção de organizações eficientes. Quem duvida desta declaração pode testar sua veracidade ao responder, por escrito, as 28 perguntas de autoanálise. Isso pode ser interessante e útil, mesmo para aqueles que não duvidam da declaração.

ONDE E COMO É POSSÍVEL ENCONTRAR OPORTUNIDADES PARA ACUMULAR RIQUEZAS

Agora que já foram analisados os princípios por meio dos quais é possível acumular riquezas, é natural que se pergunte: "Onde é possível encontrar oportunidades favoráveis para aplicar esses princípios?" Muito bem, veja o que os Estados Unidos oferecem à pessoa que busca riqueza, seja ela grande ou pequena.

Para começar, vale lembrar que, quem mora nos Estados Unidos, vive em um país em que todo cidadão cumpridor da lei goza de liberdade de pensamento e de liberdade de ação maiores do que em qualquer outro lugar do mundo. A maioria dessas pessoas nunca fez um inventário das vantagens dessa liberdade. Nunca comparou a sua liberdade ilimitada com a liberdade restrita de outros países.

Nos Estados Unidos, os cidadãos têm liberdade de pensamento, liberdade de escolha e de usufruto da educação, liberdade de religião, liberdade política, liberdade na escolha de um negócio, profissão ou ocupação, liberdade para acumular e possuir, sem ser molestados, *toda a propriedade que conseguirem acumular*, liberdade de escolha do local onde morar, liberdade no casamento, liberdade através da igualdade de oportunidade para todas as raças, liberdade de viajar de um estado para outro, liberdade na escolha de alimentos e liberdade para *atingir qualquer posição na vida para a qual o cidadão tenha se preparado*, até mesmo para a presidência do país.

Este país tem outras formas de liberdade, mas esta lista oferece uma visão geral das liberdades mais importantes, e que oferecem grandes *oportunidades*. Essa vantagem de liberdade fica ainda mais evidente pelo fato de os Estados Unidos serem o único país a assegurar a todo cidadão, seja nativo, seja naturalizado, uma lista bastante ampla e variada de liberdade.

Estão descritas, a seguir, algumas das bênçãos que a difusão da liberdade norte-americana colocou nas mãos de seus cidadãos. Tome como exemplo uma família de classe média e o resumo dos benefícios disponíveis para cada membro dela nessa terra de *oportunidades* e abundância!

O planejamento organizado: A cristalização do desejo em ação

a) *Alimentação*. Depois da liberdade de pensamento e de ação vem *alimentação*, *vestuário* e *habitação*, as três necessidades básicas da vida. Devido à nossa liberdade universal, a família de classe média norte-americana tem à sua disposição, em sua própria porta, a mais variada seleção de alimentos que se pode encontrar no mundo, e a preços de acordo com sua faixa financeira.

b) *Habitação*. Essa família vive em um apartamento confortável, com calefação, luz elétrica, gás para cozinha, tudo a uma taxa justa. A torrada que comeram no café da manhã foi tostada em uma torradeira elétrica, o apartamento é limpo com um aspirador de pó de boa qualidade. Tem sempre água quente e água fria à disposição na cozinha e no banheiro. A comida é mantida em uma geladeira de boa qualidade. A esposa enrola o cabelo, lava e passa roupa com equipamentos elétricos de fácil operação. O marido faz a barba com um barbeador elétrico e toda a família recebe entretenimento proveniente de todas as partes do mundo, 24 horas por dia, se assim o desejar, simplesmente acionando o botão da televisão.

Existem outras conveniências nesse apartamento, mas a lista anterior dá uma boa ideia de algumas das evidências concretas da liberdade que o povo usufrui nos Estados Unidos. (E isso não é propaganda política nem econômica.)

c) *Vestuário*. Em qualquer lugar nos Estados Unidos, homens e mulheres podem satisfazer seus desejos de roupas e podem se vestir com conforto, a preços dentro da faixa de salário de uma família de classe média.

Foram mencionadas apenas as três necessidades básicas: alimentação, vestuário e habitação. O cidadão de classe média norte-americano tem outros privilégios e vantagens disponíveis em troca do esforço modesto, não superior a oito horas de trabalho por dia. Entre eles está o privilégio do carro, com o qual se pode ir e vir à vontade, a um custo muito baixo.

O norte-americano de classe média tem garantidos os direitos de propriedade, que não são encontrados em nenhum outro país do mundo. Seu dinheiro excedente pode ser colocado em banco com a garantia de que o governo vai protegê-lo e compensar o cidadão caso o banco quebre. Se o cidadão quiser viajar de um estado para outro, pode ir quando quiser e voltar à vontade. Na maioria dos outros países, as pessoas não podem viajar com tanta liberdade e por tão pouco.

O "MILAGRE" QUE FORNECEU ESSAS BÊNÇÃOS

Ouve-se com frequência os políticos proclamarem a liberdade dos Estados Unidos quando solicitam votos, mas quase nunca reservam um tempo ou dedicam esforço suficiente para analisar a origem ou a natureza dessa "liberdade". Sem ter quaisquer interesses pessoais a defender, nenhum rancor a expressar, nenhuma segunda intenção a executar, o autor faz uma análise franca dessa "coisa" misteriosa, abstrata e muitas vezes mal-interpretada que dá a cada cidadão dos Estados Unidos mais bênçãos, mais oportunidades para acumular riqueza, mais liberdade de toda natureza do que pode ser encontrado em qualquer outro país.

Tenho o direito de analisar a origem ou a natureza dessa força invisível porque conheço, e conheci por mais de um quarto de século, muitas das pessoas que organizaram essa força e muitas que agora são responsáveis por sua manutenção.

O nome desse benfeitor misterioso da humanidade é *capital*!

O *capital* consiste não apenas em dinheiro. Mais particularmente, ele consiste em grupos inteligentes de bens organizados de pessoas que planejam formas e meios de usar o dinheiro com eficiência para benefício do público e com rentabilidade para eles.

Esses grupos são formados por cientistas, educadores, químicos, inventores, consultores de negócios, especialistas em relações públicas, especialistas em transportes, contadores, advogados, médicos e

O planejamento organizado: A cristalização do desejo em ação

homens e mulheres que têm um conhecimento bastante especializado em todas as áreas da indústria e dos negócios. Eles exploram, experimentam e vislumbram trilhas em novos campos de atuação. Apoiam faculdades, hospitais e escolas públicas, constroem boas estradas, publicam jornais, subsidiam a maior parte do custo do governo e cuidam de vários detalhes essenciais para o progresso humano. Em poucas palavras, os capitalistas são os grandes mentores da civilização, pois suprem toda a estrutura composta pela educação, pelo esclarecimento e pelo progresso humano.

O dinheiro sem cérebros é sempre perigoso. Usado de forma adequada, é o bem mais importante da civilização. Um simples café da manhã para uma família em Nova York, com suco de uva, cereal, ovos, pão e manteiga e chá com açúcar não poderia ser fornecido a um preço sensato se o capital organizado não tivesse provido o maquinário, os navios, as estradas de ferro e os enormes exércitos de pessoas para operá-los.

Os navios a vapor e as estradas não brotam da terra nem funcionam automaticamente. Eles vêm em resposta ao chamado da civilização, através do trabalho, da engenhosidade e da capacidade de organização das pessoas que têm *imaginação, fé, entusiasmo, decisão e persistência!* Essas pessoas são conhecidas como capitalistas e são motivadas pelo desejo de criar, construir, realizar, prestar serviço útil, obter lucros e acumular riquezas. E se colocam no caminho das grandes riquezas, uma vez que *prestam um serviço sem o qual não haveria nenhuma civilização.*

Apenas para manter o registro simples e compreensível, esses capitalistas são as mesmíssimas pessoas de que muito já se ouviu falar. São as mesmas pessoas a quem radicais, chantagistas, políticos desonestos e líderes trabalhistas corruptos se referem como homens de "interesses predatórios" ou "Wall Street".

Não se trata de uma tentativa de apresentar uma defesa a favor ou contra quaisquer grupos de pessoas ou sistemas de economia. Não é uma tentativa de condenar a negociação coletiva quando me refiro aos "líderes trabalhistas corruptos" nem de dar um salvo-conduto para todos os indivíduos conhecidos como capitalistas. O

Os segredos que vão mudar sua vida

objetivo deste livro, para o qual o autor dedicou fielmente mais de um quarto de século, é apresentar, a todos que querem esse conhecimento, a filosofia mais segura por meio da qual os indivíduos podem acumular riquezas na quantidade que desejarem.

Segue uma análise das vantagens econômicas do sistema capitalista para o duplo propósito de:

1. Mostrar que todos que buscam riquezas devem reconhecer e se adaptar ao sistema que controla todos os acessos para as fortunas, sejam grandes ou pequenas.
2. Apresentar o lado oposto da imagem mostrada pelos políticos e demagogos que obscurecem deliberadamente os assuntos que trazem à tona, referindo-se ao capital organizado como se fosse algo venenoso.

Este é um país capitalista, que foi desenvolvido por meio do uso do capital, e as pessoas que reivindicam o direito de participar das bênçãos da liberdade e da oportunidade, e que buscam acumular riquezas em solo norte-americano, devem saber muito bem que nem as riquezas nem as oportunidades estariam disponíveis se o *capital organizado* não tivesse proporcionado esses benefícios.

Aqueles que acreditam que a riqueza pode ser acumulada pelo simples ato de pessoas se organizarem em grupos e exigirem *mais pagamento* por *menos serviço*, aqueles que *exigem* ajuda fácil do governo logo de manhã cedo quando o dinheiro lhes é entregue, aqueles que acreditam na venda de votos para políticos em troca de aprovação de leis que permitam a incursão pelo erário público, todos podem descansar em paz com sua crença, com a certeza de que ninguém vai perturbá-los, pois *os Estados Unidos são um país livre onde cada homem pode pensar como quiser*, onde quase todo mundo pode viver com pouco esforço, onde muitos podem viver bem sem fazer qualquer trabalho que seja.

No entanto, é preciso saber a verdade completa a respeito dessa *liberdade* de que tantas pessoas se vangloriam e tão poucas compreendem. Apesar de quanto é grande, de sua extensão e dos mui-

O planejamento organizado: A cristalização do desejo em ação

tos privilégios que oferece, a liberdade *não traz e não pode trazer riquezas sem esforço.*

Há apenas um método confiável de acúmulo e manutenção legal de riquezas, é pela prestação de serviços úteis. Nunca foi criado nenhum sistema através do qual as pessoas pudessem adquirir legalmente riquezas pela simples força de números ou sem dar em troca um valor equivalente, de uma forma ou de outra.

Existe um princípio conhecido como a lei da *economia*! Esta é mais do que uma teoria. É uma lei que ninguém pode vencer.

Anote bem o nome desse princípio e lembre-se dele, pois ele é muito mais poderoso do que todos os políticos e máquinas políticas juntos. Está acima e além do controle de todos os sindicatos. Não pode ser seduzido, nem influenciado ou subornado por chantagistas ou pessoas que se autodenominam líderes em qualquer ocupação ou posição. Além disso, esse princípio *tem um olho que tudo vê e um sistema perfeito de contabilidade,* no qual mantém um registro preciso das transações de cada ser humano envolvido no negócio de tentar receber sem dar. Mais cedo ou mais tarde, os auditores se aproximam, examinam os registros dos indivíduos, tanto grandes quanto pequenos, e exigem uma prestação de contas.

"Wall Street, grandes negócios, interesses predatórios de capital" ou qualquer outro nome que se queira dar ao sistema que gerou a *liberdade americana* representam um grupo de pessoas que compreendem, respeitam e se adaptam a essa poderosa *lei da economia*! O avanço financeiro deles depende do respeito à lei.

A maioria das pessoas que mora nos Estados Unidos gosta do país, do sistema capitalista e tudo mais. Não se conhece lugar melhor, onde seja possível encontrar mais oportunidades para acumular riquezas. A julgar por suas atitudes e ações, existem alguns cidadãos neste país que não estão satisfeitos. Claro que é uma prerrogativa deles. Se eles não gostam do país, de seu sistema capitalista, de suas oportunidades ilimitadas, *eles têm a prerrogativa de ir embora!*

Os Estados Unidos proveem toda liberdade e toda oportunidade para acumular riquezas que qualquer pessoa honesta possa exigir. Quando se vai à caça, seleciona-se uma área onde ela seja abundante. Ao buscar riquezas, aplica-se a mesma regra naturalmente.

Se é riqueza que as pessoas estão buscando, não devem deixar passar as possibilidades de um país cujos cidadãos são tão ricos que somente as mulheres sozinhas gastam milhões de dólares por ano em batons, ruges e cosméticos. Essas pessoas que buscam riquezas devem pensar duas vezes antes de tentar destruir o sistema capitalista de um país cujos cidadãos gastam centenas de milhões de dólares por ano em itens de luxo com os quais as pessoas na maioria das nações só podem sonhar.

É bom lembrar também que este é apenas o começo das fontes disponíveis para a acumulação de riqueza. Embora tenham sido mencionados apenas alguns poucos itens de luxo e bens não essenciais, lembre-se de que o negócio de produção, transporte e comercialização desses poucos itens e produtos proporciona emprego regular a *muitos milhões de homens e mulheres*, que recebem por seus serviços *muitos milhões de dólares por mês*, e gastam o dinheiro livremente, tanto em artigos de luxo quanto em bens essenciais.

Lembre-se sobretudo de que, por trás de toda essa troca de mercadoria e serviços pessoais, pode ser encontrada uma abundância de *oportunidade* para acumular riquezas. Aqui a *liberdade norte-americana* vem em seu auxílio. Não há nada que possa impedir qualquer pessoa de se envolver em qualquer parte do esforço necessário para levar adiante esses negócios. Se alguém tem talento superior, treinamento e experiência, pode acumular riquezas em grandes quantidades. Os menos afortunados podem acumular quantias menores. Qualquer um pode ganhar a vida em troca de uma quantidade de trabalho muito pequena.

Portanto, aí está!

A *oportunidade* espalhou suas mercadorias diante das pessoas. É só elas darem um passo à frente, selecionarem-no o que querem, criarem seu plano, colocarem-no em ação e seguirem-no com *persistência*. A América "capitalista" fará o resto. Pode-se contar com isso: *a América capitalista assegura a cada pessoa a oportunidade de prestar serviços úteis e de arrecadar riquezas na proporção do valor desse serviço.*

O planejamento organizado: A cristalização do desejo em ação

O "sistema" não nega esse direito a ninguém, mas não promete, nem pode fazê-lo, *algo a troco de nada*, porque a *lei da economia*, em si, controla o sistema de forma irrevogável, que não reconhece nem tolera que se *receba sem dar* por muito tempo.

A *lei da economia* foi aprovada pela natureza! Não há suprema corte para que os infratores dessa lei possam apelar. A lei distribui tanto penalidades por sua violação quanto recompensas adequadas por seu cumprimento, sem a interferência ou a possibilidade de interferência de qualquer ser humano. A lei não pode ser revogada. É tão fixa quanto as estrelas no céu e está sujeita ao mesmo sistema que controla as estrelas.

É possível que alguém se recuse a se adaptar à *lei da economia*?

Claro! Os Estados Unidos são um país livre, onde todos nascem com direitos iguais, incluindo a prerrogativa de ignorar a *lei da economia*.

E o que acontece então?

Bem, nada acontece até que um grande número de pessoas reúna forças para o propósito declarado de ignorar a lei e obter o que eles querem à força. *Em seguida, vem o ditador, com seus pelotões de fuzilamento bem-organizados e metralhadoras!*

Esse estágio ainda não foi alcançado nos Estados Unidos! Porém, as pessoas sabem tudo o que querem sobre como funciona o sistema. Talvez sejam afortunadas o suficiente para não exigirem conhecer pessoalmente uma realidade tão horrível. Sem dúvida, é preferível continuar com a *liberdade de expressão*, a *liberdade de ação* e a *liberdade para prestar serviços úteis em troca de riquezas*.

A prática das autoridades do governo de estender aos homens e mulheres o privilégio de invadir o erário público, em troca de votos, às vezes resulta em eleição, porém, como a noite segue o dia, é chegada a hora da recompensa final, quando cada centavo usado indevidamente deve ser reembolsado com juros sobre juros. Se aqueles que realizam a operação não forem forçados a reembolsar, o ônus recai sobre seus filhos e os filhos de seus filhos, "até a terceira e quarta gerações". Não há nenhum meio de evitar a dívida.

As pessoas podem se reunir em grupos, e às vezes assim o fazem, com a finalidade de lutar por salários maiores e menos horas de trabalho. Há um ponto além do qual elas não podem avançar. É o ponto em que a *lei da economia* entra em cena e o xerife tem de lidar tanto com o empregador quanto com os empregados.

Essas observações não se baseiam em uma experiência de curto prazo. Elas são o resultado de 25 anos de análise criteriosa sobre os métodos utilizados tanto pelos homens mais bem-sucedidos como pelos mais malsucedidos que os Estados Unidos já conheceram.

CAPÍTULO 8

A decisão:
O domínio da procrastinação

UMA ANÁLISE PRECISA BASEADA na vida profissional de mais de 25 mil homens e mulheres que fracassaram revelou que a *falta de decisão* estava próxima do topo da lista das trinta principais causas de *fracasso*. Isso não é mera declaração teórica, é um fato.

A *procrastinação*, ou seja, o adiamento, que é o oposto de *decisão*, é um inimigo comum que quase todo mundo deve vencer.

O leitor vai ter a oportunidade de testar sua capacidade de chegar a *decisões* rápidas e definidas quando terminar de ler este livro e estiver pronto para começar a colocar os princípios aqui descritos em *ação*.

Uma análise de um grande número de indivíduos que acumularam fortunas bem acima da marca de 1 milhão de dólares revelou que cada um deles tinha o hábito de *tomar decisões rapidamente* e de alterar essas decisões *lentamente*, se e quando necessário. As pessoas que não conseguem juntar dinheiro, sem exceção, têm o hábito de tomar decisões, *se necessário*, muito devagar, e de alterar essas decisões de forma rápida e frequente.

A maioria das pessoas que não consegue juntar dinheiro suficiente para as suas necessidades, em geral, é facilmente influenciada pelas "opiniões" dos outros. Elas permitem que os jornais e os vizinhos bisbilhoteiros "raciocinem" por elas. As "opiniões" são as *commodities* mais baratas da face da Terra. Todo mundo tem um monte de opiniões prontas para passar a qualquer pessoa que queira recebê-las. Quem costuma ser influenciado pelas "opiniões" quando toma *decisões* não vai ter êxito em nenhum empreendimento, muito menos naquele de transformar *o próprio desejo* em dinheiro.

Aquele que é influenciado pela opinião dos outros não terá nenhum *desejo* próprio.

Adote o seu próprio aconselhamento, quando começar a colocar em prática os princípios aqui descritos, para chegar às suas próprias decisões e segui-las. Não confie em ninguém, *exceto* nos membros de seu grupo de Mente Mestra, e certifique-se de que, ao selecionar esse grupo, tenha escolhido *apenas* aqueles que são *solidários* e estão em *completa harmonia com o seu propósito*.

Amigos próximos e familiares, embora não tenham intenção, muitas vezes prejudicam alguém através de "opiniões" e, às vezes, ridicularizando uma situação engraçada. Muitos homens e mulheres carregam complexos de inferioridade por toda a vida, por causa de alguma pessoa bem-intencionada, porém ignorante, que destruiu sua confiança através de "opiniões" ou brincadeiras.

Todo mundo tem seu próprio cérebro e sua mente. Todos devem *usá-los* e chegar às próprias decisões. Se for necessário obter fatos ou informações de outras pessoas, de modo a permitir que cheguem a decisões, como é provável em muitos casos, deve-se adquirir esses fatos ou assegurar as informações de que precisam em silêncio, sem revelar o propósito.

É uma característica de pessoas que têm apenas um conhecimento superficial, ou aparente, tentar passar a impressão de que têm muito conhecimento. Essas pessoas, geralmente, falam *demais* e ouvem *muito pouco*. É bom manter olhos e ouvidos bem abertos e a boca *fechada*, se quiser adquirir o hábito da *decisão* rápida. Aqueles que falam demais não fazem muita coisa além disso. Quem fala mais do que ouve não apenas se priva de muitas oportunidades para acumular conhecimento útil, como também revela seus *planos* e *propósitos* para pessoas que o invejam e terão grande prazer em derrotá-lo.

A decisão: O domínio da procrastinação

Lembre-se também de que toda vez que uma pessoa abre a boca na presença de outra, que tem muito conhecimento, ela expõe a essa pessoa seu estoque de conhecimento ou a *falta* dele! A verdadeira sabedoria geralmente fica evidente através da modéstia e do silêncio.

Tenha em mente que toda pessoa com quem um indivíduo se associa busca a oportunidade de juntar dinheiro, como ele próprio. Ao falar sobre seus planos muito abertamente, você pode ser surpreendido quando souber que outra pessoa lhe passou a perna ao *colocar seu objetivo em ação antes de você*, ou seja, os planos sobre os quais você falou imprudentemente. É bom deixar que uma das primeiras decisões seja: *manter a boca fechada e os olhos e ouvidos abertos*.

Como lembrete para seguir esse conselho, seria de grande utilidade copiar a frase abaixo em letras grandes e colocá-la onde possa ser vista todos os dias.

"DIGA AO MUNDO O QUE PRETENDE FAZER, MAS, PRIMEIRO, MOSTRE-O."

Isso equivale a dizer que "as ações, e não as palavras, são o que mais conta".

Aqueles que chegam a *decisões* de forma rápida e definitiva sabem o que querem e, geralmente, conseguem. Os líderes de todas as áreas *decidem* rapidamente e com firmeza. Esta é a principal razão pela qual são líderes. O mundo costuma dar lugar a pessoas cujas palavras e ações mostram que sabem para onde estão indo.

A *indecisão* é um hábito que normalmente começa na juventude. O hábito assume um caráter permanente à medida que a juventude passa pelas escolas de ensino fundamental e médio, e até pela faculdade, sem uma *definição de propósito*. O maior ponto fraco de todos os sistemas educacionais é que eles não ensinam nem incentivam o hábito da *decisão definida*.

Seria benéfico se nenhuma faculdade permitisse a matrícula de qualquer estudante que não declarasse seu principal objetivo em se matricular. Seria ainda de grande benefício se todo estudante que entrasse nas escolas de ensino fundamental fosse obrigado a aceitar treinamento no *hábito de decisão*, e forçado a passar por um exame satisfatório sobre o assunto antes de avançar nas séries.

Os segredos que vão mudar sua vida

O hábito da *indecisão* adquirida devido às deficiências dos sistemas escolares acompanha os alunos nas ocupações que escolhem, se de fato escolhem suas ocupações. Geralmente, ao saírem da escola, as pessoas jovens buscam qualquer emprego que possa ser encontrado. Pegam o primeiro que encontram, por que têm o hábito da *indecisão*. Noventa e oito em cada cem pessoas que são assalariadas hoje estão nas posições que ocupam porque lhes falta a *definição da decisão* para *planejar uma posição definida*, e o conhecimento de como escolher um empregador.

A *definição da decisão* sempre requer coragem, às vezes, uma coragem muito grande. Os 56 homens que assinaram a Declaração de Independência dos Estados Unidos apostaram suas vidas quando da *decisão* de colocar suas assinaturas naquele documento. As pessoas que chegam a uma *decisão definida* para adquirir um emprego específico, e fazer com que a vida pague o preço que elas exigem, não arriscam sua vida nessa decisão, arriscam, sim, sua *liberdade econômica*. A independência financeira, riquezas, posições profissionais e negócios desejáveis não estão ao alcance da pessoa que despreza ou se recusa a *ter a expectativa*, *planejar* e demandar essas coisas. A pessoa que deseja riquezas, com o mesmo espírito com que o político Samuel Adams desejou a liberdade para seu país durante a Guerra da Independência, pode estar certa de acumular riqueza.

No capítulo sobre planejamento organizado, há instruções completas para a venda de todo tipo de serviço pessoal. Há também informações detalhadas sobre como escolher o empregador de preferência e o emprego específico desejado. Essas instruções não terão valor *a menos que se decida definitivamente* por organizá-las em um plano de ação.

CAPÍTULO 9

A persistência:
O esforço sustentado necessário para induzir a fé

A *PERSISTÊNCIA* É UM fator essencial no procedimento de transmutação do *desejo* em seu equivalente monetário. A base da persistência é a *força de vontade*.

A força de vontade e o desejo, quando devidamente combinados, formam uma dupla irresistível. As pessoas que acumulam grandes fortunas são geralmente conhecidas como pessoas de sangue-frio e, às vezes, impiedosas. São frequentemente mal compreendidas. O que elas têm é força de vontade, que combinam com persistência e colocam por trás de seus desejos para garantir a realização de seus objetivos.

A maioria das pessoas está pronta para jogar seus objetivos e propósitos para o ar e desistir ao primeiro sinal de dificuldade ou insucesso. Poucas são as que dão continuidade, *apesar* da oposição total, até que atinjam seu objetivo. Essas poucas são os Ford, Carnegie, Rockefeller e Edison.

Pode não haver nenhuma conotação heroica na palavra "persistência", mas a persistência é para o caráter do homem o que o carbono é para o aço.

A construção de uma fortuna geralmente envolve a aplicação de todos os 13 fatores dessa filosofia. Esses princípios devem ser com-

Os segredos que vão mudar sua vida

preendidos, e todos que juntam dinheiro precisam aplicá-los com *persistência*.

Se o leitor segue este livro com a intenção de aplicar o conhecimento nele transmitido, seu primeiro teste quanto à *persistência* aparecerá quando começar a seguir os seis passos descritos no Capítulo 2. A menos que faça parte dos 2% que já têm um *objetivo definido*, para o qual estão se dirigindo, e um *plano definido* para sua realização, o leitor pode ler as instruções e, em seguida, dar continuidade à sua rotina diária sem nunca conseguir cumprir essas instruções.

O autor faz um check-up do leitor neste momento, tendo em vista que a falta de persistência é uma das maiores causas de fracasso. Além disso, a experiência com várias pessoas demonstrou que a falta de persistência é um ponto fraco comum para a maioria das pessoas. É um ponto fraco que pode ser superado pelo esforço. A facilidade com que a falta de persistência pode ser vencida vai depender totalmente da *intensidade do desejo do indivíduo*.

O ponto de partida de toda realização é o *desejo*. Tenha isso sempre em mente. Desejos fracos trazem resultados fracos, assim como uma pequena quantidade de fogo faz uma pequena quantidade de calor. Para aquele que se encontra em uma fase de ausência de persistência, esse ponto fraco pode ser sanado por meio da construção de um fogo mais forte quanto a seus desejos.

As fortunas gravitam em torno das pessoas cujas mentes foram preparadas para "atraí-las", tanto quanto a água gravita sobre o oceano. Neste livro pode ser encontrado todo o estímulo necessário para "sintonizar" qualquer mente normal com as vibrações que vão atrair o objeto de seus desejos.

Aquele que acha que é fraco em *persistência* deve concentrar sua atenção nas instruções do capítulo sobre "poder" e cercar-se de um grupo de Mente Mestra. É possível desenvolver a persistência através dos esforços de cooperação dos membros desse grupo. Instruções adicionais para o desenvolvimento da persistência podem ser encontradas nos capítulos sobre autossugestão e o subconsciente. É só seguir as instruções indicadas nesses capítulos até que o hábito

A persistência: O esforço sustentado necessário para induzir a fé

envie uma imagem clara do objeto do seu *desejo* para o subconsciente. A partir desse ponto, não tem por que ser prejudicado por falta de persistência.

O subconsciente trabalha de forma contínua, esteja a pessoa acordada ou dormindo.

Esforços intercalados ou ocasionais para aplicar as regras não serão de nenhum valor para ninguém. Para obter *resultados* deve-se aplicar todas as regras até que a aplicação das mesmas se torne um hábito fixo. Não há nenhuma outra maneira que possibilite o desenvolvimento da "consciência do dinheiro" necessária. A *pobreza* é atraída para aqueles cuja mente é favorável à pobreza, como o dinheiro é atraído para aqueles cuja mente foi deliberadamente preparada para atrair dinheiro, e isso através das mesmas leis. *A consciência da pobreza se apodera da mente que não está ocupada com a consciência do dinheiro.* A consciência da pobreza se desenvolve sem a aplicação consciente de hábitos favoráveis à pobreza. A consciência do dinheiro deve ser criada, a menos que a pessoa nasça com tal consciência.

Absorva o significado pleno das instruções do parágrafo anterior para compreender a importância da *persistência* na acumulação de uma fortuna. Sem *persistência*, as pessoas são derrotadas mesmo antes de começar. Com ela, as pessoas vencem.

Se a pessoa selecionar com cuidado o grupo de Mente Mestra, terá pelo menos um membro para auxiliá-la no desenvolvimento da *persistência*. Algumas pessoas que acumularam grandes fortunas desenvolveram a persistência devido à *necessidade*. Desenvolveram o hábito da *persistência* por terem sido tão impulsionadas pelas circunstâncias que tiveram de se tornar persistentes.

Não há substituto para a persistência! Ela não pode ser suplantada por nenhuma outra qualidade! Lembre-se dessa informação, pois isso vai animá-lo no começo, quando as coisas se mostrarem difíceis e lentas.

Aqueles que cultivaram o *hábito* da persistência parecem desfrutar de um seguro contra o fracasso. Não importa quantas vezes sejam derrotados, eles chegam ao topo. Às vezes, parece que existe

Os segredos que vão mudar sua vida

um Guia Oculto, cujo dever é testar as pessoas por meio de todo tipo de experiências desanimadoras. Aqueles que se reerguem após a derrota e continuam tentando chegar serão aplaudidos pelo mundo: "Bravo! Eu sabia que você podia fazer isso!" O Guia Oculto não deixa que ninguém desfrute de grandes realizações sem passar no teste da *persistência*. Aqueles que não conseguem vencê-lo são reprovados.

As pessoas que conseguem "vencê-lo" são generosamente recompensadas por sua *persistência*. Alcançam, como compensação, qualquer objetivo que buscarem. E isso não é tudo! Adquirem algo infinitamente mais importante do que compensação material: o conhecimento de que *"todo fracasso traz consigo a semente de uma vitória equivalente"*.

Há exceções para essa regra: poucas pessoas conhecem por experiência a solidez da persistência. São aquelas que aceitaram a derrota apenas como algo temporário. São aquelas cujos *desejos* são tão *persistentemente aplicados* que a derrota é finalmente transformada em vitória. As pessoas que estão à margem da vida empresarial veem o enorme número dos que são derrotados e que nunca mais se reerguem. Veem os poucos que aceitam a punição da derrota como um impulso para um esforço maior. Esses, felizmente, nunca aprendem a aceitar a marcha à ré da vida. Porém, o que *não se vê*, o que a maioria das pessoas sequer suspeita que exista, é o *poder* silencioso, porém irresistível, que vem resgatar aqueles que lutam diante do desânimo. Ao falar desse poder, pode-se chamá-lo de *persistência*, e deixá-lo seguir dessa forma. Uma coisa que todos sabem é que, se não se possuir *persistência*, não se alcança sucesso digno de destaque em nenhuma profissão.

A persistência é um estado de espírito e, portanto, pode ser cultivada. Como todo estado de espírito, a persistência é baseada em causas definidas, entre as quais as que estão descritas a seguir:

a) *Definição de propósito*. Saber o que se quer é o primeiro e talvez o mais importante, para superar muitas dificuldades.

b) *Desejo*. É relativamente fácil adquirir e manter a persistência na busca do objeto de desejo intenso.

A persistência:O esforço sustentado necessário para induzir a fé

c) *Autoconfiança*. A crença na própria capacidade de realizar um plano encoraja a pessoa a segui-lo com persistência. A autoconfiança pode ser desenvolvida através do princípio descrito no capítulo sobre autossugestão.

d) *Definição de planos*. Planos organizados, mesmo que fracos e totalmente inviáveis, estimulam a persistência.

e) *Conhecimento preciso*. Saber que os planos são fundamentados, com base na experiência e na observação, estimula a persistência, ao passo que "adivinhar", em vez de "saber", destrói a persistência.

f) *Cooperação*. Ser solidário, compreender e cooperar harmoniosamente com os outros tende a desenvolver a persistência.

g) *Força de vontade*. O hábito da concentração de pensamentos quando da elaboração de planos para a realização de um propósito definido leva à persistência.

h) *Hábito*. A persistência é o resultado direto do hábito. A mente absorve e se torna parte das experiências do dia a dia com as quais de abastece. O medo, o pior de todos os inimigos, pode ser curado com eficácia por repetição forçada de atos de coragem. Todos os que presenciaram uma guerra sabem disso.

Antes de sair do tema *persistência*, faça um inventário de si mesmo e determine em que, especificamente, se houver, lhe falta essa qualidade essencial. Analise-se com afinco, ponto a ponto, e veja quantos dos oito fatores de persistência lhe faltam. Essa análise pode levar a descobertas que podem lhe dar um novo controle sobre si mesmo.

SINTOMAS DE FALTA DE PERSISTÊNCIA

Aqui estão os verdadeiros inimigos que se interpõem entre a pessoa e uma realização de destaque. Encontram-se aqui não somen-

Os segredos que vão mudar sua vida

te os "sintomas" que indicam fraqueza de *persistência*, mas também as causas subconscientes profundamente arraigadas dessa fraqueza. Estude a lista com atenção e encare a si mesmo, *se você realmente deseja saber quem é, e o que é capaz de fazer*. Estas são as fraquezas que precisam ser dominadas por todos que acumulam riquezas.

1. Falha em reconhecer e em definir claramente o que se quer.
2. Procrastinação, com ou sem justa causa. (Normalmente acompanhada de um conjunto formidável de álibis e desculpas.)
3. Falta de interesse em adquirir conhecimento especializado.
4. Indecisão, o hábito de "passar a bola" em todas as ocasiões, em vez de enfrentar os problemas de frente. (Também acompanhado de álibis.)
5. O hábito de contar com desculpas em vez de criar planos definidos para a solução de problemas.
6. Autossatisfação. Há pouca solução para a ausência dessa qualidade e nenhuma esperança para aqueles que sofrem disso.
7. Indiferença, normalmente refletida em sua disposição em se comprometer em todas as ocasiões, em vez de enfrentar as dificuldades e combatê-la.
8. O hábito de culpar os outros pelos próprios erros e de aceitar circunstâncias desfavoráveis como sendo inevitáveis.
9. *Fraqueza de desejo*, devido à omissão na escolha de *motivos* que estimulam a ação.
10. Vontade, e mesmo ansiedade, de parar ao primeiro sinal de derrota. (Com base em um ou mais dos seis medos básicos.)
11. Falta de PLANOS *organizados*, por escrito, onde possam ser analisados.
12. O hábito de deixar de dar prosseguimento às ideias ou de deixar de agarrar a oportunidade quando ela se apresenta.
13. *Desejar* em vez de *querer*.
14. O hábito de se comprometer com a *pobreza* em vez de visar riquezas, ou seja, uma ausência geral de ambição de ser, fazer e possuir.

A persistência:O esforço sustentado necessário para induzir a fé

15. Procurar, por todos os atalhos, a riqueza, tentar *obter* sem *dar* um equivalente justo, geralmente acompanhado do hábito de lançar e empreender negócios escusos.
16. *Medo de crítica*, incapacidade de criar planos e colocá-los em prática, devido ao que as outras pessoas vão pensar, fazer ou dizer. Esse inimigo está no topo da lista, pois geralmente existe no subconsciente da pessoa, onde sua presença não é reconhecida. (Veja os Seis Medos Básicos, mais a frente.)

Ao examinar alguns dos sintomas do Medo de Crítica, é possível constatar que a maioria das pessoas permite que parentes, amigos e o público em geral as influenciem tanto que não conseguem viver suas próprias vidas, pois temem ser criticadas.

Muitas pessoas cometem erros no casamento, no negócio, e passam a vida sofrendo e infelizes, porque têm medo das críticas que podem ocorrer se resolverem corrigir o erro. (Qualquer pessoa que tenha se submetido a essa forma de medo conhece os danos irreparáveis provocados por ele: a destruição da ambição, da autoconfiança e do desejo de realizar.)

Várias pessoas que abandonaram a escola antes do tempo deixam de estudar mais tarde porque temem críticas.

Muitos homens e mulheres, sejam jovens ou idosos, permitem que os parentes destruam suas vidas em nome do *dever*, porque temem críticas. (Dever não exige que nenhuma pessoa se submeta à destruição das ambições pessoais e do direito a viver a própria vida do modo como quiser.)

As pessoas se recusam a correr riscos nos negócios, pois têm medo das críticas que possam ocorrer em caso de fracasso. O medo da crítica, em tais situações, é mais forte do que o *desejo* de sucesso.

É grande o número de indivíduos que se recusam a definir metas altas ou que até deixam de apostar em uma carreira devido ao medo das críticas dos parentes e "amigos", que podem dizer: "Não estabeleça metas tão altas. As pessoas vão achar que você é louco."

As pessoas, em geral, acreditam que o sucesso material é o resultado de "acontecimentos" favoráveis. Há um elemento que justifica a crença, mas aqueles que dependem completamente da sorte quase

Os segredos que vão mudar sua vida

sempre ficam desapontados, uma vez que ignoram outro fator muito importante que deve estar presente antes que se possa ter certeza de sucesso. É o conhecimento para produzir sob medida os "acontecimentos" favoráveis.

Examine as primeiras cem pessoas que encontrar. Ao lhes perguntar o que elas mais querem na vida, verá que 98% delas não serão capazes de dar uma resposta. Ao pressioná-las a responder, algumas dirão *segurança,* muitas dirão *dinheiro,* umas poucas dirão *felicidade,* outras dirão *fama e poder* e outras, ainda, dirão *reconhecimento social, vida tranquila, capacidade de cantar, dançar* ou *escrever,* mas nenhuma será capaz de definir esses termos ou dar a mínima indicação de um *plano* com o qual esperar alcançar esses desejos expressos de forma vaga. As riquezas não respondem aos desejos. Respondem somente a planos definidos, apoiados por desejos definidos, por meio de constante *persistência.*

COMO DESENVOLVER A PERSISTÊNCIA

Existem quatro passos simples que conduzem ao hábito da *persistência.* Eles não exigem grande quantidade de inteligência nem educação de algum nível específico, mas um pouco de tempo ou esforço. Os passos necessários são os seguintes:

1. *Um propósito definido apoiado pelo desejo ardente de sua concretização.*
2. *Um plano definido, expresso em ação contínua.*
3. *Uma mente hermeticamente fechada contra todas as influências negativas e desanimadoras,* incluindo sugestões negativas de parentes, amigos e conhecidos.
4. *Uma aliança amigável com uma ou mais pessoas que vão proporcionar o estímulo para que prossiga tanto com o plano como com o propósito.*

Esses quatro passos são essenciais para o sucesso em todas as carreiras. A finalidade dos 13 princípios dessa filosofia é permitir

A persistência:O esforço sustentado necessário para induzir a fé

que as pessoas adotem esses quatro passos como uma prática habitual. Esses são os passos pelos quais se pode controlar o próprio destino econômico. São os passos que conduzem à liberdade e à independência de pensamento. São os passos que levam a riquezas, sejam pequenas ou grandes. Levam ao caminho do poder, da fama e do reconhecimento mundial. São os quatro passos que asseguram "acontecimentos" favoráveis. São os passos que transformam os sonhos em realidades tangíveis. Além de conduzirem também ao controle do *medo*, do *desânimo* e da *indiferença*.

Há uma excelente recompensa para todos que aprendem a adotar esses quatro passos. É o privilégio de escrever o próprio destino e fazer com que a vida renda bons frutos, custe o que custar.

CAPÍTULO 10

O poder da Mente Mestra: A força motriz

O PODER É ESSENCIAL para o sucesso de quem quer ganhar dinheiro.

Os *planos* são inócuos e inúteis se não houver *poder* suficiente para transformá-los em *ação*. Este capítulo descreve o método pelo qual o *poder* pode ser obtido e aplicado.

O *poder* pode ser definido como um "*conhecimento* organizado e direcionado de forma inteligente". O poder, como o termo é aqui usado, refere-se ao esforço *organizado*, suficiente para permitir que um indivíduo transforme um *desejo* em seu equivalente monetário. O esforço *organizado* é produzido através da coordenação do esforço de duas ou mais pessoas, que trabalham para uma finalidade *definida*, em espírito de harmonia.

O poder é necessário para o acúmulo de dinheiro! O poder é necessário para a retenção do dinheiro depois de ter sido acumulado!

É importante verificar como o poder pode ser adquirido. Uma vez que o poder é definido como um "conhecimento organizado", seria interessante analisar as fontes de conhecimento:

a) *Inteligência infinita.* Pode-se entrar em contato com essa fonte de conhecimento através do procedimento descrito no Capítulo 6, com a ajuda da imaginação criativa.

b) *Experiência acumulada.* A experiência acumulada da humanidade (ou parte dela, que foi organizada e registrada) pode ser encontrada em qualquer biblioteca pública bem-equipada. Uma parte importante dessa experiência acumulada é ensinada em escolas e faculdades, onde se encontra classificada e organizada.

c) *Experiência e pesquisa.* No campo da ciência, e em praticamente todas as outras profissões, as pessoas reúnem, classificam e organizam fatos novos diariamente. Essa é a fonte a que se deve recorrer quando o conhecimento não está disponível através da "experiência acumulada". Aqui também a imaginação criativa precisa ser usada com frequência.

O conhecimento pode ser adquirido a partir de quaisquer das fontes anteriores. Pode ser convertido em *poder* por meio da organização desse conhecimento em *planos* definidos e colocando-os em *ação*.

Uma análise das três principais fontes de conhecimento vai revelar, de forma imediata, a dificuldade que as pessoas teriam se dependessem apenas de seus esforços na compilação do conhecimento e em sua utilização através de planos definidos colocados em *ação*. Se os planos são abrangentes e se contemplam grandes proporções, as pessoas devem induzir os outros a cooperarem com elas, antes que possam lhes aplicar o elemento necessário de *poder*.

GANHAR PODER ATRAVÉS DA MENTE MESTRA

A Mente Mestra pode ser definida como "a coordenação do conhecimento e do esforço, em espírito de harmonia, entre duas ou mais pessoas, para a realização de uma finalidade definida".

Nenhum indivíduo pode ter um grande poder sem que recorra à Mente Mestra. No Capítulo 7, foram dadas instruções para a criação de *planos* com a finalidade de transformar o *desejo* em seu equivalente monetário. Ao executar essas instruções com *persistência* e inteligência, e usar a discriminação na seleção do grupo de Mente Mestra, o objetivo estará meio caminho andado, mesmo antes de começar a reconhecê-lo.

Para que se possa entender melhor as potencialidades "intangíveis" de poder disponíveis, através de um grupo de Mente Mestra escolhido de forma apropriada, serão explicadas aqui as duas características do princípio da Mente Mestra: uma de natureza econômica, outra de natureza psíquica. A característica econômica é óbvia. As vantagens econômicas podem ser criadas por pessoas que se cercam de conselhos, assessorias e cooperação pessoal de um grupo de pessoas dispostas a prestar ajuda sincera, em espírito de *perfeita harmonia*. Essa forma de aliança cooperativa é a base de quase toda grande fortuna. A compreensão desta grande verdade pode determinar, de forma definitiva, o status financeiro de um indivíduo.

A fase psíquica do princípio da Mente Mestra é muito mais abstrata, e muito mais difícil de ser abrangida, pois está relacionada com as forças espirituais que a raça humana, como um todo, não conhece muito bem. Pode-se abstrair uma sugestão significativa dessa afirmação: "Nunca duas mentes se juntam sem criar uma terceira força intangível e invisível que possa ser comparada a uma terceira mente."

Tenha em mente o fato de que há apenas dois elementos em todo o universo: energia e matéria. É bem conhecido o fato de a matéria poder ser dividida em unidades de moléculas, átomos e elétrons. Há unidades de matéria que podem ser isoladas, separadas e analisadas.

Da mesma forma, existem unidades de energia.

A mente humana é uma forma de energia, uma parte desta é de natureza espiritual. Quando as mentes de duas pessoas são coordenadas em *espírito de harmonia*, as unidades espirituais de energia de cada mente formam uma afinidade, que se constitui como a fase "psíquica" da Mente Mestra.

Andrew Carnegie, a Mente Mestra principal, me chamou a atenção para a sua característica econômica há 25 anos. A desco-

O poder da Mente Mestra: A força motriz

berta desse princípio foi responsável pela escolha da obra da minha vida.

O grupo de Mente Mestra de Carnegie consistia em uma equipe de aproximadamente cinquenta homens, dos quais se cercava com o *propósito definido* de fabricar e comercializar aço. Ele atribuía toda a sua fortuna ao *poder* que acumulou por meio de sua Mente Mestra.

Analise o registro de qualquer pessoa que tenha acumulado uma grande fortuna, e muitos daqueles que acumularam fortunas modestas, e será possível constatar que eles empregaram, consciente ou inconscientemente, o princípio da Mente Mestra.

Não se pode acumular o grande poder através de nenhum outro princípio!

A *energia* é um conjunto universal de blocos de concreto encontrados na natureza, com os quais esta constrói todas as coisas materiais no universo, incluindo a humanidade e toda forma animal e vegetal. Através de um processo que apenas a natureza compreende completamente, ela transforma a energia em matéria.

Os blocos de concreto da natureza estão disponíveis para qualquer um, na energia relacionada ao *pensamento*! O cérebro pode ser comparado a uma bateria elétrica, que absorve energia a partir do éter, permeando cada átomo de matéria e preenchendo todo o universo.

É bem conhecido o fato de que um conjunto de baterias elétricas produz mais energia do que uma única bateria. Também é conhecido o fato de uma bateria individual prover energia em proporção ao número e à capacidade contida em suas células.

O cérebro funciona de modo semelhante. Isso explica o fato de alguns cérebros serem mais eficientes do que outros e resulta na seguinte afirmação: um grupo de cérebros coordenados (ou conectados) em espírito de harmonia fornece mais energia de pensamento do que um único cérebro, assim como um conjunto de baterias elétricas fornece mais energia do que uma única bateria.

Através dessa metáfora, torna-se óbvio que o princípio da Mente Mestra mantém o segredo do *poder* dominado pelas pessoas que se cercam de outros cérebros.

149

Segue-se a esta outra afirmação que leva a uma maior compreensão da fase psíquica do princípio da Mente Mestra: quando um grupo de cérebros individuais é coordenado e funciona em harmonia, o aumento de energia criado por meio dessa aliança se torna disponível para cada cérebro individual do grupo. O presidente norte-americano Franklin Roosevelt levou as melhores mentes do país para Washington com a finalidade de formar um grupo de Mente Mestra que ele denominou como "mentes de confiança". Durante e depois da Segunda Guerra Mundial, os grupos de Mente Mestra denominados "grupos de reflexão" eram frequentemente chamados pelos líderes do governo e da indústria para ajudar a lidar com problemas críticos.

O famoso Mahatma Gandhi já foi mencionado aqui. Talvez a maioria das pessoas que ouviram falar de Gandhi o veja como um pequeno homem excêntrico, que andava com farrapos e causou problemas para o governo britânico.

Na verdade, Gandhi não era excêntrico, mas *foi o homem mais poderoso de sua geração* (estimado pelo número de seguidores e pela fé destes em seu líder). Além disso, era provavelmente o homem mais poderoso que já existiu. Seu poder era passivo, mas também era real.

O método pelo qual ele alcançou seu prodigioso *poder* pode ser explicado em poucas palavras. Ele o adquiriu através da indução coordenada de mais de 200 milhões de pessoas, com a mente e o corpo, em espírito de *harmonia*, em direção a um *propósito definido*.

Em suma, Gandhi realizou um *milagre*, pois é um milagre o fato de 200 milhões de pessoas poderem ser induzidas, e não forçadas, a cooperar em espírito de *harmonia*, por um tempo ilimitado. Quem duvida que esse seja um milagre, que tente induzir *duas pessoas quaisquer* a cooperar em espírito de harmonia por um período de tempo qualquer.

Toda pessoa que administra um negócio sabe o quanto é difícil fazer com que os funcionários trabalhem juntos em um espírito que se assemelhe à *harmonia*, ainda que de forma remota.

O poder da Mente Mestra: A força motriz

A lista das principais fontes a partir das quais o *poder* pode ser alcançado, como já visto, é encabeçada pela *inteligência infinita*. Quando duas ou mais pessoas combinam em espírito de *harmonia* e trabalham em direção a um objetivo definido, elas se colocam em posição, através dessa aliança, de absorver poder diretamente do grande depósito universal da Inteligência Infinita. Essa é a maior de todas as fontes de *poder*. É a fonte para a qual o gênio se volta. É a fonte para a qual todo grande líder se volta, consciente ou inconscientemente.

As outras duas fontes principais, a partir das quais se pode obter o conhecimento necessário para conseguir o *poder*, não são mais confiáveis do que os cinco sentidos do ser humano. E os sentidos não são sempre confiáveis. Agora, a Inteligência Infinita *não erra*.

Nos capítulos seguintes serão descritos, de forma adequada, os métodos para se conectar à Inteligência Infinita de forma mais fácil.

Este não é um livro sobre religião. Nenhum princípio fundamental aqui descrito deve ser interpretado como interferência direta ou indireta nos hábitos religiosos de qualquer pessoa. Este livro está limitado exclusivamente a instruir o leitor a como transformar o *propósito definido do desejo de dinheiro* em seu equivalente monetário.

O leitor deve ler, *pensar* e meditar à medida que avança na leitura. Logo o assunto como um todo vai se desdobrar e poderá ser visto em perspectiva. Pode-se ver, então, o detalhe de cada um dos capítulos.

O dinheiro é tão tímido e esquivo quanto a donzela dos "velhos tempos". Deve ser cortejado e vencido por métodos não muito diferentes daqueles usados por um pretendente determinado em busca de uma companheira. E, por coincidência, o *poder* usado para "cortejar" o dinheiro não é muito diferente do usado para cortejar uma dama. Tal poder, quando usado com sucesso na busca de dinheiro, deve ser combinado com a *fé*. Deve ser combinado com o *desejo*. Deve ser combinado com a *persistência*. Deve ser aplicado por meio de um plano, e esse plano deve ser colocado em *ação*.

Os segredos que vão mudar sua vida

Quando o dinheiro vem em quantidade conhecida como "dinheiro grande", ele flui para quem o acumula com tanta facilidade quanto a água que desce ladeira abaixo. Existe uma grande corrente invisível de *poder*, que pode ser comparada a um rio. Porém, de um lado, flui em uma direção, carregando todos os que entram para frente e para cima em direção à *riqueza*, e, do outro, flui na direção oposta, carregando todos aqueles que são desventurados o suficiente (e que não são capazes de sair) ladeira abaixo, para a miséria e a *pobreza*.

Toda pessoa que acumulou uma grande fortuna reconheceu a existência dessa corrente da vida. Trata-se do *processo de pensamento* da pessoa. As emoções positivas de pensamento formam o lado da corrente que leva à fortuna. As emoções negativas formam o lado que leva à pobreza.

Isso leva a um pensamento de suma importância para a pessoa que segue as instruções deste livro com o objetivo de juntar fortuna.

Ao estar no lado da corrente de *poder* que conduz à pobreza, esta pode servir como um remo, com o qual a pessoa pode navegar para o outro lado da corrente. Este método tem utilidade *apenas* mediante aplicação e uso. A mera leitura e julgamento dele, em uma direção ou outra, não vai beneficiar ninguém.

Algumas pessoas se submetem à experiência de alternar entre os lados positivo e negativo da corrente, ou seja, às vezes, no lado positivo, outras, no lado negativo. A quebra da Bolsa de Nova York, em 1929, varreu inúmeras pessoas do lado positivo para o lado negativo da corrente. Essas pessoas lutaram, algumas, desesperadas e com medo, para voltar para o lado positivo. Este livro foi escrito especialmente para essas pessoas.

A pobreza e a riqueza mudam de lugar com frequência. A pobreza pode tomar o lugar da riqueza voluntariamente. Quando a riqueza toma o lugar da pobreza, a mudança normalmente é resultado de *planos* bem-concebidos e executados com cuidado. A pobreza não precisa de plano. Não precisa que ninguém que a ajude, pois ela é ousada e impiedosa. A riqueza é tímida e acanhada. Ela tem de ser "atraída".

Qualquer um pode *desejar* riqueza, e a maioria das pessoas deseja, mas apenas poucas sabem que um plano definido somado a um *desejo ardente* de prosperidade são o único meio confiável de acumular fortuna. Entretanto, ninguém pode reunir e executar completamente um plano sozinho para acumular fortuna. É preciso a ajuda de uma Mente Mestra para chegar lá.

CAPÍTULO 11

O mistério da transmutação do sexo

O SIGNIFICADO DA PALAVRA "transmutação" é, em linguagem simples, "a mudança ou transferência de um elemento, ou forma de energia, em outro".

A emoção do sexo traz à existência um estado de espírito.

Devido à ignorância sobre o assunto, esse estado de espírito é geralmente associado à parte física e, em função de influências impróprias, a que a maioria das pessoas está sujeita quando obtém conhecimento sobre sexo, a mente fica predisposta aos aspectos essencialmente físicos.

A emoção do sexo tem como finalidade a possibilidade de três potencialidades construtivas, que são:

1. A perpetuação da humanidade.
2. A manutenção da saúde (como terapia não tem igual).
3. A transformação da mediocridade em genialidade através da mutação.

A transmutação do sexo é simples e de fácil explicação. Isso significa a alteração da mente a partir de pensamentos de expressão física para pensamentos de alguma outra natureza.

O mistério da transmutação do sexo

O desejo sexual é o mais poderoso dos desejos humanos. Quando impulsionadas por esse desejo, as pessoas desenvolvem entusiasmo de imaginação, coragem, força de vontade, persistência e capacidade criativa desconhecida para elas em outros momentos. É tão forte e estimulante o desejo pelo contato sexual que as pessoas correm muitas vezes risco de vida e de perder a reputação para satisfazê-lo. Quando explorada e redirecionada para outros campos, essa força motivadora mantém todos os seus atributos de entusiasmo de imaginação, coragem etc., que podem ser usados como forças criativas poderosas em literatura, em arte ou em qualquer outra profissão ou ocupação, incluindo, é claro, o acúmulo de riquezas.

A transmutação da energia sexual requer o exercício da força de vontade, com certeza, mas a recompensa vale o esforço. O desejo da expressão sexual é inato e natural. O desejo não pode e não deve ser reprimido ou eliminado. Porém, deve ter uma saída através de formas de expressão que enriqueçam o corpo, a mente e o espírito. Se não tiver essa forma de satisfação, através da transmutação, o desejo vai buscar saídas para sua liberação através de canais puramente físicos.

Um rio pode ser represado, e sua água controlada por algum tempo, mas, por fim, ele vai acabar forçando uma saída. O mesmo ocorre com a emoção do sexo. Ela pode estar submersa e controlada por um tempo, mas sua própria natureza faz com que sempre busque meios de expressão. Se não for transmutada em algum esforço criativo, a emoção do sexo vai encontrar uma saída menos digna.

Felizes, na verdade, são aqueles que descobrem como extravasar a emoção do sexo através de alguma forma de esforço criativo, pois, com essa descoberta, elevam-se ao status de gênio.

Uma pesquisa científica sobre a formação dos homens de grandes realizações (infelizmente, nenhum estudo foi feito sobre mulheres bem-sucedidas) revelou fatos significativos, a saber:

1. Os homens com as maiores realizações são homens de natureza sexual bastante desenvolvida e que aprenderam a arte da transmutação do sexo.

Os segredos que vão mudar sua vida

2. Os homens que acumularam grandes fortunas e alcançaram reconhecimento e destaque na literatura, nas artes, na indústria e nas profissões são motivados pela influência de uma mulher.

A pesquisa em que foram constatadas essas descobertas espantosas voltou muitas páginas nas biografias e na história, mais de 2 mil anos. Onde quer que houvesse evidência disponível em relação à vida de homens e mulheres de grande sucesso, esta indicou de forma mais convincente que eles possuíam natureza sexual bastante desenvolvida.

A emoção do sexo é uma "força irresistível", contra a qual não pode haver uma oposição tal como um "corpo imóvel". Quando impulsionados por essa emoção, os homens se tornam dotados de um superpoder para a ação. O entendimento desta máxima leva ao entendimento do significado da afirmação de que a transmutação do sexo eleva as pessoas ao status de gênio.

A emoção do sexo contém o segredo da capacidade criativa.

Com a remoção de glândulas sexuais, seja no homem ou no animal, remove-se a maior fonte de ação. Para provar isso, basta observar o que acontece com qualquer animal após sua castração. Um touro se torna tão dócil quanto uma vaca após sofrer alteração sexual. A alteração sexual elimina do macho, seja homem ou animal, toda a energia de *luta* que se encontra dentro dele. A alteração sexual tem o mesmo efeito na fêmea.

OS DEZ ESTÍMULOS DA MENTE

A mente humana responde a estímulos, pelos quais pode ser "intensificada" a altas taxas de vibração, conhecidas como entusiasmo, imaginação criativa, desejo intenso etc. Os estímulos aos quais a mente responde mais facilmente são os seguintes:

1. O desejo de expressão sexual.
2. Amor.

O mistério da transmutação do sexo

3. Um desejo ardente de fama, poder ou ganho financeiro, *dinheiro*.
4. Música.
5. Amizade entre pessoas do mesmo sexo ou do sexo oposto.
6. Uma aliança de Mente Mestra com base na harmonia de duas ou mais pessoas que se aliam para avanço espiritual ou temporal.
7. Sofrimento mútuo, tal como aquele vivenciado por pessoas que são perseguidas.
8. Autossugestão.
9. Medo.
10. Drogas e álcool.

O desejo da expressão sexual está em primeiro lugar na lista dos estímulos, é o que tem maior eficácia na "intensificação" das vibrações da mente e o que dá início ao "movimento" da ação física. Oito desses estímulos são naturais e construtivos, e dois são destrutivos. A lista encontra-se aqui apresentada para permitir que se faça um estudo comparativo das maiores fontes de estimulação da mente. A partir desse estudo é possível perceber que a emoção do sexo é, provavelmente, o mais intenso e poderoso de todos os estímulos da mente.

Essa comparação é necessária como base para a prova da afirmação de que a transmutação da energia sexual pode elevar os indivíduos ao status de gênio. E em que se constitui um gênio?

Uma boa definição para gênio é a de "uma pessoa que descobriu como aumentar as vibrações do pensamento a ponto de este conseguir se comunicar livremente com as fontes de conhecimento que não estão disponíveis em níveis normais de consciência".

A pessoa que raciocina vai querer fazer algumas perguntas relacionadas a essa definição de gênio. A primeira pergunta será: "Como alguém pode se comunicar com fontes de conhecimento que não estão disponíveis por meio das taxas NORMAIS de vibração do pensamento?"

A próxima pergunta será: "Existem fontes conhecidas de saber que estejam disponíveis apenas aos gênios e, em caso positivo, *quais são essas fontes* e como exatamente elas podem ser alcançadas?"

Serão apresentadas, a seguir, provas da solidez de algumas das declarações mais importantes feitas neste livro ou, pelo menos, evidências através das quais o leitor pode chegar à própria conclusão através da experimentação e, ao fazê-la, ambas as questões acima serão respondidas.

A "GENIALIDADE" É DESENVOLVIDA ATRAVÉS DO SEXTO SENTIDO

A existência de um "sexto sentido" está muito bem-aceita. Esse sexto sentido é a imaginação criativa. A capacidade da imaginação criativa é aquela que a maioria das pessoas nunca usa durante uma vida inteira, e se for mesmo usada normalmente, acontece por mero acidente. É um número relativamente pequeno de pessoas que usam, *com deliberação e propósito premeditado*, a faculdade da imaginação criativa. Aqueles que usam essa faculdade de modo voluntário, e com a compreensão de suas funções, são gênios. A capacidade da imaginação criativa é a ligação direta entre a mente finita dos humanos e a Inteligência Infinita. Todas as denominadas revelações referidas no âmbito da religião, bem como todas as descobertas de princípios básicos e novos no campo da invenção, ocorrem através da faculdade da imaginação criativa. As ideias ou conceitos que piscam na mente, em alguns momentos, através do que é popularmente chamado de "estalos", são provenientes de uma ou mais das seguintes fontes:

1. A Inteligência Infinita.
2. O subconsciente, onde são armazenados todas as impressões e todos os impulsos de pensamento que já atingiram o cérebro através de qualquer um dos cinco sentidos.
3. A mente de outra pessoa que acabou de lançar o pensamento ou a imagem da ideia ou conceito, através do pensamento consciente.
4. O depósito do subconsciente de outra pessoa.

O mistério da transmutação do sexo

Não existe nenhuma outra fonte *conhecida* a partir da qual se possa receber "inspirações" ou "estalos".

A imaginação criativa funciona melhor quando a mente vibra (devido a alguma forma de estimulação da mente) a uma taxa extremamente alta. Isto é, quando a mente funciona a uma taxa de vibração maior do que a do pensamento normal e comum.

Quando a ação do cérebro é estimulada, através de um ou mais dos dez estimulantes da mente, tem-se como efeito a elevação do indivíduo muito acima do patamar do pensamento comum. Isso lhe permite prever a distância, o escopo e a qualidade dos *pensamentos* que não estão disponíveis no plano inferior, como aquele que lhe ocorre enquanto está envolvido na solução dos problemas do negócio e com a rotina profissional.

Quando elevado a esse nível superior de pensamento, através de qualquer forma de estimulação da mente, um indivíduo ocupa relativamente a mesma posição que uma pessoa em um avião que tenha subido a uma altura da qual pode ver acima e além da linha do horizonte que limita a visão de alguém que está no solo. Além disso, durante o tempo em que permanece nesse nível superior de pensamento, o indivíduo não fica prejudicado ou vinculado a qualquer um dos estímulos que circunscrevem e limitam sua visão, enquanto luta com os problemas relativos à satisfação das três necessidades básicas: alimentação, vestuário e habitação. O indivíduo se encontra em um mundo de ideia em que os pensamentos comuns do dia a dia no trabalho foram removidos de modo tão efetivo quanto as montanhas e os vales e outras limitações da visão física, quando voando em um avião.

Enquanto se está no plano elevado do *pensamento*, a faculdade criativa da mente tem liberdade de ação. O caminho é liberado pelo sexto sentido e se torna mais receptivo para ideias que poderiam não chegar ao indivíduo sob quaisquer outras circunstâncias. O "sexto sentido" é a faculdade que marca a diferença entre um gênio e um indivíduo comum.

A capacidade criativa se torna mais alerta e receptiva a vibrações, com origem fora do subconsciente do indivíduo, quanto mais essa capacidade for usada e quanto mais o indivíduo confiar nela e lhe

Os segredos que vão mudar sua vida

fizer exigências para impulsos de pensamento. Essa faculdade pode ser cultivada e desenvolvida apenas pelo uso.

Aquilo que se conhece como "consciência" funciona integralmente por meio da faculdade do sexto sentido.

Os grandes artistas, escritores, músicos e poetas se tornam bem-sucedidos porque adquirem o hábito de invocar a "voz mansa e suave" que vem de dentro de cada um, através da faculdade da imaginação criativa. É bem conhecido, para as pessoas com imaginações "férteis", o fato de suas melhores ideias virem através dos chamados "estalos".

Houve um grande orador que não atingia o auge de sua performance até que fechava os olhos e começava a confiar plenamente na capacidade da imaginação criativa. Quando questionado por que fechava os olhos antes do ápice de seu discurso, ele respondia: "Faço isso porque assim eu falo com as ideias que vêm de dentro."

Um dos investidores mais bem-sucedidos e conhecidos dos Estados Unidos seguia o hábito de fechar os olhos, por dois ou três minutos, antes de tomar uma decisão. Quando perguntado por que fazia isso, ele respondia: "Com os meus olhos fechados, posso recorrer a uma fonte de inteligência superior."

O Dr. Elmer R. Gates, de Chevy Chase, Maryland, criou mais de duzentas patentes úteis, muitas delas básicas, por meio do processo de cultivo e uso da capacidade criativa. Seu método é significativo e instigante para qualquer pessoa interessada em alcançar o status de gênio, categoria a que o Dr. Gates, sem dúvida, pertencia. Ele foi de fato um dos grandes cientistas do mundo, embora pouco divulgado.

Em seu laboratório, ele tinha o que denominava de sua "sala de comunicação pessoal". Era praticamente à prova de som e construída de tal forma que toda a luz poderia ser excluída. Era equipada com uma pequena mesa, sobre a qual ele mantinha um bloco de papel para escrever. Em frente à mesa, na parede, havia um interruptor que controlava as luzes. Quando o Dr. Gates queria tirar proveito das forças disponíveis através da imaginação criativa, entrava nessa sala, sentava-se à mesa, apagava as luzes e se *concentrava* nos fatores *conhecidos* da invenção nos quais estava trabalhando,

O mistério da transmutação do sexo

permanecendo naquela posição até que as ideias relativas aos fatores *desconhecidos* da invenção começassem a "piscar em *flash*" em sua mente.

Em uma ocasião, as ideias vieram tão rápido que ele foi forçado a escrever por quase três horas. Quando os pensamentos pararam de fluir, e ele examinou as anotações, descobriu que elas continham uma descrição minuciosa dos princípios que não tinham equivalência com os dados conhecidos do mundo científico. Além disso, a resposta para o seu problema foi apresentada de forma inteligente naquelas anotações. Dessa forma, o Dr. Gates completou mais de duzentas patentes, que foram começadas, mas não concluídas, por cérebros "crus". A veracidade desta constatação está no United States Patent Office (órgão atrelado ao Departamento de Comércio dos Estados Unidos, onde são feitos os registros de patentes).

Ele ganhou a vida "fabricando ideias" para pessoas físicas e para empresas. Algumas das maiores empresas dos Estados Unidos pagavam altos valores em honorários, por hora, pela "fabricação de ideias".

A faculdade de raciocínio é muitas vezes falha, em função de ser amplamente guiada pela experiência acumulada da pessoa. Nem todo conhecimento que a pessoa acumula através da "experiência" é preciso. As ideias recebidas através da faculdade criativa são muito mais confiáveis, porque são oriundas de fontes mais confiáveis do que qualquer ideia que esteja disponível para a faculdade de raciocínio da mente.

A principal diferença entre o gênio e o inventor "excêntrico" comum pode ser constatada pelo fato de o gênio trabalhar por meio de sua faculdade de imaginação criativa, ao passo que o "excêntrico" não sabe nada dessa faculdade. O inventor científico (como Thomas Edison e o Dr. Gates) faz uso tanto das faculdades sintéticas quanto das criativas de imaginação.

Por exemplo, os inventores científicos ou "gênios" começam uma invenção com a organização e combinação das ideias conhecidas ou dos princípios acumulados através da experiência, por meio da faculdade sintética, ou seja, a faculdade de raciocínio. Se acharem que

Os segredos que vão mudar sua vida

esse conhecimento acumulado não é suficiente para a realização da invenção, recorrem às fontes de conhecimento disponíveis através da faculdade criativa. Embora o método para se chegar a isso varie de pessoa para pessoa, estes são os pontos importantes do procedimento:

1. *Eles estimulam suas mentes para que elas vibrem em um plano acima da média,* através do uso de um ou mais dos dez estimulantes da mente ou algum outro estimulante de sua escolha.
2. *Eles se concentram* nos fatores conhecidos (a parte acabada) da invenção e criam em suas mentes uma imagem perfeita dos fatores desconhecidos (a parte inacabada) da invenção. Eles mantêm essa imagem na mente até que esta tenha sido assumida pelo subconsciente e, depois, relaxam com a liberação de *todos* os pensamentos da mente e esperam pelo aparecimento da resposta.

Às vezes, os resultados são positivos e imediatos. Em outras ocasiões, os resultados são negativos, dependendo do estado de desenvolvimento do "sexto sentido" ou faculdade criativa.

Thomas Edison experimentou mais de 10 mil combinações diferentes de ideias por meio da faculdade sintética de imaginação, antes de "sintonizar" a faculdade criativa, e obteve a resposta que aperfeiçoou a lâmpada incandescente. Passou por experiência semelhante quando produziu o fonógrafo.

Há muitas provas confiáveis de que a faculdade da imaginação criativa existe. Essas evidências podem ser verificadas através de uma análise precisa das pessoas que se tornaram líderes em suas respectivas ocupações, sem terem tido formação educacional extensa. Lincoln foi um exemplo notável de um grande líder que alcançou o sucesso ao descobrir e utilizar a faculdade da imaginação criativa. Descobriu e começou a utilizar essa faculdade como resultado da estimulação do amor que vivenciou depois de ter conhecido Ann Rutledge, uma constatação da mais alta importância, no contexto do estudo da fonte de genialidade.

O mistério da transmutação do sexo

As páginas da história estão repletas de registros de grandes líderes cujas realizações podem ter sofrido influência direta das mulheres, que despertaram as faculdades criativas em suas mentes, através da estimulação do desejo sexual. Napoleão Bonaparte foi um desses líderes. Quando inspirado por sua primeira esposa, Joséphine, ele era irresistível e invencível. Quando seu "bom senso" ou faculdade de raciocínio levou-o a colocar Joséphine de lado, ele começou a fracassar. Sua derrota e Santa Helena não estavam muito distantes.

Seria possível mencionar facilmente inúmeros homens, bem conhecidos pelo povo norte-americano, que subiram a grandes alturas sob a influência estimulante de suas esposas e em seguida despencaram, *depois* que o dinheiro e o poder lhes subiram à cabeça e eles trocaram as antigas esposas por uma nova. Napoleão não foi o único homem a descobrir que a influência do sexo, proveniente da fonte certa, é mais poderosa do que qualquer outro recurso, e este pode ser criado pela pura e simples razão.

A mente humana responde aos estímulos!

O desejo sexual está entre os maiores e mais poderosos estímulos. Quando aproveitada e transmutada, essa força propulsora é capaz de elevar o indivíduo àquela esfera superior de pensamento que permite que ele domine as fontes de preocupação e irritação mesquinha que se apoderam de seu caminho no plano inferior.

Infelizmente, apenas os gênios fizeram essa descoberta. Os outros aceitaram a experiência do desejo sexual sem descobrir uma de suas maiores potencialidades, fato que explica o grande número de "outros" quando comparado ao número limitado de gênios.

A energia sexual é a energia criativa de todos os gênios. Nunca houve e nunca haverá um grande líder, construtor ou artista sem essa força propulsora sexual.

Com certeza, ninguém vai fazer mau juízo dessas constatações no sentido de achar que *todos* os indivíduos com alto poder sexual são gênios! O indivíduo atinge o status de gênio *apenas* quando — e *se* — sua mente for estimulada para que então recorra às forças disponíveis, através da capacidade criativa da imaginação. Entre os estímulos pelos quais essa "intensificação" das vibrações pode ser produzida, o principal é a energia sexual. A mera possessão dessa energia não é suficiente para produzir um gênio. A energia deve ser transmutada do desejo do contato físico para alguma outra forma de desejo e ação, antes de elevar o indivíduo ao status de gênio.

Longe de se tornarem gênios, em função dos grandes desejos sexuais, muitas pessoas se rebaixam ao status das bestas, por não compreenderem e fazerem mau uso dessa grande força.

POR QUE OS HOMENS RARAMENTE SÃO BEM-SUCEDIDOS ANTES DOS 40

A partir da análise de mais de 25 mil indivíduos, descobriu-se que as pessoas que chegam ao sucesso, de forma notável, raramente o fazem antes dos 40 e, com uma incidência maior, não atingem seu ápice até que estejam acima dos 50 anos. Este fato foi tão surpreendente que levou o autor a estudar a causa, de forma mais profunda. Essa investigação foi realizada por um período de mais de 12 anos.

Esse estudo revelou que a principal razão para que grande parte das pessoas de sucesso não alcance o sucesso antes dos 40 aos 50 anos é a tendência de elas *dissiparem* suas energias através de excessos na expressão física da emoção sexual. A maioria das pessoas nunca aprende que o desejo sexual tem outras possibilidades, que transcendem em importância a da simples expressão física. A maioria daqueles que fazem essa descoberta chega a essa conclusão somente após perder muitos anos em um período em que a energia sexual está no seu auge, anterior à idade de 45 a 50 anos. Isso normalmente é seguido pela realização digna de destaque.

A vida de muitas pessoas até os 40 anos, e às vezes ainda além, reflete uma dissipação contínua de energias, que poderiam ter sido mais proveitosas se transformadas em canais melhores. As suas emoções mais sensíveis e mais poderosas são semeadas sem controle aos quatro ventos. Foi desse hábito que surgiu o ditado, em inglês, *"Sowing one's wild oats"* ["Semear a aveia selvagem"], que significa fazer várias coisas excitantes e ter vários relacionamentos sexuais no período na juventude.

O mistério da transmutação do sexo

O desejo de expressão sexual é, de longe, a mais forte e estimulante de todas as emoções humanas, e é exatamente por isso que esse desejo, quando explorado e transformado em ação, exceto a de expressão física, pode elevar a pessoa ao status de gênio.

Um dos homens de negócio mais hábeis dos Estados Unidos foi franco ao admitir que sua secretária atraente fora responsável por grande parte dos planos criados por ele. Admitiu que a presença dela o elevava às alturas de sua imaginação criativa, de forma tal como nunca poderia experimentar com qualquer outro estímulo.

Não faltam exemplos na história de pessoas que atingiram o status de gênios como resultado do uso de estimulantes artificiais da mente, como álcool e drogas. Edgar Allan Poe escreveu o poema "O corvo" influenciado por bebidas alcoólicas, "sonhando sonhos que nenhum mortal jamais se atreveu a sonhar antes". James Whitcomb Riley escreveu sua melhor obra sob o efeito do álcool. Talvez tenha sido assim que ele viu "o entremear ordenado do real e do sonho, o moinho sobre o rio e a névoa sobre a correnteza". Robert Burns escrevia melhor quando estava intoxicado: "Pelos bons e velhos tempos, meu caro, ainda beberemos um copo de bondade, pelos bons e velhos tempos."

Porém, convém lembrar que muitas dessas pessoas se destruíram no final. A natureza prepara suas próprias poções com as quais as pessoas podem estimular suas mentes, de forma segura, para que vibrem em um plano que permita que elas entrem em sintonia com os pensamentos refinados e raros, que vêm do "grande desconhecido"! Nunca foi encontrado nenhum substituto satisfatório para os estimulantes da natureza.

Os psicólogos conhecem bem a existência de uma relação muito próxima entre desejos sexuais e incitação espiritual, fato que explica o comportamento peculiar das pessoas que participam das orgias conhecidas como "reavivamentos" religiosos, comum entre os tipos primitivos.

O mundo é governado e o destino da civilização é estabelecido pelas emoções humanas. As pessoas são influenciadas, em suas ações, não tanto pela razão quanto pelos "sentimentos".

Os segredos que vão mudar sua vida

A capacidade criativa da mente é colocada em ação integralmente pelas emoções e não pela razão nua e crua. A mais poderosa de todas as emoções humanas é a do sexo. Há outros estimulantes da mente, alguns deles estabelecidos como tais, mas nenhum, individualmente ou combinado, pode ser equiparado ao poder propulsor do sexo.

Um estimulante da mente é qualquer influência que, seja de forma temporária ou permanente, aumenta as vibrações do pensamento. Os dez maiores estimulantes já descritos são os mais comumente utilizados. Através dessas fontes, pode-se comungar com a Inteligência Infinita ou entrar, se quiser, no depósito do subconsciente, seja no próprio ou no de outra pessoa. É todo esse procedimento que determina o status de gênio.

Um professor, que treinou e dirigiu mais de 30 mil vendedores, fez a descoberta surpreendente de que as pessoas com alto poder sexual eram os representantes de vendas mais eficientes. A explicação é que o fator de personalidade conhecido como "magnetismo pessoal" não é nada mais, nada menos, do que energia sexual. As pessoas com alto poder sexual sempre têm grande quantidade de magnetismo. Através do cultivo e da compreensão, essa força vital pode ser aproveitada e usada com grandes vantagens nas relações interpessoais. Essa energia pode ser comunicada aos outros através dos seguintes meios:

1. O aperto de mão. O toque da mão indica, de imediato, a presença ou a falta de magnetismo.
2. O tom de voz. O magnetismo, ou energia sexual, é o fator que pode tornar a voz colorida ou musical e encantadora.
3. A postura e o porte do corpo. As pessoas com alto poder sexual se movem de modo vigoroso e com graça e agilidade.
4. As vibrações do pensamento. As pessoas sexualmente fortes misturam a emoção do sexo com seus pensamentos, e também podem fazê-lo, se assim quiserem, de forma a poder influenciar aqueles à sua volta.
5. Adereços. As pessoas com grande energia sexual normalmente são muito cuidadosas com a aparência pessoal. Em

O mistério da transmutação do sexo

geral, escolhem roupas de um estilo que combina com a própria personalidade, físico, tipo de pele etc.

Ao empregar vendedores, o gerente com maior capacidade busca a qualidade de magnetismo pessoal como o primeiro requisito para o cargo. As pessoas que não têm energia sexual nunca ficarão entusiasmadas nem irão inspirar os outros com entusiasmo, e o entusiasmo é um dos requisitos mais importantes na habilidade de vendas, independentemente do produto a ser vendido. A pessoa que fala em público, o orador, o pregador, o advogado ou o vendedor que não têm energia sexual são um "fracasso" no que diz respeito a serem capazes de influenciar os outros.

Some-se a isso o fato de que a maioria das pessoas pode ser influenciada apenas por meio do apelo às suas emoções, para que se compreenda a importância da energia sexual como parte da capacidade natural do vendedor. O chefe de vendas atinge essa posição porque transforma, consciente ou inconscientemente, a energia sexual em *entusiasmo em vender*! Nessa afirmação pode ser encontrada uma sugestão muito prática quanto ao real significado da transmutação sexual.

O vendedor que sabe como deixar o assunto sexo fora de sua mente e direcioná-lo para o esforço de venda, com tanto entusiasmo e determinação quanto aplicaria ao seu propósito original, adquiriu a arte da transmutação do sexo, tenha consciência disso ou não. A maior parte dos vendedores que transmutam a energia sexual sequer tem noção do que ou de como estão fazendo.

A transmutação da energia sexual exige mais força de vontade do que a pessoa comum se preocupa em usar para essa finalidade. Aqueles que acham difícil reunir força de vontade suficiente para a transmutação podem adquirir essa capacidade de forma gradual. Embora isso exija força de vontade, a recompensa para a prática vale o esforço.

O tema sexo, como um todo, é um daqueles assuntos para o qual a maioria das pessoas parece ser imperdoavelmente ignorante. O desejo sexual é grosseiramente mal-interpretado, caluniado e ridicularizado pelas mentes ignorantes e perversas há tanto tempo que a própria palavra quase nunca é usada em uma sociedade fina e educada. Os homens e as mulheres que são conhecidos por serem abençoados — sim, abençoados — com a natureza de grande poder sexual, normalmente são encarados como pessoas que merecem ser observadas. Em vez de abençoadas, em geral são chamadas de amaldiçoadas.

Muitas pessoas, mesmo na era da razão, têm complexos de inferioridade que desenvolveram devido à falsa crença de que uma natureza sexualmente forte é uma maldição. Essas afirmações sobre a virtude da energia sexual não devem ser interpretadas como justificativa para a libertinagem. A emoção do sexo é uma virtude *apenas* quando usada de modo inteligente e com distinção. Pode ser mal-empregada, e muitas vezes o é, a ponto de degradar, em vez de enriquecer, tanto o corpo quanto a mente. Este capítulo tem como objetivo apresentar o melhor emprego desse poder.

Pareceu bastante significativo para o autor a descoberta de que praticamente todo grande líder do sexo masculino, a quem teve o privilégio de analisar, era um homem cujas conquistas haviam sido, em grande parte, inspiradas por uma mulher. Em muitos casos, a "mulher em questão" era uma esposa modesta e abnegada, de quem o público pouco ou nada ouvia falar. Em outros, a fonte de inspiração foi atribuída a "outra mulher". Talvez tais casos possam não ser totalmente desconhecidos do público.

O exagero nos hábitos sexuais é tão prejudicial quanto o exagero nos hábitos de comer e beber. Na época atual, que teve início na Primeira Guerra Mundial, é comum o exagero relacionado ao sexo. Essa orgia de prazer pode ser responsável pela escassez de grandes líderes. Ninguém pode se beneficiar das forças da imaginação criativa dissipando-as. Os seres humanos são as únicas criaturas na face da Terra que violam o propósito da natureza nesse contexto. Todos os outros animais satisfazem sua natureza sexual com moderação e com a finalidade das leis da natureza. Todos os outros animais respondem ao chamado do sexo apenas na "temporada". A tendência humana é a de declarar a própria "temporada de caça".

Todas as pessoas inteligentes sabem que a estimulação em excesso, através de bebida alcoólica e drogas, é uma forma de exagero

O mistério da transmutação do sexo

que destrói os órgãos vitais do corpo, incluindo o cérebro. No entanto, nem todas as pessoas têm conhecimento de que o excesso na expressão sexual pode tornar-se um hábito tão destrutivo e tão prejudicial ao esforço criativo quanto as drogas ou as bebidas.

Uma pessoa louca por sexo não é essencialmente diferente de uma pessoa louca por entorpecentes! Ambas perderam o controle sobre suas faculdades da razão e da força de vontade. O excesso sexual pode não apenas destruir a razão e a força de vontade, como também levar à insanidade, seja temporária ou permanente. Muitos casos de hipocondria crescem de hábitos desenvolvidos por ignorância da verdadeira função do sexo.

A partir dessas breves referências ao tema, é possível ver com facilidade que a ignorância sobre o assunto da transmutação sexual gera, por um lado, grandes penalidades ao ignorante, e, por outro, também lhes nega benefícios.

A difusão da ignorância sobre o assunto sexo deve-se ao fato de o tema ter sido cercado de mistério e obscurecido pelo silêncio absoluto. A conspiração do mistério e do silêncio aumentou a curiosidade e o desejo de adquirir mais conhecimento sobre esse assunto "proibido por lei". Para vergonha de todos os legisladores e da maioria dos médicos que, por formação, são os mais bem-qualificados para educar a juventude sobre o tema, essas informações não são facilmente encontradas.

Raramente um indivíduo adquire um esforço altamente criativo em qualquer campo de atuação antes dos 40 anos. A maior capacidade de criar, para a pessoa comum, aparece entre 40 e 60 anos. Essas declarações são baseadas em análise de um grande número de homens e mulheres que foram atentamente observados. Eles devem ser fonte de encorajamento tanto para aqueles que não conseguem chegar a essa capacidade antes dos 40 quanto para aqueles que ficam assustados com a aproximação da "velhice", por volta dessa idade. As idades entre 40 e 50 anos são, via de regra, as mais frutíferas. A aproximação dessa idade deve ser repleta de esperança e expectativa ansiosa, e não de medo e inquietação.

Aquele que quiser provas de que a maioria das pessoas não começa a fazer seu melhor trabalho antes dos 40 anos vai encontrá-las nos registros das pessoas mais bem-sucedidas conhecidas pelo povo norte-americano. Henry Ford não "atingiu seu auge" de conquistas até passar dos 40. Andrew Carnegie tinha passado dos 40 antes de começar a colher os frutos de seus esforços. James J. Hill ainda operava um telégrafo aos 40, e seus prodigiosos feitos ocorreram após essa idade. As biografias de industriais e investidores norte-americanos são repletas de evidência de que o período de idade entre 40 e 60 anos é o mais produtivo.

Entre 30 e 40 anos, a pessoa começa a aprender (*se* aprender) a arte da transmutação. Essa descoberta normalmente é acidental e, com mais frequência do que se pensa, as pessoas que a fazem não têm a menor consciência dela. Elas podem observar que seus poderes de realização aumentaram por volta dos 35 aos 40 anos, porém, na maioria dos casos, não estão familiarizadas com a causa dessa mudança, ou seja, que a natureza começa a harmonizar as emoções do amor e do sexo no indivíduo, entre 30 e 40 anos, de modo que possa tirar proveito dessas grandes forças e aplicá-las em conjunto como estímulo à ação.

O sexo isoladamente é um poderoso impulso à ação, mas suas forças são como um ciclone, pois muitas vezes são incontroláveis. Quando a emoção do amor começa a se misturar com a emoção do sexo, o resultado é a serenidade no propósito, estabilidade, precisão no julgamento e equilíbrio. Quem, ao ter chegado aos 40 anos, pode ser infeliz a ponto de ser incapaz de analisar essas afirmações e reconhecê-las por experiência própria?

Amor, romance e sexo são todas as emoções capazes de levar as pessoas a níveis de super-realização. O amor é a emoção que serve como uma válvula de segurança e que assegura equilíbrio, estabilidade e esforço construtivo. Quando combinadas, essas três emoções podem elevar a pessoa à genialidade. No entanto, existem gênios que sabem muito pouco sobre a emoção do amor. A maioria deles pode ser encontrada envolvida em alguma forma de ação destrutiva ou, pelo menos, não baseada na justiça e igualdade perante os outros. Seria possível citar uma dezena de gênios, no campo da indústria e das finanças, que ignoram de forma impiedosa os direitos dos outros. Parecem ter total falta de consciência.

O mistério da transmutação do sexo

As emoções são estados de espírito. A natureza muniu o homem de uma "química da mente" que funciona de maneira semelhante aos princípios da química. Sabe-se que, por meio do auxílio dessa ciência, um químico pode criar um veneno mortal ao misturar determinados elementos, embora nenhum deles, por si só, seja prejudicial em proporções certas. As emoções podem ser combinadas, da mesma forma, de modo a criar um veneno mortal. As emoções do sexo e o ciúme, quando combinados, são capazes de transformar uma pessoa em uma besta perigosa.

A presença de quaisquer das emoções destrutivas, combinadas ou não, na mente humana, através da química da mente, confere o poder de um veneno que pode destruir o senso de justiça e igualdade. Em casos extremos, a presença de qualquer combinação dessas emoções na mente pode destruir a razão da pessoa.

O caminho do gênio consiste no desenvolvimento, controle e uso do sexo, amor e romance. Em suma, o processo pode ser definido como se segue:

É possível promover a presença dessas emoções como pensamentos dominantes na mente, assim como desencorajar a presença de todas as emoções destrutivas. A mente é uma criatura com hábitos. A mente prospera com o abastecimento de pensamentos dominantes. Através da capacidade da força de vontade é possível desestimular a presença de qualquer emoção e incentivar a presença de qualquer outra. Não é difícil controlar a mente através da força de vontade. O controle vem da persistência e do hábito. O segredo do controle reside na compreensão do processo de transmutação. Quando aparece na mente de alguém qualquer emoção negativa, esta pode ser transmutada em uma emoção positiva ou construtiva, pelo simples ato de mudar de pensamento.

Não existe outro caminho para o gênio além do esforço pessoal voluntário! As pessoas podem alcançar grande sucesso financeiro ou profissional exclusivamente pela força motriz da energia sexual, mas a história é repleta de evidências de que elas podem trazer, e normalmente trazem, certos traços de caráter que lhes roubam a capacidade de manter ou aproveitar sua fortuna. Isso é digno de análise, reflexão e meditação, pois atesta uma verdade, conhecimento esse que pode ser útil para todas as pessoas. A falta de conhecimento a esse respeito tem custado o privilégio da *felicidade* a muitas pessoas, apesar da posse de riquezas.

As emoções do amor e do sexo deixam marcas inconfundíveis sobre as características da pessoa. Além disso, esses sinais são tão visíveis que todos que assim o desejarem podem percebê-los. As pessoas movidas pela tempestade da paixão, baseadas exclusivamente nos desejos sexuais, anunciam manifestamente isso para o mundo inteiro, pela expressão dos olhos e do rosto. A emoção do amor, quando combinada com a emoção do sexo, suaviza, modifica e embeleza a expressão facial. Não é necessário consultar um terapeuta para saber disso. A própria pessoa pode observar isso por si só.

A emoção do amor traz à tona e desenvolve as naturezas artística e estética de uma pessoa. E deixa sua marca na alma, mesmo após o fogo ter sido aplacado pelo tempo e pelas circunstâncias.

As lembranças do amor nunca se vão. Elas perduram, orientam e influenciam durante muito tempo depois da fonte de estimulação se extinguir. Não há nada de novo nisso. A pessoa que foi movida pelo *amor genuíno* sabe que este deixa vestígios duradouros sobre o coração humano. O efeito do amor perdura, porque o amor é de natureza espiritual. Aqueles que não conseguem ser estimulados para atingir grandes alturas de realização por meio do amor são indivíduos que não têm esperança, ou seja, estão mortos apesar de parecer vivos.

Mesmo as lembranças do amor são suficientes para elevar a pessoa a um plano superior de esforço criativo. A principal força do amor pode se desgastar e desaparecer, como o fogo que se consome, mas deixa para trás marcas permanentes como evidência de que passou por ali. A partida do amor, muitas vezes, prepara o coração humano para um amor ainda maior.

É importante que a pessoa se volte para o passado, algumas vezes, e envolva sua mente com as belas lembranças do amor passado. Isso reduz a influência das preocupações e dos aborrecimentos do presente. Além disso, é uma válvula de escape das realidades desagradáveis da vida e, talvez, quem sabe durante esse retiro temporário no mundo de fantasia, a mente possa produzir ideias ou planos

O mistério da transmutação do sexo

que podem mudar completamente a situação financeira ou espiritual na vida da pessoa.

Aquele que acredita ser infeliz por ter "amado e perdido esse amor", precisa deixar de pensar dessa forma. Aquele que amou de verdade nunca vai perder o sentimento completamente. O amor é caprichoso e temperamental. Sua natureza é efêmera e transitória. Vem quando lhe agrada e vai embora sem aviso prévio. É preciso aceitar e aproveitar o amor enquanto ele existe, e não perder tempo com preocupações devido à sua partida. A preocupação não vai trazê-lo de volta.

Descarte também a teoria de que o amor só aparece uma vez. Ele pode ir e vir inúmeras vezes, mas não há experiências de dois amores que afetem uma pessoa exatamente da mesma maneira. Pode haver uma experiência de amor que deixe uma marca mais profunda no coração do que todas as outras, mas todas as experiências de amor são benéficas, exceto para a pessoa que fica ressentida e cínica quando o amor vai embora.

Não se deve ter decepção por causa do amor, e não haveria nenhuma se as pessoas entendessem a diferença entre as emoções do amor e do sexo. A principal diferença é que o amor é espiritual, enquanto o sexo é biológico. Nenhuma experiência que toca o coração humano com uma força espiritual pode ser prejudicial, exceto por ignorância ou ciúme.

O amor é, sem dúvida, a maior experiência da vida. Ele proporciona a comunhão com a Inteligência Infinita. Quando combinado com as emoções do romance e do sexo, o amor pode levar a pessoa a subir bem a escada do esforço criativo. As emoções do amor, sexo e romance são lados do triângulo eterno do gênio realizador de conquistas. A natureza não cria gênios através de nenhuma outra força.

O amor é uma emoção com muitos lados, tons e cores. O amor que se sente pelos pais ou pelos filhos é bastante diferente daquele que se sente pela pessoa com quem há um relacionamento. Um é combinado com a emoção do sexo, o outro, não.

O amor que se sente em uma verdadeira amizade não é o mesmo sentido pelo(a) namorado(a), pais ou filhos, embora também seja uma forma de amor.

Os segredos que vão mudar sua vida

Depois, há a emoção do amor pelas coisas inanimadas, como o amor pela obra da natureza. No entanto, o mais intenso e ardente de todos esses tipos de amor é o experimentado na fusão das emoções do amor e do sexo. Os casamentos não abençoados com a eterna afinidade do amor, devidamente equilibrada, proporcional e com sexo, não podem ser felizes e quase nunca perduram. Nem o amor nem o sexo, em separado, vão trazer felicidade no casamento. Quando essas duas belas emoções são misturadas, o casamento pode provocar um estado de espírito mais próximo do transcendental do que se tenha notícia na face da Terra.

Quando a emoção do romance é adicionada à do amor e do sexo, as barreiras entre a mente finita do homem e a Inteligência Infinita são removidas. E eis que nasce um gênio!

Como essa história é diferente daquelas geralmente associadas à emoção do sexo! Eis aqui uma interpretação da emoção que a eleva para fora do lugar-comum e faz dela a argila na mão de Deus, com a qual Ele molda tudo o que é belo e inspirador. É uma interpretação que, quando devidamente compreendida, traz harmonia frente ao caos que existe em muitos casamentos. As desarmonias frequentemente expressas na forma de irritação podem, em geral, ser atribuídas à falta de conhecimento sobre o assunto sexo. Onde o amor, o romance e a compreensão adequada da emoção e da função do sexo existem, não há desarmonia entre as pessoas casadas.

CAPÍTULO 12

O subconsciente

O SUBCONSCIENTE É COMPOSTO por um campo da consciência em que todo impulso de pensamento que atinge a mente objetiva, através de qualquer um dos cinco sentidos, é classificado e registrado, e a partir do qual os pensamentos podem ser relembrados ou descartados como papéis que podem ser retirados de um arquivo.

O subconsciente recebe e arquiva as impressões dos sentidos ou pensamento, independentemente de natureza. Pode-se plantar *voluntariamente* no subconsciente qualquer plano ou propósito que se deseja transformar em seu equivalente monetário ou físico. O subconsciente age primeiro sobre os desejos dominantes que foram combinados com o sentimento emocional, como a fé.

Considere isso em relação às instruções do Capítulo 2 sobre *desejo* — através dos seis passos lá descritos — e às instruções do capítulo sobre a elaboração e execução de planos, para entender a importância do pensamento transmitido.

O subconsciente trabalha dia e noite. Ele tira proveito das forças da Inteligência Infinita para extrair o poder com o qual voluntariamente transforma os desejos em seu equivalente físico. E sempre recorre aos meios mais práticos para que esse objetivo seja alcançado.

* * *

Não se pode controlar completamente o subconsciente, mas é possível entregar a ele qualquer plano, desejo ou propósito que se queira transformar em uma forma concreta. Leia novamente as instruções para o uso do subconsciente no Capítulo 4.

Há bastante evidência para apoiar a convicção de que o subconsciente é o elo de ligação entre a mente finita e a Inteligência Infinita. O subconsciente é o intermediário pelo qual o indivíduo pode recorrer às forças da Inteligência Infinita, se quiser. Ele, sozinho, contém o processo secreto por meio do qual os impulsos mentais são modificados e transformados para seu equivalente espiritual. Ele, sozinho, é o meio pelo qual a oração pode ser transmitida para a fonte que é capaz de responder à oração.

As possibilidades do esforço criativo relacionadas ao subconsciente são enormes e imponderáveis. Elas geram inspiração com reverência.

Nunca abordo a discussão do subconsciente sem um sentimento de insignificância e inferioridade, talvez devido ao fato de todo o estoque de conhecimento sobre esse assunto ser tão limitado. O próprio fato de o subconsciente ser o meio de comunicação entre a mente pensante e a Inteligência Infinita é, em si, um pensamento que quase paralisa a própria razão.

O significado das instruções dadas no Capítulo 2 sobre *desejo* pode ser abrangido, de forma plena, depois que a existência do subconsciente for aceita como realidade e que suas possibilidades como um meio de transformar os *desejos* em seu equivalente monetário ou físico forem compreendidas. É possível também entender por que as pessoas são incitadas, de forma repetitiva, a *esclarecer os seus desejos e a colocá-los por escrito*. E, além disso, compreende-se a necessidade da *persistência* no cumprimento das instruções.

Os 13 princípios são os estímulos com os quais se adquire a capacidade de atingir e influenciar o subconsciente. Não desanime se não for bem-sucedido na primeira tentativa. Lembre-se de que o subconsciente pode ser direcionado voluntariamente apenas com o hábito, mediante as instruções dadas no Capítulo 3, sobre *fé*. Se você não teve tempo suficiente para manter o domínio sobre a fé, seja paciente e persistente.

O subconsciente

Muitas afirmações efetuadas nos capítulos sobre fé e autossugestão serão aqui repetidas, para serem aproveitadas em benefício do subconsciente. Lembre-se de que o subconsciente funciona de forma voluntária, independentemente de se fazer quaisquer esforços para influenciá-lo. Isso, é claro, sugere que pensamentos de medo e pobreza, bem como todos os pensamentos negativos, servem como estímulos para o subconsciente, a menos que se domine esses impulsos e que se abasteça o subconsciente com pensamentos mais desejáveis.

O subconsciente não fica inativo! Se a pessoa deixa de plantar *desejos* no subconsciente, este se alimenta dos pensamentos que lhe chegam por negligência dela. Já foi explicado que os impulsos do pensamento, tanto negativos quanto positivos, alcançam o subconsciente de modo contínuo, a partir das quatro fontes que foram mencionadas no Capítulo 11, sobre transmutação do sexo.

Por ora, basta lembrar que o ser humano vive diariamente no meio de todo tipo de impulso de pensamento que chega ao subconsciente, sem o seu conhecimento. Alguns desses impulsos são negativos, outros, positivos. O leitor deve agora empenhar-se em tentar ajudar a cortar o fluxo de impulsos negativos e em auxiliar voluntariamente a influenciar o subconsciente, através de impulsos positivos de *desejo*.

Quando conseguir isso, terá a chave que abre a porta para o subconsciente. Além disso, terá também um controle total dessa porta, de forma que nenhum pensamento indesejável conseguirá influenciar o subconsciente.

Tudo o que é criado *começa* na forma de um impulso de pensamento. Nada pode ser criado que não seja concebido primeiro no *pensamento*. Com o auxílio da imaginação, os impulsos de pensamento podem ser colocados em planos. A imaginação, quando está sob controle, pode ser usada na criação de planos ou propósitos que levem ao sucesso da profissão escolhida.

Todos os impulsos destinados à transmutação em seu equivalente físico, plantados no subconsciente, devem passar pela imaginação e ser combinados com a fé. A "combinação" da fé com um plano ou propósito, destinada à submissão do subconsciente, pode ser feita *apenas* através da imaginação.

A partir dessas explicações, é possível observar com facilidade que o uso voluntário do subconsciente exige coordenação e aplicação de todos os princípios.

Os pensamentos são coisas verdadeiras, pois toda coisa material começa na forma de energia de pensamento.

O subconsciente é mais suscetível à influência de impulsos de pensamento combinados com "sentimento", ou emoção, do que à influência daqueles impulsos originados exclusivamente na porção de raciocínio da mente. De fato, há muitas evidências que apoiam a teoria de que *apenas* pensamentos com emoção têm qualquer influência de *ação* sobre o subconsciente. É sabido que a emoção ou o sentimento regem a maioria das pessoas. É verdade que o subconsciente responde de forma mais rápida aos impulsos de pensamento que são misturados com emoção, além de ser influenciado mais facilmente por eles, e é essencial familiarizar-se com a mais importante das emoções. Há sete emoções positivas principais e sete emoções negativas principais. As negativas se introduzem voluntariamente nos impulsos de pensamento que asseguram a passagem para o subconsciente. As positivas devem ser introduzidas, através do princípio da autossugestão, nos impulsos de pensamento que um indivíduo deseja transmitir ao subconsciente. (As instruções estão descritas no Capítulo 4, sobre autossugestão.)

Tais emoções ou impulsos de sentimento podem ser comparados ao fermento em uma fatia de pão, pois constituem o elemento de *ação* que transforma os impulsos de pensamento do estado passivo para o ativo. Dessa forma, pode-se entender por que os impulsos de pensamento que foram combinados com a emoção são colocados em ação mais facilmente do que os impulsos de pensamento originados na "razão nua e crua".

A pessoa se prepara para influenciar e controlar a "plateia interna" de seu subconsciente, de modo a lhe entregar o *desejo* de dinheiro que deseja transmutar em seu equivalente monetário. É essencial, portanto, que se entenda o método de abordagem para essa "plateia interna". Deve-se falar sua linguagem ou a plateia não vai prestar

O subconsciente

atenção ao seu chamado. Ela entende melhor a linguagem da emoção ou do sentimento. Assim, encontram-se aqui descritas as sete emoções positivas principais e as sete emoções negativas principais, para que seja possível tirar proveito das positivas e evitar as negativas quando forem dadas instruções para o subconsciente.

AS SETE PRINCIPAIS EMOÇÕES POSITIVAS:

A emoção do *desejo*
A emoção da *fé*
A emoção do *amor*
A emoção do *sexo*
A emoção do *entusiasmo*
A emoção do *romance*
A emoção da *esperança*

Há outras emoções positivas, mas estas são as sete mais poderosas e as mais comumente usadas no esforço criativo. Ao dominar estas sete emoções (elas só podem ser dominadas pelo *uso*), as outras emoções positivas estarão ao comando da pessoa quando ela precisar delas. Lembre-se de que este livro se destina a ajudar a desenvolver uma "consciência do dinheiro" através do preenchimento da mente com emoções positivas. Ninguém se torna consciente do dinheiro com o preenchimento da mente com emoções negativas.

AS SETE PRINCIPAIS EMOÇÕES NEGATIVAS (A SEREM EVITADAS):

A emoção do *medo*
A emoção do *ciúme*
A emoção do *ódio*
A emoção da *vingança*
A emoção da *ganância*
A emoção da *superstição*
A emoção da *raiva*

Os segredos que vão mudar sua vida

As emoções positivas e as negativas não podem ocupar a mente ao mesmo tempo. Umas ou outras devem dominar. É de responsabilidade do indivíduo ter certeza de que as emoções positivas constituem a influência dominante em sua mente. Aqui a lei do *hábito* virá em seu auxílio. É importante criar o hábito de aplicar e usar as emoções positivas! Por fim, essas emoções positivas vão dominar a mente de forma tão completa que as negativas não poderão entrar.

O controle sobre o inconsciente só pode ser adquirido se essas instruções forem seguidas de forma literal e contínua. A presença de uma única emoção negativa na mente consciente é o bastante para destruir todas as chances de auxílio construtivo do subconsciente.

Quem é observador deve perceber que a maioria das pessoas recorre à oração *apenas* depois que tudo *falhou* ou, então, reza um ritual de palavras sem sentido! E como a maioria das pessoas que rezam assim procede *apenas depois que tudo falhou*, a tendência é rezar com suas mentes repletas de *medo* e *dúvida*, que são as emoções sobre as quais o subconsciente age e transmite para a Inteligência Infinita. Da mesma forma, essa é a emoção que a Inteligência Infinita recebe e sobre a qual *age*.

Se a pessoa ora por uma coisa, mas, enquanto ora, tem medo de não poder receber tal coisa ou de que a Inteligência Infinita não aja sobre a oração, essa prece terá sido em vão.

Às vezes, a oração resulta na realização daquilo pelo qual a pessoa reza. Se o leitor já teve a experiência de receber aquilo pelo qual orou, deve voltar em sua memória e recordar seu real *estado de espírito* enquanto estava rezando, e então saberá, com certeza, que a teoria aqui descrita é mais do que uma teoria.

Chegará o tempo em que as escolas e as instituições educacionais dos Estados Unidos vão ensinar a "ciência da oração". Além disso, depois a oração poderá ser reduzida a uma ciência. Quando esse tempo chegar (virá assim que a humanidade estiver pronta para isso e exigir isso), ninguém vai abordar a Mente Universal em estado de medo, pela boa razão de que não haverá esse tipo de emoção. A ignorância, a superstição e o ensinamento falso terão desaparecido e os seres humanos terão atingido o verdadeiro status como filhos da Inteligência Infinita. Alguns já alcançaram essa bênção.

O subconsciente

Aquele que acredita que essa profecia é exagerada deve analisar a raça humana em retrospectiva. Há menos de duzentos anos atrás, acreditava-se que o raio era uma evidência da ira de Deus, e as pessoas o temiam. Agora, graças ao poder da *fé*, aproveitou-se o raio para fazer girar as rodas da indústria. Até há pouco tempo, acreditava-se que o espaço entre os planetas não era nada além de um grande vácuo, um trecho vazio, morto. Agora, graças a esse mesmo poder de *fé*, sabe-se que, longe de ser morto ou um vácuo, o espaço entre os planetas é muito vivo, e que é a maior forma de vibração conhecida, com exceção talvez da vibração do *pensamento*. Além disso, é sabido que essa energia viva, pulsante e vibratória, que permeia cada átomo de matéria e preenche cada nicho do espaço, conecta cada um dos cérebros humanos com outro cérebro humano.

Qual é a razão para acreditar que essa mesma energia não conecta cada cérebro humano com a Inteligência Infinita?

Não há pedágios entre a mente finita dos seres humanos e a Inteligência Infinita. A comunicação não custa nada, a não ser Paciência, Fé, Compreensão e um *desejo sincero* de comunicação. Além disso, a abordagem só pode ser feita pela própria pessoa. Orações pagas não são válidas. A Inteligência Infinita não faz negócio por procuração: ou a pessoa vai direto ou não se comunica.

Podem-se comprar livros de orações e repeti-las até o dia da sua morte, sem resultado. Os pensamentos que se deseja comunicar à Inteligência Infinita devem ser submetidos à transformação, o que só pode ser feito através do próprio subconsciente.

O método pelo qual se pode comunicar com a Inteligência Infinita é muito semelhante àquele pelo qual a vibração do som é transmitida por comunicação sem fio. Basta compreender o princípio de operação do rádio, da TV e dos telefones, para que se saiba que o áudio e o vídeo não podem ser comunicados através do éter até que sejam "intensificados" ou alterados para uma frequência de vibração que o ouvido ou olho do ser humano possam detectar. A estação capta o áudio e o vídeo, os "embaralha" ou modifica, através da intensificação da vibração milhões de vezes. Apenas dessa forma é que as vibrações podem ser comunicadas através do éter. Após ocorrer essa transformação, o éter "capta" a energia e a carrega para es-

Os segredos que vão mudar sua vida

tações emissoras, e estas "trazem" aquela energia de volta para sua frequência original de vibração, de modo a poder ser vista e ouvida.

O subconsciente é o intermediário que interpreta as orações, em termos que a Inteligência Infinita possa reconhecer, apresenta a mensagem e traz de volta a resposta na forma de uma ideia ou plano definido para a obtenção do objetivo da oração. Basta entender esse princípio para que se entenda por que meras palavras lidas de um livro de orações não podem e nunca servirão como um agente de comunicação entre a mente humana e a Inteligência Infinita.

Antes de alcançar a Inteligência Infinita (apenas uma afirmação da teoria do autor) é provável que a oração sofra uma transformação de sua vibração do pensamento original para uma vibração espiritual. A fé é a única operação que dá natureza espiritual aos pensamentos. A *fé* e o *medo* geram companheiros de cama ruins: onde um é encontrado, a outra não pode existir.

CAPÍTULO 13

O cérebro:
Uma estação de recepção e
transmissão para o pensamento

EM UM ESTUDO FEITO pelo autor com o Dr. Alexander Graham
Bell e com o Dr. Elmer R. Gates concluiu-se que todo cérebro humano é uma estação de recepção e transmissão para a vibração do pensamento.

Por intermédio do éter, e de modo semelhante ao empregado pelo princípio básico do rádio e de outros meios de comunicação sem fio, todo cérebro humano é capaz de captar as vibrações do pensamento que são liberadas por outros cérebros.

Considere e compare a declaração do parágrafo anterior à descrição da Imaginação Criativa, conforme discutida no Capítulo 6, sobre imaginação. A Imaginação Criativa é o "aparelho receptor" do cérebro, que recebe os pensamentos liberados pelos cérebros dos outros. É a agência de comunicação entre a mente consciente ou raciocínio e as quatro fontes a partir das quais o indivíduo pode receber os estímulos de pensamento.

Quando estimulada ou "intensificada" a uma frequência elevada de vibração, a mente se torna mais receptiva à vibração do pensamento que chega até ela através do éter proveniente de fontes externas. Esse processo de "intensificação" acontece através das emoções positivas ou das emoções negativas. Através das emoções, as vibrações do pensamento podem ser aumentadas.

Apenas as vibrações com frequência excessivamente altas podem ser captadas e conduzidas, pelo éter, de um cérebro para outro. O pensamento é a energia que viaja a uma frequência extremamente alta de vibração. O pensamento que foi modificado ou "intensificado", por quaisquer das principais emoções, vibra a uma frequência muito maior do que o pensamento comum, e é o tipo de pensamento que passa de um cérebro para outro, por meio do mecanismo de transmissão do cérebro humano.

A emoção do sexo encontra-se no topo da lista das emoções humanas, em função da intensidade e da força propulsora em jogo. O cérebro que é estimulado pela emoção do sexo vibra a uma frequência muito mais rápida do que quando essa emoção está em repouso ou ausente.

O resultado da transmutação do sexo é o aumento da frequência de vibração dos pensamentos a um ponto tal que a Imaginação Criativa se torna altamente receptiva às ideias que ela capta do éter. Por outro lado, quando o cérebro vibra a uma frequência rápida, ele não apenas atrai pensamentos e ideias liberadas por outros cérebros por meio do éter, mas também proporciona aos próprios pensamentos aquele "sentimento" que é essencial antes de aqueles pensamentos serem captados e colocados em ação pelo subconsciente.

Em suma, o princípio de transmissão é o fator pelo qual o sentimento ou a emoção se mistura com pensamentos e os transmite para o subconsciente.

O subconsciente é a "estação de emissão" do cérebro, através da qual são transmitidas as vibrações do pensamento. A Imaginação Criativa é o "aparelho receptor" pelo qual são captadas, a partir do éter, as vibrações do pensamento.

Junto com os fatores importantes do subconsciente e com a faculdade da Imaginação Criativa, que constituem as áreas de emissão e recepção do mecanismo de transmissão mental, deve-se considerar agora o princípio da autossugestão, que é o meio pelo qual o indivíduo pode colocar a estação de "transmissão" em funcionamento.

O cérebro: Uma estação de recepção e transmissão para o pensamento

Através das instruções descritas no Capítulo 4, sobre autossugestão, foi possível obter informações sobre o método de transformação do *desejo* em seu equivalente monetário.

O funcionamento da estação "de transmissão" é um procedimento comparativamente simples. São apenas três os princípios que devem ser considerados e aplicados quando se deseja usar a estação de transmissão: o *subconsciente*, a *imaginação criativa* e a *autossugestão*. Os estímulos por meio dos quais o indivíduo coloca em ação esses três princípios já foram descritos. E o procedimento começa com o *desejo*.

AS MAIORES FORÇAS SÃO "INTANGÍVEIS"

A Grande Depressão, na década de 1930, levou o mundo ao limite da compreensão das forças que são intangíveis e invisíveis. Ao longo dos anos, o homem dependeu muito de seus sentidos físicos e limitou seu conhecimento às coisas físicas, ao que podia ver, tocar, pesar e medir.

A humanidade agora está entrando no momento mais admirável de todos os tempos: uma época que vai ensiná-la algo das forças intangíveis do mundo ao redor dela. Talvez se deva aprender, à medida que as pessoas passam por essa época, que o "outro eu" é mais poderoso do que o eu físico, que é visto quando a pessoa se olha no espelho.

Às vezes se fala de forma ligeira sobre os intangíveis, ou seja, das coisas que não podem ser percebidas através de nenhum dos cinco sentidos, mas não podemos esquecer que todo mundo é controlado pelas forças que são invisíveis e intangíveis.

A humanidade como um todo não tem o poder de lidar nem controlar a força intangível envolvida nas ondas dos oceanos. A mente humana não tem a capacidade de entender a força intangível da gravidade — que mantém este pequeno planeta suspenso em pleno ar e impede que os seres caiam dele —, muito menos o poder para controlar essa força. Todos os indivíduos são completamente subservientes à força intangível, que vem com uma tempestade, e ficam simplesmente impotentes diante da força intangível da eletricidade.

Na verdade, a maioria nem mesmo sabe o que é eletricidade, de onde vem ou qual é a sua finalidade!

E isso não significa, de modo algum, que a ignorância em relação às coisas invisíveis e intangíveis não existe mais. Ninguém entende a força (e a inteligência) intangível envolvida sob o solo da Terra, ou seja, a força que provê aos indivíduos cada bocado de alimento que eles comem, cada peça de roupa que vestem, cada nota de dinheiro que carregam no bolso.

A DRAMÁTICA HISTÓRIA DO CÉREBRO

Por último, mas não menos importante, com toda a cultura e educação norte-americana de que muitos se vangloriam, pouco ou nada se entende sobre a força intangível (o maior de todos os elementos intangíveis) do pensamento. Sabe-se muito pouco a respeito do cérebro e de sua vasta rede de mecanismo intrincada através da qual o poder do pensamento é transformado em seu equivalente material. Porém, o momento é propício para gerar esclarecimento sobre o assunto. Os cientistas já começaram a voltar sua atenção para o estudo dessa coisa espantosa chamada cérebro e, apesar de ainda se encontrarem na fase preliminar de seus estudos, já adquiriram conhecimento suficiente para constatar que, no quadro de distribuição central do cérebro humano, o número de linhas que conecta as células do cérebro, umas com as outras, é igual ao número um, seguido de 15 milhões de zeros.

"O número é tão estupendo", disse o Dr. C. Judson Herrick, da Universidade de Chicago, "que números astronômicos que se referem a centenas de milhões de anos-luz se tornam insignificantes quando comparados. Foi determinado que existem de 10 a 14 bilhões de células nervosas no córtex cerebral humano, e sabe-se que estão dispostas segundo padrões definidos. Essas disposições não são por acaso. São ordenadas. Métodos de eletrofisiologia recentemente desenvolvidos suspendem a ação de correntes de células localizadas de forma muito precisa, ou fibras com microelétrodos, amplificam-nas e registram as potenciais diferenças a um milionésimo de um volt."

O cérebro: Uma estação de recepção e transmissão para o pensamento

É inconcebível que essa rede de mecanismos tão intrincada exista com o único propósito de exercer as funções físicas secundárias para o crescimento e manutenção do corpo físico. Não é provável que o mesmo sistema que dá os meios de comunicação entre si, a bilhões de células, também forneça os meios de comunicação com outras forças intangíveis?

No final dos anos de 1930, o *New York Times* publicou um editorial em que mostrava que pelo menos uma das grandes universidades e um pesquisador inteligente no campo dos fenômenos mentais estavam dando prosseguimento a uma pesquisa organizada através da qual se chegou a conclusões que se equipararam a muitas das descritas neste e no próximo capítulo. O editorial analisou resumidamente o trabalho realizado pelo Dr. Rhine e seus colegas, na Universidade de Duke, nos Estados Unidos, que segue a seguir:

"O QUE É 'TELEPATIA'?

"Há um mês, foram citados nesta página alguns dos resultados notáveis obtidos pelo professor Rhine e seus colegas, na Universidade de Duke, a partir de mais de 100 mil testes para determinar a existência da 'telepatia' e da 'clarividência'. Esses resultados foram resumidos nos primeiros dois artigos da *Harpers Magazine*. No segundo, que foi publicado agora, o autor, E.H. Wright, tenta condensar o que foi descoberto ou o que parece plausível deduzir quanto à natureza exata desses modos 'extrasensoriais' de percepção.

"A existência real da telepatia e da clarividência parece agora, para alguns cientistas, bastante provável, como resultado das experiências de Rhine. Várias pessoas dotadas de boa percepção foram solicitadas a descrever o máximo de cartas que conseguissem, de um baralho especial, sem vê-las e sem ter outro acesso sensorial a elas. Constatou-se que cerca de vinte homens e mulheres puderam descrever regularmente tantas cartas corretamente que 'não havia

Os segredos que vão mudar sua vida

nenhuma chance em muitos milhões de milhões de terem acertado por sorte ou acidente'.

"Mas como conseguiram fazer isso? Esses poderes, presumindo-se que existam, não parecem ser sensoriais. Não há nenhum órgão conhecido para eles. As experiências funcionaram tão bem a distâncias de muitas centenas de milhas quanto na mesma sala. Esses fatos também descartam, na opinião do Sr. Wright, a tentativa de explicar a telepatia ou a clarividência por meio de qualquer teoria física de radiação. Todas as formas conhecidas de energia radiante declinam em uma proporção inversa ao quadrado da distância percorrida, o que não acontece com a telepatia e a clarividência. Porém, elas variam por meio de causas físicas, como os poderes mentais. Ao contrário da opinião geral, elas não aumentam quando a pessoa dotada de percepção especial dorme ou está semiadormecida, mas, pelo contrário, quando se encontra completamente desperta e alerta. Rhine descobriu que as drogas entorpecentes, invariavelmente, diminuirão as características especiais de percepção da pessoa dotada dessas, ao passo que os estimulantes sempre as aumentarão. Nem o mais confiável dos telepatas parece ter a capacidade de obter bons resultados se não tentar fazer o seu melhor.

"Uma das conclusões a que Wright chega, com alguma confiança, é que a telepatia e a clarividência são, na verdade, o mesmo dom. Isto é, a faculdade que permite 'ver' uma carta virada para baixo, sobre uma mesa, parece ser exatamente a mesma que permite 'ler' um pensamento que reside apenas em outra mente. Há vários motivos para acreditar nisso. Até agora, por exemplo, ambos os dons foram encontrados em toda pessoa que possui qualquer um deles. Em todas as pessoas, até agora, os dois apresentaram praticamente o mesmo rigor. Telas, paredes, distâncias não têm o menor efeito sobre nenhum deles. Wright vai além dessa conclusão para expressar o que afirma ser não mais do que mero 'palpite', de que outras experiências extrassensoriais, sonhos proféticos, premonições de desastres e coisas semelhantes podem também ser parte da mesma faculdade. Não se pede ao

O cérebro: Uma estação de recepção e transmissão para o pensamento

leitor que aceite qualquer dessas conclusões, a menos que ache necessário, mas as provas que Rhine reuniu continuam sendo impressionantes."

Tendo em vista o anúncio do Dr. Rhine a respeito das condições sob as quais a mente responde ao que ele denomina de modos "extrassensoriais" de percepção, o autor do presente livro tem o privilégio de acrescentar ao testemunho do Dr. Rhine a declaração de que ele e seus colegas descobriram o que acreditam ser as condições ideais sob as quais a mente pode ser estimulada, de modo que o sexto sentido, descrito no próximo capítulo, possa ser colocado a funcionar de uma maneira prática.

As condições às quais o autor se refere consistem de uma aliança de colaboração entre ele e dois membros de sua equipe de funcionários. Através de experimentação e prática eles descobriram como estimular as próprias mentes (ao aplicarem o princípio usado em referência aos "Conselheiros Invisíveis" descritos no próximo capítulo), de forma a poder, por meio do processo de união das três mentes em uma única, encontrar a solução para uma grande variedade de problemas pessoais que são apresentados pelos clientes.

O procedimento é muito simples. Os três sentam-se a uma mesa de reunião, definem objetivamente a natureza do problema em questão e, em seguida, passam a discuti-lo. Cada um contribui com quaisquer pensamentos que lhe ocorra. O que é estranho nesse método de estimulação da mente é o fato de colocar cada participante em comunicação com fontes desconhecidas de conhecimento, completamente diferentes de sua experiência.

Aquele que compreende o princípio descrito no capítulo sobre a Mente Mestra, com certeza, há de reconhecer o procedimento da mesa-redonda, aqui descrito, como uma aplicação prática da Mente Mestra.

Esse método de estimulação da mente, por meio da discussão harmoniosa de assuntos definidos entre três pessoas, ilustra o uso mais simples e mais prático da Mente Mestra.

Ao adotar e seguir um plano semelhante, qualquer estudante dessa filosofia pode obter a famosa fórmula de Carnegie, descrita de forma resumida no Prefácio do autor neste livro. Caso isso não tenha significado para o leitor neste momento, sugere-se que marque essa página e volte a lê-la novamente após terminar o último capítulo.

CAPÍTULO 14

O sexto sentido:
A porta do templo da sabedoria

O "DÉCIMO QUARTO" PRINCÍPIO é conhecido como o *sexto sentido*, através do qual a Inteligência Infinita pode se comunicar de forma voluntária, sem qualquer esforço do indivíduo ou exigências.

Esse princípio é o vértice da filosofia. E pode ser assimilado, compreendido e aplicado *apenas* depois de dominar os outros 12 princípios.

O *sexto sentido* é aquela porção do subconsciente referida também como Imaginação Criativa. É também chamada de "aparelho receptor", através do qual ideias, planos e pensamentos piscam em flash na mente. Os "flashes", às vezes, são chamados de "palpites" ou "inspirações".

O sexto sentido desafia a descrição! Não se pode descrevê-lo a uma pessoa que não tenha dominado os outros princípios dessa filosofia, por não ter conhecimento ou experiência com os quais possa comparar o sexto sentido. A compreensão do sexto sentido é conseguida com a meditação, através do desenvolvimento da mente a partir de dentro. O sexto sentido é, provavelmente, o meio de contato entre os indivíduos de mente finita e a Inteligência Infinita, e por essa razão, é uma mistura tanto do mental como do espiritual. Acredita-se ser o ponto em que a mente de um indivíduo contata a Mente Universal.

Os segredos que vão mudar sua vida

Após adquirir o domínio dos princípios descritos neste livro, o leitor estará preparado para aceitar como verdadeira uma afirmação que, do contrário, lhe pareceria inconcebível, a saber:

Com o auxílio do sexto sentido, a pessoa é alertada quanto a perigos iminentes, a tempo de evitá-los, e comunicada das oportunidades a tempo de aproveitá-las.

Com o desenvolvimento do sexto sentido surge o "anjo da guarda" para auxiliar a pessoa e responder aos seus comandos. O "anjo da guarda" vai lhe abrir a porta do Templo da Sabedoria, a qualquer momento.

Você não tem como saber se esta é uma afirmação verdadeira ou não, se não forem seguidas as instruções descritas nas páginas deste livro ou por algum método semelhante de procedimento.

O autor não acredita nem defende a existência de "milagres", uma vez que tem conhecimento suficiente da natureza para entender que esta nunca se afasta das leis estabelecidas. Algumas dessas leis são tão incompreensíveis que produzem o que parecem ser "milagres". O sexto sentido chega mais próximo de ser um milagre do que qualquer coisa que o autor já tenha experimentado, e isso porque ele não compreende o método por meio do qual se opera esse princípio.

O que o autor sabe é que há um poder, ou uma Causa Primeira, ou uma Inteligência, que permeia cada átomo de matéria e abrange toda unidade de energia perceptível, e que essa Inteligência Infinita converte pinhas em pinheiros, faz com que a água corra montanha abaixo em resposta à lei da gravidade, faz a noite seguir o dia e as estações seguirem na ordem correta, cada um deles mantendo seu lugar e bom relacionamento uns com os outros. Essa inteligência pode, através dos princípios dessa filosofia, ser induzida a auxiliar na transformação dos *desejos* em sua forma concreta ou material. O autor tem esse conhecimento porque fez experiências com isso, e as vivenciou.

Passo a passo, o leitor é levado, através dos capítulos anteriores, ao último princípio. Ao ter adquirido domínio de cada um dos princípios anteriores, o leitor encontra-se agora preparado para aceitar,

O sexto sentido: A porta do templo da sabedoria

sem ceticismo, as fantásticas declarações feitas aqui. Caso o leitor não tenha dominado os outros princípios, deve fazê-lo antes que possa determinar, com certeza, se as declarações feitas neste capítulo são fato ou ficção.

Durante a fase de "adoração por heróis", o autor tentava imitar aqueles que mais admirava. Além disso, descobriu que o elemento da *fé*, que utilizava para imitar seus ídolos, dera-lhe grande capacidade para se empenhar com bastante sucesso.

Nunca se desfez completamente do hábito de adoração de heróis, apesar de ter passado a fase normalmente associada a isso. A experiência ensinou-lhe que a melhor coisa, depois de ser realmente grande, era imitar os grandes, em sentimento e ação, tanto quanto possível.

Muito antes de ter escrito uma linha para publicação ou se empenhado em fazer um discurso em público, o autor tinha o hábito de remodelar o próprio caráter, através de tentativas de imitar os nove homens cujas vidas e obras mais o tinham impressionado. Esses nove homens foram: Emerson, Paine, Edison, Darwin, Lincoln, Burbank, Napoleão, Ford e Carnegie. Todas as noites, durante um longo período de tempo, manteve uma reunião de conselho imaginária com esse grupo que chamava de seus "Conselheiros Invisíveis".

O procedimento era o seguinte: antes de dormir, à noite, fechava os olhos e via, em sua imaginação, esse grupo de homens sentado com ele em volta da Mesa de Conselho. Ali, além de ter a oportunidade de sentar-se entre aqueles que considerava grandes, também dominava o grupo, atuando como mediador.

Ele tinha um *propósito definido* ao se entregar à imaginação durante essas reuniões noturnas. Seu propósito era reformular o próprio caráter, de modo que representasse uma composição do caráter de cada um de seus conselheiros invisíveis. A percepção precoce na vida, de que tinha de superar a desvantagem de ter nascido em um ambiente de ignorância e superstição, fez com que o autor destinasse a si próprio a tarefa de renascer, de forma voluntária, pelo método acima descrito.

A CONSTRUÇÃO DO CARÁTER ATRAVÉS DA AUTOSSUGESTÃO

Como estudante sério de psicologia é claro que o autor sabia que todas as pessoas tinham se tornado o que eram por causa de seus *pensamentos e desejos dominantes*. Sabia que cada desejo profundamente definido tinha o efeito de fazer com que se buscasse uma expressão externa, através da qual esse desejo pudesse ser transmutado em realidade. Sabia que a autossugestão era um poderoso fator na formulação do caráter, que era, de fato, o único princípio através do qual se construía o caráter.

Com esse conhecimento dos princípios do funcionamento da mente ele estava muito bem armado com os equipamentos de que necessitava para reformular seu caráter. Nesses encontros do conselho imaginário, o autor recorria aos membros de seu gabinete para obter o conhecimento que desejava receber de cada um, dirigindo-se a cada membro com palavras audíveis, como segue:

— Sr. Emerson, desejo adquirir seu maravilhoso conhecimento da natureza que deu distinção à sua vida. Peço-lhe que cause boa impressão ao meu subconsciente com quaisquer qualidades que possuía e que lhe permitiram entender e se adaptar às leis da natureza. Peço-lhe que me ajude a alcançar e tirar proveito de quaisquer fontes de conhecimento que estejam disponíveis para esse fim.

"Sr. Burbank, solicito que me transmita o conhecimento que lhe permitiu harmonizar tanto as leis da natureza que fez com que o cacto perdesse os espinhos e se tornasse comestível. Dê-me acesso ao conhecimento que possibilitou o crescimento de duas folhas de grama onde antes nascia apenas uma, e que o ajudou a misturar o colorido das flores com mais esplendor e harmonia, para que conseguisse dourar o lírio.

"Napoleão, desejo adquirir, por emulação, a capacidade maravilhosa de inspirar as pessoas e de despertá-las para um espírito de ação maior e mais determinado. Desejo também adquirir o espírito da *fé* duradoura que lhe permitiu transformar a derrota em vitória, e a vencer obstáculos impressionantes. Imperador do Destino, Rei do Acaso, eu o saúdo!

O sexto sentido: A porta do templo da sabedoria

"Sr. Paine, desejo adquirir sua liberdade de pensamento e sua coragem e clareza com que expressava as convicções que tanto o distinguiram!

"Sr. Darwin, desejo adquirir sua paciência surpreendente e sua capacidade de estudar causa e efeito, sem preconceito, que tão bem exemplificou no campo das ciências naturais.

"Sr. Lincoln, desejo construir meu próprio caráter com um senso forte de justiça, o espírito incansável de paciência, o senso de humor, a compreensão humana e a tolerância, que foram suas características distintivas.

"Sr. Carnegie, já lhe sou grato pela minha escolha profissional, que me trouxe grande felicidade e paz de espírito. Desejo adquirir uma compreensão completa dos princípios do esforço organizado, que o senhor usou de forma tão eficaz na construção de um grande empreendimento industrial.

"Sr. Ford, o senhor está entre os homens mais úteis que forneceram grande parte do material essencial para o meu trabalho. Desejo adquirir seu espírito de persistência, a determinação, o equilíbrio e a autoconfiança que lhe permitiram dominar a pobreza, e organizar, unificar e simplificar o esforço humano, de modo que eu possa ajudar outros a seguirem seus passos.

"Sr. Edison, coloquei-o sentado mais próximo de mim, à minha direita, em função de sua cooperação pessoal, durante minha pesquisa sobre as causas de sucesso e fracasso. Desejo adquirir seu maravilhoso espírito de *fé*, com o qual revelou tantos segredos da natureza, e o incessante espírito de labuta, com o qual tão frequentemente arrancou a vitória da derrota."

O método empregado para abordar os membros do gabinete imaginário variava de acordo com os traços de caráter que o autor estava mais interessado em adquirir no momento. Estudava os registros de suas vidas com meticuloso cuidado. Após alguns meses desse procedimento, que realizava todas as noites, ficou surpreso com a descoberta de que essas figuras imaginárias haviam se tornado aparentemente reais.

Cada um desses homens adotava características individuais que o surpreendia. Por exemplo, Lincoln desenvolveu o hábito de sem-

Os segredos que vão mudar sua vida

pre chegar atrasado e, então, andar de um lado para outro, de uma parada solene. Quando chegava, caminhava bem devagar, com as mãos para trás e, de vez em quando, parava e descansava a mão sobre o ombro do autor por um momento. Sempre tinha uma expressão de seriedade. Quase nunca era visto sorrindo. Os cuidados de uma nação separada tornaram-no sério.

Os outros tinham uma realidade diferente. Burbank e Paine, muitas vezes, se entregavam com satisfação a réplicas espirituosas que pareciam, às vezes, chocar os outros membros do gabinete. Certa noite, Paine sugeriu que o autor preparasse uma palestra sobre *A idade da razão* e a apresentasse do púlpito de uma igreja que houvesse frequentado no passado. Muitos ao redor da mesa riram bastante da sugestão. Mas não Napoleão! Pelo contrário, fez careta e grunhiu tão alto que todos se viraram e o olharam com espanto. A igreja, para ele, era apenas um peão do Estado, que não devia passar por reforma e sim ser usada como uma conveniente instigadora do povo para atividades em massa.

Em dada ocasião, Burbank estava atrasado. Quando chegou, estava animado e, com entusiasmo, explicou que se atrasara por causa de uma experiência que estava em andamento, com a qual esperava ser capaz de cultivar maçãs em qualquer tipo de árvore. Paine o repreendeu, lembrando-lhe que foi uma maçã que deu início a todo o problema entre homem e mulher. Darwin riu com prazer ao sugerir que Paine tomasse cuidado com pequenas serpentes, quando entrasse na floresta para coletar maçãs, pois elas tinham o hábito de se transformar em cobras enormes. Emerson observou: "Nenhuma serpente, nenhuma maçã", e Napoleão comentou: "Nenhuma maçã, nenhum Estado!"

Lincoln criou o hábito de ser sempre o último a deixar a mesa depois de cada reunião. Em uma ocasião, inclinou-se sobre a extremidade da mesa, com os braços cruzados, e permaneceu nessa posição por vários minutos. Procurei não perturbá-lo. Finalmente, ergueu a cabeça lentamente, levantou-se, andou até a porta e, em seguida, virou-se, voltou e colocou a mão no ombro do autor, dizendo: "Meu rapaz, você vai precisar de muita coragem se continuar firme na realização de seu propósito de vida. Mas lembre-se que,

O sexto sentido: A porta do templo da sabedoria

quando as dificuldades o surpreenderem, as pessoas comuns terão bom senso. A adversidade propicia isso."

Uma noite, Edison foi o primeiro a chegar. Aproximou-se, sentou-se à esquerda do autor, onde Emerson estava acostumado a sentar-se, e disse: "Você está destinado a testemunhar a descoberta do segredo da vida. Quando chegar a hora, vai notar que a vida consiste em grandes enxames de energia, ou entidades, cada uma tão inteligente quanto os seres humanos se julgam ser. Essas unidades de vida se juntam em grupos como colmeias e assim permanecem até que se desintegram, por falta de harmonia. Essas unidades têm diferenças de opinião, assim como os seres humanos, e muitas vezes brigam entre si. Esses encontros que você está conduzindo serão muito úteis para você. Eles vão trazer, em seu auxílio, algumas das mesmas unidades de vida que prestaram serviço aos membros do nosso gabinete, enquanto viveram. Essas unidades são eternas. *Elas nunca morrem!* Seus próprios pensamentos e *desejos* servem como imã para atrair unidades de vida, a partir do grande oceano de vida lá fora. E apenas as unidades amigáveis são atraídas, ou seja, aquelas que se harmonizam com a natureza de seus *desejos*."

Os outros membros do gabinete começaram a entrar na sala. Edison levantou-se e, lentamente, caminhou em volta da própria cadeira. Edison ainda estava vivo quando isso aconteceu. Isso causou uma impressão tão grande ao autor que resolveu visitá-lo para lhe falar sobre a experiência. Edison abriu um largo sorriso e comentou: "Seu sonho foi mais real do que você pode imaginar." E não acrescentou nenhuma explicação adicional à sua declaração.

Essas reuniões tornaram-se tão realistas que o autor passou a ficar com medo das consequências e as interrompeu por vários meses. As experiências eram tão estranhas que ficou com receio de, ao dar prosseguimento a elas, perder a noção de que as reuniões eram puramente experiências da própria imaginação.

Cerca de seis meses depois de ter interrompido a prática, o autor foi acordado no meio de uma noite, ou achou que tivesse sido, quando viu Lincoln parado na cabeceira da cama. Lincoln o advertiu: "O mundo vai precisar dos seus serviços em breve. Ele está

Os segredos que vão mudar sua vida

prestes a passar por um período de caos que vai fazer com que homens e mulheres percam a fé e entrem em pânico. Vá em frente com seu trabalho e complete sua filosofia. Essa é a sua missão em vida. Se negligenciá-la, por qualquer que seja o motivo, você vai ser reduzido a um estado primitivo e será obrigado a refazer os ciclos pelos quais passou durante duzentos anos."

O autor não foi capaz de dizer, na manhã seguinte, se aquilo tinha sido um sonho ou se, na verdade, estava acordado quando aconteceu, e nunca, desde então, descobriu a verdade, mas sabia que o sonho (se é que foi um) estava tão vívido em sua mente na manhã seguinte que retomou as reuniões na noite seguinte.

Na reunião seguinte, os membros do gabinete entraram juntos na sala e sentaram-se em seus lugares de costume, à Mesa do Conselho, enquanto Lincoln erguia um copo e declarava: "Senhores, vamos fazer um brinde ao amigo que está de volta ao time."

Depois disso, o autor começou a adicionar novos membros ao gabinete, até ficar com mais de cinquenta, entre eles: Cristo, São Paulo, Galileu, Copérnico, Aristóteles, Platão, Sócrates, Homero, Voltaire, Giordano Bruno, Spinoza, Drummond, Kant, Schopenhauer, Isaac Newton, Confúcio, Elbert Hubbard, William Cowper Brann, Ingersol, Woodrow Wilson e William James.

Essa foi a primeira vez que teve coragem de mencionar isso. Até então, tinha permanecido calado sobre o assunto, porque sabia, em função da própria atitude em relação ao tema, que seria mal-interpretado se descrevesse sua experiência, um tanto incomum. Foi então, nesse momento, encorajado a registrar sua experiência no papel, pois, dessa forma, se preocuparia menos com o que "os outros dizem" do que nos anos anteriores. Uma das bênçãos da maturidade é que, às vezes, ela traz mais coragem para se dizer a verdade, independentemente do que os outros que não compreendem possam pensar ou dizer.

Antes de ser mal-interpretado, o autor declara aqui, de forma enfática, que ainda considera suas reuniões de gabinete como puramente imaginárias, mas se sente no direito de sugerir que, embora os membros de seu gabinete sejam simplesmente fictícios e que os encontros existam apenas em sua imaginação, eles o levaram a ca-

O sexto sentido: A porta do templo da sabedoria

minhos gloriosos de aventura, reavivaram uma valorização da verdadeira grandeza, incentivaram o esforço criativo e encorajaram a expressão do pensamento honesto.

Em algum lugar na estrutura celular do cérebro está localizado um órgão que recebe vibrações do pensamento que normalmente são denominadas de "estalos". Até agora a ciência ainda não descobriu onde esse órgão do sexto sentido está localizado, mas isso não é importante. O fato é que os seres humanos recebem conhecimento preciso, através de fontes que não são os sentidos físicos. Geralmente, tal conhecimento é recebido quando a mente está sob a influência de estimulação extraordinária. Qualquer situação de risco que desperte as emoções e faça com que o coração bata mais rápido do que o normal pode colocar, e coloca, o sexto sentido em ação. Qualquer pessoa que por pouco não sofreu um acidente, ao dirigir, sabe que, nessas ocasiões, o sexto sentido normalmente vem em seu auxílio e ajuda, por frações de segundos, a evitar o acidente.

Esses fatos foram mencionados como prévia a uma declaração que o autor faz agora, isto é, que durante seus encontros com os "Conselheiros Invisíveis" acha que sua mente fica mais receptiva às ideias, aos pensamentos e ao conhecimento que lhe chegam através do sexto sentido. Diz categoricamente que deve todo o crédito por tais ideias, fatos ou conhecimento, que recebeu através de "inspiração", aos seus "Conselheiros Invisíveis".

Em dezenas de ocasiões, quando se deparou com situações de risco, algumas tão graves que colocaram sua vida em perigo, foi milagrosamente orientado para superar essas dificuldades pela influência dos "Conselheiros Invisíveis".

Seu propósito original, na condução das reuniões do conselho, com os personagens imaginários, era exclusivamente impressionar o próprio subconsciente, através do princípio da autossugestão, com certas características que desejava adquirir. Nos anos mais recentes, sua experiência passou a assumir uma tendência completamente diferente. Ele agora vai até os conselheiros imaginários com todos os tipos de problemas difíceis que o ameaçam e a seus clientes. Os resultados são frequentemente surpreendentes, embora o autor não dependa apenas desse tipo de conselho.

Os segredos que vão mudar sua vida

O leitor deve ter percebido, é claro, que este capítulo abrange um assunto com o qual a maioria das pessoas não é familiarizada. O sexto sentido é um tema que será de grande interesse e benefício para a pessoa cujo objetivo é acumular riquezas vastas, mas não precisa chamar a atenção daqueles cujos desejos são mais modestos.

Henry Ford, sem dúvida, entendeu e fez uso prático do sexto sentido. Seus grandes negócios e operações financeiras obrigaram-no a entender e a utilizar esse princípio. Thomas A. Edison entendeu e usou o sexto sentido no desenvolvimento das invenções, especialmente aquelas que envolviam patentes básicas, e enquanto estava trabalhando na invenção do fonógrafo e do cinetoscópio (máquina de projeção de filmes), uma vez que não tinha nenhuma experiência humana e conhecimento acumulado para guiá-lo.

Quase todos os grandes líderes, como Napoleão, Joana D'Arc, Buda, Confúcio e Maomé, compreenderam e, provavelmente, fizeram uso quase ininterrupto do sexto sentido. A principal porção da magnitude deles era proveniente do conhecimento desse princípio.

O sexto sentido não é algo que se pode tirar e colocar à vontade. A capacidade de usar esse grande poder vem lentamente, através da aplicação dos outros princípios descritos neste livro. Dificilmente o indivíduo entra em contato prático com o sexto sentido antes dos 40 anos. O mais frequente é que esse conhecimento não esteja disponível até os 50 e poucos anos, e isso se deve ao fato de as forças espirituais, com as quais o sexto sentido é tão intimamente ligado, não amadurecem e se tornarem utilizáveis, a não ser após anos de meditação, autoavaliação e reflexão séria.

Não importa quem seja ou qual possa ser o propósito de ler este livro, pois o leitor pode tirar proveito sem nem mesmo compreender o princípio descrito neste capítulo. Isso é válido especialmente se o maior objetivo for acumular dinheiro ou outras coisas materiais.

Este capítulo sobre o sexto sentido foi incluído porque o livro foi concebido com o objetivo de apresentar uma filosofia completa através da qual os indivíduos possam se orientar, de forma infalível, para alcançar qualquer coisa que queiram na vida. O ponto de partida de toda a realização é o *desejo*. O ponto final é essa marca do *conhecimento* que leva à compreensão, ou seja, compreensão de si,

O sexto sentido: A porta do templo da sabedoria

compreensão dos outros, compreensão das leis da natureza, reconhecimento e compreensão da *felicidade*.

Esse tipo de compreensão adquire sua plenitude apenas com a familiaridade e o uso do princípio do sexto sentido, e é por isso que esse princípio teve de ser incluído como parte dessa filosofia, para benefício daqueles que querem mais do que dinheiro.

No decorrer da leitura deste capítulo, o leitor deve ter observado que foi elevado a um nível alto de estimulação mental. Esplêndido! Deve voltar a lê-lo novamente daqui a um mês e observar que a mente vai subir a um nível ainda mais alto de estimulação. E deve repetir essa experiência de tempos em tempos, sem se preocupar com o quanto aprende a cada vez, se muito ou pouco, e por fim perceber que obteve um poder que vai lhe permitir que jogue fora o desânimo, domine o medo, supere a procrastinação e tire proveito de sua imaginação. Terá então sentido o toque daquela "coisa" desconhecida que tem sido o espírito em movimento de todo pensador, artista, músico, escritor e estadista verdadeiramente grandes. Depois, então, encontrar-se-á na posição de transmutar seus *desejos* em sua contraparte física ou financeira, com a mesma facilidade com que aceita e desiste ao primeiro sinal de dificuldade.

O ser humano tem *absoluto controle* de tudo, menos de uma coisa: o próprio pensamento. Esse é o mais significativo e inspirador de todos os fatos conhecidos! Reflete a natureza divina do homem. E essa prerrogativa divina é o único meio pelo qual é possível controlar o próprio destino. Aquele que não consegue controlar a própria mente pode ter certeza de que não controlará mais nada.

Se for para ser descuidado com os próprios bens, que esteja relacionado às coisas materiais. A mente é o estado de espírito de cada um! Proteja-a e use-a com o cuidado a que o Direito Divino tem direito. A *força de vontade* foi dada ao homem com esse propósito.

O controle da mente é o resultado de autodisciplina e hábito. Ou o indivíduo controla a mente ou a mente controla o indivíduo. Não há meio-termo. O mais prático de todos os métodos para controlar a mente é o hábito de manter a mente ocupada com um propósito definido, apoiado por um plano definido. Ao verificar o histórico das pessoas que alcançaram sucesso notável, é possível observar

Os segredos que vão mudar sua vida

que elas têm controle sobre suas mentes, além de exercerem esse controle e direcionarem o para a realização dos objetivos definidos. Sem esse controle, o sucesso não é possível.

Por fim, o autor gostaria de lembrar ao leitor que "a vida é um tabuleiro de xadrez, e o jogador à sua frente é o *tempo*. Se você hesitar diante da jogada ou deixar de jogar de imediato, suas peças vão ser varridas do tabuleiro pelo *tempo*. Você está jogando contra um adversário que não vai tolerar *indecisão*".

É possível que antes o leitor tivesse uma desculpa lógica para não forçar a vida a lhe dar tudo que ele pedisse, mas esse álibi agora está obsoleto, pois agora ele está de posse da Chave Mestra que abre a porta para as riquezas abundantes da vida.

A Chave Mestra é intangível, mas é poderosa! É o privilégio de criar, na própria mente, um *desejo ardente* de uma forma definida de riqueza. Não há penalidade para o uso da Chave Mestra, mas há um preço a ser pago se não for usada. O preço é o *fracasso*. Há uma recompensa de proporções enormes se a chave for colocada em uso. É a satisfação obtida por todos que conquistam a si mesmos e forçam a vida a pagar o que lhes é pedido.

A recompensa vale o esforço. Será que o leitor vai começar e se convencer? "Se tivermos afinidade", disse o imortal Emerson, "vamos nos encontrar". Para finalizar, o autor lança mão do pensamento de Emerson e diz: "Se temos afinidade, já nos encontramos através destas páginas."

APÊNDICE A

A FÓRMULA DE ANDREW CARNEGIE PARA A CRIAÇÃO DA FORTUNA

Esta é a fórmula para acumular riqueza que Andrew Carnegie, um garoto pobre da Escócia, usou para se tornar um dos homens mais ricos do mundo.

O método, no qual o *desejo* por riqueza pode ser transformado em seu equivalente financeiro, consiste em seis passos claros e práticos.

Os seis passos para a riqueza de Carnegie:

Primeiro. Estabeleça em sua mente a quantidade exata de dinheiro que você deseja. Não é suficiente dizer apenas: "Eu quero muito dinheiro." Seja específico em relação ao montante. (Há uma razão psicológica para essa definição, que será descrita em outro capítulo.)

Segundo. Determine exatamente o que você pretende dar em troca do dinheiro que quer. (Não existe essa coisa de dar "algo por nada".)

Terceiro. Estabeleça a data exata de quando você pretende ter o montante que deseja.

Os segredos que vão mudar sua vida

Quarto. Crie um plano para obter aquilo que você deseja e comece imediatamente, esteja pronto ou não, a colocar o plano em ação.

Quinto. Escreva um texto claro e conciso sobre a quantidade de dinheiro que você pretende adquirir, com a data limite, informe o que pretende dar em troca e descreva o plano com o qual você pretende adquiri-lo.

Sexto. Leia o que você escreveu em voz alta, duas vezes ao dia, uma antes de dormir e outra logo ao acordar. *Enquanto lê, veja a si mesmo, sinta e acredite que já está de posse do dinheiro.* É muito importante seguir as instruções descritas nestes seis passos. Em especial, é importante que você observe e siga as instruções no sexto passo. Você pode reclamar que é impossível "ver a si mesmo de posse do dinheiro" antes de realmente tê-lo. Aqui, um *desejo ardente* poderá ajudá-lo. Se você realmente quer o dinheiro de forma que o desejo se torne uma *obsessão*, você não terá dificuldade em convencer a si mesmo de que irá adquiri-lo. A ideia é querer o dinheiro e se tornar tão determinado a tê-lo que você *convence* a si mesmo de que pode adquiri-lo.

Para os não iniciados, aqueles que não foram treinados nos princípios de como a mente humana funciona, essas instruções podem parecer impraticáveis. Pode ser útil, para todos que não conseguem reconhecer o poder dos seis passos, saber que a informação que eles passam foi recebida por Andrew Carnegie, que começou como um operário comum em uma indústria siderúrgica, mas que conseguiu, independente de seu início humilde, fazer com que esses princípios fizessem florescer uma fortuna consideravelmente maior do que 1 bilhão de dólares.

Parte II
O PODER DO SUBCONSCIENTE

Seus pensamentos podem mudar sua vida.
JOSEPH MURPHY

INTRODUÇÃO

EM 1963, O DR. Joseph Murphy, um ministro protestante e líder de um dos maiores movimentos de autoajuda do século XX, escreveu um livro chamado *O poder do subconsciente*. Enquanto *Pense e enriqueça*, de Napoleon Hill, mostrou como o poder da mente consciente e subconsciente pode ajudar o indivíduo a construir a riqueza, em *O poder do subconsciente*, o Dr. Murphy se concentra em como o subconsciente pode, em particular, transformar cada aspecto da vida das pessoas. O mecanismo é simples: os pensamentos conscientes, sejam automáticos ou disciplinados, positivos ou negativos, desejados ou temidos, dão as ordens ao subconsciente, que passa a cumpri-las através de quaisquer meios que estejam ao seu alcance. O subconsciente trabalha constantemente para transformar as esperanças e os desejos em realidade. E é possível ter um grande controle sobre esse processo ao monitorar os pensamentos, para melhor ou para pior. Murphy ajuda o leitor a treinar esse poder para que possa usá-lo para o bem na vida pessoal e na vida dos outros, para evitar que o poder seja inadvertidamente subjugado aos próprios pensamentos automáticos e, muitas vezes, negativos.

Mais uma vez, saiba que esse conceito não é novo. O reconhecimento do poder do subconsciente está há muito tempo no cerne dos métodos de autoajuda. Embora especialistas tenham atualizado o conceito ao longo das décadas, seu aspecto prático e sua estrutura em uma escala mais ampla foram perdidos ao longo do caminho. Os críticos do movimento do "pensamento positivo" denunciaram, com razão, a noção de que pensar positivamente é a única coisa necessária para a transformação em realidade.

Não haveria perigo de tais críticas com a abordagem de Murphy. O pensamento positivo, ou "autossugestão", é apenas uma das partes de uma estrutura coerente. E um princípio importante dessa estrutura maior é que "não se consegue obter algo a troco de nada". Os pensamentos nunca tomam o lugar da ação, e sim possibilitam a ação correta no momento certo.

O poder do subconsciente encontra-se totalmente disponível para qualquer um. Porém, a maioria das pessoas não tem ideia de como utilizá-lo da maneira mais eficaz. Assim como Napoleon Hill fez no domínio dos negócios, Murphy explica como os pensamentos trabalham muito mais do que qualquer força invisível, como a eletricidade ou a internet. *O poder do subconsciente* não trata de religião, e sim da prática da fé, que qualquer pessoa pode compreender e dominar. Aquele que já se perguntou como a fé realmente funciona para alguns, questionando-se por que as orações são atendidas, pode se surpreender ao saber o quanto isso tem a ver com a atitude não dita, em vez de palavras específicas ou até mesmo a divindade a quem se ora.

Os mesmos princípios que derivam do poder da mente, e que foram abordados na Parte I, tais como desejo, autoconfiança, pensamento positivo, definição de objetivos específicos, imaginação do resultado final ideal em termos específicos, perseverança, generosidade etc., aplicam-se exatamente com a mesma força e prática a qualquer aspecto da vida. Aplicados ao ganho de dinheiro, parecem com empreendedorismo de vanguarda florescente que fazem o bem e se saem bem. Aplicados à saúde, resultam em energia vibrante e longevidade. Aplicados aos relacionamentos, resultam em compaixão, humildade e a compreensão de que o verdadeiro amor está fundamentado no sacrifício e no serviço. Em qualquer contexto, podem libertar o indivíduo, caso esteja preso, e colocá-lo no caminho do sucesso e da prosperidade.

1

O poder do pensamento

HAVERÁ RIQUEZAS INFINITAS AO redor daquele que abrir os olhos mentais e contemplar a casa do tesouro do infinito dentro de si. Há uma mina de ouro dentro de cada um, da qual se pode extrair tudo que for preciso para viver uma vida feliz, cheia de alegria e abundância.

Muitos indivíduos estão profundamente adormecidos, pois não conhecem a Inteligência Infinita e o amor ilimitado, a mina de ouro que vive dentro de si mesmos. É possível obter qualquer coisa que se queira. Uma peça magnetizada de aço levanta cerca de 12 vezes o próprio peso, e se a mesma peça de aço for desmagnetizada, não vai levantar nem mesmo uma pena. Da mesma forma, existem dois tipos de pessoas. Existe a pessoa magnetizada, que é cheia de confiança e fé, e sabe que nasceu para vencer e ser bem-sucedida; e há o tipo de pessoa que é desmagnetizada, que é cheia de medos e dúvidas. Quando surgem oportunidades, ela diz: "Posso falhar, posso perder meu dinheiro, as pessoas vão rir de mim." Esse tipo de pessoa não vai chegar muito longe na vida, pois, se tem medo de seguir em frente, vai simplesmente ficar onde está. Torne-se uma pessoa magnetizada e descubra o grande segredo de todos os tempos.

Os segredos que vão mudar sua vida

O GRANDE SEGREDO DE TODOS OS TEMPOS

Na sua opinião, qual é o grande segredo de todos os tempos? O segredo da energia atômica? A energia termonuclear? A bomba de nêutron? A viagem interplanetária? Não, nenhum deles. Então, qual é esse grande segredo? Onde pode ser encontrado e como pode ser contatado e colocado em ação? A resposta é extremamente simples. Esse segredo é o poder maravilhoso que opera milagres, que pode ser encontrado no subconsciente, o último lugar em que a maioria das pessoas iria procurá-lo.

O PODER MARAVILHOSO DO SUBCONSCIENTE

O indivíduo pode introduzir em sua vida mais poder, mais riqueza, mais saúde, mais felicidade e mais alegria ao descobrir como entrar em contato e libertar o poder oculto do subconsciente.

Não é preciso adquirir esse poder, pois as pessoas já o possuem. É preciso, porém, que o indivíduo queira aprender como usá-lo, queira compreendê-lo de modo que seja possível aplicá-lo em todas as áreas de sua vida.

Ao seguir as técnicas e os processos simples aqui estabelecidos, pode-se adquirir o conhecimento e a compreensão necessários. O indivíduo pode obter a inspiração de uma nova luz e gerar uma nova força que lhe permita realizar suas esperanças e transformar todos os sonhos em realidade. Decida-se, agora, por tornar a vida mais grandiosa, maior, mais rica e mais nobre do que nunca.

A Inteligência Infinita que se encontra dentro do subconsciente pode revelar ao indivíduo tudo o que ele precisa saber, a qualquer momento e em qualquer lugar, desde que ele tenha a mente aberta e seja receptivo. Ela pode receber novos pensamentos e ideias que permitam esse indivíduo criar novas invenções, fazer novas descobertas ou escrever livros e peças de teatro. Além disso, a Inteligência Infinita existente no subconsciente pode proporcionar ao indivíduo conhecimentos maravilhosos de uma natureza original. Pode revelar ao indivíduo e abrir o caminho para a expressão perfeita e o verdadeiro lugar em sua vida.

O poder do pensamento

Através da sabedoria do seu subconsciente, o indivíduo pode atrair a companhia perfeita, assim como o parceiro ou sócio certo para os negócios. Pode encontrar o comprador ideal para sua casa, ganhar todo o dinheiro de que necessita e a liberdade financeira para ser o que quiser, fazer como quiser e ir aonde desejar.

É um direito do indivíduo descobrir esse mundo interior de pensamento, sentimento e poder, de luz, amor e beleza. Embora invisíveis, suas forças são poderosas. No subconsciente encontra-se a solução para todos os problemas e a causa para todos os efeitos. Ao conseguir colocar para fora os poderes ocultos, o indivíduo passa a possuir de fato o poder e a sabedoria necessários para seguir em frente com abundância, segurança, alegria e domínio.

O autor viu o poder do subconsciente erguer pessoas deficientes, fazendo-as se sentirem saudáveis, com vitalidade e força novamente, e livres para sair pelo mundo para experimentar a expressão da felicidade, da saúde e da alegria. Há um poder de cura milagroso no subconsciente que pode curar a mente perturbada e o coração partido. Pode abrir a porta da prisão da mente e libertar o indivíduo. Pode liberá-lo de todos os tipos de cativeiro material e físico.

NECESSIDADE DE UMA BASE DE TRABALHO

Não é possível ter um progresso substancial em qualquer campo de atuação se não houver uma base de trabalho que tenha uma aplicação universal. O indivíduo pode vir a ser qualificado na operação de seu subconsciente. Pode praticar os poderes do subconsciente com a certeza dos resultados em proporção exata a seu conhecimento em relação aos princípios do subconsciente e à aplicação deles para propósitos específicos e objetivos que deseje atingir.

O autor, químico de formação, ressalta que, quando duas moléculas de hidrogênio são combinadas com uma de oxigênio, o resultado será água. Sabe-se que um átomo de oxigênio e um átomo de carbono produzem monóxido de carbono ou gás venenoso. Entretanto, se for adicionado outro átomo de oxigênio, será obtido o dióxido de carbono, um gás inofensivo, e assim por diante, no vasto reino dos compostos químicos.

Não pense que os princípios da química, da física e da matemática são diferentes dos princípios do subconsciente. Considere um princípio geralmente aceito: "A água procura seu próprio nível." Trata-se de um princípio universal aplicado à água em qualquer lugar.

Considere outro princípio: "A matéria se expande quando aquecida."

Isso é verdade em qualquer lugar, a qualquer tempo e em quaisquer circunstâncias. Pode-se aquecer uma peça de aço, que então se expandirá independentemente de ser proveniente da China, Inglaterra ou Índia. Trata-se de uma verdade universal o fato de a matéria se expandir quando aquecida. Também é uma verdade universal que qualquer coisa que se imprima ao subconsciente é expressa na tela do espaço como condição, experiência e acontecimento.

A oração é atendida porque o subconsciente é um princípio, e por princípio entende-se a maneira como funcionam as coisas. Por exemplo, o princípio da eletricidade é o fato de que funciona de uma potência mais alta a uma mais baixa. Não se muda o princípio da eletricidade ao utilizá-la, porém, em cooperação com a natureza, podem-se fazer invenções e descobertas maravilhosas que abençoem a humanidade de inúmeras formas.

O subconsciente é um princípio e funciona de acordo com a lei da crença. É de conhecimento geral o que significa crença, o motivo pelo qual ela funciona e a maneira como funciona.

A lei da mente é a lei da crença. Isso significa que quem acredita na maneira como funciona a mente, acredita na crença propriamente dita. A crença da mente é o pensamento da mente, que é simples, apenas isso e nada mais.

Todas as experiências, acontecimentos, condições e atos de um indivíduo são as reações do subconsciente em relação a seus pensamentos. Lembre-se, não é no que se acredita, mas a crença na própria mente que traz o resultado. Deixe de acreditar nas falsas crenças, opiniões, superstições e medos da humanidade. Comece a acreditar nas realidades e verdades eternas da vida que nunca mudam. Depois, siga em frente, para cima e em direção a Deus. Quem quer que leia este livro e aplique os princípios do subconsciente, aqui apresentados, vai ser capaz de rezar de forma científica e com eficácia para si e para os outros. A prece é atendida de acordo com a lei universal da ação e reação. O pensamento é uma ação incipiente. A reação é a resposta do subconsciente que corresponde à natureza do pensamento. A mente deve ser ocupada com os conceitos de harmonia, saúde, paz e boa vontade para que aconteçam verdadeiras maravilhas na vida de cada um.

A DUALIDADE DA MENTE

O ser humano tem apenas uma mente, que possui duas características distintas. A linha de demarcação entre as duas é bem conhecida por todos os homens e mulheres inteligentes dos dias de hoje. As duas funções da mente são essencialmente diferentes. Cada uma delas é dotada de atributos e poderes separados e distintos. A nomenclatura normalmente usada para distinguir as duas funções da mente é a seguinte: a mente objetiva e a subjetiva, a mente consciente e a subconsciente, a mente desperta e a adormecida, o eu superficial e o eu profundo, a mente voluntária e a mente involuntária, entre outros. Este livro faz uso dos termos "consciente" e "subconsciente" para representar a dualidade da mente.

AS MENTES CONSCIENTE E SUBCONSCIENTE

Uma forma excelente para se familiarizar com as duas funções da mente é visualizá-la como um jardim. O indivíduo é o jardineiro que planta sementes (pensamentos) em seu subconsciente o dia inteiro, com base em seu pensamento habitual. O quanto semeia em seu subconsciente é o quanto vai colher em seu corpo e ambiente.

Comece agora a semear pensamentos de paz, felicidade, boa ação, boa vontade e prosperidade. Pense com calma e interesse sobre essas qualidades e aceite-as por completo na mente consciente racional. Continue a plantar essas sementes maravilhosas (pensamentos) no jardim da mente e terá uma colheita formidável. O subconsciente pode ser comparado ao solo onde vão crescer todas as espécies de sementes, boas ou ruins. Por acaso colhem-se uvas dos espinheiros ou figos de recifes? Cada pensamento é, portanto, uma causa, e cada condição, um efeito. É por essa razão que é essencial que se assuma o comando dos pensamentos, de modo a gerar apenas situações desejáveis.

Quando a mente pensa corretamente, quando se compreende a verdade, quando os pensamentos depositados no subconsciente são construtivos, harmoniosos e pacíficos, o poder mágico do trabalho do subconsciente vai responder e gerar condições harmoniosas, ambientes agradáveis e tudo o que há de melhor. Quando se começa a controlar os processos de pensamento, os poderes do subconsciente podem ser aplicados para qualquer problema ou dificuldade. Em outras palavras, o indivíduo, na verdade, passa a cooperar conscientemente com o poder infinito e com a lei onipotente, que governam todas as coisas.

Basta olhar ao redor, onde quer que se esteja, para notar que grande parte da humanidade vive no mundo exterior. As pessoas mais esclarecidas têm um profundo interesse no mundo interior. Lembre-se que é o mundo interno, ou seja, os pensamentos, os sentimentos e as fantasias, que faz o seu mundo externo. Trata-se, portanto, do único poder criativo, e tudo o que o indivíduo encontra em seu mundo de expressão é criado por ele no mundo interior de sua mente, consciente ou inconscientemente.

O conhecimento da interação das mentes consciente e subconsciente permite que o indivíduo transforme sua vida como um todo. Para mudar as condições externas, deve-se mudar a causa. A maioria das pessoas tenta mudar condições e circunstâncias por meio de um trabalho com as condições e as circunstâncias. Para remover discórdia, confusão, carência ou limitação, deve-se remover a causa, e a causa é o modo como o indivíduo está usando sua mente consciente. Em outras palavras, é o modo como o indivíduo está pensando e visualizando em sua mente.

O poder do pensamento

Vive-se em um mar impenetrável de riquezas infinitas. O subconsciente é muito sensível aos pensamentos. Os pensamentos formam o molde ou a matriz através da qual fluem a Inteligência Infinita, a sabedoria, as forças vitais e as energias do subconsciente. A aplicação prática das leis da mente, conforme ilustrada em cada capítulo deste livro, fará com que o leitor experimente a abundância, em vez da pobreza, a sabedoria, em vez da superstição e da ignorância, a paz, em vez do sofrimento, a alegria, em vez da tristeza, a luz, em vez da escuridão, a harmonia, em vez da discórdia, a fé e a confiança, em vez do medo, o sucesso, em vez do fracasso, e que se liberte da lei das probabilidades. Com certeza, não pode haver bênção mais maravilhosa do que essas, do ponto de vista mental, emocional e material.

O subconsciente é reativo e responde à natureza dos pensamentos. Quando a mente consciente está repleta de medo, preocupação e ansiedade, as emoções negativas engendradas no subconsciente são liberadas e inundam a mente consciente com uma sensação de pânico, pressentimento e desespero. Quando isso acontece, o indivíduo pode falar de forma afirmativa — e com um profundo senso de autoridade — para as emoções irracionais geradas em sua mente mais profunda: "Fiquem quietas, fiquem calmas, estou no controle, vocês devem me obedecer, vocês estão sujeitas ao meu comando, não podem se intrometer onde não devem."

É fascinante e interessante observar como se pode falar de forma autoritária e convicta com o movimento irracional do mais profundo eu para trazer silêncio, harmonia e paz à mente. O subconsciente está sujeito à mente consciente, e é por isso que é chamado de subconsciente ou subjetivo.

DIFERENÇAS IMPORTANTES E MODOS DE OPERAÇÃO

É possível perceber as principais diferenças a partir dos exemplos a seguir: a mente consciente é como o capitão no passadiço de um navio. Ele conduz o navio e dá ordens para os homens na casa de

Os segredos que vão mudar sua vida

máquinas, os quais, por sua vez, controlam todas as caldeiras, instrumentos, manômetros etc. Os trabalhadores na casa de máquinas não sabem para onde estão indo, apenas cumprem as ordens. Iriam em direção às rochas se o homem no passadiço emitisse instruções deficientes ou erradas, com base em seus cálculos com a bússola, o sextante ou outros instrumentos. Os homens na casa das máquinas obedecem porque ele está no comando e emite ordens que são automaticamente obedecidas. Os membros da tripulação não questionam o capitão, apenas se limitam a executar ordens.

O capitão é o mestre de seu navio, e suas determinações são executadas. Da mesma forma, a mente consciente do indivíduo é quem está no comando e é o mestre de seu navio, que representa seu corpo, ambiente e todos os assuntos relacionados ao indivíduo. O subconsciente recebe as ordens dadas pelo indivíduo com base no que a sua mente consciente acredita e aceita como verdadeiro.

Quando um indivíduo diz repetidamente às pessoas: "Não tenho condições de obter isso", o subconsciente assume o que foi dito como uma verdade e faz com que o indivíduo não seja capaz de obter o que deseja. Enquanto insistir em dizer "Não posso adquirir esse carro", "Não posso fazer essa viagem para a Europa", "Não posso comprar essa casa", "Não posso comprar essa roupa cara", o indivíduo pode ter certeza de que o subconsciente vai seguir suas ordens, e ele passará o resto da vida sem ter todas essas coisas.

2

Como funciona a mente

O poder milagroso do subconsciente

O SER HUMANO TEM uma mente e deve aprender a usá-la. A mente tem dois níveis: o nível consciente, ou racional, e o nível subconsciente, ou irracional. O indivíduo pensa com sua mente consciente, e tudo o que pensa de forma habitual mergulha em seu subconsciente, que cria de acordo com a natureza de seus pensamentos. O subconsciente é a sede das emoções e também a mente criativa. Se pensar em coisas boas, coisas boas acontecerão. Se pensar em coisas ruins, coisas ruins acontecerão. Esse é o modo como a mente do ser humano funciona.

O principal ponto a ser lembrado é o de que, ao aceitar uma ideia, o subconsciente dá início à sua execução. É interessante e intrigante o fato de a lei do subconsciente funcionar da mesma forma tanto para as ideias boas quanto para as ruins. Essa lei, quando aplicada de forma negativa, é a causa de fracasso, frustração e infelicidade. No entanto, quando o pensamento habitual é harmonioso e construtivo, saúde perfeita, sucesso e prosperidade são logo vivenciados.

A paz de espírito e um corpo saudável são as consequências inevitáveis quando o indivíduo começa a pensar e sentir da maneira certa. O subconsciente vai aceitar e trazer para o seu dia a dia qualquer coisa que o indivíduo reivindique e sinta como verdadeiro. A única

Os segredos que vão mudar sua vida

coisa que o indivíduo precisa é fazer com que o subconsciente aceite sua ideia e, com isso, a lei do próprio subconsciente vai trazer saúde, paz ou a posição que ele desejar. Ele dá o comando ou a determinação, e o subconsciente reproduz fielmente a ideia que lhe foi impressa. A lei da mente é esta: uma reação ou uma resposta do subconsciente serão obtidas de acordo com a natureza do pensamento ou ideia que for mantida na mente consciente.

Os psicólogos e psiquiatras apontam que, quando os pensamentos são transmitidos para o subconsciente, são gravadas impressões nas células do cérebro. Assim que o subconsciente aceita uma ideia qualquer, coloca-a em vigor imediatamente. O subconsciente funciona por associação de ideias e usa cada pedaço de conhecimento que o indivíduo reuniu em sua vida para alcançar o seu propósito. Baseia-se no poder infinito, na energia e na sabedoria que existe dentro do indivíduo. Alinha todas as leis da natureza para obter seu caminho. Às vezes, parece trazer uma solução imediata para as dificuldades do indivíduo; outras, pode levar dias, semanas ou mais tempo ainda... Seus caminhos são praticamente incompreensíveis.

AS DIFERENÇAS ENTRE OS TERMOS CONSCIENTE E SUBCONSCIENTE

É preciso lembrar que consciente e subconsciente não são duas mentes. São apenas duas esferas de atividade dentro de uma única mente. A mente consciente é a mente racional. É aquela fase da mente que faz escolhas. Por exemplo, o indivíduo escolhe tipos de livros, sua casa, seu cônjuge, e toma todas as suas decisões com a mente consciente. Por outro lado, sem qualquer escolha consciente de sua parte, o coração do indivíduo é mantido automaticamente em funcionamento, e o processo de digestão, circulação sanguínea e respiração são mantidos pelo subconsciente, através de processos independentes do controle consciente.

O subconsciente aceita o que está impresso nele ou aquilo em que o indivíduo acredita de forma consciente. Ele não raciocina sobre as coisas como a sua mente consciente, e não argumenta com o

Como funciona a mente

indivíduo contrariamente. O subconsciente é como o solo que aceita qualquer espécie de semente, boa ou ruim. Os pensamentos são ativos e podem ser comparados às sementes. Pensamentos negativos e destrutivos continuam trabalhando negativamente no subconsciente e, no tempo devido, surgem através das experiências externas que correspondam a eles.

Apesar de não se empenhar em provar se os pensamentos do indivíduo são bons ou ruins, verdadeiros ou falsos, o subconsciente responde de acordo com a natureza dos pensamentos ou sugestões do indivíduo. Por exemplo, se o indivíduo assume conscientemente algo como verdadeiro, mesmo que possa ser falso, o subconsciente vai aceitar como verdadeiro e proceder de modo a gerar resultados que ocorrerão, necessariamente, em função de o indivíduo ter assumido de forma consciente que aquilo era verdadeiro.

ESCLARECIMENTO DOS TERMOS MENTE OBJETIVA E MENTE SUBJETIVA

Às vezes, a mente consciente é referida como mente objetiva pelo fato de lidar com objetos do mundo exterior. A mente objetiva toma conhecimento do mundo objetivo. Utiliza-se dos cinco sentidos físicos como meios de observação. A mente objetiva é o guia e diretor no contato do indivíduo com o ambiente. O indivíduo adquire conhecimento através dos cinco sentidos. A mente objetiva aprende através da observação, experiência e educação. Conforme comentado, a maior função da mente objetiva é a do raciocínio.

Os milhares de turistas que visitam anualmente Los Angeles, por exemplo, chegam à conclusão de que se trata de uma bela cidade, com base na observação dos parques, dos lindos jardins, dos prédios majestosos e das casas fascinantes. É assim que funciona a mente objetiva.

O subconsciente, por sua vez, muitas vezes é chamado de mente subjetiva. A mente subjetiva toma conhecimento do ambiente sem utilizar os cinco sentidos. A percepção da mente subjetiva ocorre por intuição. É a sede das emoções e o depósito da

219

Os segredos que vão mudar sua vida

memória do indivíduo. A mente subjetiva desempenha suas funções mais nobres quando os sentidos objetivos do indivíduo estão em suspenso. Em uma única palavra, é a inteligência que se manifesta quando a mente objetiva está suspensa ou em um estado sonolento.

A mente subjetiva vê sem o uso dos órgãos naturais da visão. Possui a capacidade de clarividência e clariaudiência. Além disso, a mente subjetiva pode deixar seu corpo, viajar a terras distantes e trazer de volta informações muitas vezes exatas e verdadeiras. Através da mente subjetiva é possível ler os pensamentos dos outros e o conteúdo de envelopes selados e cofres fechados. A mente subjetiva tem a capacidade de apreender os pensamentos dos outros sem o uso dos meios objetivos comuns de comunicação. É de grande importância que se compreenda a interação das mentes objetiva e subjetiva para que se aprenda a verdadeira arte da oração.

O SUBCONSCIENTE NÃO PODE RACIOCINAR COMO A MENTE CONSCIENTE

O subconsciente não pode argumentar contrariamente. Como consequência, se o indivíduo lhe der sugestões erradas, ele vai aceitá-las como verdadeiras e procederá para trazê-las através de condições, experiência e acontecimentos. Tudo o que acontece com o indivíduo tem como base os pensamentos impressos em seu subconsciente, por meio da crença. Caso o indivíduo transmita conceitos equivocados para o subconsciente, o método certo para superá-los é pela repetição constante de pensamentos construtivos e harmoniosos, para que o subconsciente aceite e, portanto, forme hábitos novos e saudáveis de pensamento e de vida, uma vez que é no subconsciente que reside a sede do hábito.

O pensamento habitual da mente consciente estabelece sulcos profundos no subconsciente. O que é muito favorável para o indivíduo cujos pensamentos habituais são harmoniosos, pacíficos e construtivos.

220

Ao se entregar ao medo, à preocupação e outras formas destrutivas de pensar, a solução para o indivíduo é reconhecer a onipotência do subconsciente e decretar liberdade, felicidade e saúde perfeita. Como é criativo e canal para a fonte divina, o subconsciente vai providenciar a criação da liberdade e da felicidade que o indivíduo decretou de forma sincera.

O ENORME PODER DA SUGESTÃO

A essa altura é possível perceber que a mente consciente é a "sentinela no portão" e que sua principal função é proteger o subconsciente de impressões falsas, além de dominar uma das leis básicas da mente: o subconsciente é suscetível à sugestão. É sabido que o subconsciente não faz comparações ou contestação, nem tampouco raciocina e reflete por si mesmo. Além disso, a última função pertence à mente consciente. O subconsciente simplesmente reage às impressões que lhe são passadas pela mente consciente. Não demonstra preferência por nenhuma linha de ação em detrimento de outra.

É verdade que pessoas diferentes reagem de formas diferentes em relação a uma mesma sugestão em função de seus condicionamentos subconscientes ou crenças. Por exemplo, se um passageiro vai até um marinheiro no navio e lhe diz, com simpatia: "Meu caro, você me parece muito doente. Está se sentindo mal? Acho que você vai enjoar."

De acordo com seu temperamento, o marinheiro pode tanto rir da "piada" do passageiro quanto expressar uma leve irritação. A sugestão do passageiro caiu em ouvidos surdos, nesse caso, uma vez que estava associada, na mente do marinheiro, à própria imunidade ao enjoo. Portanto, não instigou nem o medo nem a preocupação, e sim a autoconfiança.

O dicionário diz que a sugestão é o ato ou ocorrência de colocar algo na mente, processo mental através do qual o pensamento ou ideia sugerida é acolhido, aceito ou colocado em prática. Vale lembrar que a sugestão não pode impor algo ao subconsciente contra a vontade da mente consciente. Em outras palavras, a mente consciente tem o poder de rejeitar a sugestão dada. No caso do marinheiro, ele não tinha medo de enjoo. Uma vez convencido de sua imunidade, a sugestão negativa não teve absolutamente nenhum poder para evocar o medo.

Cada pessoa tem seus próprios medos interiores, crenças, opiniões, e são essas premissas que regem e governam sua vida. A sugestão não tem nenhum poder por si só, a não ser que seja aceita mentalmente pelo indivíduo. O que faz com que os poderes do subconsciente fluam de modo limitado e restrito, de acordo com a natureza da sugestão.

COMO ELE PERDEU O BRAÇO

A cada dois ou três anos o autor realiza uma série de palestras no Fórum da Verdade de Londres, no Caxton Hall. Esse fórum foi fundado por ele há alguns anos. A Dra. Evelyn Fleet, diretora do fórum, comentou sobre um artigo que havia aparecido nos jornais ingleses a respeito do poder da sugestão. Segundo esse artigo, durante o período de cerca de dois anos, um homem fez uma sugestão ao seu subconsciente, a saber: "Daria meu braço direito para ver minha filha curada." Parece que a filha dele tinha uma forma debilitante de artrite associada a um tipo de doença de pele considerada incurável. O tratamento médico não conseguira aliviar o estado da menina e, como o pai tinha um desejo intenso de curar a filha, expressava seu desejo nas palavras citadas.

A Dra. Evelyn Fleet contou que o artigo do jornal informara que, um dia, a família estava andando de carro, quando este colidiu com outro carro. O braço direito do pai foi arrancado do ombro e, na sequência, a artrite e o estado da pele da filha imediatamente desapareceram.

É preciso ter certeza de dar ao subconsciente apenas sugestões que curem, abençoem, elevem e inspirem o indivíduo em todas as formas. Lembre-se de que o subconsciente não pode entender piadas e que leva tudo ao pé da letra.

COMO A AUTOSSUGESTÃO AFASTA O MEDO

Exemplos de autossugestão: autossugestão significa sugerir algo definido e específico para si mesmo. Herbert Parkyn, em seu excelente manual sobre o assunto, registra o seguinte incidente, que tem o seu lado divertido, para que seja lembrado: "Um nova-iorquino em visita a Chicago olha para o seu relógio, que está uma hora adiantado em relação ao horário de Chicago, e diz a um amigo de Chicago que são 12 horas. O amigo de Chicago, sem considerar a diferença de fuso entre Chicago e Nova York, diz que está com fome e precisa ir almoçar."

A autossugestão pode ser usada para banir vários medos e outras condições negativas. Uma jovem cantora foi convidada para uma audição. Ela estava ansiosa para aquele teste e, em três ocasiões anteriores, tinha falhado devido ao medo de fracassar. Essa jovem tinha uma voz muito boa, mas repetia para si mesma: "Quando chegar a hora de cantar, talvez não gostem de mim. Vou tentar, mas estou com muito medo e muito ansiosa."

Seu subconsciente aceitou essas autossugestões como um pedido e as manifestou para trazê-las para as experiências da cantora. A causa foi uma autossugestão involuntária, isto é, pensamentos de medos silenciosos, envoltos de emoção e subjetividade.

Ela superou suas autossugestões por meio da seguinte técnica: passou a se isolar em uma sala, três vezes ao dia. Sentava-se confortavelmente em uma poltrona, relaxava o corpo e fechava os olhos. Acalmava a mente e o corpo o máximo que podia. A inércia física favorece a passividade mental e torna a mente mais receptiva à sugestão. Combatia a sugestão do medo dizendo a si mesma: "Canto muito bem. Estou equilibrada, serena, confiante e calma." Ela repetia essa afirmação devagar, com calma e seriedade, de cinco a dez vezes a cada sessão. Ela tinha três dessas "sessões" todos os dias e mais uma pouco antes de dormir. Ao final de uma semana, ela estava completamente equilibrada e confiante. Quando chegou o convite para o teste, ela fez uma apresentação notável e maravilhosa.

Os segredos que vão mudar sua vida

COMO ELA RECOBROU A MEMÓRIA

Uma mulher de 75 anos tinha o hábito de dizer a si mesma: "Estou perdendo minha memória." Ela reverteu o processo e praticou autossugestão induzida várias vezes ao dia, da seguinte forma: "Minha memória de hoje em diante está melhorando em todas as áreas. Vou sempre me lembrar de tudo o que preciso saber, a qualquer momento e em qualquer lugar. As impressões recebidas serão mais claras e definidas. Vou mantê-las automaticamente e com facilidade. Qualquer coisa que eu queira recordar vai se apresentar imediatamente na forma correta em minha mente. Estou melhorando rapidamente a cada dia e, muito em breve, minha memória vai ficar melhor do que antes." Ao fim de três semanas, sua memória voltou ao normal e ela ficou encantada.

COMO ELE SUPEROU UM TEMPERAMENTO DESAGRADÁVEL

Muitos homens que se queixavam de irritabilidade e mau humor demonstraram ser muito suscetíveis à autossugestão e conseguiram resultados excelentes com o uso das afirmações mencionadas a seguir, com uma frequência de três a quatro vezes ao dia (pela manhã, ao meio-dia e à noite antes de dormir), durante cerca de um mês. "Daqui para frente, vou me tornar mais bem-humorado. Alegria, felicidade e bom humor estão agora fazendo com que o meu estado de espírito seja normal. A cada dia estou me tornando mais amável e compreensivo. Estou agora me tornando o centro da alegria e da boa vontade para todos aqueles à minha volta, contagiando-os com o meu bom humor. Esse humor feliz, alegre e animado está agora se tornando meu estado de espírito normal e natural. Sou grato."

O PODER CONSTRUTIVO E DESTRUTIVO DA SUGESTÃO

Heterossugestão significa sugestões que vêm de outras pessoas. Em todas as épocas o poder da sugestão desempenhou um papel na

Como funciona a mente

vida e no pensamento do homem, em cada período de tempo e em cada país da Terra. Em muitas partes do mundo é o poder controlador na religião.

A sugestão pode ser usada para disciplinar e controlar a si mesmo, mas também pode ser usada para assumir o controle e o comando sobre os outros que não conhecem as leis da mente. Em sua forma construtiva, é admirável e magnífica. Em seus aspectos negativos, é um dos mais destrutivos de todos os padrões de resposta da mente, que resultam em padrões de infelicidade, fracasso, sofrimento, doença e desgraça.

JÁ ACEITOU ALGUMA DESSAS SUGESTÕES?

Desde a infância, a maioria das pessoas recebe muitas sugestões negativas. Sem saber como impedi-las, as pessoas as aceitam inconscientemente. Aqui estão algumas sugestões negativas típicas: "Você não pode", "Você nunca vai ser nada na vida", "Você não deve fazer isso", "Você vai fracassar", "Você não tem a menor chance", "Você está completamente errado", "Não vale a pena", "Não importa o que você sabe, e sim quem você conhece", "O mundo está cada vez pior", "De que adianta se ninguém se importa?", "Não vale a pena se esforçar tanto", "Você está muito velho agora", "As coisas estão ficando cada vez piores", "A vida é uma rotina sem-fim", "O amor é coisa de criança", "Você não vai conseguir ganhar", "Muito em breve você estará falido", "Cuidado para não pegar uma doença", "Não se pode confiar em ninguém" etc.

A menos que a pessoa, quando adulta, faça uso da autossugestão como terapia de recondicionamento, as impressões deixadas em seu passado podem causar padrões de comportamento que irão provocar o fracasso em sua vida pessoal e social. A autossugestão é um meio de libertar a pessoa da massa de condicionamento verbal negativo que, do contrário, poderia distorcer seu padrão de vida, tornando difícil o desenvolvimento de bons hábitos.

SUGESTÕES NEGATIVAS PODEM SER NEUTRALIZADAS

Basta pegar o jornal do dia para encontrar dezenas de notícias que podem alimentar as sementes da futilidade, do medo, da preocupação, da ansiedade e da desgraça iminente. Se aceitos por quem lê, esses pensamentos de medo podem fazer com que seus leitores percam a vontade de viver. No entanto, sabendo que existe a possibilidade de rejeitar todas essas sugestões negativas, ao dar autossugestões construtivas ao subconsciente, qualquer pessoa pode neutralizar as ideias destrutivas.

Verifique regularmente as sugestões negativas que as pessoas lhe fazem. Ninguém tem de ser influenciado pela heterossugestão destrutiva. E, apesar disso, todo mundo sofreu isso na infância e na adolescência. Ao olhar para trás, é fácil recordar como pais, amigos, parentes, professores e companheiros de trabalho contribuíram para uma campanha de sugestões negativas. Analise as sugestões que lhe são feitas, e vai descobrir que muitas delas foram ditas na forma de propaganda. A maior parte do que foi dito teve o objetivo de controlá-lo ou provocar medo.

Esse processo de heterossugestão acontece em todos os lares, escritórios, fábricas e clubes. É possível descobrir que muitas dessas sugestões têm o propósito de fazer com que as pessoas pensem, sintam e ajam como as outras querem e da maneira que lhes seja mais vantajosa.

COMO A SUGESTÃO MATOU UM HOMEM

Eis aqui um exemplo de heterossugestão: um parente do autor foi a uma vidente de bola de cristal, na Índia, e ela lhe disse que ele tinha um coração fraco e previu que morreria na próxima lua nova. Ele começou a contar a todos os membros da família sobre essa previsão e até preparou seu testamento.

Essa poderosa sugestão entrou em seu subconsciente porque ele a aceitou sem hesitar. Segundo o que contou ao autor, ele acreditava que essa vidente tinha alguns poderes ocultos e que podia fazer tan-

Como funciona a mente

to o bem quanto o mal às pessoas. Morreu conforme havia sido previsto e sem saber que ele próprio havia causado sua morte. Provavelmente, muitas pessoas já ouviram semelhantes histórias estúpidas, ridículas e supersticiosas.

Vejamos o que aconteceu a partir da ótica do conhecimento do modo como funciona o subconsciente. Independentemente do que a mente consciente e racional do homem acredite, o subconsciente vai aceitar e agir de acordo. O parente era feliz, saudável, vigoroso e forte quando foi se consultar com a vidente. Ela lhe deu uma sugestão muito negativa, e ele a aceitou. Ficou aterrorizado e passou a imaginar continuamente sua morte prevista para acontecer na próxima lua nova. Ele começou a comentar o assunto com todos, enquanto se preparava para o fim. Todo o processo aconteceu na mente dele, e a causa disso foi o próprio pensamento. Ele provocou a própria morte, ou melhor, a destruição do corpo físico, através do medo e da expectativa do fim.

A mulher que previu a morte do parente do autor não tinha mais poder do que as pedras e os troncos no campo. Sua sugestão não tinha o poder de criar ou provocar o fim sugerido por ela. Se tivesse conhecido as leis da mente, ele teria rejeitado a sugestão negativa e se recusado a dar atenção às palavras da vidente, pois saberia, do fundo do coração, que era governado e controlado pelos próprios pensamentos e sentimentos. Assim como flechas atiradas em direção a um navio de guerra, a profecia da vidente poderia ter sido inteiramente neutralizada e dissipada sem feri-lo.

As sugestões dos outros em si não têm absolutamente nenhum poder sobre o indivíduo, a não ser o poder que esse indivíduo venha a dar a essas sugestões, através de seus próprios pensamentos. É preciso dar o consentimento mental, pois a ideia tem de ser alimentada. Em seguida, ela se transforma em pensamento, e o indivíduo passa então a pensar a ideia. Lembre-se de que todos os indivíduos têm a capacidade de escolha. Escolha a vida! Escolha o amor! Escolha a saúde!

Os segredos que vão mudar sua vida

O PODER DE UMA PREMISSA MAIOR

A mente funciona com base no silogismo. Isso significa o seguinte: qualquer premissa maior, conscientemente assumida como verdadeira, determinará a conclusão com que o subconsciente vai se manifestar em relação a qualquer questão em particular ou problema na mente do indivíduo. Se a premissa do indivíduo for verdadeira, a conclusão deve ser verdadeira, como no exemplo a seguir:

Toda virtude é louvável. A bondade é uma virtude. Logo, a bondade é louvável.

Outro exemplo:

Todas as coisas fabricadas se transformam e desaparecem. As pirâmides do Egito são coisas fabricadas. Logo, um dia as pirâmides vão desaparecer.

A primeira afirmação é conhecida como a premissa maior e a conclusão certa deve necessariamente seguir a premissa certa.

Um professor universitário que assistiu a algumas das palestras sobre a ciência da mente do presente autor, em maio de 1962, no Town Hall, em Nova York, disse: "Tudo em minha vida está de pernas para o ar. Perdi minha saúde, meu dinheiro e meus amigos. Tudo em que toco dá errado."

O autor então o instruiu a estabelecer uma premissa maior em seu pensamento, pois a inteligência infinita de seu subconsciente iria guiá-lo, dirigindo e fazendo-o prosperar em termos espirituais, mentais e materiais. Com isso, o subconsciente passaria a dirigi-lo, automaticamente e com sabedoria, em seus investimentos, decisões, além de curar seu corpo e restaurar a paz de espírito e tranquilidade.

Esse professor formulou um panorama geral da forma como ele queria que fosse sua vida, e sua premissa maior se resumiu ao seguinte: "A inteligência infinita me leva e me guia em todos os meus caminhos. A saúde perfeita é minha, e a Lei da Harmonia opera em minha mente e em meu corpo. A beleza, o amor, a paz e a abundância são meus. Os princípios da ação correta e da ordem divina governam a minha vida como um todo. Eu sei que minha premissa maior está baseada nas verdades eternas da vida, e sei, sinto e acredito que meu subconsciente responde de acordo com a natureza do pensamento de minha mente consciente."

Depois, escreveu para o autor: "Repeti as afirmações acima devagar, com calma e carinho, várias vezes ao dia, e senti que estavam mergulhando profundamente em meu subconsciente e que os resultados haveriam de chegar. Sou profundamente grato pela conversa que tivemos e gostaria de acrescentar que todas os setores de minha vida estão mudando para melhor. Isso realmente funciona!"

O SUBCONSCIENTE NÃO DISCUTE DE FORMA CONTRÁRIA

O subconsciente é repleto de sabedoria e conhece as respostas para todas as perguntas. Não discute nem argumenta com o indivíduo. E não diz, por exemplo: "Você não tem que me impressionar com isso." Quando o indivíduo declara, por exemplo, "Não posso fazer isso", "Estou muito velho agora", "Não posso cumprir essa obrigação", "Nasci no momento errado", "Não conheço o político certo", ele impregna seu subconsciente com pensamentos negativos, e o subconsciente, por sua vez, responde de acordo com eles. O indivíduo, na realidade, impede o próprio bem, pois, agindo assim, traz carência, limitação e frustração para sua vida.

Quando obstáculos, impedimentos e adiamentos são instalados na mente consciente, provoca-se a negação da sabedoria e da inteligência que reside no subconsciente. Na verdade, a mente consciente está dizendo que o subconsciente não pode solucionar seu problema. Isso leva à congestão mental e emocional, seguida de doença e tendências à neurose.

Para realizar um desejo e superar uma frustração, deve-se afirmar com vigor várias vezes ao dia: "A inteligência infinita que me deu esse desejo lidera, guia e me revela o plano perfeito para o desdobramento de meu desejo. Sei que a sabedoria mais profunda de meu subconsciente agora responde, e o que sinto e reivindico internamente é expresso no mundo externo. Há equilíbrio, estabilidade e serenidade."

Se disser "Não há saída. Estou perdido. Estou frustrado e bloqueado", o indivíduo não vai conseguir nenhuma resposta nem reação do subconsciente. Se o indivíduo quiser que o subconsciente trabalhe para ele, deve fazer o pedido certo e obter sua cooperação. Aliás, o subconsciente está sempre trabalhando para o indivíduo. Por exemplo, é o subconsciente que controla os batimentos cardíacos e a respiração. É ele que cura um corte no dedo. Além disso, ele tem a tendência a atuar como defensor da vida, procurando sempre tomar conta do indivíduo e protegê-lo. O subconsciente tem uma mente própria, mas aceita os padrões de pensamento e imaginação do indivíduo.

Quando se busca uma resposta para um problema, o subconsciente vai responder, embora tenha a expectativa de que a mente consciente chegue a uma decisão e a um julgamento verdadeiro. A mente deve confirmar que a resposta está em seu subconsciente. Entretanto, se o indivíduo falar: "Não acho que tenha uma saída para isso. Estou atrapalhado e confuso. Por que não consigo obter uma resposta?", provocará a neutralização de sua oração. Como o soldado que marca passo, esse indivíduo não vai chegar a lugar algum.

É preciso parar as engrenagens da mente, relaxar, desligar-se e afirmar com calma: "Meu subconsciente sabe a resposta. Está respondendo a mim neste momento. Agradeço, porque sei que a inteligência infinita de meu subconsciente conhece todas as coisas e está revelando a resposta perfeita para mim agora. Minha verdadeira convicção está agora liberando a grandiosidade e a glória de meu subconsciente. Alegro-me que seja assim."

Como funciona a mente

O PODER MILAGROSO DO SUBCONSCIENTE

O poder do subconsciente é enorme. É o subconsciente que inspira, guia e revela ao indivíduo nomes, fatos e cenas a partir do depósito de sua memória. É o subconsciente que deu início à pulsação cardíaca e é ele quem controla a circulação do sangue e regula a digestão, assimilação e eliminação. Quando o indivíduo come um pedaço de pão, seu subconsciente transforma-o em tecido, músculo, osso e sangue. Esse processo está além da compreensão até mesmo do homem mais sábio que existe na face da Terra. O subconsciente controla todos os processos e funções vitais do corpo e sabe a resposta para todos os problemas.

O subconsciente nunca dorme, nunca descansa. Está sempre em funcionamento. O poder milagroso do subconsciente pode ser comprovado por qualquer pessoa — por meio de uma declaração franca ao subconsciente, antes de dormir — que deseje que determinada coisa seja realizada. E é um deleite quando se sente que forças que vêm de dentro são liberadas e levam ao resultado desejado. Aqui, portanto, está uma fonte de poder e sabedoria que coloca o ser humano em contato com a onipotência ou o poder que move o mundo, guia os planetas em seu curso e faz com que o sol brilhe.

O subconsciente é a fonte de ideais, aspirações e anseios altruístas do indivíduo. Foi através do subconsciente que Shakespeare percebeu as grandes verdades ocultas do homem comum de sua época. Sem dúvida, foi a resposta do subconsciente que fez com que o escultor grego Fídias retratasse a beleza, ordem, simetria e proporção no mármore e no bronze. Da mesma forma, foi ele quem permitiu também que o artista italiano Rafael pintasse madonas e que Ludwig van Beethoven compusesse sinfonias.

Em 1955, o presente autor fez uma palestra na Universidade Yoga Forest, em Rishikesh, na Índia, e conversou com um cirurgião visitante natural de Bombaim, que lhe falou sobre o Dr. James Esdaile, um cirurgião escocês que havia trabalhado em Bengala antes da descoberta do éter e de outros métodos modernos de

Os segredos que vão mudar sua vida

anestesia. Entre 1843 e 1846, o Dr. Esdaile realizou cerca de quatrocentas cirurgias importantes de todos os tipos, tais como amputações, remoção de abscessos e tumores cancerígenos, assim como operações de olho, ouvido e garganta. Todas as cirurgias eram conduzidas apenas sob anestesia mental. O médico visitante indiano contou que a taxa de mortalidade pós-operatória dos pacientes operados pelo Dr. Esdaile era extremamente baixa, provavelmente entre 2% e 3%. Os pacientes não sentiam dor e não havia mortes durante as cirurgias.

O Dr. Esdaile sugeria, ao subconsciente de todos os pacientes que estavam em estado hipnótico, que não seria desenvolvida nenhuma infecção ou condição séptica. Vale lembrar que isso foi antes de Louis Pasteur, Joseph Lister e outros descobrirem a origem bacteriana das doenças e as causas de infecção devido aos instrumentos não esterilizados e organismos virulentos.

Esse cirurgião visitante indiano explicou que a razão da baixa taxa de mortalidade e da ausência geral de infecção, uma vez que era reduzida a um mínimo, era, sem dúvida, devido às sugestões que o Dr. Esdaile fazia ao subconsciente de seus pacientes. E eles respondiam de acordo com a natureza da sugestão dele para cada um dos pacientes.

É simplesmente maravilhoso quando se imagina que um cirurgião, há mais de 120 anos, descobriu os poderes milagrosos do subconsciente. Não é para se sentir tomado por uma espécie de reverência mística quando se para e pensa nos poderes transcendentais do subconsciente? E se considerarmos as percepções extrassensoriais do subconsciente, tais como a capacidade de clarividência e clariaudiência, a independência no espaço e no tempo, a capacidade de tornar o indivíduo livre de toda dor e sofrimento e a capacidade de obter respostas para todos os problemas, sejam eles quais forem? Tudo e muito mais revelam que existe um poder e uma inteligência dentro do ser humano que transcende em muito seu intelecto, e que é capaz de surpreender a qualquer um. Todas essas experiências fazem com que os indivíduos se encantem e acreditem nos poderes milagrosos do próprio subconsciente.

Como funciona a mente

TUDO O QUE É IMPRESSO NO SUBCONSCIENTE É EXPRESSO POR ELE

William James, o pai da psicologia americana, disse que o poder de mover o mundo está no subconsciente das pessoas. O subconsciente é a parte da mente com inteligência infinita e sabedoria ilimitada. E, além de ser alimentado por energias ocultas, é chamado de lei da vida. O subconsciente irá mover mundos e fundos para ver acontecer tudo o que nele o indivíduo imprimir. É por isso, portanto, que é importante que se imprimam ideias corretas e pensamentos construtivos no subconsciente.

A razão pela qual há tanto caos e sofrimento no planeta é porque as pessoas não entendem a interação de suas mentes consciente e subconsciente. Quando esses dois princípios trabalham de acordo, em harmonia, paz e sincronizados, o indivíduo tem saúde, felicidade e alegria. Não há doença nem discórdia quando o consciente e o subconsciente trabalham juntos de forma pacífica.

O túmulo de Hermes foi aberto com grande expectativa e um sentimento de admiração, pois as pessoas acreditavam que o maior segredo de todos os tempos estava ali dentro. O segredo era "Como é lá dentro, assim é aqui fora; como é lá em cima, assim é aqui embaixo".

Em outras palavras, tudo o que é impresso no subconsciente é expresso na tela do espaço. Moisés, Isaías, Jesus, Buda, Zoroastro, Lao-Tze e todos os videntes iluminados de todos os tempos proclamaram a mesma verdade. O que se sente de forma subjetiva é expresso como condições, experiências e acontecimentos. Movimento e emoção devem equilibrar-se. Como é no céu (a própria mente), assim é na Terra (no corpo e no ambiente). Esta é a grande lei da vida.

A lei da ação e da reação, da inércia e do movimento, é encontrada por toda a natureza. Essas duas devem se contrabalançar para que haja harmonia e equilíbrio. O ser humano deve deixar o princípio da vida fluir com ritmo e harmonia através dele. É necessário que a entrada e a saída sejam iguais. A impressão e a expressão têm

Os segredos que vão mudar sua vida

de ser iguais. Toda frustração do homem é proveniente de desejos não realizados.

Pensar de forma negativa, destrutiva e cruel gera emoções destrutivas que devem ser expressas e para as quais se deve encontrar uma saída. Essas emoções, sendo de natureza negativa, são muitas vezes expressas como úlceras, problemas cardíacos, tensão e ansiedade.

Qual é a ideia ou sentimento do ser humano sobre si mesmo agora? Cada parte do seu ser expressa essa ideia. Sua vitalidade, corpo, condição financeira, amigos e status social representam um reflexo perfeito da ideia que você tem de si próprio. Este é o verdadeiro significado do que é impresso em seu subconsciente, e que é expresso em todas as fases de sua vida.

Os indivíduos ferem a si mesmos por meio das ideias negativas que acolhem. Quantas vezes cada pessoa já se feriu por ficar com raiva, medo, ciúme e sentimento de vingança? Esses são os venenos que entram no subconsciente. Não se nasce com essas atitudes negativas. É preciso alimentar o subconsciente com pensamentos positivos para acabar com todos os padrões negativos alojados nele. À medida que se der continuidade a esse processo, todo o passado será eliminado e nunca mais será recordado.

O SUBCONSCIENTE CURA
UMA DOENÇA MALIGNA DE PELE

Uma cura pessoal será sempre a prova mais convincente do poder de cura do subconsciente. Há cerca de quarenta anos, o autor deste livro curou uma doença maligna da pele através da oração. O tratamento médico não conseguiu impedir o desenvolvimento, e a doença estava ficando cada vez pior.

Um padre, com profundo conhecimento de psicologia, esclareceu-lhe o verdadeiro significado do Salmos 139:16, em que é dito: *E no teu livro todas estas coisas foram escritas; as quais em continuação foram formadas, quando nem ainda uma delas havia.* Explicou que o

Como funciona a mente

termo "livro" significava o subconsciente que formou e moldou todos os meus órgãos a partir de uma célula invisível. Ressaltou também que, tendo em vista que o subconsciente cria o corpo, pode também recriá-lo e curá-lo de acordo com o padrão perfeito dentro dele.

Esse padre mostrou seu relógio e disse: "Isto foi feito por alguém. E o relojoeiro teve que ter a ideia primeiro, antes que o relógio se tornasse uma realidade objetiva. E se o relógio ficasse em descompasso, o relojoeiro poderia consertá-lo." Lembrou também que a inteligência subconsciente que criou o corpo era como um relojoeiro, que também sabia exatamente como curar, restaurar e direcionar todas as funções vitais e processos do corpo, mas que o autor precisava dar ao subconsciente a ideia perfeita de saúde. Isso agiria como causa, e o efeito seria a cura.

A oração do autor, muito simples, era a seguinte: "Meu corpo e todos os meus órgãos foram criados por uma inteligência infinita em meu subconsciente. Ele sabe como me curar. Sua sabedoria moldou todos os meus órgãos, tecidos, músculos e ossos. A presença da cura infinita dentro de mim está agora transformando cada átomo do meu ser, deixando-me inteiro e perfeito agora. Agradeço pela cura que sei que está ocorrendo neste momento. As operações da inteligência criadora dentro de mim são maravilhosas."

Orou em voz alta por cerca de cinco minutos, duas ou três vezes por dia, repetindo a oração acima. Em aproximadamente três meses sua pele estava recuperada e perfeita.

Como se pode ver, tudo o que ele fez foi dar padrões estimulantes de integralidade, beleza e perfeição ao seu subconsciente, e com isso destruiu as imagens e os padrões negativos de pensamento alojados em seu subconsciente e que foram a causa de todo o seu problema. Nada surge no corpo do indivíduo a não ser que exista primeiro um equivalente mental, equivalente esse que pode ser transformado com afirmativas incessantes, que mudam sua mente e ocasionam alterações em seu corpo. Essa é a base de toda a cura... *maravilhosas são as tuas obras, e a minha alma* [subconsciente] *o sabe muito bem.* (Salmos 139:14)

Os segredos que vão mudar sua vida

COMO O SUBCONSCIENTE CONTROLA
TODAS AS FUNÇÕES DO CORPO

Independentemente de o indivíduo estar acordado ou em sono profundo, a ação incessante e incansável do subconsciente mantém o controle sobre todas as funções vitais do corpo sem a ajuda da mente consciente. Por exemplo, enquanto dorme, o coração continua batendo ritmicamente, os pulmões não descansam e o processo de aspiração e expiração, por meio do qual o sangue absorve ar fresco, continua da mesma forma como quando o indivíduo está acordado. O subconsciente controla o processo digestivo e as secreções glandulares, assim como todas as outras operações misteriosas do corpo. A barba continua crescendo, esteja o indivíduo dormindo ou acordado. Os cientistas dizem que a pele transpira muito mais durante o sono do que durante as horas de vigília. Os olhos, os ouvidos e outros sentidos ficam ativos durante o sono. Por exemplo, muitos dos grandes cientistas chegaram a soluções para problemas complexos enquanto dormiam. Eles viram as soluções em sonhos.

Muitas vezes a mente consciente interfere no ritmo normal do coração, dos pulmões e no funcionamento do estômago e do intestino devido a preocupações, ansiedade, medo e depressão. Esses padrões de pensamento interferem no funcionamento harmônico do subconsciente. Quando mentalmente perturbado, o melhor a fazer é esquecer, relaxar e aquietar os processos do pensamento. Para isso, é preciso se comunicar com o subconsciente e lhe dizer para assumir o controle em paz, harmonia e sob a ordem divina. Com isso será possível constatar que as funções do corpo voltam ao normal novamente. É preciso falar ao subconsciente com autoridade e convicção, de modo que ele obedeça ao comando.

O subconsciente procura, a todo custo, preservar a vida do indivíduo e restaurar sua saúde. Faz com que o indivíduo ame seus filhos, o que explica também um desejo instintivo de preservar a vida como um todo. Para exemplificar, suponha que uma pessoa coma acidentalmente algum alimento estragado. Seu subconsciente faria com que ela regurgitasse. Caso uma pessoa tomasse algum veneno

236

Como funciona a mente

sem querer, os poderes de seu subconsciente cuidariam para que ele fosse neutralizado. Todos aqueles que confiassem plenamente nos poderes milagrosos do subconsciente teriam sua saúde completamente restabelecida.

COMO CONSEGUIR QUE O SUBCONSCIENTE TRABALHE A FAVOR DO INDIVÍDUO

A primeira coisa que se deve saber é que o subconsciente está em constante funcionamento. É ativo dia e noite, não importando se o indivíduo está agindo sobre ele ou não. O subconsciente é o construtor do corpo, mas o indivíduo não consegue, de forma consciente, perceber ou ouvir esse processo interno silencioso. O foco do indivíduo deve estar na mente consciente e não no subconsciente. Por isso, é preciso que o indivíduo mantenha a mente consciente ocupada apenas com a expectativa do melhor e tenha certeza de que seus pensamentos usuais estejam baseados em coisas agradáveis, verdadeiras, justas e de bons conceitos. Agora que se sabe de corpo e alma que o subconsciente sempre expressa, reproduz e se manifesta de acordo com o pensamento habitual, comece a cuidar da mente consciente.

Lembre-se de que, assim como a água toma a forma do recipiente que atravessa, o princípio da vida também passa pelo indivíduo de acordo com a natureza de seus pensamentos. O indivíduo precisa exigir que a presença da cura em seu subconsciente o atravesse sob a forma de harmonia, saúde, paz, alegria e abundância. Pense no subconsciente como uma inteligência viva, uma companhia agradável no percurso de qualquer viagem. Acredite com firmeza que o subconsciente flui no homem continuamente, vivificando-o, inspirando-o e trazendo-lhe prosperidade. E o subconsciente vai responder exatamente dessa maneira. Aquilo que acontece ao homem está diretamente relacionado com o que ele acredita.

CAPÍTULO 3

Recupere a saúde com o poder do subconsciente

Curas mentais na Antiguidade

AO LONGO DOS TEMPOS, homens de todas as nações acreditaram, de forma instintiva, que de alguma forma e em algum lugar haveria de existir um poder de cura que seria capaz de restabelecer as funções e sensações do corpo humano. Acreditavam que esse poder estranho poderia ser invocado sob determinadas condições e que seria possível obter o alívio do sofrimento humano. A história de todas as nações apresenta depoimentos que embasam essa convicção.

Nos primórdios da história do mundo, dizia-se que o poder de se influenciar, de forma secreta, os homens para o bem ou para o mal, incluindo a cura dos doentes, era atribuição dos sacerdotes e homens santos de todas as nações. Supunha-se que Deus lhes atribuía diretamente o poder da cura dos doentes, e que os procedimentos e processos de cura variavam em todo o mundo. Os processos de cura tomavam a forma de súplicas a Deus, com a realização de vários rituais, como a imposição de mãos, o uso de amuletos, talismãs, anéis, relíquias e imagens.

Por exemplo, nas religiões da Antiguidade, os sacerdotes dos tempos antigos ministravam drogas aos pacientes e praticavam sugestões hipnóticas antes que eles caíssem no sono, dizendo-lhes que, enquanto dormiam, receberiam visitas dos deuses que iriam curá-los. Ocorriam muitas curas. É óbvio que tudo isso era obra de sugestões potentes para o subconsciente.

Após a execução de certos rituais misteriosos, os devotos de Hécate veriam a deusa durante o sono, contanto que antes de dormir tivessem rezado para ela seguindo as instruções estranhas e fantásticas. Eram instruídos a misturar lagartos com resina, incenso e mirra, e a bater tudo isso junto a céu aberto sob a lua crescente. Eram relatadas curas em muitos casos, seguindo esse procedimento.

É evidente que esses procedimentos estranhos, de acordo com os exemplos, favoreciam a sugestão e a aceitação, por parte do subconsciente dessas pessoas, para que fizessem um apelo poderoso à sua imaginação. Na verdade, o subconsciente dos pacientes é que era o responsável pela cura.

Em toda a história da humanidade, curandeiros não oficiais obtiveram resultados notáveis em casos em que a habilidade médica oficial falhou. Isso é motivo de reflexão. Como esses curandeiros, em todas as partes do mundo, executaram essas curas? A resposta para todas essas curas se deve à crença cega do doente que liberava o poder de cura alojado em seu subconsciente. Muitos dos remédios e métodos empregados eram tão estranhos e fantásticos que incendiavam a imaginação dos pacientes, provocando um estado de excitação emocional. Esse estado de espírito facilitava a sugestão de saúde e era aceito tanto pela mente consciente como pelo subconsciente do doente. Este assunto será abordado de forma mais detalhada no próximo capítulo.

RELATOS BÍBLICOS SOBRE O USO DOS PODERES DO SUBCONSCIENTE

Por isso vos digo que todas as coisas que pedirdes, orando, crede receber, e tê-las-eis.

Marcos, 11:24

Os segredos que vão mudar sua vida

Observe a diferença nos tempos verbais. O escritor inspirado diz às pessoas para crer e aceitar como verdadeiro o fato de que o desejo de cada um já foi executado e cumprido, que já foi concluído, e que sua realização vai prosseguir como um fato que irá ocorrer no futuro.

O sucesso dessa técnica depende da convicção confiante de que o pensamento, a ideia e a imagem já são um fato na mente. Para que qualquer coisa tenha consistência no reino da mente é preciso que se pense que esta já existe na mente.

Trata-se, aqui, em algumas poucas palavras enigmáticas, de uma direção concisa e específica para fazer uso do poder criativo do pensamento, através da impressão do elemento particular que se deseja no subconsciente. O pensamento, a ideia, os planos ou o propósito são tão reais no próprio plano do subconsciente quanto a mão ou o coração do indivíduo. Segundo a técnica bíblica, elimina-se completamente da mente toda a consideração em relação às condições, circunstâncias ou qualquer coisa que possa implicar em contingências adversas. Planta-se uma semente (conceito) na mente que, se deixada intacta, sem dúvida, vai germinar em realidade externa.

A primeira condição sobre a qual Jesus insistiu foi a fé. Lê-se repetidamente na Bíblia a seguinte ideia: *De acordo com a tua fé, assim te acontecerá.* Se plantar certos tipos de sementes no solo, é porque tem fé de que elas vão crescer de acordo com sua espécie. Este é o caminho das sementes e, ao confiar nas leis do cultivo e da agricultura, sabe-se que as sementes germinarão segundo sua espécie. A fé mencionada na Bíblia é uma maneira de pensar, uma atitude da mente, uma convicção interior, levando em conta que a ideia que é aceita na mente consciente vai ser incorporada ao subconsciente e manifestada. A fé é, em certo sentido, aceitar como verdade aquilo que a razão e os sentidos negam, isto é, impedir a entrada da mente consciente que é racional e analítica e adotar uma atitude de total confiança no poder interior do subconsciente.

Um exemplo clássico da técnica bíblica está registrado em Mateus, 9:28-30. *E quando chegou a casa, os cegos se aproximaram dele; e Jesus disse-lhes: Credes vós que eu possa fazer isto? Disseram-lhe eles:*

240

Sim, Senhor. Tocou então os olhos deles, dizendo: Seja-vos feito segundo a vossa fé. E os olhos se lhes abriram. E Jesus ameaçou-os, dizendo: Olhai que ninguém o saiba.

Nas palavras *Seja-vos feito segundo a vossa fé*, é possível constatar que Jesus estava fazendo um apelo ao subconsciente dos homens cegos para que ele cooperasse. Ali a fé era a grande expectativa deles, seu sentimento interior, sua convicção interior de que algo milagroso aconteceria e que suas preces seriam atendidas, e foram. Essa é a técnica de cura consagrada pelo tempo, usada indistintamente por todos os grupos de cura no mundo inteiro, independente de convicções religiosas.

Na frase *Olhai que ninguém o saiba*, Jesus ordena que os pacientes curados recentemente não discutissem sua cura, pois poderiam ficar sujeitos às críticas céticas e depreciativas dos incrédulos. Isso poderia fazer com que fossem desfeitos os benefícios que tinham recebido das mãos de Jesus, uma vez que depositariam pensamentos de medo, dúvida e ansiedade no subconsciente.

Que palavra é esta que até aos espíritos imundos manda com autoridade e poder, e eles saem?

Lucas 4:36

Quando os doentes iam a Jesus para serem curados, eram curados pela própria fé somada à fé de Jesus e à compreensão do poder de cura do subconsciente. Qualquer coisa que ele determinasse, sentia como sendo verdadeiro em seu interior. Ele e as pessoas que precisavam de ajuda estavam na mente subjetiva universal, e o conhecimento interior silencioso e a convicção do poder de cura, por parte dele, alteravam os padrões destrutivos negativos no subconsciente dos pacientes. As curas resultantes eram a resposta automática à alteração interior da mente. O comando de Jesus era o seu apelo ao subconsciente dos pacientes, acrescido de sua percepção, sentimento e confiança absoluta na resposta do subconsciente às palavras que declarava com autoridade.

Os segredos que vão mudar sua vida

MILAGRES EM VÁRIOS SANTUÁRIOS NO MUNDO INTEIRO

É fato conhecido que ocorreram curas em vários santuários ao redor do mundo, como no Japão, na Índia, na Europa e nos Estados Unidos. O autor deste livro visitou vários dos famosos templos no Japão. No templo mundialmente famoso chamado Diabutsu encontra-se uma estátua em bronze que representa Buda sentado com as mãos entrelaçadas e com a cabeça inclinada em uma atitude de profundo êxtase contemplativo. A estátua tem 13 metros de altura e é chamada de o "Grande Buda". Jovens e velhos fazem oferendas a seus pés, deixando dinheiro, frutas, arroz e laranjas. Além disso, acendem velas, incensos e recitam preces com pedidos.

O guia de turismo explicou o canto de uma jovem enquanto ela murmurava uma prece e, depois, ela se curvou, colocou duas laranjas como oferenda e ainda acendeu uma vela. Contou que ela tinha perdido a voz e que a havia recuperado no templo. Ela estava agradecendo a Buda por ter recobrado a voz. A moça tinha a fé de que Buda lhe devolveria a voz para cantar, contanto que seguisse um determinado ritual, jejuasse e fizesse certas oferendas. Tudo isso contribuiu para acender a fé e a esperança, o que provocou um condicionamento de sua mente a ponto de acreditar na cura. Seu subconsciente atendeu à sua crença.

Para ilustrar ainda mais o poder da imaginação e a crença cega, o autor relata o caso de um parente que teve tuberculose. Seus pulmões estavam seriamente comprometidos e seu filho decidiu curá-lo. Voltou para casa em Perth, na Austrália Ocidental, onde o pai vivia, e lhe disse que tinha conhecido um monge que estivera em um dos templos de cura na Europa. Esse monge vendeu-lhe um pedaço da cruz verdadeira. Disse que deu ao monge o equivalente a quinhentos dólares.

Esse jovem, na verdade, pegou uma lasca de madeira jogada em uma calçada, foi a um joalheiro e pediu que ela fosse incrustada em um anel para que parecesse verdadeira. Disse ao pai que o simples toque no anel ou na cruz havia curado muitas pessoas. Ele inflamou e disparou a imaginação do pai a ponto de o velho tirar-lhe o anel, colocá-lo sobre o peito, rezar em silêncio e, depois, dormir. Na manhã seguinte, ele estava curado. Todos os exames clínicos deram resultado negativo.

É claro que não foi a lasca de madeira da calçada que curou a tuberculose. Foi sua imaginação despertada em um grau intenso, adicionada à expectativa confiante de uma cura perfeita. À imaginação juntou-se a fé ou sentimento subjetivo, e a união das duas resultou na cura. O pai nunca ficou sabendo do truque usado para sua cura. Se soubesse, provavelmente teria tido uma recaída. No entanto, ficou completamente curado e faleceu 15 anos depois, aos 89 anos.

UM PRINCÍPIO UNIVERSAL DE CURA

Sabe-se que diversas escolas de cura realizam curas maravilhosas. A conclusão mais óbvia a que se chega é que deve haver algum princípio básico comum a todas elas — ou seja, o subconsciente — e um único processo de cura, que é a fé.

Agora é um momento propício para recordar mais uma vez as seguintes verdades fundamentais:

Primeiro: o ser humano possui funções mentais, que foram distinguidas, designando-se uma como mente consciente e outra como subconsciente.

Segundo: o subconsciente é suscetível ao poder da sugestão.

Além disso, o subconsciente tem controle completo das funções, condições e sensações do corpo do indivíduo.

Observe como o subconsciente cura um corte no rosto causado ao fazer a barba. Sabe exatamente como fazer isso. O médico pensa no ferimento e diz: "A natureza vai curar!" Quando se refere à natureza, quer dizer a lei natural, a lei do subconsciente, ou autopreservação, que é a função do subconsciente. O instinto de autopreservação é a primeira lei da natureza. O instinto mais forte é a mais potente das autossugestões.

Os segredos que vão mudar sua vida

TEORIAS MUITO DIFERENTES

Seria cansativo e inútil discutir em detalhes as inúmeras teorias apresentadas por diferentes seitas religiosas e grupos de terapia pela oração. Muitos deles defendem sua teoria como a correta, porque alegam que produz resultados. Isso, conforme esclarecido neste capítulo, não pode ser verdade.

Sabe-se que existem vários tipos de cura. Franz Anton Mesmer, um médico austríaco (1734-1815) que clinicava em Paris, descobriu que, ao aplicar ímãs ao corpo doente, podia realizar curas milagrosas. Realizou também curas com vários outros tipos de material, como pedaços de vidro e metais. Ele parou com essa forma de cura alegando que suas curas se deviam ao "magnetismo animal", teoria criada por ele em que previa que essa substância era projetada do curandeiro para o paciente.

Seu método de tratamento de doenças, a partir de então, foi por hipnotismo, que foi denominado mesmerismo na época. Outros médicos alegavam que todas as suas curas eram devido à sugestão e nada mais.

Todos esses grupos, tais como psiquiatras, psicólogos, osteopatas, quiropráticos, médicos e todas as Igrejas usam o poder universal único que reside no subconsciente. Cada um deles pode proclamar suas curas como resultado de sua teoria. Entretanto, o processo de toda cura é uma atitude mental, positiva e definida, uma atitude interior ou um modo de pensar, que se chama fé. A cura, portanto, se deve a uma esperança confiante, que age como uma sugestão poderosa ao subconsciente, e que libera o seu potencial de cura.

Os indivíduos não curam através de poderes diferentes um dos outros. É verdade que cada um pode ter a própria teoria ou método. Existe apenas um processo de cura: a fé. Existe apenas um poder de cura, ou seja, o subconsciente. Basta apenas selecionar a teoria e o método de preferência. E pode ter certeza de que, se tiver fé, vai obter resultados.

CURAS MENTAIS NOS TEMPOS MODERNOS: A FÉ E O PODER DA ORAÇÃO

Todos estão realmente preocupados com o bem-estar em termos de condições físicas e questões humanas. O que realmente cura? Onde se encontra esse poder? Estas são perguntas frequentes. A resposta é que esse poder de cura se encontra no subconsciente de cada pessoa, e que a alteração de uma atitude mental por parte da pessoa doente libera seu poder de cura.

Nunca nenhum praticante de ciência mental ou religiosa, psicólogo, psiquiatra ou médico curou um paciente. Existe um velho ditado que diz: "O médico trata a ferida, mas é Deus quem cura." O psicólogo ou psiquiatra apenas remove os obstáculos mentais no paciente, de modo que o princípio da cura possa ser liberado para restabelecer a saúde ao paciente. O mesmo acontece com o cirurgião que remove o obstáculo físico para permitir que as correntes da cura funcionem normalmente. Nenhum médico, cirurgião ou praticante de ciência mental reivindica que "curou o paciente". O único poder de cura é chamado por muitos nomes, como Natureza, Vida, Deus, Inteligência Criativa e Poder Subconsciente.

Conforme descrito, há muitos métodos diferentes que são usados para remover obstáculos mentais, emocionais e físicos que inibem o fluxo do princípio curador da vida que anima a todos. O princípio da cura que reside no subconsciente, se devidamente direcionado pelo indivíduo, pode e consegue curar sua mente e seu corpo de toda e qualquer doença. Esse princípio curador funciona em todos os homens, independentemente de credo, cor ou raça. Não é necessário pertencer a uma religião específica para usar e participar desse processo de cura. Mesmo que o indivíduo professe ser ateu ou agnóstico, seu subconsciente vai ser o responsável pela cura de uma queimadura ou um corte em sua mão.

O procedimento terapêutico mental moderno é baseado no fato de a inteligência infinita e o poder do subconsciente responderem de acordo com a fé do indivíduo. O curandeiro ou praticante da ciência mental segue as instruções da Bíblia. Isto é, entra no quarto e fecha a porta, o que significa que acalma a mente, relaxa, descontrai e pensa na presença da cura infinita dentro de si. Fecha a porta de sua mente a todas as distrações do mundo exterior, assim como à aparição de outras pessoas, e, em seguida, tranquila e conscientemente, transmite seu pedido ou desejo ao subconsciente. E sabe que a inteligência de sua mente vai lhe responder de acordo com suas necessidades específicas.

O que há de mais interessante e que se deve saber é o seguinte: imagine o fim desejado e sinta-o como se fosse real. Depois, o princípio infinito da vida vai responder à sua escolha e ao seu pedido consciente. Este é o significado de *ter acreditado que recebeu e que receberá*. Isso é o que o cientista mental moderno faz quando pratica a terapia da oração.

UM ÚNICO PROCESSO DE CURA

Há apenas um único princípio de cura universal que opera através de todas as coisas, do gato, do cachorro, da árvore, da grama, do vento, da terra, pois tudo está vivo. Esse princípio de vida opera através dos reinos animal, vegetal e mineral como instinto e da lei do crescimento. O homem tem consciência desse princípio de vida e pode direcioná-lo conscientemente para abençoar a si próprio de inúmeras maneiras.

Embora existam diversas abordagens, técnicas e métodos diferentes para utilizar o poder universal, há apenas um único processo de cura, que é a fé, pois, *Seja-vos feito segundo a vossa fé.*

A LEI DA CRENÇA

Todas as religiões do mundo representam formas de crenças, e essas crenças são explicadas de muitas maneiras. A lei da vida é uma questão de crença. Em que você acredita em relação a si mesmo, à vida e ao universo? *Seja-vos feito segundo a vossa fé.*

A crença, ou convicção, é um pensamento na mente consciente, que faz com que o poder do subconsciente seja distribuído por todas as fases da vida do indivíduo, de acordo com seus hábitos de pensamento. É preciso compreender que a Bíblia não fala da crença do indivíduo em algum ritual, cerimônia, forma, instituição, homem ou fórmula. Fala da crença em si. A crença da mente do indivíduo é simplesmente o pensamento de sua mente consciente. *Se tu podes crer, tudo é possível ao que crê.* (Marcos, 9:23)

É tolice acreditar em algo que possa ferir ou prejudicar a si próprio. Lembre-se que não é a coisa em que se acredita que fere ou prejudica, mas a crença ou pensamento na mente do indivíduo que cria o resultado. Todas as experiências, todas as ações e todos os acontecimentos e circunstâncias na vida do indivíduo são apenas reflexos e reações aos seus pensamentos.

A ORAÇÃO COMO TERAPIA COMBINA, COM ORIENTAÇÃO CIENTÍFICA, A FUNÇÃO DA MENTE CONSCIENTE COM A DO SUBCONSCIENTE

A terapia pela oração é a função sincronizada, harmoniosa e inteligente dos níveis consciente e subconsciente da mente especificamente dirigidos para um propósito definido. Na oração científica ou terapia pela oração é necessário que o indivíduo saiba o que está fazendo e por que está fazendo. Deve confiar na lei da cura. A terapia pela oração às vezes é referida como tratamento mental, ou mesmo como oração científica.

Na terapia pela oração, o indivíduo escolhe conscientemente determinada ideia, imagem mental ou plano que deseje experimentar. O indivíduo percebe sua capacidade de transmitir essa ideia ou imagem mental para o subconsciente, ao sentir a realidade da condição assumida. À medida que permanece fiel em sua atitude mental, sua prece será respondida. A terapia pela oração é uma ação mental definida para um propósito definido específico.

Suponha que um indivíduo decida sanar uma determinada dificuldade por meio da terapia da oração. Ele está ciente de que seu

Os segredos que vão mudar sua vida

problema ou doença, qualquer que seja, deva ter sido causado por pensamentos negativos carregados de medo e alojados no subconsciente. Sabe também que, se conseguir eliminar esses pensamentos da mente, vai obter a cura para seu problema.

O indivíduo, portanto, volta-se para o poder de cura do próprio subconsciente e recorda-se do poder e da inteligência infinitos deste e de sua capacidade de curar todas as ocorrências. Com a insistência em repetir essas verdades, o medo vai começar a se dissipar. Além disso, a recordação dessas verdades vai proporcionar uma oportunidade de corrigir as crenças falsas.

O próximo passo é agradecer a cura, que se acredita que virá, e em seguida manter a dificuldade longe do alcance da mente até que se sinta guiado, após um intervalo, a rezar novamente. Enquanto reza, é importante que se recuse a dar qualquer poder às condições negativas ou a admitir, por um segundo que seja, que a cura não virá. Essa atitude da mente proporciona a união harmoniosa da mente consciente e do subconsciente, que é quem libera o poder da cura.

A CURA PELA FÉ: O QUE SIGNIFICA E COMO FUNCIONA A FÉ CEGA

O que é popularmente chamado de cura pela fé não é a fé mencionada na Bíblia, e sim aquela que significa conhecimento da interação das mentes consciente e subconsciente. O praticante de cura pela fé é aquele que cura sem de fato ter qualquer compreensão científica dos poderes e das forças envolvidos. O curandeiro pode declarar que tem um dom especial para a cura e, consequentemente, a fé cega nele e em seus poderes, por parte das pessoas doentes, pode trazer resultados.

Na África do Sul, e em outras partes do mundo, o médico de vodu pode curar por encantamentos. Pessoas podem ser curadas ao tocarem os ditos ossos dos santos ou qualquer outra coisa que faça com que os pacientes acreditem honestamente no método ou processo.

A FÉ SUBJETIVA E O SEU SIGNIFICADO

Qualquer método que faça com que o indivíduo passe da condição de medo e preocupação para a atitude de fé e esperança há de proporcionar a cura. Muitas pessoas defendem sua teoria como sendo a correta, porque alegam que produz resultados. Isso, conforme esclarecido neste capítulo, não pode ser verdade.

A FÉ SUBJETIVA E O SEU SIGNIFICADO

Embora não seja necessário repetir constantemente, é bom lembrar que a mente subjetiva ou o subconsciente de um indivíduo é tão suscetível ao controle da própria mente objetiva ou consciente quanto as sugestões dos outros. Portanto, seja qual for a crença objetiva, caso o indivíduo assuma que tem fé de forma ativa ou passiva, seu subconsciente será controlado pela sugestão e, como consequência, seu desejo será cumprido. A fé exigida nas curas mentais é uma fé puramente subjetiva, e pode ser alcançada quando a mente consciente ou objetiva deixa de se opor de forma ativa.

É evidente que, na cura do corpo, é desejável que se garanta a fé simultânea tanto da mente consciente quanto do subconsciente. No entanto, nem sempre é essencial que o indivíduo entre em um estado de passividade e receptividade, por meio do relaxamento da mente e do corpo, ou mesmo entre em um estado de sonolência. Porém, nesse estado de sonolência, a passividade torna o indivíduo receptivo à impressão subjetiva.

Recentemente, um homem perguntou ao autor deste livro: "Como foi possível eu ter me curado por meio de um curador? Não acreditei nele quando me disse que não há essa coisa de doença e que a matéria não existe."

Esse homem, à primeira vista, achou que sua inteligência estava sendo insultada e protestou contra aquele absurdo tão evidente. A explicação para isso é simples. O homem acalmou-se com as palavras tranquilizadoras e, a pedido do curandeiro, entrou em uma condição completamente passiva, sem dizer nem pensar nada por algum tempo. O curador também entrou em estado de passividade e, em voz baixa, com calma e repetidamente, afirmou, por

Os segredos que vão mudar sua vida

cerca de meia hora, que o homem teria saúde perfeita, paz, harmonia e plenitude. O homem sentiu um imenso alívio e sua saúde foi restabelecida.

É fácil perceber que sua fé subjetiva fora manifestada devido à passividade durante o tratamento e às sugestões do curandeiro para uma saúde perfeita, que foram transmitidas ao seu subconsciente. As duas mentes subjetivas entraram então em sintonia. O curandeiro não foi prejudicado com as autossugestões antagônicas do paciente provenientes da dúvida objetiva quanto ao poder do curador ou da seriedade da teoria. Nesse estado sonolento, a resistência da mente consciente fica reduzida ao mínimo, e é quando, então, surgem os resultados. O subconsciente do paciente, ao ser necessariamente controlado por tal sugestão, exerce suas funções de acordo com as sugestões, e a cura é alcançada.

O SIGNIFICADO DO TRATAMENTO A DISTÂNCIA

Suponha que um indivíduo que mora em Los Angeles receba a notícia de que sua mãe está doente na cidade de Nova York. Embora a mãe não esteja presente fisicamente no mesmo local em que o filho se encontra, este pode rezar por ela. *É o próprio Pai que faz a obra.*

A lei criadora da mente (subconsciente) está a serviço do rapaz e fará o trabalho. A resposta do subconsciente é automática. O tratamento tem como finalidade induzir uma percepção interior de saúde e harmonia na mentalidade do rapaz. Essa percepção interior, que tem sua ação proporcionada pelo subconsciente, opera através do subconsciente da mãe, uma vez que existe apenas uma mente criativa. Os pensamentos de saúde, vitalidade e plenitude tidos pelo rapaz operam através da única mente subjetiva universal, e acionam uma lei em movimento no lado subjetivo da vida, que se manifesta através do corpo da mãe como cura.

No princípio da mente não há tempo ou espaço. É a mesma mente que opera através da mãe, independentemente de onde ela se encontre. Na verdade, não há diferença entre tratamento a distância e tratamento presencial, pois a mente universal é onipresente. Além disso, não se envia pensamentos ou se mantém um pensamento. O tratamento é um movimento consciente de pensamento e, à medida que o indivíduo (o filho) se torna consciente da saúde, do bem-estar e do relaxamento, essas qualidades são ressuscitadas na experiência da mãe, quando então surgem os resultados.

O caso a seguir é um exemplo perfeito do que se denomina tratamento a distância. Recentemente, uma ouvinte de um programa de rádio sobre o poder da mente, em Los Angeles, rezou para sua mãe, que estava com uma trombose coronária e se encontrava em Nova York: "A presença da cura está exatamente onde minha mãe está. Sua condição física é apenas um reflexo da vida idealizada como as sombras projetadas na tela. Sei que, para mudar as imagens na tela, devo primeiro mudar o rolo de projeção. A minha mente é o rolo de projeção e, no presente momento, projeto dentro da minha própria mente a imagem da plenitude, da harmonia e da saúde perfeita para minha mãe. A presença da cura infinita, que criou o corpo da minha mãe e todos os seus órgãos, está agora saturando cada átomo de seu ser, e um rio de paz flui através de cada célula de seu corpo. Os médicos são guiados e direcionados, de forma divina, e quem quer que toque minha mãe é orientado a fazer a coisa certa. Sei que a doença não tem uma realidade necessariamente fatal, pois, se assim fosse, ninguém poderia ser curado. Eu agora me alinho com o princípio infinito do amor e da vida, e sei e decreto que a harmonia, a saúde e a paz sejam agora expressas no corpo da minha mãe."

A ouvinte rezou do modo anteriormente descrito várias vezes, diariamente, e sua mãe teve uma recuperação extraordinária em poucos dias, para espanto de seu médico. Ele a elogiou por sua grande fé no poder de Deus.

A conclusão a que se chegou é que a mente da filha acionou a lei criadora da mente em movimento no lado subjetivo da vida, que se manifestou através do corpo da mãe como saúde perfeita e harmonia. Aquilo que a filha sentiu como verdade sobre a mãe foi simultaneamente ressuscitado na experiência da mãe.

LIBERAR A AÇÃO CINÉTICA DO SUBCONSCIENTE

Um psicólogo amigo do autor deste livro lhe contou que um de seus pulmões estava infectado. Raios X e exames constataram a presença de tuberculose. À noite, antes de dormir, ele repetia com tranquilidade: "Cada célula, nervo, tecido e músculo dos meus pulmões estão agora se recuperando por inteiro, puros e perfeitos. Todo o meu corpo está sendo restabelecido com saúde e harmonia."

Embora não sejam essas exatamente as palavras, elas representam a essência dos termos que ele usou para sua cura. A cura completa ocorreu em cerca de um mês. Radiografias feitas após a cura constataram a cura total.

O autor ficou interessado no método do psicólogo e lhe perguntou o motivo de ter repetido as palavras antes de dormir. Eis aqui sua resposta: "A ação cinética do subconsciente continua ao longo do período de sono. É por isso que é positivo dar ao subconsciente algo bom com que trabalhar quando se vai dormir." Esta foi uma resposta muito sábia. Ao pensar em harmonia e saúde perfeita, ele nunca mencionava seu problema pelo nome.

O autor sugere, com veemência, que se deixe de falar sobre doenças ou de lhes dar um nome. Ter medo e dar atenção a elas é como extrair a seiva da vida. Como o psicólogo mencionado, todos os indivíduos devem se tornar cirurgiões mentais. Assim, os problemas serão cortados como raízes arrancadas do solo. Aquele que fala constantemente sobre suas dores e sintomas inibe a ação cinética, que é a liberação da energia e do poder de cura do subconsciente. Além disso, pela lei da mente, essas fantasias tendem a tomar forma, conforme temido pelo indivíduo. É por isso que todos devem preencher a mente com as grandes verdades da vida e seguir em frente, à luz do amor.

TÉCNICAS PRÁTICAS DE CURA MENTAL

Pressupõe-se que um engenheiro tenha uma técnica e um processo para construir uma ponte ou um motor. Tal qual ele, a mente também tem uma técnica para governar, controlar e dirigir a vida do indivíduo. É muito importante que se compreenda que métodos e técnicas são fundamentais.

Para construir a Golden Gate, na Califórnia, o engenheiro-chefe teve, em primeiro lugar, que conhecer os princípios matemáticos, as tensões e deformações. Em segundo lugar, teve de elaborar um projeto da ponte ideal para cruzar a baía. O terceiro passo foi a aplicação de métodos testados e comprovados, através dos quais os princípios foram implementados até que a ponte tomasse forma e as pessoas pudessem passar por ela. Existem também técnicas e métodos por meio dos quais as orações são atendidas. Se a oração é atendida, é porque existe uma forma de ser atendida, e esta é uma forma científica. Nada acontece por acaso. Este é um mundo governado pela lei e pela ordem. Neste capítulo, encontram-se técnicas práticas para o desenvolvimento e crescimento da vida espiritual do indivíduo. As orações não devem permanecer no ar como um balão. Devem, na verdade, ir para algum lugar e realizar alguma coisa positiva.

Quando se analisam os fundamentos da oração, constata-se que há várias abordagens e métodos diferentes. Não serão consideradas, neste livro, as orações formais de rituais usadas em serviços religiosos. Estas têm importante papel nos cultos em grupo. A preocupação imediata aqui diz respeito aos métodos de oração pessoal que são aplicados na vida cotidiana e usados para ajudar os outros.

A oração é a formulação de uma ideia relacionada a algo que se deseja realizar. A oração é o desejo sincero da alma. O desejo do indivíduo é a sua oração. É proveniente das necessidades mais profundas e revela as coisas que se deseja na vida. *Bem-aventurados os que têm fome e sede de justiça, porque serão saciados.* Esta é uma oração verdadeira, é a fome e a sede da vida pela paz, harmonia, saúde, alegria e todas as outras bênçãos da vida.

A TÉCNICA DE TRANSPOSIÇÃO PARA IMPREGNAR O SUBCONSCIENTE

Esta técnica consiste essencialmente em induzir o subconsciente a assumir o pedido do indivíduo da forma como foi entregue pela mente consciente. Essa transposição tem melhor desempenho no estado de devaneio. Fique sabendo que é na mente mais profunda que se encontra a Inteligência Infinita e o Poder Infinito. É preciso apenas pensar no que se deseja, com calma, e, a partir de então, passar a ver o que deseja realizar. Veja o exemplo da menina que, ao estar com uma tosse péssima e dor de garganta, decidiu por repetir com firmeza: "Já vai passar, já vai passar." E realmente passou, em cerca de uma hora. Use essa técnica com simplicidade absoluta e sinceridade.

O SUBCONSCIENTE ACEITARÁ SEU PROJETO

Se um indivíduo estivesse construindo uma nova casa para si e para a família, é evidente que estaria bastante interessado em relação ao projeto e faria com que os construtores cumprissem os preceitos do projeto. Analisaria o material e selecionaria apenas a melhor madeira, o melhor aço etc. Mas e quando se trata da casa mental e de seu projeto mental para alcançar a felicidade e a abundância? Todas as suas experiências e tudo o que entra em sua vida depende da natureza dos blocos de construção mental que o indivíduo usa na construção de sua casa mental.

Se o projeto estiver cheio de padrões mentais formados por medo, preocupação, ansiedade ou carência, e o indivíduo for desanimado, indeciso e cínico, então a textura do material mental que está tecendo em sua mente virá por meio de mais problema, preocupação, tensão, ansiedade e limitações de todo tipo.

A atividade mais fundamental e de maior alcance na vida é aquela que se constrói em sua mentalidade a cada momento em que o indivíduo se encontra desperto. Sua palavra é silenciosa e invisível e, no entanto, é real.

A casa mental é construída o tempo todo, e o projeto desta é representado pelo pensamento e pela imagem mental. Hora após hora, momento após momento, pode-se construir uma saúde radiante, sucesso e felicidade através dos pensamentos, das ideias, das crenças e das cenas ensaiadas no estúdio oculto da mente. Essa mansão imponente, em cuja construção o indivíduo está envolvido constantemente, é sua personalidade, sua identidade neste plano, a história de toda a sua vida na Terra.

Obtenha um novo projeto. Construa de forma silenciosa e com a percepção da paz, harmonia, alegria e boa vontade do momento presente. Ao insistir sobre essas coisas e reivindicá-las, o subconsciente vai aceitar o novo projeto e fará com que se tornem realidade. *Pelos seus frutos os reconhecereis.*

A CIÊNCIA E A ARTE DA VERDADEIRA ORAÇÃO

O termo "ciência" quer dizer conhecimento coordenado, organizado e sistematizado. E como a ciência e a arte da verdadeira oração lidam com os princípios fundamentais da vida? E como lidam com as técnicas e os processos por meio dos quais podem ser demonstradas na vida de todo ser humano, assim como daqueles que as aplicam fielmente? A arte é a técnica ou o processo do indivíduo, ao passo que a ciência por trás dela é a resposta definida da mente criativa para sua imagem mental ou pensamento.

> *Pedi, e dar-se-vos-á; buscai, e encontrareis;*
> *batei, e abrir-se-vos-á.*

> Mateus, 7:7

Aqui é dito que o indivíduo receberá aquilo que pedir. A porta será aberta quando bater e ele encontrará o que está procurando. Esse ensinamento implica a definição das leis mentais e espirituais. Há sempre uma resposta direta da Inteligência Infinita do subconsciente para o pensamento consciente. Ao pedir pão, não há de receber uma pedra. Mas é preciso acreditar no que se pede, se quiser receber. A mente se move do pensamento para a coisa. Se não houver primeiro uma imagem na mente, esta não pode se mover, pois não há para onde se mover. A prece, que é o ato mental, deve ser aceita como uma imagem na própria mente, antes que o poder do

Os segredos que vão mudar sua vida

subconsciente atue sobre ela e a torne produtiva. Deve-se alcançar um nível de aceitação na própria mente, um estado incondicional e incontestável de acordo.

Essa contemplação deve ser acompanhada por um sentimento de alegria e serenidade ao se prever a realização do desejo. O fundamento para a arte e a ciência da verdadeira oração é o conhecimento e a confiança plena, por parte do indivíduo, de que o movimento da mente consciente vai receber uma resposta definida do subconsciente, que é a mente que possui sabedoria ilimitada e poder infinito. Ao seguir esse procedimento, as preces serão atendidas.

A TÉCNICA DA VISUALIZAÇÃO

O modo mais fácil e óbvio para formular uma ideia é visualizá-la, para vê-la através dos olhos da mente de forma tão vívida como se fosse pessoalmente. É possível ver a olho nu apenas o que já existe de fato no mundo exterior, da mesma forma que aquilo que se consegue visualizar através dos olhos da mente já existe nos reinos invisíveis da mente. Qualquer imagem que se tenha na mente é a substância de coisas que se esperam e a evidência das coisas que não são vistas. O que se forma na imaginação do indivíduo é tão real quanto qualquer parte do seu corpo. A ideia e o pensamento são reais e vão aparecer um dia no mundo objetivo, se o indivíduo for fiel à sua imagem mental.

Esse processo do pensamento forma impressões na mente, e essas impressões, por sua vez, se manifestam como fatos e experiências na vida do indivíduo. O construtor visualiza o tipo de construção que deseja e a vê como deseja que seja concluída. Seus processos de imaginação e pensamento se tornam um molde plástico, a partir do qual surgirá a construção, seja um arranha-céu ou um prédio bem baixo, seja belo ou feio. Sua imagem mental é projetada como está desenhada no papel. Por fim, o empreiteiro e seus operários reúnem os materiais essenciais e a construção é realizada do início ao fim de acordo com os padrões mentais do arquiteto.

O autor usa a técnica de visualização antes de subir em qualquer palco para falar. Tranquiliza a mente para que possa apresentar ao subconsciente suas imagens de pensamento. Em seguida, imagina o auditório lotado e os assentos ocupados por homens e mulheres, cada um iluminado e inspirado pela presença da cura infinita que existe dentro deles. Consegue vê-los radiantes, felizes e livres.

Após primeiro construir a ideia na imaginação, sustenta-a lá em silêncio, como um quadro mental, enquanto imagina que ouve homens e mulheres dizendo: "Estou curado", "Sinto-me maravilhoso", "Tive uma cura imediata", "Estou transformado". Mantém essa situação por cerca de dez minutos ou mais, percebendo e sentindo que a mente e o corpo de cada pessoa estão transbordantes de amor, plenitude, beleza e perfeição. Sua sensibilidade cresce até o ponto em que pode realmente ouvir, em sua mente, as vozes da multidão proclamando sua saúde e felicidade. Em seguida, larga o quadro imaginário e sobe ao palco. Praticamente todo domingo algumas pessoas param e dizem que suas orações foram atendidas.

O MÉTODO DO CINEMA MENTAL

Os chineses dizem: "Uma imagem vale mais do que mil palavras." William James, o pai da psicologia americana, ressaltou o fato de que o subconsciente faz acontecer qualquer imagem mantida na mente e apoiada pela fé. *Ajo como se eu fosse, e eu serei.*

Há alguns anos, o autor encontrava-se no Centro-Oeste dos Estados Unidos fazendo palestras por vários estados. Pensou em se fixar em uma localidade central, a partir da qual poderia ajudar aqueles que necessitassem. Viajava para longe, mas o desejo não lhe saía da mente. Certa noite, em um momento de relaxamento em um hotel em Spokane, Washington, enquanto descansava em um sofá e com a atenção imobilizada, de uma maneira calma e passiva, imaginou-se falando a um grande público: "Estou feliz por estar aqui.

Tenho orado pela oportunidade ideal." Viu em seus olhos da mente o público imaginário e sentiu como se tudo fosse real. Desempenhou o papel do ator, dramatizou esse filme mental e ficou satisfeito pelo fato de as imagens estarem sendo transmitidas ao seu subconsciente, que as tornaria realidade à sua própria maneira. Na manhã seguinte, ao acordar, sentiu uma grande sensação de paz e satisfação e, em poucos dias, recebeu um telegrama convidando-o para assumir a direção de uma organização no Centro-Oeste dos Estados Unidos. Não apenas aceitou, como apreciou (e muito!) os vários anos em que lá ficou.

O método descrito aqui atrai muitas pessoas que o descrevem como "o método do cinema mental". O autor recebe várias cartas de pessoas que ouvem seus programas de rádio e comparecem às palestras públicas semanais falando dos resultados maravilhosos que conseguem usando essa técnica na venda de suas propriedades. Sugere então, para aqueles que têm casas ou propriedades à venda, que encontrem a satisfação a partir da constatação em sua própria mente de que o preço que pedem é justo. Em seguida, reforça que a Inteligência Infinita vai atrair o comprador que realmente deseja ter a propriedade e que vai se encantar e prosperar nela. Feito isso, sugere-lhes que acalmem a mente, relaxem, abandonem-se e entrem em um estado de sonolência, para reduzir todo o esforço mental a um mínimo. Em seguida, devem imaginar o cheque em suas mãos, alegrar-se com ele, agradecer pelo cheque e cair no sono, sentindo o caráter natural do filme mental como um todo em suas próprias mentes. É preciso que ajam como se esta fosse uma realidade objetiva, para que o subconsciente a receba como uma impressão e, por meio das correntes mais profundas da mente, aconteça um encontro entre o comprador e o vendedor. Uma imagem mental que permanece na mente, apoiada pela fé, há de se tornar realidade.

A TÉCNICA DO SONO

Ao entrar em um estado sonolento, o esforço da mente é reduzido a um nível mínimo. Grande parte da mente consciente fica submersa quando o indivíduo encontra-se no estado sonolento. Isso se deve ao mais alto grau de afloramento do subconsciente que ocorre antes de dormir e logo depois do despertar. Nesse estado, os pensamentos negativos, que tendem a neutralizar o desejo e, portanto, impedir a aceitação pelo subconsciente, não estão mais presentes.

Suponha que alguém queira se livrar de um hábito destrutivo. Para começar, deve assumir uma postura confortável, relaxar o corpo e manter-se quieto. Na sequência, deve entrar em um estado sonolento e, então, repetir com calma, como se fosse uma canção de ninar: "Estou completamente livre desse hábito. A harmonia e a paz de espírito reinam soberanas." O acalanto deve ser repetido lentamente, com tranquilidade e com um sentimento positivo, por cinco ou dez minutos, diariamente, à noite e pela manhã. A cada vez que as palavras são repetidas, o valor emocional fica maior. Quando surgir o desejo pelo hábito negativo, deve-se repetir a fórmula acima em voz alta. Por esse meio o subconsciente é induzido a aceitar a ideia e a cura se torna realidade.

A TÉCNICA DO "OBRIGADO"

Na Bíblia, Paulo recomenda que as pessoas tornem seus pedidos conhecidos com elogios e agradecimentos. Esse método simples de oração proporcionou resultados extraordinários. O coração agradecido está sempre próximo às forças criativas do universo, o que faz com que muitas bênçãos fluam em sua direção, por meio da lei da relação recíproca, que tem como base a lei cósmica da ação e reação.

Por exemplo, um pai promete dar um carro para o filho ao se formar. Apesar de não ter recebido o carro ainda, o garoto sente-se muito agradecido e feliz, e fica tão alegre como se já tivesse realmente ganhado o carro. Sabe que o pai vai cumprir a promessa e fica cheio de gratidão e alegria, mesmo sem ter recebido o carro concretamente. Porém, já havia recebido com alegria e gratidão em sua mente.

Segue aqui o relato de como o Sr. Broke aplicou essa técnica com excelentes resultados. Dizia a si mesmo: "As contas estão se empi-

Os segredos que vão mudar sua vida

lhando, estou fora do mercado de trabalho, tenho três filhos e nenhum dinheiro. O que devo fazer?" Regularmente, todas as noites e todas as manhãs, por um período de cerca de três semanas, repetia as palavras: "Obrigado, Pai, por minha riqueza", de forma relaxada e tranquila, até que o sentimento ou estado de espírito de gratidão tivesse dominado sua mente. Imaginava que estava se dirigindo ao poder e à inteligência infinitos dentro dele, embora soubesse, é claro, que não podia ver a inteligência criativa ou a mente infinita. Ele via com os olhos interiores da percepção espiritual, e compreendia que a imagem do pensamento, que focava a riqueza, era a primeira causa relativa ao dinheiro, à posição e ao alimento de que necessitava. A sensação do pensamento era a substância da riqueza sem os entraves das condições antecedentes de qualquer tipo. Ao dizer "Obrigado, Pai" repetidas vezes, sua mente e seu coração se elevaram até o ponto de aceitação. Já quando o medo e os pensamentos de privação, pobreza e sofrimento vinham à sua mente, ele dizia: "Obrigado, Pai", quantas vezes fosse necessário. Sabia que, uma vez mantida a atitude de gratidão, recondicionaria sua mente com a ideia de riqueza, que foi o que aconteceu.

O resultado de sua oração de agradecimento é muito interessante. Após rezar da forma mencionada acima, o Sr. Broke encontrou, na rua, um ex-empregador que não via há vinte anos. O homem ofereceu-lhe uma posição muito vantajosa e adiantou-lhe quinhentos dólares como empréstimo temporário. Hoje, o Sr. Broke é vice-presidente da empresa para a qual trabalha. Fez recentemente ao autor deste livro a seguinte observação: "Nunca vou me esquecer das maravilhas proporcionadas pelas palavras 'Obrigado, Pai'. Proporcionou ótimos acontecimentos em minha vida."

O MÉTODO AFIRMATIVO

A eficácia de uma afirmação é determinada, em grande parte, pela compreensão da verdade e do significado por trás das palavras *"Ao orar, não use a repetição em vão"*. Por isso é que o poder da afirmação reside na aplicação inteligente dos aspectos positivos definidos e

Recupere a saúde com o poder do subconsciente

específicos. Por exemplo, um garoto soma três mais três e coloca sete no quadro. A professora afirma com certeza matemática que três mais três é igual a seis. Consequentemente, o garoto altera o seu cálculo de forma adequada. A afirmação da professora não fez o três mais três ser igual a seis, uma vez que essa conta já era uma verdade matemática. A verdade matemática fez com que o garoto reorganizasse os números no quadro. Não é normal ficar doente, é normal estar saudável. A saúde é a verdade do ser de todo indivíduo. Quando faz afirmação de saúde, harmonia e paz para si ou para os outros, e percebe que esses são princípios universais do próprio ser, o indivíduo reorganiza os padrões negativos de seu subconsciente, com base em sua fé e na compreensão daquilo que afirma.

O resultado do processo afirmativo de oração depende de como o indivíduo lida com os princípios da vida, independentemente das aparências. Considere-se que, por um lado, existe um princípio de matemática, mas não um princípio do erro; há um princípio da verdade, mas não um da desonestidade; há um princípio da inteligência, mas não um da ignorância; há um princípio da harmonia, mas não da discórdia; há um princípio da saúde, mas não da doença; e há um princípio da abundância, mas não da pobreza.

O método afirmativo foi escolhido pelo autor quando sua irmã estava para ser operada para remoção de pedra na vesícula, em um hospital na Inglaterra. A condição descrita tinha como base o diagnóstico dos exames hospitalares e dos procedimentos habituais de radiografia. Eles estavam separados geograficamente a uma distância de cerca de 10 mil quilômetros, mas não havia tempo ou espaço para impedir o princípio da mente. A mente ou inteligência infinita está presente em sua totalidade em todos os pontos de forma simultânea. O autor eliminou completamente todos os pensamentos da contemplação dos sintomas e da personalidade física. E afirmou o seguinte: "Essa oração é para minha irmã Catherine. Ela está tranquila e em paz, equilibrada, serena e calma. A inteligência da cura de seu subconsciente, que criou seu corpo, está agora transformando cada célula, nervo, tecido, músculo e osso de seu ser, de acordo com o padrão perfeito de todos os órgãos alojados no subconsciente. Que todos os padrões de pensamento distorcidos em seu sub-

Os segredos que vão mudar sua vida

consciente sejam removidos e dissolvidos, com tranquilidade e calma. E que a vitalidade, a plenitude e a beleza do princípio da vida manifestem-se em cada átomo de seu ser. Ela agora está aberta e receptiva para as correntes da cura, que passam por ela como um rio, restabelecendo-lhe a saúde perfeita, a harmonia e a paz. Todas as distorções e imagens horríveis são agora levadas pelo oceano de amor e paz que flui através dela. E assim acontece."

O autor repetiu a oração relatada acima várias vezes ao dia e, ao final de duas semanas, a irmã passou por exames que constataram a cura, como comprovaram as radiografias.

O ato de afirmar é declarar que é assim que tem que ser e, uma vez mantida essa atitude mental como verdadeira, independentemente de todas as provas em contrário, a pessoa há de ser atendida em sua oração. O pensamento pode apenas afirmar, pois, por mais que o indivíduo negue alguma coisa, na verdade está afirmando a presença do que nega. Ao repetir uma afirmação, desde que saiba o que está dizendo e o motivo pelo qual está dizendo, leva a mente àquele estado de consciência que aceita aquilo que o indivíduo declara como verdadeiro. É preciso afirmar as verdades da vida constantemente, até que se consiga fazer o subconsciente reagir de modo satisfatório.

O MÉTODO ARGUMENTATIVO

Esse método implica exatamente o sentido da palavra. É decorrente do procedimento do Dr. Phineas Parkhurst Quimby, do Maine. Pioneiro em cura mental e espiritual, o Dr. Quimby viveu e exerceu sua profissão em Belfast, Maine, há cerca de cem anos. O livro *The Quimby Manuscripts*, publicado em 1921 pela Thomas Y. Crowell Company (Nova York) e editado por Horatio Dresser, deve constar em toda e qualquer biblioteca. Esse livro traz relatos de jornal sobre os resultados surpreendentes desse homem com tratamento de doentes por meio da oração. Quimby repetiu muitos dos milagres de cura registrados na Bíblia. Em suma, o método argumentativo em-

Recupere a saúde com o poder do subconsciente

pregado de acordo com os preceitos de Quimby consiste no raciocínio espiritual através do qual o praticante da cura convence o paciente, e a si próprio, de que a doença se deve à falsa crença do paciente, aos seus medos infundados e aos padrões negativos alojados em seu subconsciente. O praticante da cura fundamenta isso com clareza em sua mente e convence o paciente de que a doença ou enfermidade se deve apenas a um padrão distorcido de pensamento que tomou forma em seu corpo. Essa crença equivocada, por algum poder externo e através de causas externas, exteriorizou-se como doença, mas pode ser mudada através da alteração dos padrões de pensamento.

Deve-se esclarecer à pessoa doente que a base da cura plena é a mudança da crença. Além disso, é preciso ressaltar que foi o subconsciente que criou o corpo e todos os órgãos e que, portanto, ele sabe como curá-los, pode curá-los e está fazendo isso naquele exato instante da conversa. O praticante da cura argumenta no tribunal da mente do paciente que a doença é uma sombra da mente baseada na imagem do pensamento mórbido impregnado de doença. Em primeiro lugar, o praticante compila todas as provas que puder reunir em nome do poder de cura interior, que criou todos os órgãos e deu um padrão perfeito a cada célula, nervo e tecido dentro deles. Em seguida, o curador anuncia um veredicto no tribunal da mente do paciente em favor de si próprio ou do paciente. Então, libera o doente pela fé e compreensão espiritual. São muitas as provas mentais e espirituais, e como há apenas uma única mente, o que o praticante sente como verdade ressurgirá na experiência do paciente. Esse procedimento é essencialmente o método argumentativo usado pelo Dr. Quimby de 1849 a 1869.

O MÉTODO ABSOLUTO É COMO A TERAPIA MODERNA DA ONDA SONORA

Muitas pessoas por todo o mundo praticam essa forma de tratamento de oração com resultados surpreendentes. A pessoa que usa o método absoluto menciona o nome do paciente, como, por exemplo, John Jones, e em seguida, com calma e em silêncio, pensa em Deus e em Suas qualidades e atributos. Por exemplo, Deus é toda a felicidade, seu amor não tem limites, inteligência infinita, todo-poderoso, sabedoria ilimitada, harmonia absoluta, beleza indescritível e perfeição. À medida que segue com calma essa linha de pensamento, ele é elevado conscientemente a uma nova onda espiritual, momento em que sente que o oceano infinito do amor de Deus está agora dissolvendo tudo o que é diferente na mente e no corpo de John Jones, para quem ele está orando. Ele sente que todo o poder e amor de Deus estão agora concentrados em John Jones, e que tudo que o estivesse incomodando ou irritando está agora completamente neutralizado na presença do oceano infinito da vida e do amor.

O método absoluto de oração pode ser comparado à onda sonora ou terapia sonora, mostrada recentemente ao autor deste livro por um médico famoso de Los Angeles. Ele tem uma máquina de ondas de ultrassom que oscila a uma alta velocidade e envia ondas de som para qualquer área do corpo à qual seja direcionada. Essas ondas sonoras podem ser controladas. O médico contou que obteve excelentes resultados na dissolução de depósitos de calcários artríticos, assim como a cura e remoção de outras condições incômodas.

À medida que nos alçamos conscientemente na contemplação das qualidades e atributos de Deus, geramos ondas eletrônicas espirituais de harmonia, saúde e paz? Muitas curas notáveis foram alcançadas com essa técnica de oração.

O MÉTODO DA ORDEM

O poder se apodera da palavra do indivíduo em função do sentimento e da fé por trás dela. Quando se percebe que o poder que move o mundo está se movendo em prol do indivíduo e está apoiando a palavra dele, sua confiança e segurança aumentam. Não é possível adicionar poder ao poder, pois não deve haver rivalidade mental, coerção, força ou luta mental.

Uma moça usou o método da ordem em um rapaz que lhe telefonava insistentemente, pressionava-a para sair e que passou a aparecer em seu local de trabalho. Ao encontrar dificuldade para se livrar dele, ela decidiu decretar a seguinte ordem: "Liberto-me diante de Deus. Ele está em seu verdadeiro lugar a qualquer tempo. Sou livre e ele é livre. Decreto agora que minhas palavras sigam através da mente infinita e que esta as torne realidade. E que assim seja." Ela contou que ele desapareceu e, desde então, nunca mais o viu. Ela ainda acrescentou: "É como se o chão o tivesse engolido."

Determinarás tu algum negócio, e ser-te-á firme, e a luz
brilhará em teus caminhos.

Jó, 22:28

COMO OBTER OS RESULTADOS DESEJADOS

As principais razões para o fracasso são: falta de confiança e esforço em demasia. Muitas pessoas impedem que suas orações sejam atendidas por deixarem de compreender plenamente o funcionamento do próprio subconsciente. Quando se sabe como a própria mente funciona, adquire-se confiança. É preciso lembrar que, quando se quer que o subconsciente aceite uma ideia, ele começa a executá-la imediatamente. E usa de todos os seus mais poderosos recursos para executá-la, além de mobilizar todas as leis mentais e espirituais da mente mais profunda. Essa lei é válida tanto para as boas quanto para as más ideias. Como consequência, caso seja usada de forma negativa, trará problemas, fracasso e confusão. Porém, caso seja usada de modo construtivo, trará orientação, liberdade e paz de espírito.

A resposta certa é inevitável quando os pensamentos são positivos, construtivos e afetuosos. A partir disso, é perfeitamente óbvio que a única coisa a se fazer, para superar o fracasso, é levar o subconsciente a aceitar a ideia ou o pedido, sentindo-os como uma rea-

Os segredos que vão mudar sua vida

lidade presente naquele momento; a partir de então, a lei da mente fará o resto. É preciso transmitir o pedido com fé e confiança para que o subconsciente assuma o controle e responda.

O indivíduo nunca obterá resultados fazendo uso de coerção mental, pois o subconsciente não responde à coerção, e sim à fé ou ao que a mente consciente aceita.

A incapacidade na obtenção de resultados também pode ser proveniente de afirmações como: "As coisas estão ficando cada vez piores", "Nunca vou obter uma resposta", "Não vejo saída", "É impossível", "Não sei o que fazer", "Estou totalmente confuso". Quando o indivíduo faz uso desse tipo de afirmação não consegue obter resposta ou cooperação do subconsciente. Como o soldado que marca passo, esse indivíduo não vai nem para a frente nem para trás, em outras palavras, não vai chegar a lugar algum.

Se, ao entrar em um táxi, o indivíduo der meia dúzia de direções diferentes, em cinco minutos, o motorista vai ficar confuso e, provavelmente, se recusará a levá-lo a qualquer lugar. O mesmo acontece com o subconsciente. É necessário que haja uma ideia bem-definida na mente consciente do indivíduo. Deve-se chegar a uma decisão definida quanto a uma saída, uma solução para o problema grave de saúde. Apenas a inteligência infinita dentro do subconsciente é que conhece a resposta. Quando o indivíduo chega à conclusão definida, sua mente é então preparada, e isso é feito de acordo com sua crença.

FAÇA DEVAGAR

O proprietário de uma casa uma vez protestou com um técnico por este cobrar duzentos dólares para consertar o aquecedor. O técnico respondeu: "Cobro cinco dólares para trocar o parafuso e 195 para saber onde se encontra o problema."

Da mesma forma, o subconsciente é o técnico-mestre, o que sabe tudo, aquele que sabe formas e meios de curar qualquer órgão do corpo, assim como seus problemas. É só determinar saúde e o subconsciente vai restabelecê-la. Entretanto, é fundamental estar calmo e relaxado. "Faça devagar." Não precisa se preocupar com detalhes e meios, mas é necessário deixar claro o resultado a ser alcançado. Sinta a solução positiva para o problema, seja relacionado à saúde, à situação financeira ou ao emprego. Lembre-se de como se sentiu após ter se recuperado de uma doença grave. O indivíduo deve ter em mente que o sentimento é a pedra de toque de toda manifestação subconsciente. Sua nova ideia deve ser sentida de forma subjetiva em um estado acabado prestes a se realizar, ou seja, no presente, e não no futuro.

NÃO SUPONHA A EXISTÊNCIA DE OBSTÁCULOS E USE A IMAGINAÇÃO EM VEZ DA FORÇA DE VONTADE

Ao usar o subconsciente, não se deve supor a existência de obstáculos nem usar a força de vontade. Deve-se, sim, imaginar o objetivo e o estado de liberdade. É possível que o intelecto tente se intrometer, mas é preciso persistir na manutenção de uma fé simples que crê em milagres e seja pura. O indivíduo, além de se imaginar sem a doença ou o problema, deve também imaginar o acompanhamento emocional do estado de liberdade desejado. Deve cortar toda a burocracia do processo. O modo mais simples é o melhor.

COMO A IMAGINAÇÃO DISCIPLINADA TRAZ RESULTADOS SURPREENDENTES

Uma maneira excelente de obter uma resposta de seu subconsciente é através da imaginação científica ou disciplinada. Conforme ressaltado, o subconsciente é o construtor do corpo e controla todas as suas funções vitais.

A Bíblia diz: *E tudo quanto pedirdes em oração, crendo, o recebereis.* Acreditar é aceitar algo como verdadeiro ou viver em estado de aceitação. Enquanto sustentar essa condição, a pessoa vai experimentar a alegria de ter sua oração atendida!

Os segredos que vão mudar sua vida

OS TRÊS PASSOS PARA TER A ORAÇÃO ATENDIDA

O procedimento usual para ter a oração atendida são os seguintes:

Avalie o problema.

Volte-se para a solução ou a saída conhecida apenas pelo subconsciente.

Tenha a profunda convicção de que a solução será realizada.

Não diminua a força da oração com frases do tipo: "Gostaria de estar curado" ou "Espero que aconteça". O sentimento sobre a operação a ser realizada é "quem manda". A harmonia depende do indivíduo, assim como o alcance da sua saúde. O indivíduo deve se preocupar em usar a inteligência de modo a tornar-se um veículo para o poder infinito de cura do subconsciente, em transmitir a ideia de saúde para o subconsciente até o ponto da convicção profunda e, depois, em relaxar, descontrair-se a ponto de sair de seu próprio controle. Deve dizer, com base nas condições e circunstâncias em questão: "Isso também passará." O relaxamento impressiona o subconsciente e, consequentemente, faz com que a energia cinética por trás da ideia assuma o controle e a transforme em realização concreta.

A LEI DO ESFORÇO INVERTIDO E A RAZÃO DE SE OBTER O OPOSTO DO QUE SE REZOU

Coué, o famoso psicólogo francês que visitou os Estados Unidos há cerca de quarenta anos, definiu a lei do esforço invertido com a seguinte descrição: "Quando os seus desejos e a sua imaginação estão em conflito, sua imaginação invariavelmente ganha a disputa."

Se, por exemplo, pedissem a um indivíduo que andasse em cima de uma prancha no chão, ele o faria sem nem questionar. Entretanto, se a mesma prancha estivesse a 6 metros de altura, entre duas paredes, será que ele andaria sobre ela? O desejo de caminhar sobre a prancha seria contrabalançado pela imaginação ou medo de cair do indivíduo. A ideia dominante, que seria a imagem da queda, seria a vencedora. O desejo, vontade ou esforço para andar sobre a prancha seria revertido, e a ideia dominante da queda seria reforçada.

O esforço mental invariavelmente derrota a si próprio, culminando sempre no resultado oposto do que é desejado. As sugestões de impotência para superar a condição dominam a mente, e o subconsciente é sempre controlado pela ideia dominante. O subconsciente vai aceitar a mais forte entre duas proposições contraditórias. Portanto, o caminho sem esforço é o melhor.

Quando o indivíduo diz: "Quero ser curado, mas não consigo", "Estou tentando tanto", "Eu me obrigo a rezar", "Uso de toda força de vontade que tenho", deve perceber que seu erro reside no esforço. Nunca devemos tentar obrigar o subconsciente a aceitar uma ideia exercendo a força de vontade. Essas tentativas estão fadadas ao fracasso, e o indivíduo obterá o oposto do que pediu por meio da oração.

O exemplo a seguir é uma experiência muito comum. Os estudantes, durante a aplicação de um exame, leem o enunciado da prova e se dão conta de que todo o seu conhecimento some de repente. Suas mentes ficam totalmente em branco e não conseguem se lembrar sequer de um pensamento que seja relevante. Quanto mais rangem e recorrem à força de vontade, mais as respostas parecem fugir. Porém, quando saem da sala dos exames e a pressão mental relaxa, as respostas que buscavam passam a fluir aflitivamente de volta às suas mentes. A tentativa de se forçar para recordar foi a causa do fracasso. Este é um exemplo da lei do esforço invertido, através da qual se obtém o oposto do que se pediu ou rezou.

O CONFLITO ENTRE O DESEJO E A IMAGINAÇÃO DEVE SER RECONCILIADO

O uso da força mental pressupõe a existência de oposição. Quando a mente está concentrada nos meios para superar um problema, não está mais preocupada com o obstáculo em si. Em Mateus 18:19 está escrito: *Também vos digo que, se dois de vós concordarem na terra acerca de qualquer coisa que pedirem, isso lhes será feito por meu Pai, que está nos céus*. Quem são esses dois? Quer dizer a união ou acordo harmonioso entre a mente consciente e o subconsciente sobre qualquer ideia, desejo ou imagem mental. Quando não houver mais qualquer discussão, seja em uma ou outra parte da mente, a oração será então atendida. A concordância entre os dois também pode ser representada pelo indivíduo e seu desejo, seu pensamento e seu sentimento, sua ideia e sua emoção, seu desejo e sua imaginação.

É possível evitar todo tipo de conflito entre os desejos e a imaginação ao entrar em um estado sonolento, uma vez que faz com que o esforço opere a uma carga mínima. A mente consciente fica completamente submersa quando se encontra em um estado sonolento. A melhor hora para semear o subconsciente é antes de dormir. A razão para isso: o momento em que o subconsciente atinge o maior grau de afloramento ocorre antes de dormir e logo depois de despertar. Nesse estado, os pensamentos e as imagens negativos que tendem a neutralizar o desejo, e, portanto, impedir a aceitação pelo subconsciente, já não se apresentam mais. Quando o indivíduo imagina a concretização do desejo satisfeito e sente a emoção da realização, o subconsciente produz a realização do seu desejo.

Muitas pessoas resolvem todos os seus dilemas e problemas com o uso da imaginação controlada, direcionada e disciplinada, sabendo que qualquer coisa que imaginem e sintam como verdadeiro será concretizada.

O exemplo a seguir vai ilustrar claramente como uma moça superou o conflito entre o desejo e a imaginação. Ela desejava uma solução harmoniosa para um problema judicial, embora sua imagem mental previsse constantemente o fracasso, a perda, a falência e a pobreza. Foi um processo judicial complicado, com um adiamento após o outro e sem solução à vista.

Por sugestão do autor deste livro, ela passou a entrar em estado sonolento todas as noites antes de dormir e a imaginar o final feliz, com o melhor sentimento de que era capaz. Ela sabia que a imagem em sua mente tinha de concordar com o desejo do coração. Antes de dormir, começou a dramatizar do modo mais real possível seu advogado em uma conversa animada com ela em relação ao resultado.

Ela lhe faria perguntas, e ele, por sua vez, as responderia da forma devida. Ele diria a ela repetidamente: "Houve uma solução perfeita e harmoniosa. O caso foi resolvido com um acordo." Durante o dia, quando os pensamentos de medo vinham à mente, ela recorreria ao seu filme mental com gestos, voz e equipamento de som. Ela podia imaginar facilmente o som da voz, o sorriso e a atitude do advogado. Ela executou essa imagem mental tantas vezes que se tornou um padrão subjetivo, um caminho regular. Ao final de poucas semanas, seu advogado a chamou e confirmou o que ela havia imaginado e sentido como verdadeiro em termos subjetivos.

Foi exatamente o que o salmista quis dizer quando escreveu o seguinte: *Sejam agradáveis as palavras da minha boca* (os pensamentos, as imagens mentais) *e a meditação do meu coração* (o sentimento, a natureza, a emoção) *perante a tua face, Senhor* (a lei da sabedoria), *Rocha minha e Redentor meu* (o poder e a sabedoria do subconsciente podem redimi-lo da doença, da bondade e do sofrimento)! (Salmos, 19:14)

4

Buscar a riqueza
com o poder do subconsciente

SE O INDIVÍDUO ESTIVER em dificuldades financeiras ou tentando equilibrar o orçamento, significa que não conseguiu convencer seu subconsciente de que sempre terá muito e algum excedente. Existem homens e mulheres que trabalham poucas horas por semana e fazem somas fabulosas de dinheiro. Eles não se esforçam muito nem se sujeitam ao trabalho duro. Não se deve acreditar na história de que o único modo de alcançar a riqueza é suando a camisa e através do trabalho árduo. Não é bem assim. O modo de vida em que não é preciso fazer esforço é sempre o melhor. O importante é o indivíduo fazer o que gosta e que o faça com alegria e emoção.

O autor conhece um executivo em Los Angeles que recebe um salário de 75 mil dólares por ano. No ano passado, ele fez um cruzeiro de nove meses pelo mundo e conheceu lugares maravilhosos. O executivo contou que havia conseguido convencer seu subconsciente de que ele valia todo aquele dinheiro. Contou ainda que muitos homens em sua empresa, embora ganhassem cerca de 100 dólares por semana, sabiam mais sobre o negócio do que ele próprio, e que poderiam administrá-lo melhor, mas que não tinham ambição nem ideias criativas, e não estavam interessados nas maravilhas do subconsciente.

A CONSTRUÇÃO DE UMA CONSCIÊNCIA DA RIQUEZA

A riqueza é simplesmente uma convicção subconsciente por parte do indivíduo. Ninguém vai se tornar milionário ao dizer: "Sou um milionário, sou um milionário." O indivíduo desenvolve uma consciência de riqueza por meio da construção da ideia da riqueza e da abundância em sua mente.

OS MEIOS INVISÍVEIS DE APOIO

O problema da maioria das pessoas é carecer de meios invisíveis de apoio. Quando o negócio desacelera, o mercado de ações cai ou as pessoas perdem seus investimentos, passam a impressão de estar impotentes. A razão para essa sensação de insegurança é que não sabem como tirar proveito do subconsciente. Elas não sabem que o depósito dentro delas é inesgotável.

Um homem com uma mente com fixação na pobreza vai sempre estar em condições de pobreza. Por outro lado, um homem com uma mente repleta de ideias de riqueza estará sempre rodeado com tudo de que precisa. Nunca se pretendeu que o homem levasse uma vida de indigência. O ser humano pode ser rico, ter tudo o que for de sua necessidade, além de excedentes para poupar. Suas palavras têm o poder de limpar a mente das ideias equivocadas e de incutir ideias corretas no lugar.

O MÉTODO IDEAL PARA CONSTRUIR UMA CONSCIÊNCIA DE RIQUEZA

À medida que lê este capítulo, pode ser que o leitor esteja dizendo para si mesmo: "Preciso de riqueza e sucesso." O que deve ser feito para que alcance seu desejo é repetir, por cerca de cinco minutos, de três a quatro vezes ao dia, o seguinte: "Riqueza, Sucesso." Estas palavras têm enorme força, pois representam o poder interior do subconsciente. Deve-se ancorar a mente nesse poder substancial dentro de si, de modo que as condições e circunstâncias que correspondem à nature-za e à qualidade do indivíduo se manifestem em sua vida. Não é para afirmar "Sou rico" e sim para insistir nos poderes dentro de si. Não há conflito na mente quando se diz: "Riqueza". Além disso, o sentimento de riqueza vai brotar dentro do indivíduo à medida que ele insistir na ideia da riqueza. Tenha em mente, o tempo todo, que o sentimento de riqueza produz riqueza. O subconsciente é como um banco, uma espécie de instituição financeira universal, uma vez que multiplica qualquer coisa que se deposite ou imprima nele, seja ideia de riqueza ou de pobreza. Escolha a riqueza.

POR QUE AS AFIRMAÇÕES DE RIQUEZA FALHAM

O autor do livro conversou com muitas pessoas, durante os últimos 35 anos, e eram muito comuns queixas como: "Repeti por semanas e até meses: 'Sou rico, sou próspero', e nada aconteceu." Descobriu então que, quando diziam: "Sou rico, sou próspero", sentiam que estavam mentindo para si mesmos.

Um dos homens disse: "Repeti que sou próspero até cansar. E as coisas agora estão piores. Quando fazia a declaração, eu sabia que não era verdadeira, é claro." Suas declarações foram rejeitadas pela mente consciente e, o que se manifestava, era exatamente o oposto do que ele afirmava e proclamava externamente.

A afirmação é mais bem-sucedida quando é específica e não pro-duz conflito mental ou argumentação. Por isso é que as declarações feitas por aquele homem tornaram as coisas piores, pois sugeriam que ele não era capaz. O subconsciente aceita o que a pessoa realmen-te sente como sendo verdadeiro e não apenas palavras ou declarações vãs. A ideia ou crença dominante é sempre aceita pelo subconsciente.

COMO EVITAR O CONFLITO MENTAL

A forma ideal para superar esse conflito para quem tem essa dificul-dade é executar com frequência, sobretudo antes de dormir, a seguinte declaração prática: "De dia e de noite, estou adquirindo prosperidade em todos os meus negócios." Essa afirmação não vai suscitar nenhum argumento, uma vez que não contradiz a impressão de carência financeira do subconsciente.

O autor do livro sugeriu a um homem de negócios, que andava bastante preocupado com o baixo desempenho das vendas e a piora de sua situação financeira, que se sentasse em seu escritório, numa posição confortável e tranquila, e repetisse várias vezes a seguinte afirmação: "Minhas vendas estão melhorando a cada dia." Essa declaração contou com a cooperação da mente consciente e do subconsciente e trouxe resultados positivos.

NÃO ASSINE CHEQUES EM BRANCO

Diz-se que a pessoa assina cheques em branco quando faz declarações como: "Não há dinheiro suficiente", "Há escassez", "Vou perder a casa por causa da hipoteca" etc. Ao estar com medo em relação ao futuro, a pessoa também está assinando um cheque em branco e atraindo condições negativas para si. O subconsciente toma o medo e a declaração negativa da pessoa como um pedido e procede à sua maneira para colocar obstáculos e causar atrasos, privações e limitações em sua vida.

O SUBCONSCIENTE OFERECE JUROS CUMULATIVOS

Para aquele que tem o sentimento de riqueza deve ser adicionada mais riqueza; para aquele que tem o sentimento de carência, deve ser acrescentada mais carência. O subconsciente multiplica e amplia qualquer coisa que se deposite nele. Todas as manhãs, ao despertar, deve-se depositar pensamentos de prosperidade, sucesso, riqueza e paz. É preciso se deter sobre esses conceitos e ocupar a mente com eles sempre que possível. Esses pensamentos construtivos vão encontrar seus meios como depósitos no subconsciente e trazer abundância e prosperidade.

POR QUE NÃO ACONTECEU NADA

É comum ouvir: "Ah, fiz tal coisa e nada aconteceu." Não se obtiveram resultados porque o indivíduo entregou-se a pensamentos de medo, talvez dez minutos depois, o que, consequentemente, neutralizou as afirmações positivas. Quando se coloca uma semente no solo, não se deve desenterrá-la. É preciso deixá-la criar raízes e crescer.

Suponha, por exemplo, que se vá dizer: "Nunca serei capaz de fazer esse pagamento." Antes de ir além do "nunca", deve-se parar a frase e adotar uma declaração construtiva, tal como: "De dia e de noite, estou adquirindo prosperidade em todos os meus caminhos."

A VERDADEIRA FONTE DE RIQUEZA

O subconsciente nunca sofre de ausência de ideias. Há um número infinito de ideias dentro dele prontas para fluírem na mente consciente e aparecerem como dinheiro vivo no bolso do indivíduo de diversas maneiras. Esse processo continua em sua mente, independentemente de o mercado de ações estar em alta ou em baixa, ou a cotação do dólar ou da libra esterlina baixarem ou não. A riqueza do indivíduo nunca depende de verdade dos títulos, das ações ou de depósitos de dinheiro em banco, embora sejam símbolos necessários e úteis, é claro. Entretanto, são apenas símbolos.

O que o autor quer enfatizar é que, se o indivíduo convencer seu subconsciente de que possui riqueza, e que esta está sempre circulando em sua vida, é provável que o indivíduo adquira riqueza e a mantenha, não importa sua forma.

TENTANDO EQUILIBRAR O ORÇAMENTO E A CAUSA REAL

Há pessoas que se queixam de ter sempre de tentar equilibrar seu orçamento. Parecem ter grande dificuldade para cumprir suas obrigações. Quem ainda não conhece a conversa delas? Em muitas ocasiões sua conversa gira em torno desse assunto. Constantemente, condenam aqueles que têm sucesso na vida e que conseguiram se destacar. É provável que digam: "Fulano deve extorquir os outros, beltrano é cruel, cicrano é um vigarista." É por isso que eles não têm riqueza, pois condenam justamente o que desejam e almejam. A razão de criticarem seus colegas mais prósperos é ter inveja e cobiça da prosperidade dos outros. O modo mais rápido de fazer com que a riqueza crie asas e voe para longe é criticar e condenar os que têm mais riqueza.

UM OBSTÁCULO COMUM À RIQUEZA

A causa da ausência de riqueza na vida de muitos indivíduos se deve a uma emoção em especial. A maioria das pessoas tem conhecimento dessa emoção do modo mais complicado. Essa emoção é a inveja. Por exemplo, será que o indivíduo que possui apenas um pequeno montante de dinheiro para depositar no banco fica com inveja quando vê um concorrente depositando grandes somas? O modo de superar essa emoção é dizer para si: "Não é maravilhoso? Fico contente com a prosperidade desse homem. Desejo-lhe cada vez mais riqueza."

Acolher pensamentos invejosos é devastador, pois coloca o indivíduo em uma posição muito negativa e, com isso, a riqueza se afasta dele em vez de vir em sua direção. Aquele que se sentir aborrecido ou irritado com a prosperidade ou a riqueza de outra pessoa deve afirmar para si que deseja de verdade que aquela pessoa fique cada vez mais rica, de toda forma possível. Isso vai neutralizar os pensamentos negativos em sua mente e fará com que um montante cada vez maior de riqueza flua para ele pela lei do seu próprio subconsciente.

Os segredos que vão mudar sua vida

REMOVER UM GRANDE OBSTÁCULO MENTAL À RIQUEZA

Aquele que se preocupa e critica pessoas por achar que ganham dinheiro de modo desonesto deve deixar de fazê-lo. Essas pessoas estão usando a lei da mente de forma negativa e, portanto, é a lei da mente que vai tomar conta delas. É preciso tomar cuidado para não criticá-las pelos motivos indicados anteriormente. E é bom lembrar que o obstáculo à riqueza está na própria mente. É possível destruir esse obstáculo mental a qualquer momento. Pode-se destruí-lo adotando boas relações mentais com todos.

DURMA E FIQUE RICO

Quando for dormir à noite, pratique a seguinte técnica: repita a palavra "riqueza" com calma, tranquilidade e sentimento. Faça isso várias vezes, como uma cantiga de ninar. Acalente-se para dormir apenas com essa palavra: "riqueza". Ficará surpreso com o resultado. A riqueza vai fluir em avalanches de abundância. Este é outro exemplo do poder mágico do subconsciente.

O DIREITO DE SER RICO

Todo mundo tem o direito de ser rico. O ser humano está aqui para levar uma vida de abundância e ser feliz, radiante e livre. É conveniente, portanto, que tenha todo o dinheiro necessário para levar uma vida plena, feliz e próspera.

O indivíduo está aqui para crescer, expandir-se e desenvolver-se espiritual, mental e materialmente. Tem o direito inalienável de se desenvolver de forma plena e de se expressar em todos esses campos. Deve se cercar de beleza e luxo.

Por que se contentar apenas com o suficiente para viver, quando é possível desfrutar das riquezas do subconsciente? Neste capítulo, pode-se aprender como fazer amizade com dinheiro e ter sempre algum excedente. O desejo de ser rico é um desejo para uma vida mais plena, mais feliz e mais interessante. Trata-se de uma necessidade cósmica. Não é apenas bom — é muito bom.

O DINHEIRO É UM SÍMBOLO

O dinheiro é um símbolo de troca. Significa não apenas a liberdade de querer adquirir, mas também beleza, luxo, abundância e refinamento. É meramente um símbolo da saúde econômica da nação. Quando o sangue circula livremente pelo corpo, o indivíduo mantém-se saudável. Quando o dinheiro circula livremente na vida do indivíduo, ele se mantém economicamente saudável. Quando as pessoas começam a acumular dinheiro e a guardá-lo em cofres, e se tornam reféns do medo, instala-se uma doença econômica. O dinheiro tomou muitas formas como meio de troca ao longo dos séculos: sal, contas e quinquilharias de vários tipos. Antigamente, a riqueza de um homem era determinada pelo número de ovelhas e bois que possuía. Agora, usa-se a moeda e outros instrumentos negociáveis, uma vez que é muito mais conveniente assinar um cheque do que carregar algumas ovelhas para pagar contas.

COMO ANDAR PELA ESTRADA REAL EM DIREÇÃO À RIQUEZA

O conhecimento dos poderes do subconsciente é o meio para alcançar a estrada real em direção à riqueza de todas as espécies: espiritual, mental ou financeira. Aquele que estuda as leis da mente acredita e sabe que, independentemente da situação econômica, da flutuação do mercado de ações, de depressões econômicas, greves, guerra e outras condições ou circunstâncias, terá sempre recursos, não importa a forma que o dinheiro adquira. A razão para tal é que, ao transmitir a ideia de riqueza para o seu subconsciente, o indivíduo passa a receber uma provisão constante onde quer que esteja.

Ele convenceu sua mente que o dinheiro fluirá livremente para sempre em sua vida e que haverá sempre algum excedente. Mesmo que ocorra um colapso financeiro no país, num futuro próximo, e todas as moedas atuais percam o valor, como aconteceu com o marco alemão após a Primeira Guerra Mundial, esse indivíduo ainda atrairia riqueza e seria atendido em suas necessidades, não importa a forma assumida pela nova moeda.

POR QUE VOCÊ NÃO POSSUI MAIS DINHEIRO

À medida que avança neste capítulo, o leitor provavelmente há de pensar: "Mereço um salário maior do que recebo atualmente." Acredita-se que a maioria das pessoas não é remunerada de forma adequada. Um dos motivos de não terem mais dinheiro é por condená-lo, seja em silêncio ou abertamente. Referem-se ao dinheiro como "vil metal" ou com frases como "o amor pelo dinheiro é a raiz de todos os males". Outro motivo para não prosperarem é o fato de terem um sentimento subconsciente sorrateiro de que há alguma virtude na pobreza. Esse padrão subconsciente pode se dar devido à educação na infância, superstição ou pode ter sido baseado em uma falsa interpretação das escrituras.

O DINHEIRO E UMA VIDA EQUILIBRADA

Certa vez um homem disse ao autor: "Estou quebrado. Não gosto de dinheiro, pois é a origem de todos os males." Essa declaração é bem representativa de uma mente neurótica e confusa. O amor pelo dinheiro, única e exclusivamente, faz com que o indivíduo se torne desequilibrado e desajustado. O homem está aqui para usar seu poder ou autoridade com sabedoria. Alguns homens anseiam por poder, outros, por dinheiro. Se ajustar seu coração na direção exclusiva do dinheiro para adquirir riqueza e falar: "Dinheiro é tudo o que quero e vou direcionar minha atenção para fazer dinheiro. É só o que importa", o indivíduo vai conseguir obter dinheiro e conquistar uma fortuna, porém não deve se esquecer de que está aqui para levar uma vida equilibrada. É preciso satisfazer também a fome de paz de espírito, harmonia, amor, alegria e saúde perfeita.

Fazer do dinheiro um objetivo único é simplesmente uma escolha errada. Aquele que achou que era tudo o que queria, acaba descobrindo, depois de todos os seus esforços, que necessitava também de outras coisas além do dinheiro. Desejava, também, encontrar uma expressão verdadeira para os seus talentos ocultos, um lugar real na vida, beleza e a alegria de contribuir para o bem-estar e o sucesso dos outros. Com o aprendizado das leis do subconsciente, o indivíduo é capaz de ganhar 1 milhão de dólares ou muitos milhões, se desejar, e ainda ter paz de espírito, harmonia, saúde perfeita e a expressão ideal de seus desejos.

POBREZA É UMA DOENÇA MENTAL

Não há virtude na pobreza. Trata-se de uma doença, como outra qualquer. Se uma pessoa não se sente bem fisicamente, pode achar que há algo de errado com ela. Poderia então buscar ajuda e tomar uma atitude em relação à sua condição imediatamente. Da mesma forma, quando alguém não tem dinheiro circulando com constância, é porque tem algo de muito errado em sua vida.

A necessidade do ser humano em relação ao princípio da vida tem uma orientação para o crescimento, a expansão e uma vida mais abundante. Ninguém está aqui para viver em um casebre, todo esfarrapado e com fome. Todos devem ser felizes, prósperos e bem-sucedidos.

POR QUE NUNCA SE DEVE CRITICAR O DINHEIRO

Remova da mente todas as crenças esquisitas e supersticiosas sobre dinheiro. Nunca se deve referir-se ao dinheiro como algo maléfico ou sujo. Pois, ao fazer isso, pode-se fazer com que o dinheiro crie asas e voe para longe. É importante lembrar que tudo aquilo que se condena, será perdido. Não se pode atrair aquilo que se critica.

ADOTAR A ATITUDE CERTA EM RELAÇÃO AO DINHEIRO

Aqui está uma técnica simples a ser usada para multiplicar dinheiro. É só repetir as afirmações a seguir, várias vezes ao dia: "Gosto de dinheiro, amo dinheiro. Eu o uso com sabedoria, de forma construtiva e justa. O dinheiro circula constantemente em minha vida. Eu o uso com alegria e ele retorna a mim multiplicado, de uma forma interessante. Isso é bom, muito bom. O dinheiro flui em minha direção em avalanches de abundância. Eu o uso apenas visando ao bem, e sou grato pelo meu bem-estar e pelas riquezas da minha mente."

COMO ATRAIR O DINHEIRO DE QUE NECESSITA

Há muito anos, o autor deste livro encontrou um jovem, na Austrália, que queria se tornar médico ou cirurgião, mas não tinha dinheiro para cursar uma faculdade. O autor explicou-lhe como uma semente depositada no solo atraía para si tudo o que era necessário para se desenvolver e que tudo o que ele tinha de fazer era aprender a lição da semente e depositar a ideia exigida em seu subconsciente. Para custear suas despesas, esse brilhante jovem limpava os consultórios dos médicos, lavava janelas e fazia pequenos reparos. Contou que, toda noite, quando se deitava, visualizava em sua mente um diploma de medicina pendurado em uma parede, com seu nome escrito em letras grandes e em negrito. Ele costumava limpar e polir os diplomas emoldurados nos consultórios médicos onde trabalhava. Portanto, não foi difícil para ele gravar a imagem de um diploma em sua mente e desenvolvê-la ali. Os resultados

Buscar a riqueza com o poder do subconsciente

foram alcançados devido à persistência da imaginação mental, todas as noites, durante cerca de quatro meses.

A consequência dessa história foi muito interessante. Um dos médicos se afeiçoou a esse rapaz e, após treiná-lo na técnica de esterilização de instrumentos, aplicação de injeções hipodérmicas e outros serviços de primeiros socorros, empregou-o como assistente técnico em seu consultório. Esse médico, mais tarde, mandou-o para uma escola de medicina e financiou seus estudos. Hoje, esse rapaz é um importante médico em Montreal, no Canadá. Descobriu a lei da atração por meio do uso de seu subconsciente da forma certa. Ele fez uso de uma lei antiga que diz: "Ao ver o objetivo, encontram-se os meios para realizá-lo." O objetivo, nesse caso, era tornar-se médico.

Esse jovem foi capaz de imaginar, ver e sentir a realidade de ser um médico. Viveu com essa ideia, sustentou-a, nutriu-a e amou-a até que, por meio de sua imaginação, ela penetrasse as camadas do subconsciente e se tornasse uma convicção, dessa forma atraindo para si tudo o que fosse necessário para a realização do seu sonho.

POR QUE ALGUNS INDIVÍDUOS NÃO CONSEGUEM AUMENTO DE SALÁRIO

Aquele funcionário que trabalha em uma empresa de grande porte, que se ressente por achar que não ganha o suficiente, que se sente pouco valorizado e acha que merece um salário melhor e mais reconhecimento, na verdade, está desfazendo subconscientemente os laços que o unem à empresa. Com isso, ele coloca em prática a lei da ação e reação, que pode obrigar o superintendente ou gerente a lhe dizer: "Temos que deixá-lo ir embora." De fato, ele próprio está a ponto de se demitir. O gerente é apenas o instrumento através do qual o próprio estado mental negativo do funcionário é confirmado. Nesse exemplo da lei da ação e reação, a ação é o pensamento e a reação é a resposta do subconsciente.

Os segredos que vão mudar sua vida

OBSTÁCULOS E IMPEDIMENTOS NO CAMINHO DA RIQUEZA

Quem nunca ouviu uma ou outra pessoa dizer "Fulano é um vigarista", "Sicrano não vale nada", "Ele ganha dinheiro desonestamente", "Ele é um impostor", "Quando o conheci, não tinha onde cair morto", "Ele é um vigarista, um ladrão, um trapaceiro".

Ao analisar quem fala desse jeito, descobre-se que se trata de uma pessoa que, geralmente, está passando por problemas ou sofrendo alguma dificuldade financeira ou física. Talvez seus antigos amigos de faculdade tenham sido bem-sucedidos e a superado profissionalmente e, agora, ela se encontra amarga e com inveja do progresso deles. Em muitos casos, essa é a causa de sua depressão. O pensamento negativo em relação aos colegas de classe e o fato de condená-los afastam a saúde e a prosperidade para a qual reza, além de fazer com que desapareçam. Ela acaba condenando aquilo para o que reza.

A reza, nesse caso, é praticada de duas maneiras. Por um lado, a pessoa afirma: "A riqueza está fluindo para mim agora" e, por outro, silenciosamente ou em voz alta, afirma: "Fico ressentida com a riqueza de fulano." É importante que as pessoas percebam a riqueza dos outros como motivo de alegria.

PROTEJA SEUS INVESTIMENTOS

Aquele que busca o bom senso no que diz respeito a investimentos, ou que esteja preocupado com suas ações ou títulos, deve afirmar com tranquilidade: "A inteligência infinita rege e supervisiona todas as minhas transações financeiras e, portanto, qualquer coisa que eu fizer, prosperará." Após fazer isso com frequência, é possível constatar uma melhoria nos investimentos e, além disso, proteger-se contra perdas, quando for indicado vender seus títulos ou ações antes que alguma perda provoque prejuízo.

NÃO SE PODE OBTER ALGO EM TROCA DE NADA

Em grandes lojas, a gerência contrata seguranças especializados em lojas para evitar que pessoas roubem artigos. Eles flagram todos os dias várias pessoas que adquirem algo sem ter que pagar. Todas essas pessoas vivem na atmosfera mental de carência e limitação, e roubam a paz, a harmonia, a fé, a honestidade, a integridade, a boa vontade e a confiança de si próprias. Além disso, atraem para si todas as formas de perda, como perda de caráter, prestígio, status social e paz de espírito. Essas pessoas não têm a fé como fonte de recursos e a compreensão de como funcionam suas mentes. Se exigissem mentalmente dos poderes do subconsciente e reivindicassem que fossem orientados em direção à verdadeira expressão de seus desejos, encontrariam trabalho e suprimento constante para suas necessidades. E, consequentemente, se adotassem a honestidade, a integridade e a perseverança, conquistariam a boa reputação para si e para a sociedade em geral.

A PROVISÃO CONSTANTE DE DINHEIRO

O reconhecimento dos poderes do subconsciente e do poder criativo do pensamento ou das imagens mentais é o caminho para constante a opulência, liberdade e provisão de recursos. É preciso aceitar a vida cercada de abundância na própria mente. A aceitação mental e a expectativa de obtenção de riqueza têm matemática e mecânica próprias para se expressar. Tudo o que é necessário para uma vida repleta de abundância surge à medida que se entra no espírito da opulência.

Para tal, recomenda-se repetir diariamente, do fundo do coração, a seguinte afirmação: "Sou o único a deter a riqueza infinita do meu subconsciente. Tenho o direito de ser rico, feliz e bem-sucedido. O dinheiro flui em minha direção livremente, em quantidade e de forma contínua. Tenho consciência do meu verdadeiro valor. Dou liberdade aos meus talentos e sou plenamente abençoado financeiramente. É maravilhoso!"

Os segredos que vão mudar sua vida

O SUBCONSCIENTE COMO UM PARCEIRO DO SUCESSO

O sucesso significa uma vida bem-sucedida. Um longo período de paz, alegria e felicidade no plano terreno pode ser chamado de sucesso. A vivência permanente dessas qualidades é a vida eterna dita por Jesus. As qualidades reais da vida, como paz, harmonia, integridade, segurança e felicidade, são intangíveis e provenientes do eu mais profundo do ser humano. Meditar sobre elas é uma forma de construir esses tesouros celestiais no subconsciente. É onde *nem a traça nem a ferrugem consomem, e onde os ladrões não minam nem roubam.* (Mateus, 6:20)

AS TRÊS ETAPAS PARA O SUCESSO

São três as etapas para alcançar o sucesso, a saber: a primeira é descobrir o que se gosta de fazer e, então, colocar isso em prática. O segredo do sucesso está em amar o que se faz. No entanto, em se tratando de um psiquiatra, por exemplo, não basta obter um diploma e pendurá-lo na parede, pois é preciso que se mantenha atualizado, participe de convenções e continue a estudar a mente e o seu funcionamento. O psiquiatra bem-sucedido visita clínicas e lê as mais recentes publicações científicas — em outras palavras, está sempre bem-informado sobre os métodos mais avançados para aliviar o sofrimento humano. O psiquiatra ou médico bem-sucedido deve ter o interesse de seus pacientes em mente.

Alguém pode dizer: "Como posso colocar a primeira etapa em operação? Não sei o que devo fazer." Nesse caso, deve-se orar para obter orientação, da seguinte forma: "A inteligência infinita do meu subconsciente me revela o meu verdadeiro lugar na vida." Deve-se repetir essa oração com tranquilidade, de forma positiva e com sensibilidade, para sua mente mais profunda. À medida que se persiste com fé e confiança, a resposta virá como um sentimento, uma intuição ou uma tendência em determinada direção. Virá de forma clara e pacífica, como uma conscientização interior silenciosa.

Buscar a riqueza com o poder do subconsciente

A segunda etapa para o sucesso é se especializar em alguns ramos de trabalho específicos e saber sobre eles mais do que qualquer outra pessoa. Por exemplo, se um jovem opta pela química como escolha profissional, deve concentrar-se em uma das várias áreas dessa ciência. Deve dedicar-se e dar atenção exclusiva à especialidade escolhida. Deve ter entusiasmo suficiente para procurar conhecer tudo o que há disponível sobre essa área e, se possível, adquirir mais conhecimento do que qualquer outra pessoa. A pessoa deve ter um interesse fervoroso por seu trabalho e desejar servir ao mundo.

Aquele que é o maior dentre vós, torne-se vosso servidor. Há um grande contraste nessa atitude mental em comparação com a do homem que quer apenas ganhar a vida ou simplesmente "sobreviver". "Sobreviver" não é um sucesso verdadeiro. As motivações do homem precisam ser maiores, mais nobres e altruístas. Deve servir aos outros e, portanto, dividir as benesses recebidas.

A terceira etapa é a mais importante. Deve-se ter certeza de que aquilo que se deseja fazer não reverta em sucesso apenas para si. O desejo não deve ser egoísta, muito pelo contrário, deve beneficiar a humanidade. É preciso criar o caminho de um circuito completo. Em outras palavras, a ideia deve seguir adiante com o propósito de abençoar ou servir ao mundo. E, depois, essa ideia voltará para o indivíduo, revisada, estruturada e fundamentada. Entretanto, se tiver como objetivo beneficiar-se exclusivamente, o círculo ou circuito completo não se formará, e é possível que o indivíduo sofra um curto-circuito em sua vida, seja na forma de algum tipo de limitação ou doença.

A MEDIDA DO VERDADEIRO SUCESSO

Algumas pessoas podem dizer: "Mas o Sr. James fez uma fortuna com venda fraudulenta de ações de petróleo." Um homem pode parecer bem-sucedido durante determinado tempo, mas o dinheiro que obteve por meio de fraude geralmente cria asas e voa para longe. Quando uma pessoa rouba de outra, acaba por roubar a si pró-

Os segredos que vão mudar sua vida

pria, pois se encontra em um estado de carência e limitação que pode se manifestar em seu corpo, na vida pessoal e nos negócios. Tudo aquilo que o indivíduo pensa e sente é criado por ele. Ele cria aquilo em que acredita. Mesmo que um indivíduo tenha acumulado uma fortuna de forma fraudulenta, não pode ser caracterizado como sendo bem-sucedido. Não há sucesso sem paz de espírito. De que vale acumular riqueza se não se consegue dormir à noite, se há algum tipo de doença ou se existe complexo de culpa?

O autor deste livro conheceu um homem em Londres que lhe falou sobre suas façanhas. Tinha sido um batedor de carteiras profissional e havia acumulado muito dinheiro. Possuía uma casa de praia na França e vivia de forma glamorosa na Inglaterra. Seu problema era que vivia com constante medo de ser preso pela Scotland Yard. Sofria de muitos distúrbios interiores que, provavelmente, eram provocados por seu medo constante e um profundo complexo de culpa. Sabia que tinha agido errado. Esse sentimento profundo de culpa atraíra todos os tipos de problemas. Passado algum tempo, resolveu entregar-se, de forma voluntária, à polícia, e cumpriu pena. Depois de sair da prisão, procurou ajuda psicológica e espiritual e se transformou. Foi trabalhar e tornou-se um cidadão honesto e cumpridor da lei. Descobriu o que gostava de fazer e estava feliz.

Uma pessoa bem-sucedida ama seu trabalho e se expressa de forma plena. O sucesso depende de um ideal que seja maior do que a mera acumulação de riqueza. O homem de sucesso é aquele que possui grande compreensão psicológica e espiritual. Muitos dos grandes investidores dependem hoje do uso correto de seus subconscientes para ter sucesso nos negócios.

Há alguns anos, foi publicado um artigo sobre Flagler, um magnata do ramo do petróleo. Ele admitiu que o segredo de seu sucesso era sua capacidade de visualizar um projeto em seu formato final. Em seu caso, por exemplo, ele fechava os olhos, imaginava uma grande empresa de petróleo, via trens correndo pelos trilhos, ouvia o sopro dos apitos e via a fumaça. Após visualizar e sentir a realização de sua prece, seu subconsciente concretizava sua realização. Ao imaginar um objetivo de forma clara, é possível obter tudo aquilo que se

Buscar a riqueza com o poder do subconsciente

necessita, por meios não imaginados, através do poder milagroso do subconsciente.

Ao considerar as três etapas para o sucesso, nunca se deve esquecer o poder fundamental das forças criativas do subconsciente. Essa é a energia por trás de todas as etapas em qualquer nível de sucesso. O pensamento é criativo. O pensamento unido ao sentimento torna-se fé ou crença subjetiva e, então, *seja-vos feito segundo a vossa fé.* (Mateus, 9:29)

O conhecimento de uma força poderosa que existe em si próprio, e que é capaz de concretizar todos os seus desejos, dá ao indivíduo confiança e uma sensação de paz. Qualquer que seja seu campo de ação, as leis do próprio subconsciente devem ser conhecidas. Quando você aprende como aplicar os poderes da própria mente, quando é possível se expressar de forma plena e como contribuir com os outros a partir de seus talentos, será o momento em que você estará no caminho certo para o verdadeiro sucesso. Se estiver a serviço de Deus, seja total ou parcialmente, Ele, por sua natureza, está com cada um dos homens e, portanto, quem poderá estar contra eles? Tendo isso em mente, não há poder no céu ou na Terra que possa impedir que alguém seja bem-sucedido.

COMO ELE TRANSFORMOU SEU SONHO EM REALIDADE

Um ator de cinema conta que, quando criança, embora tivesse pouca instrução, tinha o sonho de se tornar um ator de sucesso. Estivesse nos campos de pasto, conduzindo as vacas para o curral ou mesmo na ordenha, disse que "Costumava imaginar, constantemente, que via meu nome em grandes letreiros de um grande cinema. Mantive esse sonho durante anos, até que finalmente saí de casa, arrumei trabalhos extras no campo da indústria cinematográfica e, enfim, chegou o dia em que vi meu nome em um grande letreiro, como havia sonhado quando menino!" Em seguida, acrescentou: "Conheço o poder de se sustentar a imaginação para conquistar o sucesso."

Os segredos que vão mudar sua vida

A FARMÁCIA DOS SONHOS
TORNOU-SE UMA REALIDADE

Trinta anos atrás, um jovem farmacêutico que recebia quarenta dólares por semana, mais comissão sobre as vendas, contou que, "depois de 25 anos, vou ter direito à pensão e vou me aposentar".

O autor do livro disse-lhe então: "Por que você não abre sua própria farmácia? Saia desse lugar. Pense grande! Tenha um sonho para seus filhos. Talvez seu filho queira ser médico, talvez sua filha deseje ser uma grande pianista."

Ele respondeu que não tinha dinheiro! No entanto, começou a despertar para o fato de que, qualquer coisa que pudesse conceber como verdadeira, poderia concretizar em realidade.

A primeira etapa em direção ao seu objetivo foi despertar para os poderes do próprio subconsciente, com a ajuda rápida do autor deste livro. A segunda etapa foi a percepção de que, se ele conseguisse transmitir uma ideia para o subconsciente, este a tornaria realidade.

Começou então a imaginar que estava em sua própria farmácia. Mentalmente, organizava os frascos, prescrevia receitas e imaginava vários funcionários no balcão aguardando os fregueses. Além disso, visualizava um grande saldo bancário. Trabalhou mentalmente naquela farmácia imaginária. Como um bom ator, o farmacêutico realmente viveu o seu papel. Aja como se fosse, e será. Esse farmacêutico entregou-se integralmente à representação de seu sonho, para o qual se moveu, viveu e representou como se fosse proprietário da farmácia.

A consequência foi bem interessante. O farmacêutico foi demitido da empresa e encontrou um novo emprego, em uma grande cadeia de farmácias, da qual acabou sendo gerente e, mais tarde, gerente estadual. Durante quatro anos, poupou dinheiro suficiente para dar de entrada em uma farmácia própria. Deu-lhe o nome de "Farmácia dos Sonhos".

E finalizou: "Era exatamente a farmácia que eu visualizava na minha imaginação." Tornou-se um homem de sucesso reconhecido em seu campo de atuação, e estava feliz porque trabalhava com o que mais amava.

Buscar a riqueza com o poder do subconsciente

O USO DO SUBCONSCIENTE NOS NEGÓCIOS

Há alguns anos, o autor fez uma palestra sobre os poderes da imaginação e do subconsciente para um grupo de homens de negócio. Nessa palestra, destacou a sabedoria com que Goethe usava sua imaginação quando se deparava com dificuldades e impasses.

Seus biógrafos ressaltam que ele costumava ficar horas a fio em silêncio, mantendo conversas imaginárias. É bem conhecido seu costume de imaginar um de seus amigos sentado em uma cadeira, à frente dele, dando-lhe respostas certas. Em outras palavras, quando estava preocupado com algum problema, imaginava seu amigo lhe dando a resposta certa ou apropriada, acompanhada de gestos e tom de voz usuais, e fazia com que a cena imaginária como um todo fosse a mais próxima possível da real e vívida.

Um dos homens presentes no seminário era um jovem corretor de ações, que decidiu adotar a técnica de Goethe. Começou a ter conversas mentais imaginárias com um banqueiro bilionário, amigo dele, que costumava cumprimentá-lo tanto por seu julgamento firme e sensato quanto pela compra acertada de ações. Costumava dramatizar essa conversa imaginária até que a tivesse fixado psicologicamente como uma forma de crença em sua mente.

Com certeza, a conversa interior e a imaginação controlada estavam de acordo com seu objetivo, que era o de fazer investimentos seguros para seus clientes. Seu principal propósito na vida era fazer com que seus clientes ganhassem dinheiro e vê-los prosperar financeiramente por meio de seus conselhos sábios. Ele ainda usa o subconsciente nos negócios e é muito bem-sucedido em seu campo de atuação.

UM RAPAZ DE 16 ANOS TRANSFORMA UM FRACASSO EM SUCESSO

Um rapaz que cursava o ensino médio, ao conversar com o autor deste livro, confidenciou: "Estou com notas muito baixas, minha memória está fraca e não sei qual é o problema." O autor constatou

Os segredos que vão mudar sua vida

que a única coisa errada com o rapaz era sua atitude de indiferença e de ressentimento em relação a alguns professores e colegas. Ensinou-lhe, então, como usar o próprio subconsciente e ser bem-sucedido nos estudos.

O rapaz começou a proclamar frases, contendo verdades, várias vezes ao dia, particularmente à noite, antes de dormir, e também de manhã, após despertar. Esses são os melhores momentos para imprimir informações no subconsciente.

A ideia que repetia com frequência era a seguinte: "Sei que meu subconsciente é um depósito de memória e retém tudo que leio e ouço dos meus professores. Tenho uma memória perfeita, e a inteligência infinita em meu subconsciente me revela constantemente tudo o que preciso saber para os meus exames, sejam escritos ou orais. Irradio amor e boa vontade para todos os meus professores e colegas. Desejo a eles, com sinceridade, sucesso e apenas coisas boas."

Esse rapaz, agora, desfruta de uma liberdade que nunca teve, e só tira notas altas. Com frequência, imagina os professores e sua mãe cumprimentando-o por seu sucesso nos estudos.

COMO TORNAR-SE BEM-SUCEDIDO EM COMPRA E VENDA

Nos ramos de compra e venda, enquanto a mente consciente é o arranque, o subconsciente é o motor. Deve-se ligar o motor para permitir que ele desempenhe seu trabalho. A mente consciente é o dínamo que desperta o poder do subconsciente.

O primeiro passo para transmitir um desejo, ideia ou imagem definida para o subconsciente é relaxar, imobilizar a atenção e manter-se em silêncio. Essa atitude tranquila, relaxada e pacífica da mente evita que problemas externos e ideias falsas interfiram na absorção mental do ideal do indivíduo. Além disso, o esforço é reduzido ao mínimo quando se adota a atitude tranquila, passiva e receptiva da mente.

O segundo passo é começar a imaginar a realidade daquilo que se quer. Por exemplo, se o desejo é comprar uma casa, basta repetir,

292

em um estado de relaxamento da mente, a seguinte afirmação: "A infinita inteligência do meu subconsciente é onisciente. Revela-me agora a casa ideal, em uma área central, localizada em um bairro agradável, que vá ao encontro de todas as minhas necessidades e seja compatível com minha renda. Transmito agora esse pedido para o meu subconsciente e sei que este responderá de acordo com a natureza do meu pedido. Faço esse pedido com fé e confiança absoluta, do mesmo modo que um agricultor deposita uma semente no solo, com a confiança implícita nas leis do cultivo."

A resposta à oração pode vir através de um anúncio no jornal, de um amigo ou mesmo através da ação de guiá-lo diretamente para uma casa específica que tenha exatamente as características desejadas. Há muitas maneiras de se ter as preces respondidas. No entanto, é importante saber que a resposta sempre vem, desde que se tenha confiança no trabalho da mente mais profunda, ou seja, o subconsciente.

Pode-se querer vender uma casa, um terreno ou qualquer tipo de propriedade. Em consulta privada com corretores de imóveis, o autor deste livro contou-lhes como havia vendido sua casa na Orlando Avenue, em Los Angeles. Muitos deles aplicaram a técnica usada pelo autor e obtiveram resultados rápidos e excelentes. A técnica consiste em colocar uma placa no jardim em frente à casa com os dizeres : "À venda pelo proprietário." No dia seguinte, deve-se dizer a si mesmo, antes de dormir: "Supondo que a casa tenha sido vendida, o que farei?"

Responda a própria pergunta: "Vou arrancar a placa e jogá-la em algum canto na garagem." Em sua imaginação, o autor pegou a placa, arrancou-a do chão, jogou-a sobre os ombros e foi até a garagem. Ali, colocou-a no chão e falou, brincando: "Não preciso mais de você!" Sentia uma satisfação interior ao perceber que a questão estava liquidada.

No dia seguinte, um homem fez um depósito de uma elevada quantia e lhe disse: "Negócio fechado. Pode tirar a placa."

O autor puxou a placa imediatamente e levou-a para a garagem. A ação externa aconteceu de acordo com a interna. Não há nada de novo nisso. Da mesma forma que é dentro, também o é por fora, ou seja, a forma adotada pela imagem impressa no subconsciente é a mesma que estará na tela objetiva da vida do indivíduo. O exterior é o reflexo do interior. A ação externa segue a ação interna.

Outro método muito popular usado na venda de imóveis consiste em repetir devagar, com tranquilidade e sentimento, o seguinte: "A inteligência infinita vai atrair para mim o comprador que queira esta casa e que venha a prosperar nela. Esse comprador vai ser enviado a mim pela inteligência criativa do meu subconsciente, que não comete erros. Esse comprador pode olhar muitas outras casas, mas a minha é a única que ele quer, e vai comprá-la, pois é guiado pela inteligência infinita dentro dele. Sei que o comprador é a pessoa certa, que este é o momento certo e que o preço é justo. Tudo se encaixa. As correntes mais profundas do meu subconsciente estão agora em ação para fazer com que nós dois, tanto vendedor quanto comprador, nos encontremos em ordem divina. Sei que é assim que as coisas vão acontecer."

É bom sempre lembrar que aquilo que o indivíduo está procurando também está à sua procura e que, sempre que quiser vender uma casa ou qualquer tipo de propriedade, há sempre alguém que procura o que ele tem a oferecer. O uso dos poderes do subconsciente de forma correta faz com que se libere a mente de todo o senso de competição e ansiedade provocado pelo processo de compra e venda de imóveis.

COMO ELA CONSEGUIU OBTER O QUE QUERIA

Esta é a história de uma moça que tinha de pegar três ônibus e levava uma hora e meia para chegar às palestras e aulas do autor deste livro. Em uma das palestras, o autor explicou como um jovem que precisava de um carro para trabalhar conseguiu adquiri-lo.

A moça foi para casa e aplicou o método conforme exposto na palestra. Encontra-se transcrito, a seguir, um trecho de sua carta, com sua autorização para publicação, em que narra a aplicação do método do autor em sua vida:

Buscar a riqueza com o poder do subconsciente

Caro Dr. Murphy,

Foi assim que consegui ganhar um Cadillac, que eu queria muito para que pudesse frequentar suas palestras com regularidade. Na minha imaginação, visualizei as mesmas atitudes que eu teria como se realmente estivesse dirigindo um carro. O processo consistiu em minha ida à concessionária, onde o vendedor me levou para fazer um test drive. Andei no carro por vários quarteirões. Repeti diversas vezes que o Cadillac me pertencia.

Mantive a imagem mental consistente em que eu entrava no carro, dirigia-o, sentia o estofado etc., por mais de duas semanas. Na semana passada, dirigi um Cadillac para suas palestras. Meu tio de Inglewood faleceu e me deixou seu Cadillac e todos os seus bens.

UMA TÉCNICA DE SUCESSO EMPREGADA POR MUITOS EXECUTIVOS E EMPRESÁRIOS ILUSTRES

Há muitos empresários ilustres que usam discretamente o termo abstrato "sucesso" repetidas vezes por dia até ficarem convictos de que o sucesso é deles. Sabem que a ideia de sucesso contém todos os elementos essenciais para o sucesso. Da mesma forma, qualquer um pode começar agora a repetir a palavra "sucesso" para si com fé e convicção. O subconsciente vai aceitá-la como verdade absoluta, e o indivíduo vai ficar sob o estímulo de manifestação do subconsciente para ter sucesso.

O indivíduo é obrigado a expressar suas crenças subjetivas, impressões e convicções. Qual é o significado de sucesso para cada um? As pessoas, sem sombra de dúvida, querem ser bem-sucedidas na vida pessoal e no relacionamento com os outros. Desejam destaque no trabalho ou na profissão que escolheram, além de ter uma bela casa e todo o dinheiro de que necessitam para viver de modo confortável e feliz. Querem ser bem-sucedidas em suas vidas de orações e em seus contatos com os poderes do subconsciente.

295

Os segredos que vão mudar sua vida

Todo indivíduo também é um empresário, devido ao fato de estar no negócio da vida. Qualquer um pode se tornar um empresário bem-sucedido ao se imaginar fazendo o que anseia fazer e possuindo aquilo que anseia possuir. É preciso tornar-se imaginativo, participar mentalmente na realidade do espírito do sucesso e fazer disso um hábito. É importante que vá para a cama todas as noites sentindo-se bem-sucedido e plenamente satisfeito para que consiga finalmente implantar a ideia de sucesso no subconsciente. Basta acreditar que nasceu para o sucesso e, enquanto rezar, maravilhas vão acontecer em sua vida!

CAPÍTULO 5

Receba orientação do subconsciente

Como as invenções e as descobertas foram possíveis
com o uso do subconsciente

MUITOS CIENTISTAS JÁ PERCEBERAM a verdadeira impor-tância do subconsciente. Edison, Marconi, Kettering, Poincaré, Eins-tein e muitos outros fizeram uso dele. O subconsciente deu a eles a percepção interior e o "know-how" para todas as suas grandes con-quistas na ciência moderna e na indústria. Constatou-se através de pesquisas que foi a capacidade de se colocar em ação o poder do subconsciente que determinou o sucesso de todos os grandes cien-tistas e pesquisadores.

Eis um exemplo de como o químico famoso Friedrich von Stra-donitz fez uso de seu subconsciente para solucionar um problema: ele vinha trabalhando exaustivamente, já há algum tempo, na tenta-tiva de rearranjar os seis átomos de carbono e os seis átomos de hi-drogênio da fórmula do benzeno, e via-se constantemente perplexo e incapaz de solucionar a questão. Cansado e exaurido, transferiu o pedido para o subconsciente. Pouco tempo depois, quando estava para entrar em um ônibus em Londres, seu subconsciente apresentou à sua mente consciente uma imagem súbita de uma cobra mordendo a própria cauda e girando em torno de si como um cata-vento. Essa imagem, a partir do próprio subconsciente, deu a ele a resposta que há muito tempo procurava e que resultou no rearranjo circular dos átomos que é conhecido como o anel de benzeno.

Os segredos que vão mudar sua vida

COMO UM CIENTISTA NOTÁVEL GEROU SUAS INVENÇÕES

Nikola Tesla foi um brilhante cientista que produziu as mais surpreendentes invenções. Quando uma ideia para uma nova invenção lhe vinha à mente, ele a desenvolvia em sua imaginação, sabendo que o subconsciente reconstruiria e revelaria à sua mente consciente todas as partes necessárias para sua concretização através da fabricação. Por meio da contemplação silenciosa de cada melhoria possível, e sem nem mesmo perder tempo com a correção de defeitos, ele era capaz de dar aos técnicos o produto perfeito imaginado em sua mente.

Costumava dizer: "Invariavelmente, meu dispositivo funciona como imaginei que funcionaria. Em vinte anos, não houve uma única exceção."

COMO UM NATURALISTA FAMOSO SOLUCIONOU SEU PROBLEMA

O professor Agassiz, naturalista famoso, descobriu as atividades incansáveis de seu subconsciente enquanto dormia. Sua esposa, na biografia que escreveu do célebre marido, após sua morte, fez o seguinte relato:

Fazia duas semanas que Agassiz lutava para decifrar a impressão um tanto obscura de um fóssil de peixe na laje de pedra em que foi preservado. Cansado e perplexo, finalmente colocou seu trabalho de lado e tentou afastá-lo da mente. Pouco tempo depois, acordou uma noite convencido de que, enquanto dormia, tinha visto seu peixe perfeitamente restaurado com todas as partes que faltavam. Porém, quando tentou manter e fixar a imagem, esta lhe escapou. Entretanto, foi bem cedo ao Jardin des Plantes, pois achou que, se olhasse novamente para a impressão, veria algo que o colocaria na pista de sua visão. Em vão, pois o registro borrado estava negro como nunca. Na noite seguinte,

Receba orientação do subconsciente

viu o peixe novamente, mas sem nenhuma pista satisfatória. Quando acordou, a imagem do peixe desapareceu de sua memória, como antes. Na esperança de que a mesma experiência pudesse se repetir, na terceira noite, colocou um lápis e uma folha de papel do lado da cama, antes de dormir.

"Assim, antes de amanhecer, o peixe reapareceu em sonho, num primeiro momento de forma confusa e, depois, com tanta nitidez que o professor não teve mais dúvidas quanto às suas características zoológicas. Ainda meio adormecido, na total escuridão, desenhou essas características na folha de papel da cabeceira. De manhã ficou surpreso ao ver as características registradas no desenho noturno que achava impossível que o próprio fóssil pudesse revelar. Voltou ao Jardin des Plantes e, com a orientação de seu desenho, conseguiu talhar a superfície da pedra embaixo da qual se ocultavam as partes do peixe. Uma vez completamente exposto, verificou que o fóssil correspondia tanto ao sonho quanto ao desenho e pôde, portanto, classificá-lo com facilidade."

UM MÉDICO INFLUENTE
SOLUCIONOU O PROBLEMA DO DIABETES

Segue a essência de um artigo que descreve a origem da descoberta da insulina.

Cerca de quarenta anos atrás ou mais, o Dr. Frederick Banting, um brilhante médico-cirurgião canadense, concentrava sua atenção nos estragos do diabetes. Naquela época, a ciência médica não oferecia nenhum método eficaz para deter a doença. O Dr. Banting passava um tempo considerável entre experiências e estudos baseados na literatura internacional sobre o assunto. Numa determinada noite, chegou à exaustão e caiu no sono. Enquanto dormia, o subconsciente o instruiu a extrair o resíduo do tubo pancreático degenerado de cachorros. Essa foi a origem da insulina, que tem ajudado milhões de pessoas em todo o mundo.

Os segredos que vão mudar sua vida

Nota-se que o Dr. Banting insistira conscientemente no estudo do diabetes por um determinado tempo em busca de uma solução, de uma saída, e seu subconsciente respondeu de forma adequada.

Isso não significa que é sempre possível obter uma resposta durante o sono. A resposta pode demorar a chegar. Não se deve desanimar. É preciso continuar transmitindo o problema todas as noites para o subconsciente antes de dormir, como se nunca tivesse feito isso antes.

Uma das razões para a demora pode ser o fato de se considerar a questão como um problema maior do que deveria ou de se acreditar que vai levar muito tempo para solucioná-la.

O subconsciente é atemporal e não tem limites. Deve-se dormir acreditando que terá a resposta no presente momento. Não é preciso que se espere uma resposta no futuro. O importante é ter fé permanente no resultado. O leitor deve se convencer agora, enquanto lê este livro, de que há uma resposta e uma solução perfeita para o seu problema.

COMO UM CIENTISTA E FÍSICO FAMOSO ESCAPOU DE UM CAMPO DE CONCENTRAÇÃO RUSSO

O Dr. Lothar von Blenk-Schmidt, membro da American Rocket Society (uma sociedade de foguetes) e ilustre engenheiro eletrônico de pesquisa, contou como usou seu subconsciente para se livrar da morte certa nas mãos de guardas brutais em uma mina de carvão de um campo de concentração na Rússia. O resumo de seu relato:

"Fui prisioneiro de guerra em uma mina de carvão na Rússia e vi homens morrendo ao meu redor naquele campo de concentração. Éramos vigiados por guardas brutais, oficiais arrogantes e comissários astutos e espertos. Após um breve exame médico, destinava-se uma cota de carvão para cada pessoa. A minha cota era de 140 quilos por dia. Caso algum homem não atingisse sua cota, sua ração de alimento, que já era pequena, era cortada, e em pouco tempo, ele jazia em descanso no cemitério.

Receba orientação do subconsciente

"Comecei a me concentrar em minha fuga. Eu sabia que o meu subconsciente encontraria um caminho, de alguma forma. Minha casa na Alemanha estava destruída, minha família, exterminada, todos os meus amigos e antigos colegas também tinham sido mortos na guerra ou estavam em campos de concentração.

"Falei ao meu subconsciente: 'Quero ir para Los Angeles, e você vai encontrar um caminho.' Tinha visto fotos de Los Angeles e me lembrava de algumas avenidas muito bem, assim como de alguns edifícios.

"Todo dia e toda noite imaginava que estava andando pelo Wilshire Boulevard com uma garota norte-americana que conhecera em Berlim antes da guerra (ela hoje é minha esposa). Na minha imaginação, visitávamos as lojas, andávamos de ônibus e comíamos em restaurantes. Todas as noites, eu fazia questão de conduzir meu automóvel norte-americano imaginário para cima e para baixo pelas avenidas de Los Angeles. Isso tudo era vívido e real para mim. Essas imagens na minha mente eram tão reais e naturais quanto uma das três árvores do lado de fora do campo de concentração.

"Todas as manhãs, o chefe da guarda contava os prisioneiros enquanto estavam em fila. Ele costumava contar 'Um, dois, três etc.', e quando falava 17, meu número na sequência, eu dava um passo para o lado. Entretanto, em um determinado dia, o guarda foi chamado por um instante e, quando retornou, começou a contagem no homem seguinte como número 17, por engano. Quando formamos a fila novamente, na mesma noite, o número de homens era o mesmo, e não deram falta de mim. E levou um longo tempo até que descobrissem.

"Saí do campo sem ser detectado, continuei andando por 24 horas e só descansei no dia seguinte, em uma cidade deserta. Consegui sobreviver pescando e caçando alguns animais selvagens. Descobri que havia trens de carvão com destino para a Polônia e viajei num deles durante a noite, até que por fim desembarquei naquele país. E com a ajuda de amigos consegui chegar a Lucerna, na Suíça.

"Certa noite, no Palace Hotel, em Lucerna, conversei com um homem e sua esposa, ambos norte-americanos. O homem me perguntou se eu gostaria de ser um hóspede em sua casa em Santa

Os segredos que vão mudar sua vida

Monica, na Califórnia. Aceitei, e, quando cheguei a Los Angeles, constatei que o motorista do casal dirigiu ao longo do Wilshire Boulevard e de muitas outras avenidas que eu havia imaginado de forma tão vívida durante os vários meses passados nas minas de carvão da Rússia. Reconheci os edifícios que tinha visto em minha mente com tanta frequência. De fato, parecia que eu já tinha estado em Los Angeles antes. Consegui alcançar meu objetivo.

"Nunca vou deixar de admirar as maravilhas do subconsciente. Na verdade, o subconsciente tem caminhos que ainda desconhecemos."

COMO RECEBER ORIENTAÇÃO DO SUBCONSCIENTE

Quando o indivíduo se depara com "uma decisão difícil" ou quando tenta buscar a solução para um problema, é preciso começar a pensar construtivamente a respeito disso no mesmo instante. Entretanto, quem fica com medo e preocupação não tem condições de pensar de fato. O verdadeiro pensamento é livre de medo.

Eis uma técnica simples a ser usada para receber orientação sobre qualquer assunto: acalme a mente e o corpo. Diga ao corpo para relaxar, e ele vai obedecê-lo, pois não é dotado de vontade, iniciativa ou inteligência consciente. O corpo é um disco emocional que registra suas crenças e impressões. É preciso mobilizar a atenção, concentrar o pensamento na solução para o problema e tentar resolvê-lo com a mente consciente. Em seguida: pense como ficaria feliz em relação à solução perfeita, sinta a sensação que teria como se já tivesse obtido a resposta perfeita, deixe que a mente brinque com esse espírito de uma forma relaxada e, então, caia no sono. Se, ao acordar, não houver resposta, ocupe-se com outra coisa. É provável que a resposta venha à mente enquanto você estiver preocupado com outra coisa, como a torrada que pula da torradeira.

Quanto mais simples for o modo de receber a orientação proveniente do subconsciente, tanto melhor. Veja um exemplo: o autor deste livro uma vez perdeu um anel valioso que era uma relíquia de família. Procurou em todos os lugares possíveis e não conseguiu localizá-lo. À noite, conversou com o subconsciente da mesma maneira que conversaria com uma pessoa. Usou as seguintes palavras, antes de adormecer: "Você conhece todas as coisas. Você sabe onde está o anel, e agora vai me revelar isso."

Na manhã seguinte, acordou repentinamente com as palavras soando em seus ouvidos: "Pergunte ao Robert!"

Achou muito estranho que devesse perguntar ao Robert, que era um garoto de uns 9 anos. No entanto, seguiu a voz interior da intuição.

Robert disse: "Ah, sim. Peguei-o no quintal quando estava brincando com os meninos. Coloquei-o sobre a mesa no meu quarto. Não achei que valesse alguma coisa, por isso não comentei nada com ninguém."

O subconsciente vai sempre responder, desde que se confie nele.

O SUBCONSCIENTE REVELOU A LOCALIZAÇÃO DO TESTAMENTO DO PAI

Este exemplo é baseado na experiência de um jovem que frequenta as palestras do autor deste livro. O pai que morreu, aparentemente, não havia deixado testamento. Porém, a irmã desse rapaz disse que o pai lhe havia revelado a existência de um testamento com uma divisão justa para todos. Todas as tentativas de localização do testamento falharam.

Antes de dormir, o rapaz conversou com sua mente mais profunda, da seguinte forma: "Transmito agora esse pedido ao subconsciente, que sabe exatamente onde está esse testamento e vai revelá-lo a mim." Em seguida, concentrou seu pedido em uma única palavra: "Resposta", e a repetiu várias vezes como uma canção de ninar. Relaxou para dormir repetindo a palavra "Resposta".

Na manhã seguinte, esse rapaz teve um estalo avassalador de se dirigir a um determinado banco em Los Angeles, onde encontrou um cofre registrado em nome do pai, contendo o que procurava para resolver seus problemas.

O pensamento do indivíduo, quando vai dormir, desperta a latência poderosa que está em seu interior. Por exemplo, suponha que

Os segredos que vão mudar sua vida

um indivíduo esteja pensando em vender sua casa, fazer compras específicas no mercado de ações, acabar com uma sociedade, mudar-se para Nova York ou ficar em Los Angeles, dissolver o atual contrato ou adotar um novo. Para tomar uma decisão, deve proceder da seguinte maneira: sentar-se calmamente na poltrona ou diante da mesa de seu escritório; lembrar-se que existe uma lei universal de ação e reação em que a ação é o pensamento e a reação é a resposta do subconsciente. O subconsciente é reativo e reflexivo, uma vez que é esta sua natureza. Repercute, recompensa e restitui. Trata-se da lei da correspondência. Responde correspondendo. À medida que contempla a ação correta, o indivíduo vai experimentar de forma automática uma reação ou resposta, em seu interior, que representa a orientação ou resposta de seu subconsciente.

Ao buscar a orientação, o indivíduo simplesmente pensa com calma sobre a ação direta, o que significa que está usando a inteligência infinita do subconsciente até o ponto em que esta começa a utilizar-se do próprio indivíduo. A partir desse momento, o curso de ação é direcionado e controlado pela sabedoria subjetiva que há em seu interior e que é onisciente e onipotente. Sua decisão será a correta. Haverá apenas ação direta, pois o indivíduo está sob uma compulsão subjetiva de fazer a coisa certa. A palavra compulsão é usada neste livro porque a lei do subconsciente é a compulsão.

O SEGREDO DA ORIENTAÇÃO

O segredo da orientação ou ação direta é dedicar-se mentalmente à resposta certa, até que o indivíduo a encontre em seu interior. A resposta é um sentimento, uma conscientização interior, um palpite muito poderoso de que sabe que sabe. O indivíduo usa o poder até que este comece a utilizá-lo. Não se pode falhar ou dar um passo em falso enquanto estiver operando sob a sabedoria subjetiva que existe dentro de si. O indivíduo descobrirá que todos os caminhos são agradáveis e que todos os seus passos são de paz.

O SUBCONSCIENTE E AS MARAVILHAS DO SONO

O homem gasta cerca de oito das 24 horas do dia, ou seja, um terço de toda uma vida, dormindo. Esta é uma lei inexorável da existência. Isso também se aplica aos reinos vegetal e animal. Dormir é uma lei divina e muitas respostas aos problemas do ser humano vêm a ele quando está totalmente adormecido.

Muitas pessoas defendem a teoria de que o ser humano fica cansado durante o dia, dorme para descansar o corpo e que, enquanto dorme, ocorre um processo de recuperação. Entretanto, nada descansa durante o sono. O coração, os pulmões e todos os órgãos vitais funcionam enquanto você dorme. Ao comer antes de dormir, o alimento é digerido e assimilado. Além disso, a pele transpira e as unhas e os cabelos continuam crescendo.

O subconsciente nunca descansa ou dorme. Está sempre ativo e controlando todas as forças vitais. O processo de cura ocorre mais rapidamente enquanto se dorme, pois não há interferência da mente consciente. Obtêm-se respostas surpreendentes enquanto se dorme.

POR QUE SE DORME

O Dr. John Bigelow, famoso pesquisador de questões ligadas ao sono, autor de *The Mystery of Sleep*, demonstrou que à noite, enquanto o indivíduo dorme, ele recebe impressões, mostrando que os nervos dos olhos, ouvidos, nariz e paladar, e até os nervos do cérebro, ficam ativos durante o sono. Diz que a principal razão de o indivíduo dormir é devido à necessidade de "a parte mais nobre da alma se unir por abstração à sua natureza mais elevada e se tornar participante na sabedoria e na capacidade de antever dos deuses".

O Dr. Bigelow declara ainda que "os resultados dos meus estudos não apenas reforçaram as minhas convicções de que a suposta eliminação de cansaço e a isenção de atividades não eram o propó-

Os segredos que vão mudar sua vida

sito final do sono, como também clarearam a minha mente para o fato de que nenhuma parte da vida de um homem merece ser considerada mais indispensável a esse desenvolvimento espiritual simétrico e perfeito do que o tempo em que ele fica separado do mundo fenomenal durante o sono".

ORAÇÃO, UMA FORMA DE SONO

Como a mente consciente fica envolvida com dissabores, conflitos e discórdias o dia inteiro, é necessário se retirar periodicamente da evidência dos sentidos e do mundo objetivo e comungar em silêncio com a sabedoria interior do subconsciente. Entretanto, é preciso que se requeira orientação, força e maior inteligência em todas as fases da própria vida, para que seja capaz de superar todas as dificuldades e resolver seus problemas do dia a dia.

A ação de se retirar com regularidade das evidências dos sentidos e do barulho e da confusão da vida cotidiana também é uma forma de sono, isto é, o indivíduo fica adormecido para o mundo dos sentidos e vivo para a sabedoria e para o poder do próprio subconsciente.

EFEITOS ALARMANTES DA PRIVAÇÃO DE SONO

A falta de sono pode provocar irritabilidade, mau humor e depressão. O Dr. George Stevenson, da Associação Nacional de Saúde Mental norte-americana, esclarece: "Pode-se dizer que todos os seres humanos precisam de um mínimo de seis horas de sono por dia para ter boa saúde. A maioria das pessoas precisa de mais. Aqueles que acham que podem dormir menos estão enganando a si próprios."

Os estudiosos de pesquisas médicas que investigam os processos do sono e a privação dele destacam que a insônia rigorosa precede

Receba orientação do subconsciente

o colapso psíquico em alguns casos. Vale lembrar que o ser humano se recarrega espiritualmente durante o sono e que o sono adequado é essencial para produzir alegria e vitalidade na vida.

O SONO TRAZ CONSELHOS

Uma jovem ouvinte do programa matutino de rádio do autor deste livro, moradora de Los Angeles, contou que recebera uma lucrativa proposta de emprego, o dobro do salário, para trabalhar em Nova York. Estava na dúvida se deveria aceitar ou não e resolveu rezar, antes de dormir, nos seguintes termos: "A inteligência criativa do meu subconsciente sabe o que é melhor para mim. O subconsciente tem sempre tendência a privilegiar a vida e me revelará a decisão certa, que vai me beneficiar e a todos os envolvidos. Agradeço pela resposta que sei que virá."

Ela repetiu essa oração simples várias vezes, antes de dormir, como uma cantiga de ninar, e pela manhã teve uma sensação persistente de que não deveria aceitar a proposta. Rejeitou a proposta e acontecimentos subsequentes confirmaram seu palpite interior, pois a empresa faliu poucos meses após lhe terem feito a proposta de emprego.

A mente consciente pode ter estado correta em relação aos fatos conhecidos objetivamente, entretanto, foi a faculdade intuitiva do subconsciente que visualizou o fracasso da proposta e tudo o que a envolvia e estimulou a moça quanto ao modo de agir.

SALVO DO DESASTRE INEVITÁVEL

Eis aqui um exemplo de como a sabedoria do subconsciente pode instruir o indivíduo e protegê-lo quanto ao seu pedido por uma ação correta quando vai dormir.

Há muitos anos, antes da Segunda Guerra Mundial, o autor deste livro recebeu a excelente proposta para trabalhar no Oriente e rezou para obter orientação e a decisão correta a tomar: "A inteli-

Os segredos que vão mudar sua vida

gência infinita dentro de mim sabe de todas as coisas e a decisão correta será revelada a mim em ordem divina. Reconhecerei a resposta quando ela vier."

Repetiu essa oração simples várias vezes antes de dormir, como uma cantiga de ninar, e em sonho visualizou nitidamente as coisas que aconteceriam três anos à frente. Um velho amigo apareceu no sonho e disse: "Leia essas manchetes. Não vá!" As manchetes do jornal que apareceram no sonho diziam respeito à guerra e ao ataque a Pearl Harbor.

De vez em quando, o escritor deste livro sonha, literalmente. O sonho mencionado acima foi, sem dúvida, uma dramatização do subconsciente que projetou uma pessoa em que ele confiava e a quem respeitava. Para alguns, o aviso pode vir na figura da mãe, que aparece através de um sonho dizendo à pessoa para não ir a um lugar ou outro e revelando o motivo do aviso. O subconsciente é onisciente, sabe de todas as coisas. Costuma falar com o indivíduo apenas com uma voz que sua mente consciente aceita imediatamente como verdadeira. Às vezes, o subconsciente avisa o indivíduo com uma voz que soa como se fosse de sua mãe ou de algum ente querido, que pode fazer com que ele pare de andar subitamente na rua e depois fique sabendo que, se tivesse dado um passo além, teria sido atingido na cabeça por um objeto que caíra de uma janela.

O subconsciente do autor faz parte do subconsciente universal, e é por esse motivo que sabia que os japoneses estavam planejando uma guerra. E sabia, inclusive, quando a guerra iria começar.

O Dr. Rhine, diretor do Departamento de Psicologia da Universidade de Duke, reuniu uma quantidade enorme de provas que mostram que um grande número de pessoas em todo o mundo vê acontecimentos antes eles que ocorram. Em muitos casos, portanto, essas pessoas são capazes de evitar os acontecimentos trágicos previstos nitidamente em um sonho.

O sonho do autor mostrou claramente as manchetes no jornal *The New York Times* cerca de três anos antes da tragédia de Pearl Harbor. Devido ao sonho, o autor cancelou imediatamente a viagem quando sentiu uma compulsão subconsciente para agir dessa forma. Três anos depois, a Segunda Guerra Mundial comprovou que a voz interior da intuição era verdadeira.

O FUTURO DO INDIVÍDUO ESTÁ EM SEU SUBCONSCIENTE

É preciso ter em mente que o futuro do indivíduo, ou seja, o resultado do seu pensamento habitual, já está em sua mente, exceto quando ele o altera através da oração. O futuro de um país, da mesma forma, está no subconsciente coletivo do povo daquela nação. Não há nada de estranho no sonho que o autor teve em que viu as manchetes dos jornais de Nova York, bem antes do início da guerra. A guerra já tinha ocorrido em sua mente e todos os planos de ataque já estavam gravados nesse grande instrumento de registro, isto é, no subconsciente ou inconsciente coletivo da mente universal. Os acontecimentos de amanhã estão no subconsciente do ser humano, assim como os da próxima semana e do próximo mês, e podem ser vistos por uma pessoa altamente clarividente ou vidente.

Nenhum desastre ou tragédia pode acontecer com o indivíduo se este decidir rezar. Nada é predeterminado ou predestinado. Sua atitude mental, isto é, o modo como pensa, sente e acredita é que determina o seu destino. É possível, através da oração científica, cuja descrição encontra-se no capítulo anterior, moldar, formar e criar o próprio futuro. O homem colhe o que planta.

DURMA EM PAZ E ACORDE COM ALEGRIA

Aqueles que sofrem de insônia vão achar a oração a seguir bastante eficiente. Basta repetir devagar, com calma e sentimento, antes de dormir: "Meus dedos dos pés estão relaxados, meus tornozelos estão relaxados, meus músculos abdominais estão relaxados, meu coração e meus pulmões estão relaxados, minhas mãos e meus braços estão relaxados, meu pescoço está relaxado, meu cérebro está relaxado, meu rosto está relaxado, meus olhos estão relaxados, meu corpo e minha mente estão relaxados. Perdoo completa e espontaneamente a todos e desejo-lhes, com sinceridade, harmonia, saúde, paz e todas as bênçãos da vida. Estou em paz, estou em equilíbrio, sereno e calmo. Descanso em segurança e paz. Uma grande quietude se apossa de mim e uma grande tranquilidade acalma todo o meu ser à medida que sinto a Presença Divina dentro de mim. Sei que vou ser curado pela realização da vida e pelo amor. Enrolo-me no manto do amor e adormeço cheio de boa vontade para com todos. Ao longo da noite a paz permanece comigo e, de manhã, acordarei cheio de vida e de amor. Um círculo de amor é atraído em meu entorno. Não vou temer o mal, porque Tu estás comigo. Durmo em paz, acordo com alegria e Nele vivo, me desloco e subsisto."

CAPÍTULO 6

Encontre relacionamentos gratificantes com o poder do subconsciente

A solução de problemas conjugais

A IGNORÂNCIA RELATIVA ÀS funções e poderes da mente é a causa de todos os problemas conjugais. O atrito entre marido e mulher pode ser resolvido se cada um deles usar a lei da mente de forma correta. Quem reza unido, permanece unido. A contemplação dos ideais divinos, o estudo das leis da vida, o acordo mútuo em relação a um propósito e a um plano em comum e o prazer da liberdade pessoal geram um casamento harmonioso, a felicidade matrimonial e o sentido de unidade em que dois se tornam um.

O melhor momento para evitar o divórcio é antes do casamento. Não é errado tentar sair de uma situação ruim. Entretanto, por que entrar de cara em uma situação ruim? Não seria melhor dar atenção à verdadeira causa dos problemas conjugais, ou seja, chegar realmente à raiz do problema em questão?

Tal como acontece com outros problemas entre homens e mulheres, os problemas relacionados a divórcio, separação, anulação de união e litígios intermináveis estão diretamente ligados à falta de conhecimento do funcionamento da mente consciente e do subconsciente e da relação entre os mesmos.

Os segredos que vão mudar sua vida

O SENTIDO DO CASAMENTO

Para ser verdadeiro, o casamento deve, em primeiro lugar, ter um fundamento espiritual. Deve ser uma união do coração, pois este é o cálice do amor. A honestidade, a sinceridade, a bondade e a integridade também são formas de amor. Os cônjuges devem ser totalmente honestos e sinceros um com o outro. Não existe um verdadeiro casamento quando um homem se casa com uma mulher por causa de seu dinheiro, posição social ou para satisfazer seu ego, pois isso indica falta de sinceridade, honestidade e ausência do amor verdadeiro. Esse tipo de casamento é uma farsa, uma fraude, um disfarce.

Quando uma mulher diz "Estou cansada de trabalhar. Quero casar para ter segurança", sua premissa é falsa. Não está usando as leis da mente de forma correta. Sua segurança depende de seu conhecimento no que diz respeito à interação entre a mente consciente e o subconsciente e sua aplicação.

Por exemplo, uma mulher nunca vai deixar de ter riqueza e saúde se aplicar as técnicas descritas nos respectivos capítulos deste livro. Pode adquirir riqueza independentemente de seu marido, pai ou qualquer outra pessoa. Uma mulher não depende do homem para ter boa saúde, paz, alegria, inspiração, orientação, amor, riqueza, segurança, felicidade ou qualquer outra coisa no mundo.

Sua segurança e paz de espírito vêm do próprio conhecimento de seus poderes interiores e do uso constante das leis da própria mente de maneira construtiva.

COMO ATRAIR O MARIDO IDEAL

A leitora já está familiarizada com o funcionamento do subconsciente e sabe que qualquer coisa que venha a ser impressa nele será vivenciada no mundo exterior. Agora, deve começar a imprimir, em seu subconsciente, as qualidades e as características que deseja em um homem.

Encontre relacionamentos gratificantes com o poder do subconsciente

A técnica a seguir é excelente: sente-se à noite em uma poltrona, feche os olhos, acalme-se, relaxe o corpo, fique tranquila, passiva e receptiva. Converse com seu subconsciente e diga: "Estou atraindo para minha vida um parceiro que seja honesto, sincero, leal, fiel, pacífico, feliz e próspero. Essas qualidades que admiro estão submergindo em meu subconsciente neste momento. À medida que insisto nelas, essas características se tornam parte de mim e são incorporadas subconscientemente. Sei que existe uma lei irresistível de atração e que atraio para mim um indivíduo de acordo com minha crença subconsciente. Atraio aquilo que sinto ser verdadeiro em meu subconsciente. Sei também que posso contribuir para a paz e a felicidade dessa pessoa. Ela adora meus ideais e eu adoro os ideais dela. Ela não quer me dominar nem eu quero dominá-la. Existe amor, liberdade e respeito mútuos."

A mulher deve praticar esse processo para impregnar o subconsciente, para que seja possível ter a alegria de atrair para si um homem que possua as qualidades e características que foram mentalizadas. A inteligência subconsciente vai abrir um caminho no qual o casal vai se encontrar, de acordo com um fluxo irresistível e imutável do próprio subconsciente. É preciso que a leitora tenha grande desejo de dar o melhor de si em amor, devoção e cooperação, além de ser receptiva a esse dom de amor que dera ao subconsciente.

COMO ATRAIR A ESPOSA IDEAL

Repita a afirmação: "Atraio agora a pessoa certa e que tem total afinidade comigo. Trata-se de uma união espiritual, porque é um amor divino que funciona através da personalidade de alguém com quem combino perfeitamente. Sei que posso lhe dar amor, vivacidade, paz e alegria. Sinto e acredito que posso fazer com que a vida dessa pessoa seja plena, completa e maravilhosa. Agora, determino que ela possua as seguintes qualidades e atributos: que seja espiritual, leal, fiel, verdadeira, harmoniosa, pacífica e feliz. Somos irresistivelmente atraídos um pelo outro. Apenas a pessoa que pertence ao amor, à verdade e à beleza pode fazer parte da minha vida. Aceito minha companheira ideal agora".

À medida que pensa com calma e interesse nas qualidades e atributos que admira e que busca na companheira, o homem constrói o equivalente mental em sua mentalidade. Consequentemente, as correntes mais profundas de seu subconsciente reunirão o homem à sua companheira em ordem divina.

NÃO É PRECISO ERRAR UMA TERCEIRA VEZ

Recentemente, uma professora comentou com o autor deste livro: "Tive três maridos e todos eram passivos, submissos e dependiam de mim para tomar todas as decisões e cuidar de tudo. Por que atraio esse tipo de homem?"

O autor, então, perguntou-lhe se sabia que seu marido era dessa maneira e ela respondeu: "É claro que não. Se soubesse, não teria me casado com ele." Aparentemente, ela não aprendeu nada de seu primeiro erro. O problema residia em sua própria personalidade. Ela tinha um espírito muito dominador e, inconscientemente, queria alguém submisso e passivo, de modo que ela pudesse desempenhar o papel principal. Como isso tudo era uma motivação inconsciente, sua imagem subconsciente atraía o que ela desejava subjetivamente. Ela teve de aprender a romper o padrão, através da adoção do processo correto de oração.

COMO ELA DESTRUIU O PADRÃO NEGATIVO

A mulher mencionada no exemplo acima aprendeu uma verdade simples: quando se acredita ser possível ter o tipo de homem que idealiza, assim será realizado. A oração descrita a seguir foi usada por ela para acabar com o antigo padrão e atrair o cônjuge ideal: "Estou construindo, em minha mente, o tipo de homem que desejo. O homem que vou atrair para ter como marido é forte, poderoso, amoroso, muito masculino, bem-sucedido, honesto, leal e fiel. Ele vai encontrar amor e felicidade comigo. Vou adorar acompanhá-lo para onde quer que ele me leve. Sei que ele me quer e que eu também o quero. Sou honesta, sincera, amorosa e bondosa. Tenho dons maravilhosos para lhe oferecer, tais como boa vontade, um coração alegre e um corpo saudável. Ele vai me oferecer a mesma coisa. Darei e receberei. A inteligência divina sabe onde está esse homem e a sabedoria mais profunda do meu subconsciente reunirá agora nós dois, à sua maneira, e vamos nos reconhecer imediatamente. Transmito esse pedido para o subconsciente, que sabe como concretizá-lo. Agradeço pela resposta perfeita."

Ela rezou à noite e pela manhã, afirmando essas verdades e sabendo que, através da ocupação frequente da mente, ela alcançaria o equivalente mental buscado.

A RESPOSTA À ORAÇÃO

Passaram-se vários meses. Ela teve um grande número de encontros e eventos sociais, porém nenhum que tenha achado agradável. Quando estava a ponto de questionar, desistir, duvidar e vacilar, lembrava-se de que a inteligência infinita fazia o desejo acontecer à sua própria maneira e de que não havia nada com que se preocupar. O divórcio deu-lhe uma grande sensação de alívio e liberdade mental.

Pouco tempo depois, ela foi trabalhar como recepcionista em um consultório de um médico. Contou que, no minuto em que viu o médico, soube que era o homem de seu pedido através da oração. Aparentemente, ele soube também, uma vez que lhe fez um pedido de casamento na primeira semana em que ela estava trabalhando no consultório. E o casamento deles foi realmente feliz. Esse médico, ao contrário do tipo passivo ou submisso, tinha uma personalidade dominante. Fora jogador de futebol americano, um atleta de destaque. Além disso, era um homem profundamente espiritual, embora não fosse completamente devoto de nenhuma religião específica.

Os segredos que vão mudar sua vida

Ela conseguiu o que havia pedido através de oração porque reivindicou mentalmente de modo incansável. Em outras palavras, uniu-se mental e emocionalmente com sua ideia que, como consequência, tornou-se parte dela, como se fizesse parte de seu fluxo sanguíneo.

DEVO ME DIVORCIAR?

O divórcio é um problema individual. Não pode ser generalizado. Em alguns casos, é claro, o casamento não deveria nem ter acontecido. Em outros, o divórcio não é a solução, assim como o casamento não é a solução para a solidão. O divórcio pode ser uma atitude certa para uma pessoa e ser errada para outra. Uma divorciada pode ser uma mulher muito mais sincera e digna do que aquelas que permanecem casadas e talvez levem uma vida fantasiosa.

Eis aqui um exemplo de uma mulher cujo marido era um ex-presidiário viciado em drogas que batia nela e não ajudava no sustento da casa. Disseram-lhe que pedir o divórcio era uma atitude errada. O autor deste livro explicou-lhe que o casamento é uma união do coração. O casamento ideal é aquele em que dois corações se unem com harmonia, amor e sinceridade. A ação pura do coração é o amor.

Após essa explicação, ela soube o que fazer. Através de seu coração, sabia que não havia lei divina que a obrigasse a ser humilhada, intimidada e agredida, apenas porque alguém disse: "Eu vos declaro marido e mulher."

Aquele que estiver em dúvida de como agir deve buscar orientação, pois há sempre uma resposta, e é plenamente possível obtê-la. É só seguir a orientação que lhe chega no silêncio de sua alma e lhe diz em paz como proceder.

RUMO AO DIVÓRCIO

Um jovem casal estava prestes a se divorciar, pouco meses depois de ter se casado. O autor deste livro constatou que o rapaz tinha um medo constante de ser abandonado pela esposa. Tinha a expectativa de ser rejeitado e acreditava que ela se tornaria infiel. Esses pensamentos o perseguiam e se tornaram uma obsessão. Sua atitude mental era de distanciamento e desconfiança. Ela, por sua vez, sentia-se indiferente a ele. O próprio sentimento dele ou a atmosfera de perda e separação estavam criando uma barreira entre os dois. Isso provocou uma condição ou ação de acordo com o padrão mental que existia por trás. Existe uma lei de ação e reação, ou de causa e efeito, em que o pensamento é a ação e a resposta do subconsciente é a reação.

Sua esposa saiu de casa e pediu o divórcio, que era o que ele temia e acreditava que um dia ela faria.

O DIVÓRCIO COMEÇA NA MENTE

O divórcio ocorre primeiro na mente, enquanto os procedimentos legais vêm depois. Esses dois jovens estavam cheios de ressentimento, medo, desconfiança e raiva. Essas atitudes enfraquecem, exaurem e debilitam completamente a pessoa. Aprenderam que o ódio separa e que o amor, pelo contrário, busca unir. Começaram a perceber o que tinham feito com suas mentes. Nenhum deles conhecia a lei da ação mental e, portanto, estava fazendo uso indevido de sua mente e provocando caos e sofrimento. Essas duas pessoas voltaram a viver juntos, por sugestão do autor deste livro, e passaram a praticar a terapia da oração.

Começaram a irradiar amor, paz e boa vontade um para o outro. Cada um passou a irradiar harmonia, saúde, paz e amor ao outro, e a se alternar na leitura dos Salmos todas as noites. O casamento deles cresce mais fortalecido a cada dia.

A ESPOSA IRRITANTE

Com frequência, o motivo de a esposa se mostrar irritada é por achar que não recebe a atenção devida. Muitas vezes, é uma súplica por amor e afeição. É preciso dar atenção à esposa e demonstrar-lhe

Os segredos que vão mudar sua vida

afeição, além de elogiar e exaltar seus vários pontos positivos. Há também o tipo de mulher irritante que deseja remodelar o homem de acordo com seu padrão particular. Este é o caminho mais rápido do mundo para se livrar de um homem.

A esposa e o marido precisam deixar de ser mesquinhos, sempre buscando os defeitos ou erros insignificantes um do outro. É preciso que cada um dê atenção e faça elogios às qualidades construtivas e maravilhosas do outro.

O MARIDO RESSENTIDO

Se um homem começa a se ressentir e a ter pensamentos doentios contra a esposa por coisas ditas ou feitas por ela, ele está cometendo um adultério, psicologicamente falando. Um dos significados de adultério é idolatria, isto é, dar atenção ou unir-se mentalmente àquilo que é negativo ou destrutivo. Quando um homem se ressente de sua esposa em silêncio e se torna um marido hostil, ele pode ser caracterizado como infiel. Trata-se de infidelidade aos votos do casamento, proferidos no momento do matrimônio para amá-la, estimá-la e honrá-la todos os dias de sua vida.

O marido que passa por uma fase em que se encontra hostil, amargo e ressentido em relação à sua esposa, é capaz de evitar suas observações agressivas, minimizar sua raiva e, inclusive, se esforçar para ser atencioso, delicado e cortês. Além disso, pode contornar as diferenças com habilidade. Basta adotar a prática da oração e do esforço mental para eliminar o hábito do antagonismo. Depois, será capaz de ter um bom relacionamento não apenas com a esposa, mas também com os colegas de trabalho. Ao assumir um estado harmonioso, é inevitável que encontre paz e harmonia.

O GRANDE ERRO

Discutir problemas ou dificuldades conjugais com vizinhos ou parentes é um grande erro. Suponha, por exemplo, que a esposa diga à vizinha: "John nunca me dá dinheiro, trata minha mãe de forma abominável, bebe em excesso, é muitas vezes abusivo e me insulta."

Agora, a esposa está degradando e menosprezando o marido aos olhos de todos os vizinhos e parentes. Ele não parece mais ser o marido ideal, na visão deles. Nunca se deve discutir seus problemas conjugais com ninguém, a não ser com um experiente conselheiro de casais. Por que fazer com que várias pessoas vejam seu próprio casamento de forma negativa? Além disso, à medida que discute e apresenta esses defeitos de seu marido para terceiros, a esposa está, na verdade, criando esses estados dentro de si mesma. Quem está pensando e sentindo isso? A esposa, é claro! Ela é quem pensa e sente.

Os parentes costumam dar conselhos equivocados. Geralmente, são tendenciosos e preconceituosos, pois a declaração da esposa contra o marido nunca é feita de forma imparcial. Qualquer conselho que a esposa receba e que viole a regra de ouro, que é uma lei cósmica, não é bom nem seguro.

É bom lembrar que nunca dois seres humanos viveram sob o mesmo teto sem ter conflitos de temperamento e períodos de dores e tensões. Nunca se deve expor o lado infeliz do próprio casamento para os amigos. Deve-se manter as desavenças do casal para si mesmo e abster-se das críticas e condenações ao seu cônjuge.

NÃO TENTE TRANSFORMAR A ESPOSA

O marido não deve tentar dominar a esposa a ponto de transformá-la em uma segunda edição de si mesmo. Geralmente, a tentativa de mudá-la é feita com absoluta falta de tato e abrange muitos aspectos contrários à natureza dela. Essas atitudes são sempre insensatas e, muitas vezes, resultam na dissolução do casamento. Além disso, alteram e destroem o orgulho e a autoestima da esposa e suscitam um espírito de contrariedade e ressentimento que se torna fatal para a união do casal.

São necessários ajustes, é claro. Entretanto, se o marido fizer uma análise na própria mente e estudar o próprio caráter e comportamento, encontrará tantos defeitos que ficará ocupado pelo resto de sua vida. Se disser: "Vou transformá-la na pessoa que desejo", estará à procura de problemas e no caminho para o divórcio. Atrairá sofrimento para si e para seu casamento. Terá de aprender, da maneira mais difícil, que a única pessoa que precisa mudar é ele próprio.

REZAR JUNTOS E PERMANECER UNIDOS EM TODOS OS PASSOS DA ORAÇÃO

O primeiro passo: nunca carreguem irritações acumuladas de pequenas decepções de um dia para o outro. Não deixem de perdoar um ao outro por qualquer desavença antes de se recolher para dormir. No momento em que despertarem de manhã, peçam que a inteligência infinita os orientem em todos os seus caminhos. Mantenham pensamentos de paz, harmonia e amor um para com o outro, para com todos os membros da família e para com o mundo como um todo.

O segundo passo: agradeçam pelo café da manhã. Agradeçam pela comida maravilhosa, pela abundância e por todas as bênçãos recebidas. Não permitam que quaisquer problemas, preocupações ou discussão sejam abordados à mesa, em qualquer das refeições. Digam um para o outro: "Aprecio tudo o que está fazendo e irradio amor e boa vontade para você o dia todo."

O terceiro passo: marido e mulher devem se alternar na oração todas as noites. Não devem considerar o casamento como algo certo e imutável. É preciso demonstrar apreço e amor, além de reconhecimento e boa vontade, em vez de reprovação, crítica e repreensão. A melhor maneira de construir um lar pacífico e um casamento feliz é ter como base o amor, a beleza, a harmonia, o respeito mútuo, a fé em Deus e em todas as coisas boas. Leiam os Salmos 23, 27 e 91, o capítulo 11 da Epístola aos Hebreus, o capítulo 13 da Epístola aos Coríntios e outras passagens importantes da Bíblia antes de dormir. À medida que praticarem essas verdades, o casamento vai ficar cada vez mais fortalecido e abençoado através dos anos.

CRIAÇÃO DE RELAÇÕES HUMANAS HARMONIOSAS

Ao estudar este livro, aprende-se que o subconsciente é uma máquina de gravação que reproduz fielmente qualquer coisa gravada nela. Essa é uma das razões para que se aplique a regra de ouro das relações humanas.

Mateus, 7:12 diz: *Portanto, tudo o que vós quereis que os homens vos façam, fazei a eles também vós*. Esta citação tem significados exteriores e interiores. O ser humano tem interesse no significado interno, do ponto de vista do subconsciente, que é definido por: assim como deseja que os outros pensem de você, pense neles da mesma maneira. Assim como deseja que os outros sintam por você, sinta também por eles da mesma maneira. Assim como você quer que os outros se comportem em relação a você, comporte-se em relação a eles da mesma maneira.

Por exemplo: um indivíduo pode ser educado e cortês com uma pessoa em seu escritório, mas, pelas costas, é extremamente crítico e rancoroso mentalmente. Tais pensamentos negativos lhe são bastante destrutivos. É como tomar veneno. Na verdade, está tomando veneno mental, que lhe rouba vitalidade, entusiasmo, força, orientação e boa vontade. Esses pensamentos e emoções negativos mergulham em seu subconsciente e provocam todos os tipos de dificuldades e males em sua vida.

A CHAVE MESTRA PARA RELACIONAMENTOS FELIZES

Não julgueis, para que não sejais julgados. Porque, com o juízo com que julgardes, sereis julgados, e com a medida com que tiverdes medido, vos hão de medir a vós.

Mateus, 7:1-2

Um estudo desses versos e a aplicação das verdades interiores nele contidas representam a verdadeira chave para as relações harmoniosas. Julgar é pensar para se chegar a um veredito ou conclusão mental. O pensamento que um indivíduo tem sobre outra pessoa é o seu pensamento, pois a ação de pensar é unicamente dele. Como os pensamentos são criativos, o indivíduo cria a partir de sua própria experiência aquilo que pensa e sente em relação a outra pessoa. Portanto, também é verdade que a sugestão que o indivíduo dá a outra pessoa, dá também a si próprio, uma vez que sua mente cumpre o papel de meio criador.

É por isso que se diz: *Porque, com o juízo com que julgardes, sereis julgados*. Quando se conhece essa lei e a forma como funciona o subconsciente, passa-se a ter todo o cuidado ao pensar, sentir e agir certo para com o outro. Esses versículos ensinam sobre a emancipação do homem e revelam a solução específica para os problemas de cada um.

COM A MEDIDA COM QUE TIVERDES MEDIDO VOS HÃO DE MEDIR

O bem que se faz aos outros volta na mesma medida, assim como o mal que se faz também retorna, na mesma proporção, pela lei da própria mente. Se um homem ilude e engana os outros, na verdade ilude e engana a si próprio. Seu sentimento de culpa e de perda vão atrair algum tipo de prejuízo para si, de alguma forma, em algum momento. O subconsciente registra sua ação mental e reage de acordo com a intenção e a motivação mental.

O subconsciente é impessoal e imutável, e não considera pessoas nem respeita religiões ou instituições de quaisquer tipos. Não é compassivo nem vingativo. O modo como o indivíduo pensa, sente e age para com os outros acaba sempre retornando para ele.

AS MANCHETES DIÁRIAS LHE FAZIAM MAL

Comece agora a se observar. Observe suas reações às pessoas, condições e circunstâncias. Como você reage aos acontecimentos e notícias do dia? Não faz diferença alguma se todas as outras pessoas

Encontre relacionamentos gratificantes com o poder do subconsciente

estivessem erradas e apenas você estivesse certo. Se as notícias o incomodam, o problema é todo seu, pois as emoções negativas que sente roubam sua própria paz e harmonia.

Uma mulher escreveu ao autor deste livro para contar que seu marido tinha acesso de fúria sempre que lia o que alguns colunistas escreviam no jornal. Acrescentou que essa reação constante de raiva e de fúria reprimida provocara úlceras sangrentas e que o médico recomendara um recondicionamento emocional.

O autor convidou esse homem para fazer-lhe uma visita, quando então lhe explicou sobre o funcionamento da mente e o quanto era emocionalmente imaturo ficar com raiva quando outras pessoas escreviam artigos que ele desaprovava ou dos quais discordava.

O homem começou a perceber que deveria dar liberdade ao jornalista para se expressar, mesmo que este discordasse dele de forma política, religiosa ou sobre qualquer assunto. Do mesmo modo, o jornalista lhe daria liberdade de escrever uma carta ao jornal discordando das declarações publicadas. Com isso, o homem entendeu que podia discordar sem ser desagradável. Despertou para a verdade simples de que não é o que uma pessoa diz ou faz que o afeta, e sim sua reação ao que é dito ou feito.

Essa explicação foi a cura para esse homem, que percebeu que, com um pouco de prática, poderia dominar seus acessos de raiva matutinos. Passado algum tempo, a esposa contou ao autor deste livro que o marido ria de si mesmo e também do que os colunistas diziam ao ler o jornal. Eles deixaram de ter o poder de perturbá-lo, aborrecê-lo e irritá-lo. E as úlceras desapareceram, com o equilíbrio e a serenidade emocional.

ODEIO MULHERES, MAS GOSTO DE HOMENS

Uma secretária particular era muito ríspida com algumas das garotas do escritório onde trabalhava, pois, segundo ela, faziam fofoca e espalhavam intrigas a seu respeito. Ela própria admitiu que não gostava de mulheres, ao dizer: "Odeio mulheres, mas gosto de ho-

Os segredos que vão mudar sua vida

mens". Foi constatado que ela falava com as garotas que estavam abaixo dela hierarquicamente com um tom de voz bastante arrogante, autoritário e agressivo. Ela, por sua vez, ressaltou que as garotas tinham prazer em tornar as coisas difíceis para ela. O autor pôde verificar que realmente havia certa arrogância em seu modo de falar e que o tom de voz realmente poderia afetar algumas pessoas de um modo bastante desagradável.

Se todas as pessoas no escritório ou na fábrica onde um indivíduo trabalha o irritam, não há a possibilidade de a vibração, a irritação e a perturbação resultarem de algum padrão subconsciente ou projeção mental dele? É sabido que um cachorro reage ferozmente quando alguém demonstra ódio ou medo em relação a ele. Os animais captam suas vibrações subconscientes e reagem. Muitos seres humanos indisciplinados são tão sensíveis quanto os cachorros, gatos e outros animais.

O autor sugeriu a técnica da oração para essa secretária que odiava mulheres, esclarecendo que, quando ela começasse a se identificar com os valores espirituais e a afirmar as verdades da vida, sua voz, suas manias e o ódio que sentia pelas mulheres desapareceriam completamente. Ela ficou surpresa ao saber que a emoção do ódio é perceptível em discursos, ações e palavras escritas do indivíduo em qualquer fase de sua vida. Ciente disso, deixou de reagir como costumava, ou seja, com ressentimento e raiva. Ademais, estabeleceu um padrão de oração que passou a praticar no escritório, de forma regular, sistemática e consciente.

Eis a oração da secretária: "Penso, falo e ajo com amor, tranquilidade e de forma pacífica. Agora, irradio amor, paz, tolerância e bondade para todas as garotas que me criticaram e fizeram fofocas a meu respeito. Mantenho meus pensamentos imbuídos de paz, harmonia e boa vontade para com todas. Sempre que estiver prestes a reagir de forma negativa, devo dizer com firmeza a mim mesma: 'Vou pensar, falar e agir a partir do ponto de vista do princípio da harmonia, da saúde e da paz dentro de mim.' É a inteligência criativa que me orienta, me rege e me guia em todos os meus caminhos."

Encontre relacionamentos gratificantes com o poder do subconsciente

Ela acredita que a prática dessa oração transformou sua vida e que não houve mais aquelas críticas e perturbações. As garotas se tornaram colaboradoras e amigas um tempo depois. Ela descobriu que, se alguém tinha que mudar, esse alguém era ela própria.

O DISCURSO INTERIOR RETEVE SUA PROMOÇÃO

Certo dia, um vendedor procurou o autor deste livro e descreveu as dificuldades em trabalhar com o gerente de vendas da empresa. Encontrava-se na empresa há dez anos e não tinha recebido nenhuma promoção nem qualquer tipo de reconhecimento. Mostrou seu faturamento em vendas, proporcionalmente maior que o dos outros vendedores que atuavam no mesmo território. Disse que o gerente de vendas não gostava dele, que o tratava de forma injusta e que, em reuniões, era grosseiro e, às vezes, até ridicularizava suas sugestões.

O autor explicou-lhe que, sem dúvida, a causa para isso, em grande parte, estava dentro dele mesmo, e que sua concepção e crença em relação ao seu superior comprovava a reação daquele homem. *Com a medida com que tiverdes medido, vos hão de medir.* Sua medida mental ou conceito do gerente de vendas era de que ele era mesquinho e rabugento. Estava repleto de amargura e hostilidade contra o gerente. Em seu caminho para o trabalho, costumava manter uma vigorosa conversa consigo mesmo, cheia de críticas, argumentos mentais, recriminações e denúncias contra o gerente de vendas.

O que ele emitia de modo mental inevitavelmente recebia de volta. Esse vendedor percebeu que seu discurso interior era altamente destrutivo, pois a intensidade e a força de seus pensamentos e emoções silenciosas, e a condenação e a difamação mental do gerente de vendas, que conduzia pessoalmente, entraram em seu próprio subconsciente. Isso provocou uma reação negativa de seu chefe, assim como criou muitos outros distúrbios pessoais, físicos e emocionais.

Os segredos que vão mudar sua vida

O vendedor passou a rezar, com frequência, da seguinte forma: "Sou o único que pensa em meu universo. Sou responsável pelo que penso sobre o meu chefe. Meu gerente de vendas não é responsável pelo modo como penso a seu respeito. Recuso-me a permitir que qualquer pessoa, lugar ou coisa me irrite ou me perturbe. Desejo saúde, sucesso, paz de espírito e felicidade ao meu chefe. Desejo-lhe, com sinceridade, tudo de bom, e sei que ele é guiado pelo poder divino em todos os sentidos."

Repetia esta oração em voz alta, devagar, com tranquilidade e sentimento, sabendo que a mente é como um jardim e que qualquer coisa que plantar vai surgir como sementes de acordo com sua espécie. Aprendeu também a praticar a técnica da imagem mental antes de dormir, da seguinte forma: imaginar que o gerente de vendas o parabenizava por seu excelente desempenho, por seu zelo e entusiasmo e pela excelente reação dos clientes. Sentia a realidade de tudo isso, sentia o aperto de mão e o tom da voz do chefe, além de visualizá-lo sorrindo. Produziu um verdadeiro cinema mental e participou da dramatização com o melhor de sua capacidade. Noite após noite, projetava esse filme mental, pois sabia que o subconsciente era a tela receptiva na qual seria impresso seu imaginário consciente.

Aos poucos, por meio de um processo que pode ser chamado de osmose mental e espiritual, foi feita a impressão em seu subconsciente que, consequentemente, manifestou-se de maneira automática. O gerente de vendas convocou-o para ir para São Francisco, na Califórnia, parabenizou-o e lhe deu um novo cargo, como gerente de divisão de vendas, com mais de cem homens ao seu comando e grande aumento salarial. Ele mudara seu conceito e avaliação em relação ao chefe e este reagira de acordo.

TORNAR-SE EMOCIONALMENTE MADURO

O que uma pessoa diz ou faz não pode de fato perturbar ou irritar a outra, a não ser que a segunda o permita. A única maneira de a primeira pessoa perturbar a segunda é através do próprio pensamento da segunda. Por exemplo, se a segunda fica com raiva, tem de passar por quatro estágios em sua mente: pensar no que a primeira disse; decidir ficar com raiva e gerar uma emoção de raiva; em seguida, decidir agir; e, talvez, retrucar e reagir na mesma moeda. Isso tudo, ou seja, o pensamento, a emoção, a reação e a ação acontecem, todos, na mente da segunda pessoa.

Quando se torna emocionalmente maduro, o indivíduo deixa de responder negativamente às críticas e ressentimentos dos outros. Para que isso ocorra é necessário descer até o estado de baixa vibração mental para fazer parte da atmosfera negativa do outro. É preciso que o indivíduo se identifique com seu propósito na vida e que não permita que nenhuma pessoa, lugar ou coisa o desvie de sua sensação interior de paz, tranquilidade e saúde radiante.

O SIGNIFICADO DO AMOR NAS RELAÇÕES HUMANAS HARMONIOSAS

Sigmund Freud, o fundador austríaco da psicanálise, declarou que a personalidade adoece e morre se não tiver amor. O amor inclui compreensão, boa vontade e respeito pela divindade na outra pessoa. Quanto mais amor e boa vontade a pessoa emana e exala, mais amor recebe.

Quando se fere o ego de alguém e se destrói a avaliação que ele tem de si, não se pode conquistar sua boa vontade. É sabido que todas as pessoas querem ser amadas, apreciadas e tratadas de modo que se sintam importantes no mundo. É preciso compreender que a outra pessoa tem consciência de seu verdadeiro valor e que sente a dignidade de ser uma expressão do Princípio Único da Vida que anima todos os homens. Quando se trata o outro com amor e boa vontade, de forma consciente e com conhecimento de causa, eleva-se a outra pessoa e esta retribui na mesma moeda.

Os segredos que vão mudar sua vida

ELE ODIAVA O PÚBLICO

Um ator contou ao autor que foi vaiado pelo público em sua primeira aparição no palco. Acrescentou que a peça foi mal escrita e que, sem dúvida, ele não desempenhou bem o papel. Admitiu abertamente que durante meses depois do episódio continuou a odiar o público em geral. Ele os chamava de drogados, palermas, estúpidos, ignorantes, idiotas etc. Desistiu do teatro por desgosto e foi trabalhar em uma farmácia por um ano.

Um dia, um amigo convidou-o para assistir a uma palestra no Town Hall, em Nova York, sobre como conviver bem consigo mesmo. Essa palestra mudou a vida dele. Voltou aos palcos e começou a rezar com sinceridade tanto para o público quanto para si mesmo. Passou a projetar amor e boa vontade todas as noites antes de subir ao palco. Tornou um hábito pedir que a paz de Deus preenchesse os corações de todos os presentes e que estes fossem elevados e se sentissem inspirados. Durante cada uma das apresentações, enviava vibrações de amor para o público. Hoje ele é um grande ator e ama e respeita o público. Sua boa vontade e estima são transmitidas para os outros e sentidas por eles.

LIDAR COM PESSOAS DIFÍCEIS

Há pessoas difíceis de lidar, em função de serem deturpadas e distorcidas mentalmente e de estarem mal condicionadas. Muitas são delinquentes mentais, argumentativas, não cooperativas, rabugentas, cínicas e amargas. Geralmente, têm doenças psicológicas. É provável que o motivo de algumas pessoas terem mente deformada e distorcida se deva a alguma circunstância ocorrida na infância. Muitas têm deformidades congênitas. Da mesma forma que não se condena alguém que tenha tido tuberculose, não se condena uma pessoa por ser mentalmente doente. Ninguém, por exemplo, odeia ou tem ressentimento pelo fato de uma pessoa ser corcunda. Entretanto, há muitos corcundas com problemas psicológicos. Deve-se ter compaixão e compreensão. Compreender tudo é perdoar tudo.

328

A INFELICIDADE ADORA COMPANHIA

A personalidade detestável, frustrada, distorcida e deturpada está fora de sintonia com o Infinito. Ressente-se daqueles que são pacíficos, felizes e alegres. Geralmente, critica, condena e denigre aqueles que são muito bondosos e gentis. Costuma ter a seguinte atitude: "Como é que eles podem estar tão felizes, se eu estou tão infeliz?" Quer puxá-los para baixo, para que fiquem no seu nível. A infelicidade adora companhia. Quando o leitor compreender isso, ficará tranquilo, calmo e sem se deixar afetar.

A PRÁTICA DA EMPATIA NAS RELAÇÕES HUMANAS

Uma mulher procurou o autor recentemente e contou-lhe que odiava uma moça do escritório onde trabalhava. Deu como motivo o fato de que a outra era mais bonita, mais feliz e mais rica do que ela. Além disso, estava noiva do dono da empresa onde trabalhavam. Um dia após o casamento, a filha deficiente (de um casamento anterior) da mulher que ela odiava foi ao escritório. A criança abraçou a mãe e disse: "Mamãe, mamãe, adoro meu novo papai! Olha o que ele me deu!" Ela mostrou à mãe um lindo brinquedo novo.

O relato, com suas próprias palavras, foi o seguinte: "Meu coração foi em direção àquela garotinha e percebi o quanto ela devia estar feliz. Tive uma visão de como aquela mulher era feliz. De repente, senti amor por ela e fui até sua sala e lhe desejei toda a felicidade do mundo. Falei o que eu realmente estava sentindo."

No campo da psicologia atual, isso é chamado de empatia, que significa simplesmente a projeção imaginária da atitude mental de uma pessoa na de outra pessoa. A mulher que odiava projetou sua atitude mental ou o sentimento de seu coração na outra mulher e começou a pensar e a ver através do cérebro da outra mulher. Na verdade, passou a pensar e sentir como a outra mulher e também como a criança, uma vez que havia se projetado da mesma forma na

Os segredos que vão mudar sua vida

mente da criança. Estava agindo a partir do ponto de vista da mãe da criança.

Ao ter a tentação de ferir ou pensar mal de alguém, você deve projetar-se mentalmente em Moisés e pensar a partir do ponto de vista dos Dez Mandamentos. Aquele que tem propensão a ter inveja, ciúme ou raiva, deve projetar-se na mente de Jesus e pensar a partir desse ponto de vista, para que sinta a verdade das palavras: *Amai-vos uns aos outros.*

A CONDESCENDÊNCIA NUNCA VENCE

Ninguém deve permitir que tirem vantagem à sua custa e que vençam alguma situação com base em acessos de raiva, crises de choro ou de histeria. Essas pessoas têm perfil ditatorial e tentam escravizar os outros e fazer com que eles façam suas vontades. É preciso ser firme, porém gentil, e recusar-se a ceder. A condescendência nunca vence. Não se deve contribuir com a delinquência, o egoísmo e a possessividade desse tipo de indivíduo. E é bom lembrar: deve-se fazer o que é certo. O ser humano está aqui para cumprir seu ideal e permanecer fiel às verdades eternas e aos valores espirituais da vida, que são eternos.

Não dê a ninguém o poder de desviar o ser humano de seu objetivo, de seu propósito de vida, que é o de expressar seus talentos ocultos ao mundo para servir à humanidade e revelar cada vez mais a sabedoria, a verdade e a beleza de Deus a todas as pessoas ao redor do planeta. O homem tem de permanecer fiel ao seu ideal. Tem de saber, absoluta e definitivamente, que qualquer coisa que contribua para sua paz, felicidade e plenitude deve, necessariamente, contribuir para abençoar todos os homens que andam sobre a Terra. A harmonia da parte é a harmonia do todo, pois o todo está na parte e a parte está no todo. Tudo o que uma pessoa deve a outra, como diz São Paulo, é o amor, e o amor é o cumprimento da lei da saúde, da felicidade e da paz de espírito.

COMO USAR O SUBCONSCIENTE PARA PERDOAR

A vida não tem favoritos. Deus é vida, e esse Princípio da Vida está fluindo através de todos neste exato momento. Deus ama expressar-se como harmonia, paz, beleza, alegria e abundância através dos homens. Isso é chamado de a vontade de Deus ou a tendência da Vida.

Se o indivíduo oferecer resistência em sua mente ao fluxo da Vida, essa congestão emocional vai resmungar em seu subconsciente e provocar todos os tipos de condições negativas. Deus não tem nada a ver com as condições infelizes ou caóticas no mundo. Todas essas condições são provocadas pelo pensamento negativo e destrutivo do homem. Portanto, é tolice culpar Deus pelo seu problema ou doença.

Muitas pessoas têm o hábito de criar resistência mental ao fluxo da Vida, ao acusar e recriminar Deus pelo pecado, pelas doenças e pelos sofrimentos da humanidade. Outras jogam a culpa em Deus por suas dores, mazelas, perda de entes queridos, tragédias e acidentes. Ficam com raiva de Deus e acreditam que Ele é responsável por seus sofrimentos.

Enquanto as pessoas detiverem tais conceitos negativos em relação a Deus, vão enfrentar reações negativas automáticas de seu subconsciente. Na verdade, tais pessoas não sabem que estão punindo a si mesmas. Precisam ver a verdade, encontrar a liberdade e desistir de todo tipo de condenação, ressentimento e raiva contra qualquer pessoa ou qualquer poder externo a elas. Caso contrário, não poderão seguir em frente com saúde, felicidade ou atividades criativas. No momento em que essas pessoas acolherem um Deus repleto de amor em suas mentes e em seus corações, e no momento em que acreditarem que Deus é o Pai Amado que olha por elas, se preocupa com elas, orientando, sustentando e fortalecendo, esse conceito e crença sobre Deus ou o Princípio da Vida serão aceitos pelos seus subconscientes e elas vão se sentir abençoadas de inúmeras maneiras.

A VIDA SEMPRE PERDOA

A vida perdoa o indivíduo quando ele corta o dedo. A inteligência subconsciente que existe dentro dele providencia imediatamente sua recuperação. Novas células formam pontes sobre o corte. Caso alguém consuma alguma comida contaminada por engano, a vida o perdoa e faz com que a pessoa vomite, para preservar sua saúde. Se alguém queima a mão, o Princípio da Vida reduz o edema e a congestão e lhe fornece uma pele nova, um tecido novo e células novas. A vida não guarda rancor contra o ser humano e sempre o perdoa. Ela lhe devolve a saúde, a vitalidade, a harmonia e a paz, se o indivíduo cooperar com pensamentos em harmonia com a natureza. As lembranças negativas e dolorosas, a amargura e a má vontade atravancam e impedem o livre fluxo do Princípio da Vida no ser humano.

COMO BANIR O SENTIMENTO DE CULPA

O autor conheceu um homem que trabalhava todas as noites até aproximadamente 1 hora da manhã. Não dava atenção aos dois filhos e à esposa. Estava sempre muito ocupado com seu trabalho. Achava que as pessoas deviam lhe dar tapinhas nas costas por trabalhar tanto e de forma tão persistente até depois da meia-noite todos os dias. Sua pressão arterial estava acima de duzentos, e ele estava cheio de culpa. Inconscientemente, passou a punir-se pelo trabalho duro e passou a ignorar completamente seus filhos. Um homem em seu estado normal não age dessa forma. Tem interesse em seus filhos e no desenvolvimento deles e não fecha a porta de seu mundo à esposa

Essa foi a explicação que o autor deu a ele em relação ao motivo de trabalhar tanto: "Há algo que o consome por dentro, caso contrário você não agiria dessa forma. Você está punindo a si próprio. Precisa aprender a se perdoar." Ele realmente tinha um profundo sentimento de culpa, devido a um irmão.

O autor ainda explicou que não era Deus que o estava punindo, e sim que era ele próprio. Por exemplo, aquele que não aplica de forma correta as leis da vida vai sofrer consequências na mesma proporção. Ao colocar a mão em um fio de alta tensão desencapado, ele vai se eletrocutar. As forças da natureza não são más, mas o modo como são usadas é que determina se vão resultar em efeito bom ou ruim. A eletricidade não é prejudicial, mas depende de como é utilizada, pois pode tanto incendiar um edifício como iluminar uma casa. Portanto, o único pecado é a ignorância em relação à existência da lei e, consequentemente, a única punição é a reação automática à má utilização da lei.

Aquele que utilizar de forma errada o princípio da química pode explodir o laboratório ou a fábrica em que trabalha. Se alguém der um murro na parede, pode fazer sua mão sangrar. A parede não foi feita com essa finalidade, uma vez que ela serve de sustentação estrutural, além de divisória de um imóvel.

Esse homem percebeu que Deus não condena ou pune ninguém e que todo o seu sofrimento se devia à reação de seu subconsciente ao seu próprio pensamento negativo e destrutivo. Enganara seu irmão certa vez e, embora o irmão já estivesse morto, sentia muito remorso e culpa.

O autor lhe fez algumas perguntas: "Será que você enganaria seu irmão atualmente?" "Não", respondeu o homem. "Sentiu uma justificativa naquele momento?" "Sim", respondeu ele. "Mas você faria isso de novo hoje?" "Não", respondeu, "estou ajudando as outras pessoas a saber viver".

O autor acrescentou ainda o seguinte comentário: "Você agora tem uma capacidade maior de raciocínio e compreensão. O perdão é perdoar a si mesmo. O perdão é colocar seus pensamentos em sintonia com a lei divina da harmonia. A autocondenação é chamada de inferno (escravidão e restrição) e o perdão é chamado de céu (harmonia e paz)."

O fardo da culpa e da autocondenação foi tirado da mente dele, que ficou completamente curado. O médico mediu sua pressão arterial e esta estava dentro dos parâmetros normais. A explicação para isso foi a cura.

Os segredos que vão mudar sua vida

UM ASSASSINO QUE APRENDEU A SE PERDOAR

Um homem que assassinou o irmão na Europa procurou o autor, há muitos anos. Sofria grande angústia e tortura, e acreditava que Deus devia puni-lo. Explicou que seu irmão tivera um caso com sua esposa e que ele o havia matado porque ficou nervoso ao saber e perdeu a cabeça. Já fazia 15 anos que isso acontecera quando foi procurar o autor. Nesse meio-tempo, casara-se com uma norte-americana e fora abençoado com três filhos adoráveis. Ele estava em uma posição em que ajudava muitas pessoas. Era um homem transformado.

O autor esclareceu que ele não era mais o mesmo homem que atirara no irmão, em termos físicos e psicológicos, uma vez que os cientistas já constataram que todas as células do corpo humano mudam a cada 11 meses. Além disso, ele era um novo homem, tanto mental quanto espiritualmente. Agora estava cheio de amor e boa vontade para dar à humanidade em geral. O "velho" homem que cometeu o crime 15 anos atrás estava morto, mental e espiritualmente. Na verdade, ele estava condenando um homem inocente!

Essa explicação teve profundo efeito sobre ele, a ponto de declarar que sentiu como se tivessem tirado um grande peso de sua consciência. Compreendeu o significado da verdade citada na Bíblia: *Vinde então, e argui-me, diz o Senhor: ainda que os vossos pecados sejam como a escarlata, eles se tornarão brancos como a neve; ainda que sejam vermelhos como o carmesim, se tornarão como a branca lã.* (Isaías, 1:18)

A CRÍTICA NÃO PODE FERIR ALGUÉM
SEM O CONSENTIMENTO DESTE

Uma professora contou ao autor que um de seus colegas criticara um discurso feito por ela, comentando que falara muito rápido, que engolira algumas palavras, que ninguém pôde ouvi-la, que sua dic-

334

Encontre relacionamentos gratificantes com o poder do subconsciente

ção era ruim e que seu discurso não fora eficaz. Essa professora ficou furiosa e cheia de ressentimento em relação à crítica.

No entanto, admitiu ao autor que as críticas foram justas. A sua primeira reação foi realmente infantil e ela concordou que a carta contendo a crítica fora de fato uma bênção e um ótimo corretivo. Começou de imediato a suprir as deficiências em seu discurso, ao se matricular em um curso de oratória na City College. Escreveu e agradeceu a carta enviada pelo crítico por seu interesse, expressando reconhecimento pelas conclusões e constatações que lhe permitiram corrigir o problema de uma vez.

COMO TER COMPAIXÃO

Suponha que nada do que estava mencionado na carta tivesse sido verdade sobre a professora. Ela teria percebido que seu material em sala de aula havia suscitado os preconceitos, as superstições ou as crenças sectárias do crítico da carta e que, uma pessoa psicologicamente perturbada, simplesmente emanaria seu ressentimento porque se tornara desequilibrada em função do assunto abordado.

Compreender isso é ter compaixão. O próximo passo mais lógico seria rezar pela paz, harmonia e compreensão da outra pessoa. O indivíduo não pode ficar magoado quando sabe que tem domínio sobre seus pensamentos, reações e emoções. As emoções seguem os pensamentos, e o indivíduo tem o poder de rejeitar todos os pensamentos que possam perturbá-lo ou incomodá-lo.

ABANDONADA NO ALTAR

Há alguns anos, o autor foi a uma igreja para assistir a uma cerimônia de casamento. O noivo não apareceu e, após duas horas, a noiva chorou e então disse: "Rezei em busca de orientação divina. Esta pode ser a resposta, pois Ele nunca falha."

A reação da noiva foi a fé em Deus e em todas as coisas boas. Ela não teve nenhuma amargura no coração, pois, como ela mesma afirmou: "O casamento não devia ser a ação correta, pois minha oração tinha como objetivo a ação correta para nós dois." Alguém mais que tivesse uma experiência semelhante teria tido um ataque de nervos ou um desequilíbrio emocional, que poderia ter exigido sedação e talvez até mesmo hospitalização.

É preciso que cada um tenha sintonia com a inteligência infinita nas profundezas de seu subconsciente, para confiar na resposta da mesma forma que confiava na própria mãe quando esta lhe pegava no colo. Esta é uma forma de adquirir equilíbrio e saúde mental e emocional.

É UM ERRO SE CASAR. O SEXO É UMA COISA DO MAL, E EU SOU DO MAL

Algum tempo atrás, conversei com uma moça de 22 anos que aprendera que era pecado dançar, jogar cartas e sair com homens. Sofria ameaças da mãe, que lhe dizia que arderia eternamente no inferno caso desobedecesse à sua vontade e aos seus ensinamentos religiosos. A garota usava um vestido preto e meias pretas. Não usava ruge, batom ou qualquer tipo de maquiagem, porque a mãe falava que usar essas coisas era pecado. A mãe também afirmava que todos os homens eram do mal, e que o sexo era coisa do mal e uma libertinagem simplesmente diabólica.

Essa moça teve de aprender um modo de perdoar a si mesma, uma vez que vivia cheia de culpa. Perdoar significa renunciar. Ela teve de abandonar todas essas crenças falsas sobre as verdades da vida e fazer uma nova avaliação de si mesma. Quando saía com rapazes do escritório onde trabalhava, era acometida de profundo sentimento de culpa e achava que Deus iria puni-la. Vários rapazes a pediram em casamento, mas ela disse ao autor do livro: "É um erro casar. O sexo é coisa do mal, e eu sou do mal." Essa era a voz da sua consciência ou um condicionamento proveniente da infância.

Consultou o autor uma vez a cada sete dias, durante dez semanas, e aprendeu sobre o funcionamento da mente consciente e do subconsciente, conforme estabelecido neste livro. Essa moça, aos poucos, passou a enxergar que tinha sofrido uma completa lavagem cerebral, sido hipnotizada e condicionada por uma mãe ignorante, supersticiosa, fanática e frustrada. Afastou-se completamente de sua família e começou a viver uma vida nova.

Por sugestão do autor, mudou a maneira de se vestir e o estilo do cabelo. Teve aulas de dança, além de aulas para aprender a dirigir. Aprendeu a nadar, a jogar cartas e teve vários encontros com homens. Passou a amar a vida. Rezava por um companheiro divino, reivindicando que o Espírito Infinito atraísse para si um homem que combinasse com ela integralmente. Isso finalmente aconteceu. Um dia, ao sair do consultório do autor, havia um homem à espera para se consultar também e o autor apresentou os dois. Eles agora são casados e se dão perfeitamente bem.

O PERDÃO É NECESSÁRIO PARA A CURA

E, quando estiverdes orando, perdoai, se tendes alguma coisa contra alguém. (Marcos, 11:25) Perdoar os outros é essencial para a paz mental e a saúde radiante. O indivíduo deve perdoar todos que o magoam se quiser ter uma saúde perfeita e felicidade. Deve perdoar a si próprio, procurando ter pensamentos que estejam em harmonia com a lei e a ordem divina. Não se pode de fato perdoar completamente a si próprio se não perdoar os outros primeiro. Recusar-se a se perdoar não passa de orgulho espiritual ou de ignorância.

No campo atual da medicina psicossomática tem sido constantemente enfatizado que o ressentimento, a condenação aos outros, o remorso e a hostilidade estão por trás de uma série de males que vão da artrite às doenças cardíacas. Os médicos ressaltam que essas pessoas doentes, que foram magoadas, maltratadas, enganadas ou prejudicadas, estão cheias de ressentimento e ódio daqueles que as prejudicaram. Foi isso que provocou feridas inflamadas e purulentas no subconsciente de cada uma delas, e só há um remédio para a cura. Essas pessoas têm de eliminar e descartar suas mágoas, e a única maneira certa para isso é através do perdão.

O PERDÃO É O AMOR EM AÇÃO

O ingrediente essencial na arte do perdão é a vontade de perdoar. Aquele que deseja com sinceridade perdoar o outro já superou mais da metade dos obstáculos. É sabido que o fato de um indivíduo perdoar o outro não significa necessariamente que goste do outro ou que deseje se associar de alguma forma a ele. Ninguém é obrigado a gostar de alguém, assim como um governante não pode legislar boa vontade, amor, paz ou tolerância. É praticamente impossível gostar de pessoas em função de alguém da Casa Branca baixar um decreto para tal. No entanto, é possível que o indivíduo ame as pessoas sem gostar delas.

A Bíblia diz: *Amai-vos uns aos outros*. Quem realmente quiser, pode fazer isso. Amar significa desejar saúde, felicidade, paz, alegria e todas as bênçãos da vida ao próximo. E, para tal, é preciso apenas um único pré-requisito: a sinceridade. Ao perdoar, o indivíduo não está sendo magnânimo, e sim egoísta, uma vez que, o que deseja para o outro, na verdade, é o que deseja para si mesmo. A razão para tal é que ele pensa e sente com sinceridade. Como pensa e sente, assim é. Pode existir algo mais simples do que isso?

A TÉCNICA DO PERDÃO

O método a seguir é uma técnica simples que faz maravilhas para quem a pratica: acalme a mente e se entregue. Pense em Deus e em Seu amor pelo ser humano e, em seguida, afirme: "Perdoo inteiramente e por livre e espontânea vontade (mencionar o nome do agressor) e liberto-o mental e espiritualmente. Perdoo completamente tudo que esteja ligado ao assunto em questão. Estou livre e ele/ela está livre. É um sentimento maravilhoso. É o meu dia de anistia geral. Liberto toda e qualquer pessoa que já me feriu e desejo saúde, felicidade, paz e todas as bênçãos da vida a todos. Faço isso espontaneamente, com alegria e amor, e sempre que pensar na pessoa ou nas pessoas que me feriram direi: 'Liberto você, e todas as bênçãos da vida são suas.' Estou livre e você está livre. É maravilhoso!"

O grande segredo do verdadeiro perdão é que, uma vez perdoada a pessoa, não é necessário que se repita a oração. Sempre que a pessoa vier à sua mente, o indivíduo deve lhe desejar o bem e dizer: "Que a paz esteja com você." Deve fazer isso sempre que o pensamento entrar em sua mente. Vai descobrir que, após uns dias, o pensamento da pessoa ou da experiência vai retornar com uma frequência cada vez menor, até desaparecer integralmente.

A PROVA DE FOGO DO PERDÃO

Existem formas de testar a autenticidade do ouro. E, da mesma forma, existe uma prova de fogo para o perdão. Se contarem a um indivíduo algo maravilhoso sobre um terceiro que o tenha ofendido, traído ou enganado, e esse indivíduo sentir-se indignado ao ouvir as boas-novas sobre esse terceiro, isso significa que as raízes do ódio ainda estão em seu subconsciente, provocando destruição.

Supondo que um indivíduo tenha tido um abscesso doloroso na mandíbula há um ano e ele tivesse contado a um terceiro, este teria perguntado, de forma casual, se ele ainda sentia alguma dor. E o indivíduo, então, teria dito, automaticamente: "Claro que não. Tenho a lembrança do ocorrido, mas não sinto nenhuma dor." Esta é a questão. Pode-se ter a lembrança de um incidente sem que este ainda o magoe ou fira. Essa é a prova de fogo que o indivíduo deve enfrentar tanto psicológica quanto espiritualmente, pois, do contrário, estará apenas enganando a si mesmo e deixando de praticar a verdadeira arte do perdão.

COMPREENDER TUDO É PERDOAR TUDO

Quando o homem compreende a lei criativa da própria mente, deixa de culpar as outras pessoas e as condições de sucesso ou de fracasso de sua vida. Sabe que seus próprios pensamentos e sentimentos criam seu destino. Além disso, está ciente de que os fatores externos não são a causa nem o condicionamento de sua vida e de

Os segredos que vão mudar sua vida

suas experiências. Achar que os outros podem estragar a sua felicidade, que faz parte da trama de um destino cruel, que deve se opor e lutar contra os outros para sobreviver, tudo isso e outras coisas semelhantes são insustentáveis quando o indivíduo compreende que os pensamentos são coisas, se materializam. A Bíblia afirma a mesma coisa. *Porque, como imaginou em seu coração, assim é ele.* (Provérbios, 23:7)

CAPÍTULO 7

Desenvolver hábitos positivos com o subconsciente

WILLIAM JAMES, O PAI da psicologia norte-americana, disse que a maior descoberta do século XIX não se encontrava no campo da ciência física. A maior descoberta foi o poder do subconsciente sustentado pela fé. Em todo ser humano há um reservatório sem limites de poder que pode superar qualquer problema no mundo.

A felicidade verdadeira e duradoura entrará na vida do indivíduo no dia em que ele tiver a percepção clara de que pode superar qualquer fraqueza, ou seja, no dia em que compreender que seu subconsciente pode resolver seus problemas, curar seu corpo e fazê-lo prosperar além de seu maior sonho.

Qualquer um vai se sentir muito feliz quando o filho nascer, quando se casar, quando se formar na faculdade, quando conquistar uma grande vitória ou ganhar um prêmio, quando ficar noivo da garota mais encantadora ou noiva do rapaz mais bonito. Essa lista pode continuar com as inúmeras experiências que fazem uma pessoa feliz. No entanto, independentemente do quanto essas experiências sejam maravilhosas, não resultam em uma felicidade de fato duradoura, pois as experiências são transitórias.

O Livro dos Provérbios dá uma resposta a esta questão: *Feliz é aquele que confia no Senhor.* Quando confia no Senhor (o poder e a sabedoria de seu subconsciente) para liderar, guiar, governar e diri-

Os segredos que vão mudar sua vida

gir todos os seus caminhos, o indivíduo se torna equilibrado, sereno e tranquilo. À medida que irradia amor, paz e boa vontade, o indivíduo constrói uma superestrutura de felicidade para todos os dias de sua vida.

A ESCOLHA DA FELICIDADE

A felicidade é um estado de espírito. Existe uma frase na Bíblia que diz: *Escolhei hoje a quem quereis servir*. O homem tem a liberdade de escolher a felicidade. Isso pode parecer bastante simples, e de fato é. Talvez seja por isso que as pessoas tropecem no caminho para a felicidade, pois não veem como é simples obter a chave para ela. As maiores coisas da vida são simples, dinâmicas e criativas. E são elas que produzem o bem-estar e a felicidade.

São Paulo revela como é possível pensar no próprio caminho para uma vida de poder dinâmico e felicidade através das seguintes palavras: *Além disso, irmãos, tudo o que é verdadeiro, tudo o que é nobre, tudo o que é justo, tudo o que é puro, tudo o que é amável, tudo o que é de boa fama, tudo o que é virtuoso e louvável, eis o que deve ocupar vossos pensamentos.* (Filipenses, 4:8)

COMO ESCOLHER A FELICIDADE

É preciso começar desde já a escolher a felicidade. E é assim que se deve fazer: quando abrir os olhos de manhã, diga a si mesmo: "Ordem divina, tome conta da minha vida hoje e todos os dias. Todas as coisas cooperam para o meu bem-estar no dia de hoje. Este é um dia novo e maravilhoso para mim. Nunca haverá outro dia como este. Sou guiado pelo divino durante todo o dia, e tudo o que eu fizer vai prosperar. O amor divino me cerca e me envolve e sigo em frente em paz. Sempre que minha atenção se desviar do que é bom e construtivo, vou trazê-la imediatamente de volta para a contemplação do que é belo e de boa fama. Sou um ímã espiritual e mental que atrai todas as coisas que me abençoam e me fazem prosperar. Vou ter grande sucesso em todos os meus compromissos do dia de hoje. Vou, definitivamente, ser feliz o dia inteiro."

É só começar cada dia dessa maneira para escolher a felicidade e se tornar uma pessoa radiante de alegria.

O HÁBITO DE SER FELIZ

Há alguns anos, o autor deste livro esteve por uma semana na casa de um fazendeiro, em Connemarra, na Costa Oeste da Irlanda. O fazendeiro parecia estar sempre cantando e assobiando, de bom humor. Quando o autor lhe perguntou qual era o segredo de sua felicidade, sua resposta foi a seguinte: "É um hábito meu ser feliz. Todas as manhãs, quando acordo, e todas as noites, antes de dormir, abençoo minha família, as plantações, o gado e agradeço a Deus pela colheita maravilhosa."

Esse fazendeiro tornou esse hábito uma prática por mais de quarenta anos. Como é sabido, os pensamentos repetidos de modo regular e sistemático mergulham no subconsciente e se tornam habituais. Ele descobriu que a felicidade é um hábito.

É PRECISO DESEJAR SER FELIZ

Há um aspecto muito importante sobre ser feliz. Deve-se desejar com sinceridade ser feliz. Há pessoas que estiveram depressivas, desanimadas e infelizes por tanto tempo que, ao se tornarem felizes de repente, por alguma notícia maravilhosa, boa e alegre, na verdade fazem como uma mulher que disse ao autor: "É errado ser tão feliz assim!" Estavam tão acostumadas com os velhos padrões mentais que não se sentem à vontade quando estão felizes! Anseiam pelo antigo estado de depressão e infelicidade.

O autor conheceu uma mulher na Inglaterra que teve reumatismo por muitos anos. Costumava dar um tapa no joelho e dizer:

"Meu reumatismo está péssimo hoje. Não posso sair. Meu reumatismo me faz sofrer."

Essa querida senhora conseguiu obter bastante atenção por parte do filho, da filha e dos vizinhos. Ela de fato queria ter reumatismo. Ela gostava de seu "sofrimento", como ela própria chamava. Essa mulher não queria realmente ser feliz.

O autor lhe sugeriu uma técnica de cura. Escreveu alguns versos bíblicos e lhe disse que, se desse atenção àquelas verdades, sem dúvida alguma sua atitude mental mudaria e resultaria em fé e confiança para que sua saúde fosse restabelecida. Ela não estava interessada. Parece haver um traço peculiar, mental e mórbido, em muitas pessoas, que faz com que apreciem sofrer e ser tristes.

POR QUE ESCOLHER A INFELICIDADE?

Muitas pessoas escolhem a infelicidade por alimentar as seguintes ideias: "Hoje é um dia negro e tudo vai dar errado", "Não vou conseguir", "Todo mundo está contra mim", "O negócio está ruim e vai ficar ainda pior", "Estou sempre atrasado", "Nunca tenho oportunidades", "Ele pode, mas eu não posso". Aquele que tem essa atitude mental, como primeira coisa logo de manhã, atrai todas essas experiências para si e se torna muito infeliz.

Em vez disso, é preciso começar a perceber que o mundo em que se vive é determinado, em grande parte, pelo que se passa na mente de cada um. Marco Aurélio, o grande filósofo e sábio romano, afirmou: "A vida de um homem é o que os seus pensamentos fazem dela." Emerson, o filósofo mais importante dos Estados Unidos, disse: "Um homem é o que ele pensa o dia todo." Os pensamentos acolhidos habitualmente na mente têm a tendência de se concretizarem em realidade.

Certifique-se de não favorecer pensamentos negativos, pensamentos derrotistas ou desagradáveis, pensamentos deprimentes. O indivíduo deve sempre lembrar à mente que ele não pode experimentar nada que esteja fora de sua mentalidade.

Desenvolver hábitos positivoscom o subconsciente

SE EU TIVESSE 1 MILHÃO DE DÓLARES, EU SERIA FELIZ

O autor visitou muitos homens em instituições de saúde para problemas mentais que eram milionários, mas que insistiam em dizer que não tinham dinheiro e que eram indigentes. Foram internados em função de apresentar tendências psicóticas, paranoicas e maníaco-depressivas. A riqueza em si não faz ninguém feliz. Por outro lado, não é um obstáculo para a felicidade. Hoje, há muitas pessoas que tentam comprar a felicidade adquirindo aparelhos caros, televisões, automóveis, casa de campo, iate, piscina, mas a felicidade não pode ser comprada ou adquirida dessa maneira.

O reino da felicidade está no pensamento e no sentimento de cada um. Muitas pessoas acham que é preciso algo artificial para produzir felicidade. Alguns dizem: "Se eu fosse eleito prefeito, se eu viesse a ser o presidente da empresa, se eu fosse promovido a gerente-geral da empresa, eu seria feliz."

A verdade é que a felicidade é um estado mental e espiritual. Nenhuma dessas posições mencionadas vão necessariamente trazer a felicidade. A força, a alegria e a felicidade do homem consistem em descobrir as leis da ordem divina e da ação correta alojadas no subconsciente e em aplicar esses princípios em todas as fases de sua vida.

A DESCOBERTA DA FELICIDADE
COMO RESULTADO DE UMA MENTE TRANQUILA

Em meio a palestras em São Francisco, há alguns anos, o autor entrevistou um homem que estava muito infeliz e desanimado com os rumos de sua empresa. Ele era o gerente-geral. Seu coração estava cheio de ressentimento em relação ao vice-presidente e ao presidente da empresa. Alegou que estavam contra ele. No entanto, foi por causa do seu conflito interno que o negócio entrara em declínio e ele passou a não receber dividendos ou bonificações.

Esse homem solucionou seu problema nos negócios da seguinte forma: a primeira coisa que fazia pela manhã era afirmar com tran-

Os segredos que vão mudar sua vida

quilidade: "Todos aqueles que trabalham em nossa empresa são honestos, sinceros, cooperativos, fiéis e cheios de boa vontade para com todos. São elos mentais e espirituais na cadeia de crescimento, bem-estar e prosperidade dessa organização. Irradio amor, paz e boa vontade em meus pensamentos, palavras e ações para os meus dois associados e para todos que fazem parte da empresa. O presidente e o vice-presidente de nossa empresa são orientados pela ordem divina em todas as suas realizações. A inteligência infinita do meu subconsciente toma todas as decisões por mim. Há apenas ação correta em todas as nossas transações de negócios e em nossas relações uns com os outros. Envio os mensageiros de paz, amor e boa vontade para o escritório antes de mim. A paz e a harmonia reinam supremas nas mentes e nos corações de todos que trabalham na empresa, eu inclusive. Agora sigo em frente para iniciar um novo dia, cheio de fé, confiança e convicção."

O executivo repetia a meditação acima lentamente três vezes pela manhã, sentindo a verdade do que afirmava. Quando pensamentos de medo ou raiva se apossavam de sua mente, durante o dia, dizia a si mesmo: "A paz, a harmonia e o equilíbrio governam minha mente em todos os momentos."

Ao conseguir disciplinar sua mente dessa forma, todos os pensamentos destrutivos deixaram de ocorrer, e a paz passou a reinar em sua mente. E foi assim que obteve resultado.

Na sequência, escreveu ao autor para dizer que, ao final de cerca de duas semanas de reorganização mental, o presidente e o vice-presidente o chamaram no escritório, elogiaram suas operações e suas ideias novas e construtivas e salientaram que se sentiam felizes em tê-lo como gerente-geral. O autor ficou muito feliz em descobrir que o homem encontrou a felicidade dentro de si mesmo.

O BLOQUEIO NÃO ESTÁ LÁ DE FATO

O autor leu um artigo de jornal, há alguns anos, que falava sobre um cavalo que recuara ao se deparar com um tronco no meio da estrada. A partir daí, toda vez que se deparava com aquele tronco, o cavalo recuava. O fazendeiro arrancou o tronco, queimou-o e nivelou o piso da estrada. Ainda assim, durante 25 anos, toda vez que passava pelo lugar do antigo tronco, o cavalo recuava. O cavalo estava recuando baseado na lembrança do tronco.

Não há bloqueio à sua felicidade, a não ser em nível de pensamento e imaginação mental de cada indivíduo. O medo ou preocupação o impedem de prosseguir? O medo é um pensamento que se aloja na mente. É possível desenterrá-lo a qualquer momento, suplantando-o com fé no sucesso, na realização e na vitória sobre todos os problemas.

O autor conheceu um homem que fracassou nos negócios: "Cometi erros. E, com isso, aprendi bastante. Pretendo voltar aos negócios e sei que terei um sucesso extraordinário." Ele enfrentou o bloqueio em sua mente. Não se lamentou nem reclamou. Simplesmente eliminou o obstáculo do fracasso e, através da fé em seus poderes interiores para apoiá-lo, baniu todos os pensamentos de medo e antigas depressões. Basta acreditar em si mesmo para ser bem-sucedido e feliz.

AS PESSOAS MAIS FELIZES

O homem mais feliz é aquele que produz e pratica constantemente aquilo que de melhor existe dentro dele. A felicidade e a virtude se complementam. Os melhores não são necessariamente os mais felizes, mas os mais felizes, geralmente, são os melhores na arte de viver uma vida bem-sucedida. Deus é o que há de maior e melhor dentro de você. Aquele que expressa mais o amor, a luz, a verdade e a beleza de Deus, torna-se uma das pessoas mais felizes do mundo.

Epiteto, o filósofo estoico grego, afirmou: "Só há um caminho para a tranquilidade da mente e para a felicidade, e para que isso esteja presente no seu espírito ao despertar de manhã, durante todo o dia e à noite, quando for dormir: renunciar às coisas que não dependem da nossa vontade e confiar tudo a Deus."

Os segredos que vão mudar sua vida

COMO O SUBCONSCIENTE
REMOVE BLOQUEIOS MENTAIS

A solução encontra-se dentro do problema. A resposta está em cada pergunta. Para toda pessoa que, ao se defrontar com uma situação difícil, não puder enxergar um caminho de modo claro, o melhor procedimento é assumir que a inteligência infinita — que está dentro do próprio subconsciente, conhece tudo e vê tudo — tem a resposta e vai revelá-la naquele momento. A nova atitude mental, de que a inteligência criativa trará uma solução feliz, vai possibilitar que se chegue a uma resposta. Pode ter certeza de que essa atitude da mente vai trazer ordem, paz e sentido para todas as realizações do indivíduo que empregá-la.

COMO QUEBRAR OU CONSTRUIR UM HÁBITO

O ser humano é uma criatura afeita a hábitos. O hábito é a função do subconsciente. Aprende-se a nadar, andar de bicicleta, dançar e dirigir carro ao se fazer essas coisas de forma consciente, repetidas vezes, até que sejam estabelecidas trajetórias no subconsciente do indivíduo. Depois, a ação automática do hábito do subconsciente assume o controle. Isso, às vezes, é chamado de segunda natureza, que é uma reação do subconsciente ao pensamento e à ação.

O indivíduo é livre para escolher um bom ou um mau hábito. Ao repetir um pensamento ou ato negativo durante determinado período de tempo, o indivíduo estará sob a compulsão de um hábito. A lei do subconsciente é o hábito.

COMO QUEBRAR O MAU HÁBITO

Em um dado momento, o Sr. Jones disse ao autor: "Uma vontade incontrolável de beber se apodera de mim e fico bêbado por duas semanas inteiras. Não consigo largar esse hábito terrível."

Desenvolver hábitos positivoscom o subconsciente

De tempos em tempos, essas experiências acontecem com esse homem infeliz. Ele desenvolveu o hábito de beber em excesso. Embora tenha começado a beber por iniciativa própria, passou a perceber também que podia mudar esse hábito e estabelecer um novo. Contou que, embora conseguisse controlar seus impulsos por algum tempo, enquanto estivesse com força de vontade, os esforços contínuos para deter os vários impulsos apenas faziam com que os problemas se tornassem piores.

Os repetidos fracassos o convenceram de que ele não tinha esperança nem força para controlar seu impulso ou obsessão. Essa ideia de ser impotente perante o problema funcionava como uma sugestão poderosa para o seu subconsciente e agravava sua fraqueza, tornando sua vida uma sucessão de insucessos.

O autor ensinou-lhe a harmonizar as funções das mentes consciente e subconsciente. Quando estas duas cooperam, a ideia ou desejo implantado no subconsciente é realizado. A mente racional concordou que, se o caminho ou trajetória do antigo hábito o deixava em apuros, ele poderia, de modo consciente, criar uma nova trajetória em direção à liberdade, à sobriedade e à paz de espírito. Apesar de saber que seu hábito destrutivo era automático, como o havia adquirido através de uma escolha consciente, ele percebeu que, se pôde ser condicionado negativamente, poderia também ser condicionado positivamente. Como resultado, parou de pensar que era impotente para superar o mau hábito. Além disso, entendeu com clareza que não havia nenhum obstáculo à sua cura, a não ser dentro do próprio pensamento. Portanto, não havia motivo para um grande esforço mental ou coerção mental.

O PODER DA IMAGEM MENTAL

O Sr. Jones adquiriu a prática de relaxar o corpo e entrar em um estado meditativo de calma e sonolência. Em seguida, ocupava a mente com a imagem do resultado pretendido, sabendo que o subconsciente poderia trazer o caminho mais fácil. Imaginou sua filha

Os segredos que vão mudar sua vida

parabenizando-o por sua libertação e lhe dizendo: "Papai, é maravilhoso tê-lo de volta em casa!" Ele perdera a família por causa da bebida. Ele não tinha permissão para visitá-los e sua esposa não falava com ele.

Regularmente, e de forma sistemática, sentava-se e meditava da forma anteriormente descrita. Para quando lhe fugia a atenção, ele adotou o hábito de chamar imediatamente a imagem mental da filha, com um largo sorriso, e a cena de sua casa animada pela voz alegre dela. Tudo isso criou um recondicionamento de sua mente. Foi um processo gradual. Ele se manteve firme. Perseverou, sabendo que, mais cedo ou mais tarde, estabeleceria um novo padrão de hábito no subconsciente.

O autor lhe disse que poderia comparar sua mente consciente a uma câmera fotográfica, e que seu subconsciente era o negativo sobre o qual ele registrava e gravava as imagens. Isso o impressionou de tal forma que definiu como objetivo principal gravar a imagem em sua mente e revelá-la ali. Os filmes fotográficos são revelados no escuro e, da mesma forma, as imagens mentais são reveladas no quarto escuro do subconsciente.

ATENÇÃO FOCADA

Como o Sr. Jones compreendeu que sua consciência era simplesmente uma câmera fotográfica, não precisava fazer esforço. Não havia necessidade de luta mental. Ajustava tranquilamente seus pensamentos e focava a atenção na cena diante dele até que conseguisse, de forma gradual, se identificar com a imagem. Ficava absorvido na atmosfera mental, repetindo o filme mental com frequência. Não havia dúvidas sobre a cura que estava por vir. Quando passava por alguma tentação pela bebida, mudava sua imaginação das bebedeiras para o sentimento de estar em casa com sua família. Ele conseguiu realizar seu objetivo porque teve esperança e confiança de viver a imagem que revelava em sua mente. Hoje, é presidente de uma empresa de muitos milhões de dólares e está radiante de felicidade.

Desenvolver hábitos positivoscom o subconsciente

QUANTO VOCÊ QUER O QUE DESEJA?

Um jovem perguntou a Sócrates como poderia obter sabedoria. Sócrates respondeu: "Venha comigo." E então o levou a um rio, onde afundou a cabeça do rapaz na água, manteve-a até que o rapaz ficasse sem ar e, em seguida, relaxou e soltou cabeça dele. Quando o rapaz se recompôs, Sócrates perguntou: "O que foi que mais desejou enquanto estava debaixo d'água?" "Eu queria ar", respondeu o rapaz. "Quando quiser sabedoria tanto quanto desejou respirar enquanto estava imerso na água, você a receberá", respondeu-lhe Sócrates.

Da mesma forma, quando alguém tem um desejo intenso de superar algum bloqueio em sua vida e chega a uma decisão clara de que não há saída — e que aquela é a trajetória que deseja seguir —, então a vitória e o triunfo estão assegurados.

Aquele que realmente quiser paz de espírito e calma interior vai consegui-los. Não importa o quanto tenha sido tratado de forma injusta, o quanto o seu chefe venha sendo maldoso, o quanto alguém provou ser desonesto, isso tudo não faz diferença para um indivíduo quando ele desperta para seus poderes mentais e espirituais. Ele sabe o que quer e vai se recusar a deixar que os ladrões (pensamentos) do ódio, da raiva, da hostilidade e da má vontade lhe roubem a paz, a harmonia, a saúde e a felicidade. E vai deixar de ficar chateado por causa de pessoas, condições, notícias e acontecimentos, ao identificar seus pensamentos imediatamente com seu objetivo de vida. Seu objetivo é a paz, a saúde, a inspiração, a harmonia e a abundância. Sinta um rio de paz fluindo por todas as partes do corpo. O pensamento é o poder imaterial e invisível, e a escolha certa é deixar que o pensamento o abençoe, o inspire e lhe dê paz.

POR QUE NÃO PODIA SER CURADO

Essa é uma história típica de um homem casado, com quatro filhos, que sustentava outra mulher e se relacionava secretamente com ela durante suas viagens de negócios. Vivia doente, nervoso, irritado, além de mal-humorado, e não conseguia dormir sem tomar calmantes. Os medicamentos receitados pelo médico não fizeram efeito para reduzir sua pressão alta, acima de duzentos. Tinha dores em várias partes do corpo que os médicos não conseguiam diagnosticar nem aliviar. Para piorar as coisas, estava bebendo em excesso.

A causa de tudo isso era um profundo sentimento de culpa inconsciente. Violara os votos do casamento, e isso o incomodava. A crença religiosa em que fora criado estava profundamente alojada em seu subconsciente e, portanto, bebia excessivamente para aplacar a ferida da culpa. Alguns inválidos tomam morfina e codeína para dores intensas, e ele estava ingerindo álcool para a dor ou ferida de sua mente. Tratava-se da velha história de acrescentar combustível ao fogo.

A EXPLICAÇÃO E A CURA

Ele ouviu a explicação de como sua mente funcionava. Deparou-se com o problema, enfrentou-o e desistiu de sua vida dupla. Sabia que seu exagero na bebida era uma tentativa inconsciente de fuga. A causa oculta alojada em seu subconsciente tinha de ser erradicada para que a cura viesse, como sequência.

Começou a semear seu subconsciente, de três a quatro vezes por dia, com a seguinte oração: "Minha mente é repleta de paz, equilíbrio, harmonia e estabilidade. O infinito está estendido em repouso sorridente dentro de mim. Não tenho medo de nada no passado, no presente ou no futuro. A inteligência infinita do meu subconsciente me guia, me orienta e me dirige por todos os caminhos. Enfrento agora cada situação com fé, equilíbrio, tranquilidade e confiança. Estou completamente livre do vício. Minha mente é repleta de paz interior, liberdade e alegria. Perdoo a mim mesmo e, portanto, sou perdoado. A paz, a sobriedade e a confiança reinam supremas em minha mente."

Esse homem repetia essa oração com frequência, conforme descrito, com total consciência do que estava fazendo e do motivo para tal. O fato de saber o que estava fazendo deu-lhe a fé e a confiança de que necessitava. Aprendeu que, à medida que fazia essas declarações em voz alta, lentamente, com sentimento e com um propósito, elas mergulhariam de forma gradual em seu subconsciente. Como sementes, essas afirmações germinariam e dariam frutos de sua espécie. As verdades nas quais estava concentrado passavam pelos olhos, os ouvidos ouviam o som e as vibrações de cura dessas palavras alcançavam o subconsciente e destruíam todos os padrões mentais negativos que causavam todas as dificuldades. A luz dissipa a escuridão. O pensamento construtivo destrói o pensamento negativo. Ele sofreu uma transformação e tornou-se um novo homem em um mês.

RECUSANDO-SE A ADMITIR

Aquele que é alcoólatra ou viciado em drogas deve admiti-lo. Não deve se esquivar do assunto. Muitas pessoas permanecem na condição de alcoólatras por se recusarem a admitir que são viciados.

Essa doença é uma instabilidade, um medo interior. A pessoa se recusa a enfrentar a vida e, portanto, tenta fugir de suas responsabilidades através da bebida. O alcoólatra não tem livre escolha, embora acredite que tenha e possa até se gabar de sua força de vontade. Aquele que bebe habitualmente e diz cheio de si "Largo a bebida na hora que quiser" não tem o poder de fazer com que essa afirmação se torne verdade, pois não sabe onde se encontra esse poder.

O alcoólatra ou drogado vive em uma prisão psicológica criada por ele próprio e está limitado às próprias crenças, opiniões, formação e influências do ambiente em que vive. Como a maioria das pessoas, ele é uma criatura acostumada a hábitos. Está condicionado a reagir da maneira que reage.

Os segredos que vão mudar sua vida

A CONSTRUÇÃO DA IDEIA DE LIBERDADE

Pode-se construir a ideia de liberdade e paz de espírito mentalmente para que se chegue às profundezas do subconsciente. Como o subconsciente é todo-poderoso, é ele que vai libertar o alcoólatra de todo o desejo por álcool. Portanto, ao ter uma nova compreensão de como a mente funciona, o alcoólatra vai poder sustentar sua afirmação e provar a verdade para si mesmo.

CINQUENTA E UM POR CENTO CURADO

Ter um profundo desejo de se livrar de qualquer hábito destrutivo já equivale a 51% da cura. Quando o indivíduo tem um desejo maior de abandonar um mau hábito do que de permanecer com ele, não sentirá muita dificuldade para adquirir a liberdade plena.

Qualquer pensamento fixado na mente pelo indivíduo é ampliado por ela. Ao envolver a mente com o conceito de liberdade (libertação do hábito) e de paz de espírito, e mantê-la focada nessa nova direção da atenção, o indivíduo gera sentimentos e emoções que, gradualmente, imprimem uma qualidade emocional ao conceito de liberdade e paz. Qualquer ideia que passe a ter um cunho emocional, por obra do indivíduo, é aceita pelo subconsciente e é concretizada em realidade.

A LEI DA SUBSTITUIÇÃO

É preciso compreender que algo bom pode vir do próprio sofrimento. O sofrimento nunca é em vão. No entanto, é tolice continuar sofrendo.

A continuidade do vício em bebida vai trazer a deterioração e a decadência física e mental. É preciso que o indivíduo compreenda que é o poder do subconsciente que o sustenta. Mesmo que seja dominado pela melancolia, deve começar a imaginar a alegria da liberdade que está armazenada dentro de si. Esta é a lei da substituição. Como sua imaginação levou-o para a bebida, deve deixar que ela agora o leve para a liberdade e a paz de espírito. Vai sofrer um pouco, mas é em prol de um propósito construtivo. Vai suportar como uma mãe as dores do parto e, da mesma forma, gerará um filho na mente. Seu subconsciente dará à luz sobriedade.

A CAUSA DO ALCOOLISMO

A verdadeira causa do alcoolismo é o pensamento negativo e destrutivo, pois o homem é a forma como ele pensa. O alcoólatra tem profundo sentimento de inferioridade, inadequação, derrota e frustração, geralmente acompanhado por profunda hostilidade interior. Tem inúmeros álibis para justificar o ato de beber, mas o único verdadeiro está em sua vida de pensamentos.

TRÊS PASSOS MÁGICOS

O primeiro passo: acalme-se e relaxe a mente. Entre em um estado de sonolência. Esse estado relaxado, sereno e receptivo é uma preparação para o segundo passo.

O segundo passo: adote uma frase simples que possa ser imediatamente gravada na memória e repita-a várias vezes como uma cantiga de ninar. Pode usar a frase: "Agora detenho a sobriedade e a paz de espírito, e agradeço a isso." Para evitar que a mente divague, repita a frase em voz alta ou mentalmente com o movimento dos lábios. Esta técnica ajuda a introduzi-la no subconsciente. Faça isso por cinco minutos ou mais. Com isso, é possível encontrar uma resposta emocional profunda.

O terceiro passo: pouco antes de dormir, adote a prática utilizada por Johann Wolfgang von Goethe, autor alemão. Imagine um amigo querido à sua frente. Mantenha os olhos fechados, em uma situação de relaxamento e paz. O amigo querido está presente de

Os segredos que vão mudar sua vida

forma subjetiva e lhe diz: "Parabéns!" Você vê o sorriso e ouve a voz, aperta-lhe mentalmente a mão e tudo é bem real e vívido. A palavra "parabéns" implica liberdade plena. Ouça-a várias vezes até que obtenha a reação subconsciente que o satisfaça.

CONTINUE SEGUINDO EM FRENTE

Quando o medo bater à porta da mente ou quando a preocupação, a ansiedade e a dúvida cruzarem a mente, o indivíduo deve observar sua visão, seu objetivo. Também deve pensar no poder infinito dentro de seu subconsciente, que pode ser gerado pelo pensamento e pela imaginação, pois isso lhe trará confiança, força e coragem. Vá em frente, persevere, até o raiar do dia e o sumiço das sombras.

A SUPERAÇÃO DOS MEDOS

Um dos estudantes do autor lhe disse que fora convidado para falar em um jantar. Comentou que entrou em pânico só de pensar em falar para mil pessoas. No entanto, superou seu medo da seguinte forma: por várias noites, sentava-se em uma poltrona por cerca de cinco minutos e dizia para si mesmo, devagar, com tranquilidade e de forma positiva: "Vou dominar esse medo. Vou superá-lo neste exato momento. Falo com equilíbrio e confiança. Estou relaxado e à vontade." Com isso, fez uso de uma lei definida da mente e superou o medo.

O subconsciente é receptivo à sugestão e controlado por ela. Quando o indivíduo acalma a mente e relaxa, os pensamentos do seu consciente mergulham no subconsciente por meio de um processo semelhante à osmose, no qual os fluidos separados por uma membrana porosa se misturam. À medida que essas sementes positivas, ou pensamentos, afundam na área do subconsciente, elas germinam, geram frutos e, consequentemente, o indivíduo se torna equilibrado, sereno e calmo.

O MAIOR INIMIGO DO HOMEM

Dizem que o medo é o maior inimigo do homem. O medo está atrás do fracasso, da doença e das pobres relações humanas. Milhões de pessoas têm medo do passado, do futuro, da velhice, da insanidade e da morte. O medo é um pensamento da mente e o indivíduo tem medo de seus próprios pensamentos.

Um menino pode ficar paralisado de medo quando lhe dizem que tem um bicho-papão debaixo de sua cama que vai levá-lo embora. Quando o pai acende a luz e mostra que não tem nenhum monstro, ele é libertado do medo. O medo instalado na mente do menino era tão real quanto se de fato houvesse um bicho-papão. Ele foi curado de um pensamento falso em sua mente. A coisa que ele temia nunca foi real. Da mesma forma, os medos das pessoas, em grande parte, não são medos pautados na realidade, e sim um conglomerado de sombras sinistras, e as sombras não retratam realidade alguma.

FAÇA AQUILO QUE TEME

O filósofo e poeta Ralph Waldo Emerson, certa vez, afirmou: "Faça aquilo que tem medo de fazer e a morte do medo será certa."

Houve um tempo em que o autor deste livro tinha um medo indescritível quando se via diante de uma plateia. O modo com que superou esse medo foi ficando diante da plateia, fazendo aquilo que tinha medo de fazer, e a morte do medo foi certa.

Quando afirma de forma positiva que vai dominar seus medos e chega a uma decisão definida em seu consciente, o indivíduo libera o poder do subconsciente que, por sua vez, flui em resposta à natureza do seu pensamento.

COMO BANIR O MEDO DO PALCO

Uma moça fora convidada para uma audição. Estava ansiosa para o teste, porém, fracassara anteriormente em três ocasiões, devido ao medo do palco.

Era dona de uma voz muito boa, mas tinha certeza de que, quando chegasse o momento de cantar, seria acometida pelo medo do palco. O subconsciente toma os medos do indivíduo como um pedido, processa-os para manifestá-los e os torna realidade. Nas três audições anteriores, ela desafinou, desequilibrou-se e acabou chorando. A causa, conforme descrito acima, foi uma autossugestão involuntária, isto é, um silencioso pensamento de medo de cunho emocional e subjetivo.

A moça superou o medo com a seguinte técnica: ficava isolada em seu quarto três vezes ao dia. Sentava-se confortavelmente em uma poltrona, com o corpo relaxado e os olhos fechados. Acalmava a mente e o corpo o máximo possível. A inércia favorece a passividade e torna a mente mais receptiva à sugestão. Combatia a sugestão de medo através da conversa que mantinha consigo mesma: "Canto maravilhosamente bem. Estou equilibrada, serena, confiante e calma."

Repetia essas palavras devagar, com tranquilidade e sentimento, de cinco a dez vezes a cada sessão. Eram três dessas "sessões" durante o dia, além de uma à noite, pouco antes de dormir. Ao final de uma semana, estava completamente equilibrada e confiante, de modo que fez uma audição excepcional. Pratique o procedimento acima e a morte do medo será certa.

MEDO DO FRACASSO

De vez em quando o autor era procurado por jovens de uma universidade local, assim como por professores, que pareciam sofrer de amnésia sugestiva no momento dos exames. A queixa era sempre a mesma: "Sei as respostas depois que o exame termina, mas não consigo me lembrar delas durante a prova."

A ideia, que acaba se concretizando em realidade, é aquela para a qual damos invariavelmente uma atenção concentrada. O autor acredita que cada um deles era obcecado com a ideia de fracasso. Era o medo que estava por trás da amnésia temporária, além de ser a causa de todo o acontecimento.

Um jovem estudante de medicina era o aluno mais brilhante de sua classe, embora se visse como um fracasso para responder a questões simples na hora dos exames, tanto escritos quanto orais. O autor lhe explicou que o motivo era o fato de ficar preocupado e com receio durante vários dias antes da realização dos exames. Esses pensamentos negativos se tornavam carregados de medo.

Os pensamentos envoltos pela poderosa emoção do medo são concretizados em realidade no subconsciente. Em outras palavras, esse estudante estava pedindo ao subconsciente para fazer com que fracassasse, e era exatamente isso que o subconsciente fazia. No dia do exame, via-se acometido do que é chamado, nos círculos de psicologia, de amnésia sugestiva.

COMO VENCER O MEDO

O estudante aprendeu que o subconsciente era o depósito da memória e que esta detinha um registro perfeito de tudo o que ouvira e lera durante a sua formação em medicina. Além disso, aprendeu que o subconsciente era receptivo e recíproco, e que o modo de se comunicar com ele era através de um estado descontraído, sereno e confiante.

Toda noite e toda manhã, o rapaz passou a imaginar a mãe parabenizando-o por suas excelentes notas. Tinha em suas mãos uma carta imaginária da mãe. Quando começou a contemplar o resultado feliz, convocou uma resposta ou reação correspondente ou recíproca em si mesmo. O poder onisciente e onipotente do subconsciente assumiu o controle, ditou regras e passou a dirigir a mente consciente nesse sentido. Imaginou o final, aplicando os meios para sua realização, de acordo com seus desejos. Depois desse procedimento, o jovem não teve mais problemas para passar nos exames seguintes. Em outras palavras, a sabedoria subjetiva assumiu o controle, obrigando-o a dar conta de si mesmo de forma extraordinária.

Os segredos que vão mudar sua vida

MEDO DE ÁGUA, MONTANHAS, LUGARES FECHADOS ETC.

Há muitas pessoas que têm medo de entrar em elevador, escalar montanhas ou mesmo entrar na água. Nesse último caso, pode muito bem ser que o indivíduo tenha passado por experiências desagradáveis na água, quando era jovem, como, por exemplo, ter sido jogado na água à força sem saber nadar. No caso do elevador, o indivíduo pode ter ficado preso nele, em função de algum problema de funcionamento, o que veio a provocar o medo de lugares fechados.

O autor, quando tinha cerca de 10 anos de idade, caiu acidentalmente dentro de uma piscina e afundou três vezes. Ainda podia se lembrar da água escura acima de sua cabeça e da falta de ar que sofreu até que outro garoto o puxasse para fora no último instante. Essa experiência penetrou em seu subconsciente e, durante anos, ele teve medo de água.

Um psicólogo idoso sugeriu ao autor, num dado momento: "Vá até a piscina, olhe para a água e diga em voz alta: 'Vou dominá-la. Eu posso dominá-la.' Em seguida, entre nela, faça aulas de natação e supere o medo." O autor fez isso e dominou a água. O indivíduo não deve permitir que a água o domine. E deve lembrar-se de que ele é o mestre da água

Quando assumiu uma nova atitude mental, o poder onipotente do subconsciente respondeu, dando ao autor força, fé e confiança, o que lhe permitiu superar o medo.

A MAIOR TÉCNICA PARA SUPERAR QUALQUER MEDO ESPECÍFICO

O processo e a técnica a seguir, ensinados em aula pelo autor, têm como objetivo superar o medo. Funciona como um encantamento. Experimente!

Aplicam-se a pessoas que têm medo de água, montanha, entrevista, audição ou de lugares fechados. Aquele que tem medo de nadar, por exemplo, deve sentar-se em um estado de tranquilidade, por cinco ou dez minutos, de três a quatro vezes ao dia, e imaginar-se nadando. Na verdade, estará nadando em sua mente. Trata-se de uma experiência subjetiva. O indivíduo se projeta mentalmente na água. Sente o frio da água e o movimento dos braços e das pernas. É tudo real, vívido, uma atividade alegre que ocorre dentro da mente. Não é um devaneio ocioso, pois o indivíduo sabe que o que experimenta em sua imaginação será desenvolvido em seu subconsciente. Em seguida, vai ser compelido a se expressar à imagem e semelhança da imagem que imprimiu em sua mente mais profunda. Essa é a lei do subconsciente.

É possível aplicar a mesma técnica para o indivíduo que tem medo de montanhas ou lugares altos. Basta imaginar que está escalando uma montanha, sentir a realidade da ação, apreciar a paisagem, sabendo que, se continuar fazendo isso mentalmente, será capaz de fazê-lo fisicamente, com facilidade e conforto.

ELE EXALTOU O ELEVADOR

O autor conhecia um executivo de uma grande empresa que tinha pavor de andar em elevador. Ele preferia subir cinco lances de escada até seu escritório todas as manhãs. Comentou que começou a bendizer o elevador todas as noites, exaltando-o várias vezes ao dia. Por fim, superou o medo. Eis a forma como bendizia o elevador: "O elevador em nosso prédio é uma ideia maravilhosa. É uma dádiva e uma bênção para todos os nossos empregados. Presta um grande serviço. Funciona em ordem divina. Ando nele em paz e com alegria. Permaneço agora em silêncio, enquanto as correntes da vida, do amor e da compreensão fluem através dos padrões do meu pensamento. Em minha imaginação, estou neste momento no elevador, e saio dele para entrar em meu escritório. Encontro-me com vários empregados da empresa no elevador, com quem converso. São todos simpáticos, alegres e descontraídos. É uma experiência fantástica de liberdade, fé e confiança. E a ela agradeço."

Ele continuou sua oração por cerca de dez dias, e no 11º, entrou no elevador com outros membros da organização e sentiu-se completamente descontraído.

O MEDO NORMAL E ANORMAL

O homem nasce apenas com dois medos: o medo de cair e o medo do barulho. Eles são uma espécie de sistema de alarme dado ao ser humano pela natureza, como um meio de autopreservação. O medo normal é bom. Ao ouvir um automóvel vindo pela estrada, qualquer um se afasta, por questão de sobrevivência. O medo momentâneo de ser atropelado é superado pela ação adotada pelo indivíduo. Todos os outros medos o indivíduo adquiriu através dos pais, parentes, professores e todos aqueles que o influenciaram em seus primeiros anos de idade.

MEDO ANORMAL

O medo anormal acontece quando o indivíduo deixa sua imaginação correr solta. Um bom exemplo é o de uma mulher que foi convidada para fazer uma viagem ao redor do mundo de avião, que começou a recortar todas as notícias de jornais com catástrofes aéreas. Passou a imaginar que caía no oceano, que se afogava etc. Este é o medo anormal. Se tivesse persistido nisso, sem dúvida teria atraído o que mais temia.

Outro exemplo de medo anormal é o de um homem de negócios de Nova York, bastante próspero e bem-sucedido. Ele tinha o seu próprio filme mental privado, no qual era o diretor. Rodou esse filme mental de fracasso, falência, bolsos vazios e saldo negativo no banco até afundar em profunda depressão. Recusava-se a parar com esse imaginário mórbido e continuava repetindo à esposa que "Isso não pode durar", "Vai ter uma recessão", "Tenho certeza de que vamos falir" etc.

Sua esposa contou ao autor deste livro que o homem finalmente foi à falência e que todas as coisas que imaginava e temia tornaram-se realidade. As coisas que temia não existiam, mas ele as transformou em realidade devido ao temor, à crença e à expectativa constante do desastre financeiro. Jó disse: *Aquilo que eu temia, me sobreveio.*

Há pessoas que têm medo de que algo sinistro aconteça com seus filhos e que alguma catástrofe terrível recaia sobre eles. Quando leem sobre alguma epidemia ou doença rara, vivem com medo de pegá-la, e alguns até imaginam que já a contraíram. Tudo isso é medo anormal.

RESPOSTA AO MEDO ANORMAL

A recomendação é que o indivíduo acometido de medo anormal se desloque mentalmente em direção oposta à do medo. Manter-se no extremo do medo é viver em um estado de estagnação acrescido de deterioração mental e física. E o medo, quando surge, vem acompanhado de um desejo por algo oposto àquilo que é temido. É preciso concentrar a atenção naquilo que é imediatamente desejado, deixar-se absorver e envolver pelo desejo, sabendo que o subjetivo sempre supera o objetivo. Essa atitude trará confiança e elevará o espírito. O poder infinito do subconsciente move-se a favor do indivíduo e não pode falhar. Portanto, a paz e a confiança pertencem ao indivíduo.

EXAMINANDO OS MEDOS

O presidente de uma grande empresa me disse que, quando era vendedor, costumava dar cinco ou seis voltas no quarteirão antes de visitar um cliente. O gerente de vendas o acompanhou um dia e o aconselhou: "Não tenha medo do bicho-papão atrás da porta. Não existe bicho-papão. É uma lenda."

O gerente contou-lhe que sempre enfrentava seus medos de frente e fitava-os nos olhos. Em seguida, estes desvaneciam e se recolhiam à sua insignificância.

ATERRISSANDO NA SELVA

Um capelão contou ao autor deste livro sobre suas experiências na Segunda Guerra Mundial. Ele teve de saltar de paraquedas de um avião com avarias e aterrissar na selva. Contou que ficou com medo, mas que sabia que existiam dois tipos de medo, o normal e o anormal, citados neste capítulo.

Decidiu fazer algo em relação ao medo imediatamente e começou a conversar consigo mesmo: "John, você não pode se render ao medo. Ele é um desejo de proteção e segurança, e um meio de sair daqui."

Em seguida, começou a pedir: "A inteligência infinita que guia os planetas em seus cursos está agora me orientando e me guiando para fora desta selva."

Continuou repetindo esse pedido em voz alta por dez minutos ou mais. "Então algo começou a se agitar dentro de mim. Fui acometido por um espírito de confiança e comecei a andar. Após alguns dias, saí da selva por milagre e fui salvo por um avião de resgate."

A mudança de sua atitude mental o salvou. A confiança e a fé no poder e na sabedoria subjetiva dentro de si foram a solução para o seu problema.

Ele comentou: "Se tivesse começado a lamentar o meu destino e deixado que os temores me dominassem, eu teria sucumbido ao medo do monstro e provavelmente teria morrido de desespero e de fome."

PEDINDO DEMISSÃO

O gerente-geral de uma organização confidenciou ao autor deste livro que por três anos temera perder sua posição na empresa. Imaginava constantemente o fracasso. Aquilo que temia, não existia de fato, mas existia como um pensamento mórbido envolto de ansiedade em sua própria mente. Sua imaginação fértil dramatizava a perda de seu emprego até que, por fim, ele se tornara uma pessoa nervosa e neurótica. Como resultado, foi convidado a pedir demissão.

Na verdade, ele próprio se demitiu. Seu subconsciente respondeu e reagiu de acordo com a imaginação negativa constante e as sugestões de medo direcionadas a ele. Isso fez com que o gerente cometesse erros e tomasse decisões tolas, o que, consequentemente, resultou em seu fracasso como gerente-geral. A demissão nunca teria ocorrido caso ele tivesse se deslocado imediatamente para a posição oposta à do medo, em sua mente.

CONSPIRAÇÃO CONTRA ELE

Durante uma turnê mundial de palestras, o autor deste livro teve uma conversa de duas horas com um alto representante do governo. Ele tinha uma profunda sensação de paz e serenidade interna. Comentou que nenhum dos abusos que sofria, fosse por questões políticas nos jornais ou provenientes do partido de oposição, o perturbavam. Sua prática envolve sentar-se e permanecer imóvel por 15 minutos pela manhã, sentindo que, no âmago de si mesmo, há um oceano profundo e calmo de paz. Ao meditar dessa forma, gera enorme poder que supera todos os tipos de dificuldades e medos.

Em algum momento anterior a este encontro, um colega desse representante do governo havia lhe telefonado à meia-noite e dito que um grupo de pessoas estava conspirando contra ele. Eis o que ele disse ao colega: "Vou dormir agora, em perfeita paz. Você pode discutir comigo sobre isso amanhã, às 10 horas."

E confidenciou ao autor deste livro: "Sei que nenhum pensamento negativo pode se manifestar a não ser que se imprima uma atitude emocional ao pensamento e que eu o aceite mentalmente. Recuso-me a acolher as sugestões de medo. E é por isso que nada de ruim consegue me afetar."

Observe como ele estava tranquilo, calmo, sereno! Não ficou agitado, não arrancou os cabelos nem as suas mãos tremeram. Em seu mais profundo interior, encontrou a água fluindo com calma, a paz interior e uma grande tranquilidade.

Os segredos que vão mudar sua vida

SUPERANDO MEDOS

Esta formula é perfeita para banir o medo. *Busquei o Senhor, e Ele me respondeu; livrou-me de todos os meus temores.* (Salmos, 34:4) O Senhor é uma palavra antiga que significa lei, o poder do seu subconsciente.

É importante conhecer as maravilhas do subconsciente e entender como ele trabalha e funciona. Além disso, é preciso dominar as técnicas mencionadas neste capítulo. Coloque-as em prática agora mesmo, ainda hoje! O subconsciente responderá e o libertará de todos os medos. *Busquei o Senhor, e Ele me respondeu; livrou-me de todos os meus temores.*

CAPÍTULO 8

Como manter o espírito jovem para sempre

O SUBCONSCIENTE NUNCA ENVELHECE. É atemporal, eterno e infinito. É uma parte da mente universal de Deus, que nunca nasceu e nunca morrerá.

O cansaço ou a velhice não podem ser atribuídos a nenhuma qualidade ou poder espiritual. A paciência, a bondade, a veracidade, a humildade, a boa vontade, a harmonia e o amor fraternal são atributos e qualidades que nunca envelhecem. Aquele que continua a gerar essas qualidades aqui, neste plano de vida, vai permanecer sempre jovem em espírito.

O autor deste livro leu um artigo em uma revista, há alguns anos, que declarava que um grupo de médicos de renome da De Courcy Clinic, em Cincinnati, Ohio, havia relatado que o fato de o indivíduo viver anos isolado não podia, por si só, justificar o aparecimento de doenças degenerativas. Esses mesmos médicos constataram que é o medo do tempo, e não o tempo propriamente dito, que tem um efeito nocivo sobre o envelhecimento nas mentes e nos corpos do ser humano, e que o medo neurótico dos efeitos do tempo pode muito bem ser a causa do envelhecimento prematuro.

Durante os muitos anos de vida pública, o autor deste livro estudou, em algumas ocasiões, a biografia de homens e mulheres famosos que deram continuidade às suas atividades produtivas durante

Os segredos que vão mudar sua vida

anos, bem além do período normal de vida profissional. Entretanto, o autor teve o privilégio de conhecer inúmeros indivíduos sem qualquer destaque que, em uma esfera menor, pertenceram ao grupo daqueles mortais resistentes que provaram que a velhice em si não destrói os poderes criativos da mente e do corpo.

ENVELHECER NA VIDA DO PENSAMENTO

Há poucos anos, o autor visitou um velho amigo em Londres. Ele tinha mais de 80 anos, encontrava-se doente e, obviamente, estava se rendendo à idade avançada. A conversa entre os dois revelou sua fraqueza física, seu sentimento de frustração e uma deterioração geral que se aproximava da ausência de vida. Queixava-se por ser inútil e por ninguém mais o querer. Com uma expressão de desânimo, traiu sua falsa filosofia: "Nós nascemos, crescemos, envelhecemos, e não servimos para nada — e esse é o fim."

Essa atitude mental de futilidade e inutilidade era a principal razão para sua doença. A única coisa que via pela frente era a senilidade, nada mais. Na verdade, ele envelheceu em sua vida de pensamento, e seu subconsciente concretizou todas as evidências de seu pensamento habitual.

A VELHICE É O ALVORECER DA SABEDORIA

Infelizmente, muitas pessoas têm a mesma atitude desse homem infeliz. Elas têm medo do que chamam de "velhice", o fim, a extinção, o que, na verdade, quer dizer que têm medo é da vida. No entanto, a vida é interminável. A velhice não é o passar dos anos, é o alvorecer da sabedoria.

A sabedoria é a consciência dos grandes poderes espirituais no subconsciente e o conhecimento de como esses poderes podem ser aplicados para se levar uma vida feliz e plena. Tire da cabeça, de uma vez por todas, a ideia de que ter 65, 75 ou 85 anos é sinônimo de que a vida acabou, seja para quem for. Pelo contrário, pode ser o

Como manter o espírito jovem para sempre

início de um padrão de vida gloriosa, fértil, ativa e mais produtiva, melhor do que muitas pessoas já experimentaram. Acredite, tenha confiança e deixe que o subconsciente se encarregue de transformar isso em realidade.

BEM-VINDO À MUDANÇA

A velhice não é uma ocorrência trágica. O que é chamado de processo de envelhecimento é, na verdade, uma mudança. É para ser recebido com alegria e de bom grado. Assim como cada uma das fases da vida humana, é um passo à frente no caminho que não tem fim. O homem tem poderes que transcendem seus poderes corporais, assim como sentidos que transcendem os cinco sentidos físicos.

Os cientistas atuais têm encontrado evidências positivas irrefutáveis de que algo consciente no homem pode deixar seu corpo presente e viajar milhares de quilômetros para ver, ouvir, tocar e falar com pessoas, mesmo que o corpo físico nunca deixe o sofá onde se encontra reclinado.

A vida do homem é espiritual e eterna. Nunca precisa envelhecer, pois a Vida, ou Deus, não pode envelhecer. A Bíblia diz que Deus é Vida. A vida se renova, é eterna, indestrutível, e é a realidade de todos os homens.

EVIDÊNCIAS DA SOBREVIVÊNCIA

As evidências reunidas pelas sociedades de pesquisas psíquicas, tanto na Grã-Bretanha quanto nos Estados Unidos, são avassaladoras. Qualquer um pode ir até uma boa biblioteca em uma cidade grande e pegar volumes dos Anais da Sociedade de Pesquisas Psíquicas, que se baseiam nas descobertas de cientistas ilustres no que se refere à sobrevivência após o que é chamado de morte. Lá será encontrado um relato surpreendente sobre experimentos científicos que estabelecem a realidade da vida após a morte no estudo *O problema da sobrevivência psíquica*, de Hereward Carrington, diretor do Instituto Psíquico Norte-americano.

A VIDA É

"Sr. Edson, o que é eletricidade?", perguntou uma mulher a Thomas Edison, o feiticeiro da eletricidade. "Senhora, eletricidade *é*. Use-a", ele respondeu.

A eletricidade é um nome dado a um poder invisível que não se compreende em sua totalidade, mas é possível aprender tudo sobre o princípio da eletricidade e suas aplicações. Ela é usada de diversas maneiras.

Embora o cientista não possa ver um elétron a olho nu, aceita-o como um fato científico, uma vez que essa é a única conclusão válida que coincide com suas outras provas experimentais. Ninguém consegue ver a vida. No entanto, todos os seres humanos sabem que estão vivos. A vida *é*, os seres humanos estão aqui para expressá-la em toda a sua beleza e glória.

A MENTE E O ESPÍRITO NÃO ENVELHECEM

A Bíblia diz: *E a vida eterna é esta: que te conheçam, a ti só, por único Deus verdadeiro*. (João, 17:3)

Aquele que pensa ou acredita que o ciclo terreno composto por nascimento, infância, juventude, maturidade e velhice é tudo o que existe na vida, é de fato digno de compaixão. Esse tipo de indivíduo não tem nenhum esteio, nenhuma esperança, nenhuma visão e, para ele, a vida não tem sentido.

Esse tipo de crença traz frustração, estagnação, ceticismo e um sentimento de desânimo que resulta em neuroses e aberrações mentais de todas as espécies. Aquele que não pode jogar uma partida forte de tênis ou nadar tão rápido quanto seu filho, ou cujo corpo se encontra menos ágil ou passou a andar mais devagar, deve lembrar-se de que a vida está sempre mudando de roupagem. O que os homens chamam de morte é apenas uma jornada para uma nova cidade, em outra dimensão da Vida.

O autor deste livro, em suas palestras, sempre diz a homens e mulheres que devem aceitar o que é chamado de velhice com naturalidade. A idade tem sua própria glória, beleza e sabedoria. A paz, o amor, a alegria, a beleza, a felicidade, a sabedoria, a boa vontade e a compreensão são qualidades que nunca envelhecem nem morrem.

O poeta e filósofo Ralph Waldo Emerson declarou: "Não contamos os anos de um homem até que ele nada mais tenha para contar."

O caráter, a qualidade da mente, a fé e as convicções do ser humano não estão sujeitos à decadência.

O INDIVÍDUO É TÃO JOVEM QUANTO PENSA SER

De tempos em tempos, o autor faz palestras no Caxton Hall, em Londres. Certa vez, após uma dessas palestras, um cirurgião contou-lhe o seguinte: "Tenho 84 anos. Opero todas as manhãs, visito os pacientes de tarde e escrevo para publicações médicas e científicas à noite."

Sua atitude era de que ele era tão útil quanto acreditava ser e tão jovem quanto seus pensamentos. Ele acrescentou: "É verdade quando você diz que 'o homem é tão forte quanto pensa ser e tão valioso quanto pensa ser'."

Esse cirurgião não se rendeu à idade avançada. Ele sabe que é imortal. Eis seu comentário final: "Se eu morrer amanhã, vou operar pessoas na próxima dimensão, mas não com o bisturi de um cirurgião, e sim através de uma cirurgia mental e espiritual."

OS CABELOS GRISALHOS SÃO UM BEM ATIVO

Quando parar de trabalhar, nunca diga: "Estou aposentado, velho, acabado." Isso aponta em direção à estagnação, à morte e, sem dú-

Os segredos que vão mudar sua vida

vida, pode levar o indivíduo ao fim. Alguns homens são velhos aos 30 anos, enquanto outros são jovens aos 80. A mente é o mestre tecelão, o arquiteto, o designer e o escultor. George Bernard Shaw ainda estava bem ativo aos 90 anos, e a qualidade artística de sua mente não tinha relaxado em suas atividades profissionais.

O autor se encontra com homens e mulheres que comentam, vez ou outra, que alguns empregadores praticamente batem a porta na cara deles quando dizem ter mais de 40 anos. Essa atitude, por parte dos empregadores, deve ser considerada como fria, calculista, perversa e completamente desprovida de compaixão e compreensão. Parece que dão ênfase total à juventude, imaginando que o indivíduo precisa estar abaixo dos 35 anos para ter consideração. O raciocínio por trás disso é, com certeza, muito frívolo. Se o empregador parasse e pensasse, perceberia que o homem ou a mulher não estão comercializando sua idade ou cabelos grisalhos, e sim querendo oferecer talento, experiência e sabedoria acumulados por anos de experiência no mercado da vida.

A IDADE É UM BEM ATIVO

A idade do empregado deve ser um bem ativo distinto para qualquer organização, devido aos anos de prática e aplicação dos princípios da Regra de Ouro e da lei do amor e da boa vontade. Os cabelos grisalhos, para aqueles que os têm, devem representar maior sabedoria, habilidade e compreensão. A maturidade emocional e espiritual deve ser um bem importante para toda e qualquer organização.

Não se deve pedir a um homem para parar de trabalhar aos 65 anos. Esse é o momento da vida em que ele pode ser mais útil para lidar com problemas de pessoal, fazer planos para o futuro, tomar decisões e orientar os outros no campo das ideias criativas, com base em sua experiência e discernimento em relação à natureza dos negócios.

VIVA DE ACORDO COM A IDADE

Um roteirista de Hollywood contou ao autor deste livro que tinha de escrever roteiros voltados para mentes de crianças de 12 anos. Isso é uma tragédia, uma vez que se espera que grandes massas de pessoas se tornem maduras emocional e espiritualmente. Com isso, dá-se ênfase total à juventude, apesar de a juventude ser a fase da inexperiência, da falta de discernimento e do julgamento precipitado.

CONSIGO ACOMPANHAR O MELHOR DELES

Eis uma situação de um homem de 65 anos que está tentando desesperadamente se manter jovem. Ele nada com homens mais jovens todos os domingos, faz caminhadas longas, joga tênis e se vangloria de suas proezas e força física, ao anunciar: "Olha, consigo acompanhar o melhor deles!"

Ele provavelmente se lembra da grande verdade: *Porque, como imaginou no seu coração, assim é ele.* (Provérbios, 23:7)

Dietas, exercícios e jogos de todos os tipos não vão manter esse homem jovem. É necessário que ele observe que envelhece ou permanece jovem de acordo com os seus processos de pensamento. Seu subconsciente está condicionado aos seus pensamentos. Se seus pensamentos estão voltados constantemente para o belo, o nobre e o bem, isso significa que ele vai permanecer jovem, independentemente da idade cronológica.

MEDO DA VELHICE

Jó disse: *Aquilo que eu temia, me sobreveio.* Há muitas pessoas que têm medo da velhice e ficam incertas em relação ao futuro, pois precipitam a deterioração mental e física à medida que os anos avançam. O que pensam e sentem, vai acontecer.

O indivíduo envelhece quando perde o interesse pela vida, quando deixa de sonhar, de almejar novas verdades e de procurar por novos mundos para conquistar. Quando sua mente está aberta a novas ideias, novos interesses, e quando levanta a cortina e deixa o brilho do sol e a inspiração de novas verdades da vida e do universo entrarem, o indivíduo trilha um caminho para se manter jovem e cheio de energia.

VOCÊ TEM MUITO A OFERECER

Aqueles que têm 65 ou 95 anos precisam compreender que ainda têm muito a oferecer. Podem ajudar a estabilizar, aconselhar e orientar a geração mais jovem. Podem dar o benefício de seu conhecimento, sua experiência e sua sabedoria. Podem sempre olhar para a frente, pois, a qualquer momento, terão condições de contemplar a vida infinita. Vão descobrir que nunca poderão deixar de desvendar as glórias e as maravilhas da vida. Ao tentar aprender algo novo a cada momento do dia, vão descobrir que suas mentes se manterão sempre jovens.

IDADE: 110 ANOS

Em algum momento, enquanto encontrava-se a trabalho em Bombaim, na Índia, o autor deste livro foi apresentado a um homem que disse ter 110 anos de idade. Tinha o rosto mais belo que ele já vira na vida. Parecia transfigurado pela irradiação de uma luz interior. Seus olhos continham uma beleza rara, que indicavam que ele tinha envelhecido em anos de felicidade, não apontavam nenhum sinal de que sua mente havia deixado esmaecer suas luzes.

APOSENTADORIA, UM NOVO EMPREENDIMENTO

O indivíduo nunca deve permitir que sua mente se aposente. Ela deve ser como um paraquedas, que só tem utilidade quando se abre. É importante que o indivíduo esteja aberto e receptivo a novas ideias. O autor deste livro conheceu homens que se aposentaram entre 65 e 70 anos. Pareciam definhar e morriam em poucos meses. Era óbvio que sentiam que a vida estava no fim.

A aposentadoria pode ser um novo empreendimento, um novo desafio, um novo caminho, o início da realização de um sonho antigo. É indescritivelmente deprimente ouvir um homem dizer: "O que vou fazer agora que estou aposentado?" Na verdade ele quis dizer: "Estou morto mental e fisicamente. Minha mente está falida de ideias."

Tudo isso é uma imagem que não retrata a realidade. A verdade é que o indivíduo pode realizar mais aos 90 do que aos 60 anos, porque a cada dia cresce em sabedoria e compreensão da vida e do universo, através de seus novos estudos e interesses.

GRADUOU-SE PARA TER UM EMPREGO MELHOR

Um executivo que mora próximo à casa do autor deste livro foi forçado a se aposentar há poucos meses por ter atingido os 65 anos. Comentou com o autor: "Considero a minha aposentadoria como um salto do jardim de infância para a primeira série." E passou a discorrer filosoficamente da seguinte forma: quando saiu do ensino médio, subiu a escada para a faculdade. Percebeu que esse era um passo à frente em sua educação e para a compreensão da vida em geral. Da mesma forma, agora podia fazer as coisas que sempre pretendera fazer e, portanto, sua aposentadoria era também um outro passo à frente na escalada da vida e da sabedoria.

Chegou à sábia conclusão de que não precisaria mais se concentrar em fazer dinheiro para se sustentar. Agora, iria voltar toda a sua atenção para viver a vida. Como é fotógrafo amador, fez alguns cursos de fotografia, empreendeu uma viagem ao redor do mundo e fotografou lugares famosos. Atualmente, faz palestras para vários grupos, associações e clubes, e tem uma boa demanda.

Há várias maneiras de se interessar por algo que valha a pena. É preciso se entusiasmar por novas ideias criativas, fazer progressos espirituais e continuar aprendendo e crescendo. É dessa forma que o indivíduo se mantém jovem no coração, pois perpetua a fome e a sede de novas verdades, e seu corpo, por sua vez, reflete seu pensamento em todos os momentos.

O INDIVÍDUO TEM DE SER UM PRODUTOR E NÃO UM PRISIONEIRO DA SOCIEDADE

Os jornais têm constatado que a população de idosos que votam em eleições na Califórnia vem crescendo consideravelmente. Isso significa que serão ouvidos na Assembleia Legislativa estadual e também nos corredores do Congresso norte-americano. O autor deste livro acredita que será promulgada uma lei federal que proíbe os empregadores de discriminação contra homens e mulheres devido à idade avançada.

Um homem de 65 anos pode ser mais jovem mental, física e fisiologicamente do que outro, de 30. É estúpido e ridículo dizer a um homem que ele não pode ser contratado porque tem idade superior a 40 anos. É como lhe dizer que ele está pronto para virar sucata ou ir para o lixo.

Diante disso, o que um homem de 40 anos ou mais deve fazer? Enterrar seus talentos e esconder suas qualidades e habilidades? Os homens que são privados e impedidos de trabalhar devido à idade avançada devem ser sustentados pelo governo em níveis municipal, estadual e federal. As várias organizações que se recusam a contratá-los e a se beneficiar de sua sabedoria e experiência serão tributadas para sustentar essas aposentadorias. Essa é uma forma de suicídio financeiro.

O ser humano está aqui para desfrutar de seu trabalho e para ser um produtor e não um prisioneiro da sociedade que o obriga a viver na ociosidade.

O corpo desacelera gradativamente, à medida que o indivíduo avança em idade, mas a mente pode ficar muito mais ativa, alerta, viva e acelerada através da inspiração do subconsciente. Na verdade, a mente nunca envelhece. Jó disse: *Ah!, quem me dera ser*

como eu fui nos meses passados, como nos dias em que Deus me guardava! Quando fazia resplandecer a sua lâmpada sobre a minha cabeça e quando eu pela sua luz caminhava pelas trevas. Como fui nos dias da minha mocidade, quando o segredo de Deus estava sobre a minha tenda.
(Jó, 29:2-4)

O SEGREDO DA JUVENTUDE

Para recapturar os dias da juventude, o indivíduo tem que sentir o poder milagroso, curador e rejuvenescedor do subconsciente se deslocando por todo o seu ser. É preciso ter consciência e sentir que está inspirado, em estado elevado, rejuvenescido e recarregado espiritualmente. Pode borbulhar de entusiasmo e alegria, como nos dias de sua juventude, pela simples razão de que sempre é possível recapturar, mental e emocionalmente, o estado jovial.

A lâmpada que brilha sobre sua cabeça é a inteligência divina que lhe revela tudo que você precisa saber, além de permitir que afirme a presença de suas boas qualidades, independentemente das aparências. O indivíduo anda pela orientação de seu subconsciente porque sabe que o alvorecer sempre aparece e as sombras sempre somem.

TENHA UMA VISÃO POSITIVA DE SI

Em vez de dizer "Estou velho", é fundamental que se diga: "Tenho sabedoria no caminho da Vida Divina". Não deixe que a empresa, os jornais ou as estatísticas mantenham uma imagem da velhice, dos anos de declínio, da decrepitude, da senilidade e da inutilidade. É preciso rejeitar essas informações, pois não passam de mentira. As pessoas devem se recusar a ser hipnotizadas por esse tipo de propaganda enganosa. Devem afirmar a vida, não a morte. Precisam ter uma visão de si como pessoas felizes, radiantes, bem-sucedidas, serenas e poderosas.

MENTE ATIVA AOS 99 ANOS

O pai do autor deste livro aprendeu francês aos 65 anos e tornou-se uma autoridade nesse idioma aos 70. Fez um curso de gaélico quando tinha pouco mais de 60 anos e tornou-se um professor reconhecido e famoso da língua. Ajudou sua filha em uma escola de ensino superior e continuou a estudar até morrer, aos 99 anos. Sua mente era tão lúcida aos 99 como quando ele tinha 20 anos. Além disso, sua escrita e seu raciocínio tinham melhorado com o avanço da idade. Na verdade, o indivíduo é velho tanto quanto pensa e sente que o é.

O MUNDO PRECISA DE SEUS CIDADÃOS IDOSOS

Marco Pórcio Catão, o patriota romano, aprendeu grego aos 80 anos. Madame Ernestine Schumann-Heink, a grande contralto germano-americana, atingiu o auge de seu sucesso depois de se tornar avó. É maravilhoso contemplar as realizações dos mais velhos. O general Douglas MacArthur, Harry S. Truman, o general Dwight David Eisenhower e o financista norte-americano Bernard Baruch foram pessoas interessantes, ativas e que contribuíram com seus talentos e sabedoria para o progresso mundial.

O filósofo grego Sócrates aprendeu a tocar instrumentos musicais quando tinha 80 anos. Michelângelo pintou suas maiores telas aos 80 anos. Foi também aos 80 que Simônides de Ceos ganhou o prêmio de poesia, Johann Wolfgang von Goethe terminou *Fausto* e Leopold von Ranke deu início à obra *A história do mundo*, que concluiu aos 92 anos.

Alfred Tennyson escreveu o magnífico poema "Crossing the Bar" aos 83 anos. Isaac Newton trabalhava arduamente próximo aos 85 anos. Aos 88 anos, John Wesley dirigia, pregava e orientava o metodismo. Vários homens de 95 anos frequentam as palestras do autor deste livro e sempre comentam que têm melhor saúde hoje do que aos 20 anos.

É preciso colocar os cidadãos idosos em altas posições e dar a eles todas as oportunidades para que cultivem as flores do paraíso.

Aquele que já está aposentado deve se interessar pelas leis da vida e pelas maravilhas do subconsciente. Faça coisas que sempre quis fazer. Estude novos assuntos e investigue novas ideias.

Reze da seguinte forma: *Assim como o cervo brama pelas correntes das águas, assim suspira a minha alma por ti, ó Deus!* (Salmos, 42:1)

OS FRUTOS DA VELHICE

Sua carne se reverdecerá mais do que era na mocidade, e tornará aos dias da sua juventude.

Jó, 33:25

A velhice significa realmente a contemplação das verdades de Deus, do mais alto ponto de vista. O ser humano tem de compreender que está em uma jornada interminável, que abrange uma série de passos importantes no oceano incessante, incansável e infinito da vida. E, em seguida, repetir com o salmista: *Na velhice ainda darão frutos; serão viçosos e vigorosos.* (Salmos, 92:14)

Mas o fruto do Espírito é: amor, gozo, paz, longanimidade, benignidade, bondade, fé, mansidão, temperança. Contra estas coisas não há lei. (Gálatas, 5:22-23)

O ser humano é um filho da Vida Infinita que não conhece limites. É um filho da Eternidade.

Parte III
COMO FALAR EM PÚBLICO
E INFLUENCIAR PESSOAS
NO MUNDO DOS NEGÓCIOS

Desenvolva as habilidades da amizade e da oratória.
DALE CARNEGIE

INTRODUÇÃO

A ESSA ALTURA, VOCÊ já aprendeu duas habilidades importantes na vida, que são cruciais para o sucesso: como estabelecer uma mentalidade de riqueza para direcionar sua vida rumo ao sucesso (habilidade de vida 1); e como alavancar o poder do subconsciente para transformar os pensamentos em realidades (habilidade de vida 2). Mas, se parar por aqui, poderá sentir-se ainda preso. Pode até ter as melhores ideias promissoras, mas que nunca decolarão. A terceira habilidade prática de vida, necessária para realmente alcançar o sucesso inovador, é aprender como influenciar os outros, através do desenvolvimento de amizades recíprocas — que naturalmente buscam o melhor do outro — e do aprendizado das habilidades práticas de oratória. Com uma rede poderosa de amigos e parceiros cercando-o, que procuram seguir o leitor no que tem de melhor e ajudá-lo a tornar-se rentável (assim como este faz com eles), e com a capacidade de articular com vigor suas ideias diante dessa rede e fora dela, seu sucesso realmente não terá limites. E não existe ninguém mais apropriado para ensinar sobre como influenciar os outros do que Dale Carnegie.

Dale Carnegie tornou-se mais conhecido por ajudar profissionais da área de negócios a dominar as habilidades práticas de influência, especialmente as de amizade e oratória, do que qualquer outra pessoa no século passado.

Os segredos que vão mudar sua vida

Em 1936, Carnegie escreveu o clássico *Como fazer amigos e influenciar pessoas*. Ironicamente, apesar de as pessoas estarem mais conectadas do que nunca, precisam conhecer a experiência prática de Carnegie sobre relações interpessoais. Como muitas pessoas confiam mais nas redes sociais do que no contato pessoal para desenvolver relacionamentos, gerações inteiras perderam as habilidades do simples bom senso que se encontra na amizade. Serão encontrados aqui conhecimentos práticos do autor sobre como desenvolver relacionamentos de qualidade, assim como uma seção especial para jovens que estão entrando no mercado de trabalho (uma adaptação da brochura *How to Get Ahead in the World Today*, publicada em 1938), e podem não ter aprendido essas habilidades de bom senso como acontecia com as gerações mais velhas.

Porém, antes mesmo de escrever *Como fazer amigos e influenciar pessoas*, Carnegie deu aulas de oratória e formou mais de 7 mil profissionais de negócios em seus cursos na Associação Cristã de Moços em toda a Costa Leste. Seu curso era tão popular que o publicou em forma de livro, em 1920, *Como falar em público e influenciar pessoas no mundo dos negócios*, que foi revisado e reeditado quatro vezes nos quarenta anos seguintes. Tal como a habilidade de desenvolver relações autênticas, falar em público é uma habilidade crucial para o sucesso no mercado nos dias de hoje em praticamente todos os campos. Em um momento em que os formadores de opinião precisam ganhar seu sustento em apresentações e shows de oratória, em que o marketing da internet inclui vídeo e *podcasts* como rotina, e em que a rede mundial de computadores transmite vídeos amadores de todo o planeta instantaneamente, dominar essa habilidade pode ser mais relevante do que nunca. Aquele que acompanhar as tendências atuais de marketing e de como falar em público saberá que o poder da história está naquilo que está na moda. E também está tudo aqui neste livro, originalmente escrito há quase cem anos.

Por isso, na Parte III deste compêndio, o leitor vai aprender como influenciar o mundo que nos cerca com uma mensagem autêntica que realmente lhe pertença, que seja realmente proveitosa e útil de verdade para o público. Porém, assim como o desenvolvimento de uma mentalidade de riqueza, na Parte I, e o domínio do poder do

Introdução

subconsciente, na Parte II, o aprendizado de como influenciar os outros não acontece instantaneamente após cinco lições fáceis, e sim através do uso e da aplicação de muitos dos princípios já ensinados ao leitor. O leitor não se surpreenderá ao descobrir que o segredo de falar de forma eficaz começa com o desejo, ou que requer a combinação do pensamento e do sentimento, ou ainda que depende das disciplinas da prática e da perseverança.

Dale Carnegie, assim como Napoleon Hill e Joseph Murphy, sabia que as pessoas bem-sucedidas eram íntegras, que compreendiam as leis de causa e efeito, por meio das quais o mundo funciona, e investiam o tempo necessário para dominar as habilidades que as levaria ao nível máximo de realização. E não apenas em benefício próprio, mas também para beneficiar os outros. Após dominar essa habilidade final de influenciar os outros através da amizade autêntica e da oratória, o leitor também estará pronto para alçar altos voos.

CAPÍTULO 1

As regras de ouro de Dale Carnegie para o sucesso

Torne-se uma pessoa mais amigável

1. Não critique, não condene, não se queixe.
2. Mostre apreço de modo honesto e sincero.
3. Desperte forte desejo nos demais.
4. Torne-se verdadeiramente interessado na outra pessoa.
5. Sorria.
6. Lembre-se de que o nome de uma pessoa é para ela o som mais doce em qualquer idioma.
7. Seja um bom ouvinte. Incentive os outros a falarem sobre si mesmos.
8. Fale de coisas que interessem à outra pessoa.
9. Faça a outra pessoa sentir-se importante, e faça-o com sinceridade.

CONQUISTE AS PESSOAS COM SUA MANEIRA DE PENSAR

1. A única maneira de vencer uma discussão é evitá-la.
2. Respeite a opinião dos outros. Nunca diga a uma pessoa que ela está errada.
3. Se você estiver errado, reconheça o seu erro rápida e energicamente.

As regras de ouro de Dale Carnegie para o sucesso

4. Comece de maneira amigável.
5. Leve a outra pessoa a dizer "sim" imediatamente.
6. Deixe a outra pessoa falar a maior parte da conversa.
7. Deixe que a outra pessoa sinta que a ideia é dela.
8. Procure honestamente ver as questões do ponto de vista da outra pessoa.
9. Seja receptivo às ideias e aos anseios da outra pessoa.
10. Apele para os motivos mais nobres.
11. Dramatize as suas ideias.
12. Lance um desafio.

SEJA UM LÍDER

1. Comece com um elogio e um reconhecimento sincero.
2. Chame a atenção para os erros das pessoas de maneira indireta.
3. Fale sobre seus próprios erros antes de criticar os da outra pessoa.
4. Faça perguntas em vez de dar ordens diretas.
5. Permita à outra pessoa uma saída honesta.
6. Elogie o menor progresso e elogie cada um deles. Seja "sincero na sua aprovação e generoso no seu elogio".
7. Proporcione à outra pessoa uma boa reputação para ela zelar.
8. Empregue o incentivo. Faça com que o erro pareça fácil de ser corrigido.
9. Faça com que a outra pessoa se sinta feliz realizando o que você sugere.

PRINCÍPIOS FUNDAMENTAIS PARA SUPERAR PREOCUPAÇÕES

1. Viva "um dia de cada vez".
2. Como enfrentar um problema:
   a) Pergunte a si mesmo: "O que pode acontecer de pior?"

Os segredos que vão mudar sua vida

b) Prepare-se para aceitar o pior.
c) Procure melhorar o pior.

3. Se as preocupações afetarem a sua saúde, lembre-se de que você talvez tenha de pagar um preço alto por isso.

TÉCNICAS BÁSICAS PARA ANALISAR AS PREOCUPAÇÕES

1. Reúna todos os fatos.
2. Pondere todos os fatos e depois tome uma decisão.
3. Uma vez tomada a decisão, entre em ação!
4. Anote por escrito e responda as seguintes perguntas:
   a) Qual é o problema?
   b) Quais são as causas do problema?
   c) Quais são as possíveis soluções?
   d) Qual é a melhor solução possível?

ACABE COM O HÁBITO DE SE PREOCUPAR ANTES QUE ELE ACABE COM VOCÊ

1. Mantenha-se ocupado.
2. Não se aflija com ninharias.
3. Use a lei das probabilidades para banir suas preocupações.
4. Coopere com o inevitável.
5. Decida apenas o quanto pode valer a pena algo em termos de ansiedade, e recuse-se a dar mais.
6. Não se preocupe com o passado.

CULTIVE UMA ATITUDE MENTAL QUE LHE PROPORCIONE PAZ E FELICIDADE

1. Preencha sua mente com pensamentos de paz, coragem, saúde e esperança.
2. Nunca tente vingar-se de seus inimigos.

3. Conte com a ingratidão.
4. Conte suas bênçãos, e não seus problemas.
5. Não imite as outras pessoas.
6. Tente tirar proveito das suas perdas.
7. Crie felicidade para os outros.

A MANEIRA PERFEITA PARA VENCER A PREOCUPAÇÃO

1. Reze.

NÃO SE PREOCUPE COM AS CRÍTICAS

1. Lembre-se de que a crítica injusta é, muitas vezes, um elogio disfarçado.
2. Faça o melhor que puder.
3. Analise seus próprios erros e critique a si mesmo.

PREVINA O CANSAÇO E A PREOCUPAÇÃO E MANTENHA SUA ENERGIA E SEU ALTO ASTRAL

1. Descanse antes de ficar cansado.
2. Aprenda a relaxar no trabalho.
3. Proteja a saúde e a aparência, relaxando em casa.
4. Aplique estes quatro bons hábitos de trabalho:
   a) Limpe sua mesa de todos os papéis, exceto os relativos ao problema em questão.
   b) Faça as coisas por ordem de importância.
   c) Ao se deparar com um problema, resolva-o naquele momento, se tiver as ferramentas necessárias para tomar uma decisão.
   d) Aprenda a organizar, substituir e supervisionar.
5. Coloque entusiasmo em seu trabalho.
6. Não se preocupe com a insônia.

Os segredos que vão mudar sua vida

A AMIZADE É A BASE
DOS RELACIONAMENTOS AMOROSOS

A amizade é o primeiro e o mais importante dos elementos fundamentais para relacionamentos saudáveis. Para que um relacionamento sobreviva e tenha chance de prosperar, esse elemento fundamental deve ser estabelecido logo no início da fase de namoro.

Aqui estão algumas dicas sobre como desenvolver amizades com os princípios de Dale Carnegie de como fazer amigos e influenciar pessoas:

- **Não critique, não condene, não se queixe**. No dia a dia, esses três verbos podem arruinar as relações entre as pessoas. Seu impacto negativo fica mais acentuado nos assuntos do coração. O namoro, o noivado e o casamento são períodos de construção do relacionamento. A crítica, a condenação e as queixas apenas separam as pessoas e destroem instituições e ideologias. Evite esses três verbos como uma praga e terá uma grande oportunidade de construir a amizade no relacionamento.
- **Mostre apreço de modo honesto e sincero**. Todo mundo, não importa a posição em que se encontre, cora ao ficar lisonjeado. Pense a respeito do que aconteceria no coração de uma pessoa se ela fosse elogiada de verdade pelos esforços, pequenos ou grandes, que realizou. Essa pessoa ficaria feliz e esperaria mais oportunidades para estar com você.
- **Desperte um forte desejo nos demais**. Esta é uma poderosa ferramenta de sedução, usada até mesmo por líderes. Busque maneiras criativas para manter seu parceiro sempre interessado em levar adiante o projeto de um casamento. Evitar o primeiro princípio e reforçar o segundo ajudaria neste terceiro. Se você for uma pessoa divertida e agradável para se relacionar, seu parceiro desejará ansiosamente ficar com você.
- **Torne-se verdadeiramente interessado na outra pessoa**. Em todas as formas de relacionamento, dar atenção é fundamental. O interesse pelas outras pessoas lhe dá o poder de se co-

As regras de ouro de Dale Carnegie para o sucesso

nectar a elas. Ajuda inclusive a quebrar as barreiras de comunicação. O interesse verdadeiro mostra o lado altruísta da pessoa que busca o bem-estar do outro. A lei da reciprocidade é real. Se você estiver interessado de forma honesta nos outros, eles vão gravitar à sua volta.

- **Sorria**. Dizem que um sorriso é a doença mais contagiosa do mundo. Se sorrir, até como oportunidade de conhecer alguém, essa pessoa vai sorrir de volta. Ninguém gosta de estar onde há conflito e tumulto. O melhor lugar para se estar é onde há pessoas felizes. Um sorriso é a evidência da existência de paz e confiança. É magnético. Se ainda não notou o quanto é eficaz esse dom da vida, tente experimentar com seus irmãos ou colegas. A pessoa mais difícil e mais preocupada que você conheceu sucumbiria a um sorriso.
- **Lembre-se dos nomes das pessoas**. O nome de uma pessoa é para ela o som mais doce em qualquer idioma. Mesmo estando em um lugar estranho, ao encontrar alguém que você tenha acabado de conhecer ou de que apenas lembre como se chama, por algum motivo, o fato de citar o nome dessa pessoa cria rapidamente uma sensação de familiaridade que quebra barreiras e permite que a comunicação flua e que ocorra um entendimento imediato.
- **Seja um bom ouvinte e incentive os outros a falarem sobre si mesmos**. Uma arte que ajuda a desenvolver um relacionamento é a arte de ouvir. As pessoas gostam de falar sobre si mesmas. Ganha-se poder sobre as pessoas que falam ao ouvi-las, pois, dessa forma, é possível saber bastante sobre elas. Conhecimento é poder. Aquele que sabe sobre os desejos e as aspirações do outro pode ter chance de encontrá-los ou ajudar a encontrá-los e, com isso, sustentar um relacionamento e até controlá-lo, para seu benefício.
- **Fale de coisas que interessem à outra pessoa**. Se estiver atento às necessidades da outra pessoa, esta prestará atenção às suas necessidades. Lembre-se da regra de ouro: faça aos outros o que gostaria que fizessem a você. Sua atenção às necessidades da outra pessoa gera uma ação recíproca.

Os segredos que vão mudar sua vida

- **Faça a outra pessoa sentir-se importante, e faça isso com sinceridade.** O verdadeiro mantra do relacionamento é "ter a oferecer". Não é isso que todas as religiões pregam? O elogio verdadeiro, o reconhecimento sincero e a responsabilidade fazem com que o outro se sinta importante. Dê e aceite a responsabilidade da pessoa com quem tem um relacionamento. Ambas as ações, se adotadas com sinceridade, geram um sentimento de autoestima e importância.

CAPÍTULO 2

Como chegar à frente no mundo de hoje

Uma mensagem especial para os jovens

INTRODUÇÃO

Neste capítulo, o autor deste livro tentou descrever algumas coisas que o leitor precisa saber, caso pretenda aprender a conviver com a economia global em constante mudança. Embora este tipo de conhecimento não seja o ensinado na escola, é tão verdadeiro e tão vital para qualquer indivíduo quanto a tabuada ou o alfabeto.

Entretanto, é importante lembrar: embora outras pessoas possam lhe dizer como fazer essas coisas, apenas uma pessoa no mundo pode realmente fazer com que você as faça, e essa pessoa é você.

A conclusão da educação formal é apenas o início da educação propriamente dita.

À medida que se desaprendem muitas das coisas que se acreditava terem sido aprendidas, e que se aprendem muitas coisas que não foram ensinadas nas salas de aula, é inevitável que erros sejam cometidos.

No entanto, através desses erros também se aprende. Por isso, não deixe que eles resultem em desânimo. Em vez disso, diga a si mesmo: "Não é um erro, num primeiro momento. Não é um erro até que eu cometa o mesmo erro duas vezes."

Outra coisa: o sucesso na vida depende, em grande medida, de sua capacidade de conviver com outras pessoas. E é estudando-as e observando-as que o indivíduo completa sua educação. Pois, como dito por Emerson: "Todo homem que encontro é superior a mim de alguma forma. E é por isso que aprendo com ele."

O autor ficará extremamente feliz se este capítulo servir de ajuda prática para levar o leitor a aproveitar as grandes oportunidades que o tempo lhe reserva.

A IMPORTÂNCIA DE UM DIPLOMA UNIVERSITÁRIO

Muitas pessoas perguntam ao autor deste livro se a educação universitária é necessária para o sucesso. A pergunta é absolutamente ridícula, uma vez que muitas pessoas seguem direto para o topo do mundo dos negócios, apesar de não terem formação universitária. Tanto Mark Zuckerberg quanto Bill Gates abandonaram a faculdade antes de se formarem. Não desanime se não conseguir frequentar uma faculdade, pois não é necessário ter diploma para alcançar sucesso.

No entanto, tudo o que puder obter no âmbito de uma educação formal, em sua juventude, irá beneficiá-lo, pois ficará mais fácil alcançar o sucesso, desde que não confie exageradamente nela. A educação universitária deve treinar a mente, ampliar os horizontes da vida e desenvolver a confiança, e tudo isso deve ajudá-lo a ganhar mais dinheiro na vida futura.

Já é um bom começo cursar o ensino médio ou a faculdade, mas não relaxe achando que o diploma vai facilitar sua vida. Uma educação universitária é como ter uma vantagem inicial em uma corrida. Porém, se não correr o mais rápido que puder, aqueles que começaram do zero, atrás de você, vão alcançá-lo e ultrapassá-lo.

COMO DESENVOLVER GRANDES HÁBITOS

Se quiser realmente participar com sucesso do mundo dos negócios dos dias de hoje, você vai precisar ter um caráter forte. E o seu cará-

Como chegar à frente no mundo de hoje

ter, em poucas palavras, é apenas uma soma total de seus hábitos diários.

Aqui estão cinco regras específicas que podem ser usadas a partir de hoje para ajudar a formar hábitos novos e desejáveis para ajudá-lo a chegar à frente.

Regra 1. Faça uma autoavaliação. Faça uma autoavaliação com calma e de forma honesta. É sempre aconselhável pedir a opinião sincera de um amigo ou uma pessoa cujos conselhos você valorize. Descubra quais bons hábitos deve tentar adquirir e de quais maus hábitos deve se livrar.

Regra 2. Aplique todo o entusiasmo no seu autocontrole. Bem cedo na vida, Benjamin Franklin elaborou para si uma lista com as 13 virtudes que queria cultivar. Concentrou-se em uma virtude a cada semana, até que cumprisse todas as 13. Em seguida, voltou para o início e começou tudo de novo. Continuou a repeti-las até que dominasse todas elas. Franklin percebeu que o hábito nada mais é do que a repetição. Faça com que a formação de seus novos hábitos pareça ser a conquista mais importante do mundo para você.

Regra 3. Agarre todas as oportunidades para praticar as novas resoluções. Por exemplo, se decidiu que não sorri o suficiente (mesmo que possa considerar esta como um tipo de resolução tola, existem estudos que demonstram que sorrir torna a pessoa mais feliz), comece a sorrir agora mesmo. Sorria para si no espelho quando lavar o rosto pela manhã e sorria para todo mundo que encontrar durante o dia. Se alguém pisar no seu pé no elevador ou empurrá-lo no metrô, sorria para a pessoa da mesma forma. Se fizer isso e manter o hábito, não vai demorar muito para que fique conhecido como uma das pessoas mais agradáveis do seu círculo social.

Regra 4. Não arrume desculpas. William James certa vez disse: "Cada negligência que cometemos é como se deixássemos cair uma bola de novelo, cuidadosamente enrolada. Basta um descuido para que se desfaça mais do que as muitas vezes necessárias para enrolar novamente." Edna Ferber contou ao autor deste livro que se obrigava a trabalhar, pelo menos seis horas, escrevendo todos os dias. Ha-

395

Os segredos que vão mudar sua vida

via muitos dias, segundo confessou, em que não tinha nada sobre o que escrever e, então, ansiava por fazer outras coisas. No entanto, mantinha a fé em si. Se você quiser formar um novo hábito, não se permita falhar na aplicação dele. Caso se desvie de seu novo caminho, retorne imediatamente ao seu programa. Não há necessidade de se censurar, mas também não dê ouvidos às próprias desculpas.

Regra 5. Assuma compromissos definitivos. Qualquer atleta de sucesso é um exemplo de alguém que assume compromissos definitivos. Os atletas jovens, de patinadores a lutadores de boxe, treinam todos os dias, o ano inteiro, além de estudar. Não deixam que o desejo por atividades de lazer atrapalhem sua dedicação para se tornarem os melhores em sua especialidade. Se decidir fazer algo difícil, mantenha seu objetivo em posição frontal e central em sua mente e em suas ações a cada dia. Reforce seu comprometimento tornando-o público, ou seja, conte a todos os amigos e poste-o em sua página no Facebook, de modo que, caso deixe de seguir adiante, seus amigos vão tratar de lembrá-lo. Isso vai assegurar a sua escalada em direção à resolução até o fim.

ENTUSIASMO

Para o autor, é uma grande tragédia quando as pessoas não encontram, no início da vida, o tipo de trabalho que gostariam de fazer, para que possam aplicar com força total o entusiasmo da juventude. Se tivesse filhos, o autor do livro tentaria orientá-los, praticamente desde o dia de seu nascimento, para o trabalho de que gostassem, e incutiria neles o entusiasmo por suas tarefas. O entusiasmo compensa a falta de muitas coisas. Ralph Waldo Emerson afirmou: "Todos os grandes movimentos na história do mundo se devem ao triunfo do entusiasmo."

A palavra entusiasmo vem de duas palavras gregas, *en* e *theos*, que significam "Deus dentro de si". Aquelas pessoas que são alimentadas com o entusiasmo realmente têm um Deus dentro de si, um Deus que vai ajudá-las a seguir em frente, um Deus que vai ajudá-las a fazer milagres.

Além do exercício físico, é preciso se exercitar mental e espiritualmente todos os dias. Uma das melhores maneiras de desenvolver o entusiasmo é conversar consigo mesmo de forma estimulante, no início de cada dia e sempre que começar a se sentir desanimado ao longo dele.

DETERMINAÇÃO

Quanto à questão da realização de um sonho, o empresário Bill Rancic afirmou: "O trabalho duro vai fazer com que se chegue lá. Você não precisa necessariamente ter uma educação de primeira ou um montante de milhões de dólares para dar início a uma empresa. O sonho pode ser realizado com uma ideia, trabalho árduo e determinação."

Trata-se de bom senso, não é? Sim, sem dúvida. Porém, é preciso lembrar-se disso de tempos em tempos. Por exemplo, o autor deste livro conheceu um homem brilhante com formação universitária que, a seu ver, aparentemente tinha tudo para ser muito bem-sucedido. Ele tem mais de 50 anos hoje e sente que ficou muito aquém de seus desejos. Embora começasse qualquer coisa nova com entusiasmo, em seguida perdia o interesse e, em pouco tempo, largava e partia para outra coisa. Em trinta anos, tentou se firmar em vários negócios, mas nunca deu seguimento a nenhum.

Tudo o que empreendeu na vida fracassou. Por quê? Porque não persistia até o fim em tudo que começava. Nunca se prendia a nada por tempo suficiente para ter chance de sucesso.

O filósofo William James disse, certa vez: "O que fazemos comparado ao que poderíamos fazer é como comparar as ondas na superfície do mar com as grandes profundezas do oceano." Há muitos anos, um escritor conhecido como Vash Young era uma figura popular inspiradora e autor de vários livros motivacionais de sucesso. No entanto, seus primeiros anos foram de muita luta e dificuldade. O Sr. Young culpava a si mesmo pelos primeiros fracassos. Seus próprios pensamentos eram seu pior inimigo. E, de repente, ele percebeu que, ao mudar seus pensamentos, poderia

Os segredos que vão mudar sua vida

alterar o curso de sua vida. Elaborou uma lista com as qualidades boas que desejava possuir e se obrigou, com determinação, a pensar nessas qualidades, viver essas qualidades e *ser* essas qualidades. As nove qualidades que decidira transformar em sucesso, a partir do fracasso, foram: amor, coragem, alegria, proatividade, compaixão, amizade, generosidade, tolerância e justiça. O Sr. Young admitiu que foi uma batalha difícil mudar tanto a vida. Porém, foi através da determinação que finalmente conseguiu vencer essa batalha e, ao mesmo tempo, obteve o sucesso como um profissional da área de negócios.

Mais recentemente, todos acompanharam a vida do jogador de basquete Michael Jordan, que redefiniu com eficácia seu desempenho no esporte. Jordan não começou a vida como uma estrela nos esportes. Na verdade, na época do colégio, foi cortado do time de basquete da escola. No entanto, é óbvio, Jordan não deixou que esse contratempo o impedisse de realizar seu sonho. Ele afirmou: "Perdi mais de 9 mil cestas em minha carreira. Perdi quase trezentos jogos. Em 26 ocasiões, acreditaram que eu ganharia o jogo no arremesso decisivo, e errei. Fracassei várias vezes na minha vida. E é por isso que sou um vencedor." O talento de Jordan é excepcional e indiscutível. Porém, foi sua determinação que permitiu seguir em frente, num momento em que apenas o seu talento não era suficiente. É essa obstinação que todos desejam imitar.

A determinação e a aplicação são dois dos primeiros requisitos para o sucesso em qualquer empreendimento, e se o indivíduo ajustar sua mente para alcançar algo e de fato insistir com muito trabalho e perseverança, vai descobrir que está obtendo o que queria praticamente antes que perceba.

MEDO E CORAGEM

O medo não existe em lugar nenhum a não ser na mente. Entretanto, mesmo que o medo seja apenas uma ideia, pode ser extremamente contraproducente. Muitos líderes reconheceram o poder do medo para desanimar o povo e levá-lo à morte. Como comandante,

Napoleão considerava que existiam quatro elementos para montar um exército: tamanho, treinamento, equipamento e moral. Disse que o entusiasmo era mais importante do que os outros três elementos juntos. Em outras palavras, a confiança, a coragem e a força de vontade em um exército eram mais necessárias para seu sucesso do que seu tamanho, seu treinamento e seu número de armas. A confiança e a coragem são tão importantes nas batalhas de negócios quanto nas guerras.

Como se desenvolve a coragem? É preciso exercitá-la. Assim como um braço forte ou um corpo forte é desenvolvido através de exercícios, também a coragem é desenvolvida através de seu uso. O indivíduo deve fazer aquilo que teme fazer. Ralph Waldo Emerson aconselhou: "Faça aquilo que tem medo de fazer e a morte do medo será certa."

Se estiver com medo de entrar em contato com uma pessoa específica no momento, deixe para contatá-la no dia seguinte. Se o medo chegar a fazer com que ande de um lado para o outro várias vezes antes de tomar uma decisão, fale sobre isso com essa pessoa. Diga a ela algo como: "Sabe, me sinto intimidado por você. Tive de andar de um lado para o outro, no corredor, várias vezes, para ter coragem de vir vê-lo. Estou tremendo agora. Estou tão assustado que mal consigo falar." Isso vai fazer com que a outra pessoa ria de você. Ela vai sentir que deve ser muito importante aos seus olhos ou que você não deveria ter medo dela. Além disso, vai entender sua atitude, pois, sem dúvida, ela deve ter tido medo de alguém durante a trajetória de sua vida e, por isso, vai respeitá-lo por sua coragem de enfrentá-la.

COMO OBTER UM EMPREGO

Quando o indivíduo procura um emprego, é preciso lembrar que os empregadores são compradores e que estão no mercado para comprar, contanto que o indivíduo tenha algo para vender. Por isso, o indivíduo tem que se considerar como um produto. Tem de procurar saber por que alguém deveria investir nele e apresentar-se envolto no melhor pacote possível. Os entrevistadores não estão interessados nos problemas dos entrevistados e sim em seus próprios problemas. Primeiro, você deve procurar descobrir quais são as necessidades dos empregadores e de que forma pode atender a tais necessidades. Apenas depois disso é que o indivíduo terá de fato algo a respeito do que falar.

Em determinado momento, um homem se aproximou do autor deste livro, durante uma época de baixo rendimento para este e em que o autor queria reduzir as despesas, não pretendendo aumentar o número de funcionários naquele momento. No entanto, esse homem havia feito um estudo específico dos problemas do autor e foi até ele com sugestões concretas de como poderia fazê-lo poupar dinheiro. O que mais o impressionou no homem foi que ele não falou sobre salário. Simplesmente disse: "Tenho tanta certeza de que posso poupar o seu dinheiro que ficarei feliz em trabalhar em troca apenas do valor do combustível e das refeições até que consiga provar o que posso fazer por você. Depois de demonstrar meu valor, conversaremos sobre o meu salário." Esse homem agora trabalha para o autor, embora não fizesse parte de seus planos contratá-lo. Ele vendeu a si próprio. Se tivesse simplesmente pedido um emprego, o autor teria dito com sinceridade que não havia vaga disponível.

Eis aqui três regras para obter um emprego: primeira, descubra o que gosta de fazer, pois provavelmente é o que pode fazer de melhor. Segunda, dedique bastante tempo para descobrir quem precisa dos serviços que tem a oferecer. Terceira, estude as necessidades específicas da empresa. Quando chegar à entrevista, mostre ao entrevistador como você pode ajudá-lo a resolver os problemas da empresa.

Embora a economia tenha mudado em muitos aspectos ao longo das últimas décadas, os bons princípios de entrevista de emprego permanecem os mesmos. Eis aqui o conselho do Sr. Ernest Lawton, ex-diretor de pessoal da Macy's. O Sr. Lawton e seus assistentes entrevistavam cerca de 150 mil candidatos por ano. Desse número, cerca de 15 mil candidatos adquiriam os empregos que estavam procurando. A maioria das pessoas não passava no primeiro requisito, que era a personalidade. A personalidade era o primeiro item exigido

Como chegar à frente no mundo de hoje

pelos funcionários da Macy's, e dois em três candidatos não apresentavam essa qualidade. Uma vez que potenciais empregados conseguiam vender sua personalidade para a Macy's em poucos minutos, era muito provável que, como funcionários, pudessem vender para os clientes também. Obter um emprego é, na verdade, uma proposta de venda. Os indivíduos à procura de emprego tinham algo para vender, assim como a Macy's. A loja vendia mercadorias, e o que os indivíduos tinham para vender eram eles próprios, sua personalidade, seus serviços e sua capacidade de trabalho.

Na avaliação da personalidade dos potenciais empregados, o Sr. Lawton buscaria os seguintes aspectos: se falam com sinceridade e de forma convincente; se falam com uma voz natural e bem-modulada; se sorriem de uma forma amigável; se estão bem-vestidos (quanto a isso, ele queria dizer: se estão vestidos com asseio, bom gosto e elegância). O Sr. Lawton considerava a personalidade mais importante na contratação de uma pessoa do que sua experiência. A Macy's estava principalmente interessada no material com que seus empregados foram feitos e na forma como eles o apresentavam. Os membros da equipe sabiam que podiam ensinar os truques do negócio no treinamento. Depois da personalidade, o Sr. Lawton voltava a atenção para o fator ambição. Na sequência da entrevista, eram feitas várias perguntas para determinar se os potenciais membros da equipe ficariam satisfeitos apenas em ter um emprego e receber seu salário ao final do mês ou se tinham a pretensão definida de ascensão na carreira.

Um terceiro requisito era a capacidade de conviver com outras pessoas. A Macy's empregava mais de 25 mil pessoas e era (ainda é!) importante que seus funcionários fossem simpáticos. É preciso autocontrole para conviver com todos os tipos de pessoas. Para manter um emprego é preciso tanto ter a habilidade de vender quanto a capacidade de conseguir um emprego.

Dois rapazes do ensino médio ligaram certa vez para o autor deste livro e solicitaram uma conversa. Queriam obter conhecimento sobre como conseguir emprego. O autor lhes disse que existiam dezenas de livros sobre o assunto, que 10 mil palestras haviam sido realizadas até aquele momento, e que ele levaria dois dias para

Os segredos que vão mudar sua vida

abordar o assunto na íntegra. Porém, queriam ver o autor mesmo assim. Antes que chegassem, o autor escreveu seis regras que considerava úteis em uma entrevista com um potencial patrão. Aqui estão essas regras:

1. Memorize (não mais do que dez linhas) uma breve descrição de si mesmo. Pense no que diria se alguém lhe pedisse: "Fale-me sobre você." Inclua apenas os itens diretamente relacionados ao seu trabalho, ou seja, sua educação, sua formação geral, sua experiência e seus objetivos.
2. Tenha três referências prontas para oferecer ao entrevistador. É claro, inclua números de celular e endereços de e-mail.
3. Seja confiante, mas não se vanglorie. Deve passar a impressão de uma pessoa animada e equilibrada, mas não de alguém cheio de si.
4. Evite familiaridade. Sente-se formalmente e não coloque os ombros ou as mãos na mesa do entrevistador. Isso pode parecer irrelevante, mas a ideia é evitar que ele ache que você considera seu escritório uma sala de descanso. Lembre-se de que é hora de se dedicar exclusivamente ao entrevistador. Não traga comida ou chiclete com você. Mantenha o celular desligado e, em hipótese alguma, olhe para o aparelho.
5. Olhe no olho do entrevistador com confiança. É preciso que esteja convencido do que está dizendo e de utilizar poucas palavras. Quando sentir que a entrevista acabou, não se demore. Afinal, a maioria das entrevistas é decidida nos primeiros dois minutos.
6. Faça com que o entrevistador para quem quer trabalhar saiba que está interessado em trabalhar para ele e não para si mesmo.

COMO MANTER UM EMPREGO

Permanecer empregado é tão importante quanto conseguir um emprego. O fator mais importante para manter um emprego é o valor

Como chegar à frente no mundo de hoje

pessoal do indivíduo. Deve-se manter constantemente seu empregador consciente de seu valor para a empresa, além de se dar bem com as outras pessoas. Não se deve dar ouvidos às fofocas do escritório e é preciso ter cuidado com o que se diz.

Não fique olhando o relógio. Tenha mais interesse em acabar o seu trabalho do que em terminar o dia de trabalho.

Não recue diante das responsabilidades por medo de cometer erros. Admita imediatamente seus erros e aprenda com eles. Nunca arrume desculpas para eles.

Um levantamento sobre as causas comuns para se demitir pessoas constatou que a maioria dos indivíduos era demitida porque lhes faltava virtudes simples do dia a dia. Constatou-se também que 14% eram demitidos por negligência, quase 11% não eram cooperativos e mais de 10% estavam com baixo desempenho. Outros perdiam o emprego porque se ausentavam do trabalho, eram desonestos, não tinham iniciativa ou gastavam o tempo com assuntos pessoais durante o expediente.

Na busca por promoção, não se deve ignorar as relações com as outras pessoas. Se o indivíduo não gosta das pessoas com as quais trabalha e elas, por sua vez, não gostam dele, sua missão não é mudar as pessoas de quem não gosta, e sim mudar a si próprio. Talvez o indivíduo até gostasse dessas pessoas, se viesse a conhecê-las melhor. Em vez de pensar sobre as coisas de que não gosta nessas pessoas, por que não se concentrar nos pontos positivos? O melhor caminho para fazer com que essas pessoas gostem do indivíduo é fazer com que o indivíduo primeiro aprenda a gostar delas. O indivíduo se conhece e é difícil que não goste de uma pessoa que goste dele.

COMO CAUSAR UMA BOA IMPRESSÃO

Há três coisas sobre o indivíduo que causam uma impressão duradoura naqueles com quem se encontra.

1. A aparência, ou seja, se está bem-arrumado.
2. A postura e o modo de se portar.

Os segredos que vão mudar sua vida

3. O discurso. Não apenas em relação à correção gramatical, como também quanto ao tom de voz.

Lembre-se de que não é importante ser bonito. No entanto, o que se deseja é que a pessoa seja calorosa e amável. Ao entrar em uma sala, não se deve esquecer-se de sorrir. Ao encontrar alguém pela primeira vez, busque um assunto sobre o qual essa pessoa possa gostar de conversar, e falem a respeito disso. Se não tiver muito conhecimento sobre o tema, faça perguntas à outra pessoa. As pessoas gostam de compartilhar informações sobre temas de seu interesse. Se ficar completamente sem ter o que dizer, faça um elogio. É sempre possível dizer a alguém que gostou de seu colar ou de seus sapatos. É uma maneira de quebrar o gelo e quem recebeu o elogio vai se sentir bem. Por fim, é preciso ser sempre positivo. Comentários negativos podem fazer com que você se sinta inteligente, mas não fazem com que pareça inteligente.

COMO DESENVOLVER A PERSONALIDADE

É comum querer sempre trabalhar com pessoas que fazem um bom trabalho e que tornam o negócio próspero. E o fato de o ser humano passar muito tempo no trabalho faz com que se queira estar cercado por pessoas agradáveis para dividir esse tempo com elas. Um estudo feito pela Fundação Carnegie revelou que no mundo dos negócios cerca de 15% do sucesso depende do conhecimento superior e que cerca de 85% se devem à personalidade superior.

O Dr. Henry C. Link foi um psicólogo famoso que implantou a ideia pioneira da "Psicologia do Trabalho". Link também inventou o Quociente de Personalidade, um método para medir a aquisição, por meio da prática, das habilidades no trato com pessoas. Link afirmou: "A personalidade é o grau com que uma pessoa desenvolve hábitos que interessam e sirvam às outras pessoas. A personalidade pode ser desenvolvida, assim como se desenvolvem os hábitos de escrever, o alfabeto ou comer com garfo e faca. Ninguém nasce com a habilidade natural de comer com garfo e faca ou de saber o alfabeto. Ninguém nasce com uma boa personalidade. Isso se desenvolve com a prática."

Eis alguns métodos aconselhados pelo Dr. Link para desenvolver e colocar em prática a personalidade. Primeiro, pelo menos uma vez por semana, pratique esportes ou participe de jogos que exijam esforço físico e outros que atuem sobre a inteligência, como baralho, xadrez ou videogames. Contatos competitivos (físicos ou mentais) com outras pessoas podem favorecer seu senso de espírito esportivo e ajuda a desenvolver hábitos altruístas. Esses jogos vão ensinar o indivíduo a obedecer as regras do bom comportamento social, a acrescentar bastante charme à personalidade e a ganhar muitos amigos.

O segundo método é fazer algo por outras pessoas. Por exemplo, dar aula em uma escola aos domingos, pedir doações para a Cruz Vermelha ou outra organização de caridade, tornar-se ativo nas tarefas dos escoteiros ou das bandeirantes. A principal coisa a fazer é sair e fazer algo por outras pessoas.

Terceiro: ter interesse pelo próprio trabalho. Aprenda a fazer o seu trabalho de forma excepcional e entregue-se a ele de corpo e alma. Concentrar-se na excelência de seu trabalho impede que o indivíduo pense sobre si mesmo. À medida que o altruísmo cresce, o indivíduo vai sentir que os outros ficam cada vez mais atraídos por ele. E o sucesso no trabalho tende a crescer também.

POSTURA

Hoje não se fala muito sobre ter uma boa postura. De fato, considerando-se o comportamento visto nos reality shows, é de se pensar que a falta de postura é uma qualidade. Porém, no mundo dos negócios, e certamente no mundo empresarial internacional, ter postura é fundamental para ganhar respeito dos outros.

Pense nos seus amigos e nas pessoas com quem trabalha. Quantas pessoas você conhece que mantêm uma boa postura? E você? É surpreendente a quantidade de pessoas que não têm postura. Não é difícil adquiri-la, mas nunca será adquirida através do pensamento que a pessoa tem de si mesma ou de como aparenta ser para os outros, ou mesmo de qual impressão é capaz de causar.

Há alguns anos, o presidente Woodrow Wilson admitiu que se desesperava quando ainda era jovem pelo fato de nunca superar sua autoconsciência e por não saber se portar. Um dia, então, sentou-se e manteve-se em silêncio, pensando consigo mesmo. Depois, adotou o hábito de permanecer em silêncio e observar as pessoas à sua volta por alguns segundos, quando presente em reunião social ou política. Isso lhe dava oportunidade de se recompor e passou a perceber que o importante era pensar em outras pessoas e não em si. Não há nada de antiquado em reservar algum tempo para ficar em silêncio e ouvir os outros. Sua Santidade, o Dalai Lama, observou que, "às vezes, se cria uma impressão dinâmica dizendo algo, e outras vezes, se cria uma impressão tão significativa mantendo-se em silêncio".

Há certas manias nervosas que podem se transformar rapidamente em hábitos comuns e, consequentemente, dificultar a aquisição da boa postura, além de roubar a capacidade de atração do indivíduo. Eis algumas dessas manias:

1. Mexer no colar de contas ou em outras joias.
2. Puxar a gravata.
3. Alisar a roupa.
4. Verificar a maquiagem em um espelho de bolso ou passar batom.
5. Morder os lábios ou roer as unhas.
6. Tamborilar com os dedos.
7. Balançar o pé quando sentado.
8. Andar de um lado para o outro na sala.
9. Olhar para o smartphone enquanto está em uma reunião ou durante uma conversa com outras pessoas.

Quando o indivíduo estiver na presença de outras pessoas, deve esquecer sua própria aparência, e o que os outros possam pensar a seu respeito, e concentrar todos os seus pensamentos nos outros.

Como chegar à frente no mundo de hoje

COMO SE MANTER EM FORMA

Embora seja dito constantemente que é preciso se exercitar e cuidar melhor do corpo, o número de pessoas que estão fora de forma é alarmante. Aquele que se exercita regularmente sabe o quanto é bom sentir o resultado de seus esforços. Para aquele que não se exercita regularmente, é hora de começar.

Além do exercício físico consistente, aqui estão algumas outras regras de senso comum para a boa saúde, oferecidas pelo psicólogo e filósofo Dr. Walter B. Pitkin:

Regra 1. Relaxe pelo menos uma vez a cada hora. Se costuma trabalhar de pé, então sente-se, estique as pernas e relaxe. Se costumar trabalhar sentado, então levante-se, estique-se e caminhe ao redor. Retire a pressão da parte do seu corpo que você estiver usando.

Regra 2. Durma o suficiente. Dormir é o melhor remédio do mundo. Procure saber o quanto você precisa dormir e trate de adotar esse período de sono. Acostume-se a ir para a cama na mesma hora todas as noites.

Regra 3. Coma corretamente. Diferentes tipos de trabalho exigem diferentes tipos de comida. Um homem que faz trabalho braçal pesado precisa de uma alimentação substanciosa, enquanto trabalhadores de escritório, em geral, comem demais. Há calorias suficientes em um único amendoim salgado para nutrir um homem por duas horas de trabalho intelectual.

Regra 4. Cuide dos dentes e das gengivas. Vá ao dentista regularmente. Use fio dental todos os dias. A saúde da gengiva é considerada por muitos especialistas como diretamente relacionada à saúde do coração.

Regra 5. Organize seu trabalho. A saúde mental permanecerá forte se evitar deliberadamente distrações constantes. No início de cada dia, liste as atividades a serem realizadas e execute-as de forma metódica. É muito mais eficaz focar em uma coisa por vez, independentemente do quanto seja tentador verificar sua caixa de e-mails ou o Twitter a cada poucos minutos.

Os segredos que vão mudar sua vida

Regra 6. Permita se curar. Quando ficar doente, não vá trabalhar, fique em casa. Se não se espera que um relógio funcione quando está avariado, por que esperar que o corpo funcione direito quando não está operando normalmente? Se estiver doente, consulte o médico e siga as orientações dele até que se sinta bem.

O QUE O TEMPO PODE FAZER PELO INDIVÍDUO

Tempo é algo que todo mundo tem, mas poucos tiram o máximo proveito dele. Anos atrás, o autor deste livro estava em Paris, em uma feira, comprando alguns produtos para o jantar. O feirante ficou impaciente porque o autor estava demorando muito para examinar os diferentes tipos de legumes, e começou a falar com ele de forma grosseira. Ele falava em francês, e o autor não conseguia entender uma única palavra até que finalmente falou em inglês: *"Time is money"*. [Tempo é dinheiro]. Essa expressão é tão conhecida que os franceses nem sequer tentam traduzi-la. Sim, tempo é dinheiro em todas as línguas e em todos os países. O tempo é ainda mais valioso do que o dinheiro, tempo é a própria vida. Bill Gates pode possuir mais dinheiro do que você, Hillary Clinton pode ter mais poder e George Clooney pode ter mais fama, mas ninguém tem mais tempo do que você. Você nunca terá mais tempo do que tem agora. Você deve gastar até o último segundo de cada dia. E a forma como você gasta o seu tempo livre vai determinar, em grande parte, onde vai estar daqui a cinco anos.

Há alguns anos, um homem em uma das palestras sobre oratória do autor levantou a mão e falou: "Não sei como vou ser um sucesso nos negócios. Não terminei a faculdade." O autor disse que ele não precisava necessariamente voltar para a faculdade e que tudo que ele tinha para empregar era o seu tempo de lazer. Lembrou-lhe que, ao dedicar seu tempo de lazer para estudar, poderia, em alguns anos, ter o equivalente a uma educação universitária.

O aluno universitário médio não passa todo o tempo estudando e assistindo as aulas. A pessoa comum que deseja se aperfeiçoar tem praticamente tanto tempo para o estudo quanto o aluno regular que

Como chegar à frente no mundo de hoje

se dedica para aperfeiçoar sua mente. Hoje, em média, excetuando-se as horas para trabalhar, comer e dormir, ainda sobram muitas horas do dia que podem ser dedicadas a ocupações de lazer. O problema não é que as pessoas não têm tempo. O problema é que elas não fazem nada de útil com ele.

Por exemplo, as redes sociais consomem hoje grande parte do tempo das pessoas. Há vários benefícios em se passar o tempo em redes sociais, mas não há nenhuma razão para não se equilibrar esse tempo com atividades mais produtivas. É possível dedicar algumas horas para o estudo e o autoaperfeiçoamento e, então, trinta minutos de diversão no Facebook. Da mesma forma, ninguém de fato precisa assistir a três horas de televisão todas as noites. Aquela pessoa que tem isso como hábito, deve se perguntar: "Sinto-me realizado quando vou para a cama à noite?" Há grandes chances de ela se sentir como se a noite tivesse simplesmente passado por ela. No entanto, na realidade, a pessoa passou a noite em vão.

Quando jovem, há muitos anos, George Eastman, da famosa Eastman Kodak, trabalhava o dia todo em um escritório de seguros e, depois, trabalhava grande parte da noite desenvolvendo ideias para produzir filmes fotográficos. E, como de praxe, George Eastman não teve de fazer isso a vida toda. Seu negócio se expandiu até que finalmente se tornasse o maior fabricante de câmeras do mundo. Teve, então, tempo de lazer para viajar, para a música e para outras coisas de que gostava. Cuidou de seu tempo e seu tempo cuidou dele. O exemplo de Eastman é tão válido hoje quanto o era em sua época. Indivíduos de sucesso, com certeza, vão dedicar algum tempo para relaxar e rejuvenescer, mas não gastam tempo em atividades inúteis.

O tempo é, sem dúvida, a coisa mais valiosa que o indivíduo possui. É preciso fazer com que o tempo trabalhe a seu favor.

CAPÍTULO 3

Desenvolva coragem e autoconfiança através da oratória

A capacidade de se falar de forma eficaz
é uma aquisição, não uma dádiva.

William Jennings Bryan

MAIS DE 7 MIL profissionais da área de negócios, desde 1912, já foram participantes de vários cursos de oratória conduzidos pelo autor. A maioria deles, a seu pedido, declarou por escrito o motivo de terem se inscrito e o que esperavam obter com esse treinamento. Naturalmente, as declarações eram as mais variadas, mas a intenção central desses relatos, a necessidade básica na grande maioria, era praticamente a mesma, conforme vários homens escreveram: "Quando sou chamado para me levantar e falar, fico tão consciente de mim mesmo, tão assustado, que não consigo pensar com clareza, não consigo me concentrar e não consigo lembrar o que eu tinha a intenção de dizer. Quero ganhar autoconfiança, equilíbrio e a capacidade de pensar com rapidez e eficácia. Quero reunir meus pensamentos em uma ordem lógica e ser capaz de fazer um discurso claro e convincente diante de um grupo empresarial ou do público em geral." A conquista da autoconfiança e da coragem, e da capacidade de pensar de forma calma e clara ao falar para um grupo, não chega a representar um décimo da dificuldade imaginada pela maioria dos homens. Não se trata de um dom concedido pela Providência para apenas poucos e raros indivíduos. É como a capacidade de andar de bicicleta. Qualquer um pode desenvolver sua própria capacidade latente se tiver desejo suficiente para tal.

Existe alguma razão, por menor que seja, para que o indivíduo não seja capaz de pensar tão bem quando está de pé diante de um público quanto na posição sentada? Com certeza, todos sabem que não há. De fato, o indivíduo deveria pensar melhor na presença de um grupo de homens. A presença deles deveria agitá-lo e fazer com que se sentisse elevado. Muitos oradores dizem que a presença do público é um estímulo, uma inspiração, que impulsiona o cérebro para funcionar de forma mais clara e mais intensa. Nesses momentos, surgem pensamentos, fatos e ideias que eles não sabiam que possuíam, conforme declarou Henry Ward Beecher, e a única coisa que eles têm a fazer é estender as mãos a tudo o que vier. Esta deveria ser a experiência acumulada do indivíduo. E provavelmente será, se praticar e perseverar.

Existe uma certeza absoluta: o treinamento e a prática vão reduzir o medo do público e dar ao indivíduo autoconfiança e coragem permanente.

Depois de acompanhar as carreiras e contribuir para o desenvolvimento de tantos oradores, o autor sempre fica feliz quando um aluno, no princípio, tem certa palpitação e nervosismo.

Há certa responsabilidade na elaboração de uma palestra, mesmo que seja apenas para meia dúzia de homens em uma conferência de negócios, além de certa tensão, algumas surpresas e agitação. O orador tem de ser tenso como um puro-sangue forçando o freio. O imortal Cícero disse, há 2 mil anos, que todos os oradores dignos de mérito eram caracterizados pelo nervosismo.

Alguns homens, não importa com que frequência falem ao público, sempre vivenciam esse frio na barriga, pouco antes do início do discurso. Porém, poucos segundos após se colocarem de pé, ele desaparece.

Para aprender a habilidade vital de se falar em público são necessários quatro passos essenciais:

Os segredos que vão mudar sua vida

PRIMEIRO: COMECE COM
UM DESEJO FORTE E PERSISTENTE

Isso é muito mais importante do que provavelmente se imagina. Se o instrutor pudesse olhar dentro da mente e do coração do aluno agora e verificar a profundidade de seus desejos, poderia prever, com alto grau de certeza, a rapidez de seu progresso. Se o desejo for pálido e fraco, as realizações também hão de assumir essa tonalidade e consistência. Porém, quem for atrás desse objetivo com persistência e com a energia de um cão atrás de um gato, não será derrotado por nada na face da Terra.

Por isso, é preciso despertar o entusiasmo por esse estudo. Enumere seus benefícios. Pense no que a autoconfiança adicional e a capacidade de falar de forma mais convincente podem significar. Pense no que podem e devem significar em termos financeiros. Pense no que podem significar socialmente, nos amigos que poderão trazer, no aumento de sua influência pessoal, na capacidade de liderança que você poderá adquirir. E essa capacidade de liderança virá de forma mais rápida do que qualquer outra atividade que se possa pensar ou imaginar.

Pense no brilho de satisfação e prazer que virá como resultado da aplicação do novo poder. O autor viajou ao redor de grande parte do globo terrestre e teve diversas experiências, mas, para satisfação interior duradoura e absoluta, conhece poucas coisas que possam ser comparadas com a experiência de estar de pé diante de uma plateia e de fazer com que os homens discutam as opiniões do palestrante diante dele. Dá uma sensação de força, um sentimento de poder; apela para o orgulho da realização pessoal. Faz com que o indivíduo se destaque e se sinta num patamar acima de seus semelhantes. Há mágica nisso, e uma excitação para não se esquecer nunca. Um orador confessou: "Dois minutos antes de começar, eu preferiria ser chicoteado do que falar, porém, dois minutos antes de terminar, eu preferiria levar um tiro a parar."

* * *

A cada desafio, alguns homens se acovardam e caem no esquecimento. E é por isso que o indivíduo deve continuar pensando no
que essa habilidade pode significar para ele até que seu desejo tenha consistência.

SEGUNDO: CONHEÇA PROFUNDAMENTE
O ASSUNTO SOBRE O QUAL VAI FALAR

Se um indivíduo não pensou no seu discurso, não o planejou e
não sabe o que vai dizer ao público, não pode se sentir muito
confortável diante de seus ouvintes. É como um cego que guia
outro cego. Nessas circunstâncias, o orador deve ser autoconsciente, deve sentir-se arrependido, deve ter vergonha de sua negligência.

Conforme Roosevelt registra em sua autobiografia: "Fui eleito
para a Assembleia Legislativa no outono de 1881, e eu era o homem
mais jovem naquele órgão. Como todos os jovens e inexperientes
membros, tive muita dificuldade para dominar a arte de falar. Tirei
muito proveito dos conselhos de um velho compatriota obstinado
que, inconscientemente, parafraseava o duque de Wellington que,
sem dúvida, parafraseava alguém. O conselho era o seguinte: 'Não
fale até que tenha certeza de que tem algo a dizer e de que saiba
exatamente do que se trata. E, então, fale, e sente-se.'"

Esse "velho compatriota obstinado" deveria ter dado a Roosevelt outro conselho para superar o nervosismo. Deveria ter acrescentado: "Será de grande ajuda para eliminar seu embaraço se puder encontrar algo para fazer diante da plateia, como, por exemplo,
expor alguma coisa, escrever uma palavra no quadro ou no *flipchart*,
indicar um ponto no mapa, deslocar uma mesa, escancarar uma janela ou mudar uns livros e papéis de lugar, qualquer ação física que
tenha o propósito de poder ajudá-lo a se sentir mais em casa."

É verdade que nem sempre é fácil encontrar uma desculpa para
fazer tais coisas, mas fica aqui a sugestão. Use-a se puder, mas apenas nas primeiras vezes. O bebê não se agarra ao andador depois
que aprende a caminhar.

Os segredos que vão mudar sua vida

TERCEIRO: AJA COM CONFIANÇA

O professor William James escreveu o seguinte:

A ação parece seguir o sentimento, mas, na verdade, a ação e o sentimento andam juntos. E ao regular a ação, que fica sob o controle mais direto da vontade, pode-se regular indiretamente o sentimento.

Assim, o trajeto voluntário soberano para a alegria, caso a alegria espontânea tenha se perdido, é sentar-se animadamente e agir e falar como se a alegria já estivesse presente. Se tal conduta não fizer com que você se sinta alegre, nada mais será possível nessa ocasião específica.

Portanto, para sentir-se corajoso, aja como se fosse corajoso, use toda a força de vontade para esse fim e um perfil de coragem muito provavelmente substituirá o perfil do medo.

Aplique o conselho do professor James. Para desenvolver a coragem quando estiver diante de uma plateia, aja como se já tivesse essa coragem. É claro que, se não estiver preparado, muito pouco dessa representação de coragem será aproveitado. Porém, uma vez dominando o tema sobre o qual vai falar, dê uma saída rápida e respire fundo. Na verdade, respire profundamente por trinta segundos antes de encarar o público. O aumento da provisão de oxigênio vai animá-lo e lhe dar coragem. O grande tenor Jean de Reszke costumava dizer que quando se consegue manter a respiração, de modo a se "poder sentar em cima dela", o nervosismo desaparece.

Fique ereto e com a cabeça erguida, olhe diretamente nos olhos do público e comece a falar com tanta confiança quanto seria exigido se cada um deles lhe devesse dinheiro. Imagine que eles lhe devem. Imagine que estão ali reunidos para lhe implorar por uma extensão de prazo. O efeito psicológico em você será surpreendente.

Não faça movimentos bruscos e repetitivos, como, por exemplo, abotoar e desabotoar de forma nervosa o casaco e mexer insistentemente as mãos e os dedos. Se não puder se controlar, coloque as mãos atrás das costas e cruze os dedos uns nos outros para que ninguém possa perceber os movimentos, ou mexa os dedos dos pés.

Como regra geral, não é bom que o orador se esconda atrás de móveis. No entanto, esse artifício pode dar ao palestrante um pouco de coragem nas primeiras vezes, como, por exemplo, ficar atrás de uma mesa ou sentado em uma cadeira e agarrá-las com força, ou manter uma moeda com firmeza na palma da mão.

Prepare uma mensagem e, depois, pense em si mesmo como um menino da Western Union (corretora de câmbio) encarregado de entregar o recado. As pessoas prestam pouca atenção ao menino, pois é o telegrama que lhes interessa, a mensagem que é importante. Mantenha a mente das pessoas voltada para a mensagem. E também mantenha o seu coração na mensagem. É preciso conhecê-la como a palma da mão. Acredite com sentimento. E, então, fale como se estivesse determinado a dizê-lo. Faça isso. As chances são de dez em uma para que você, em pouco tempo, seja o dono do evento e o dono de si mesmo.

QUARTO: PRATIQUE! PRATIQUE! PRATIQUE!

O último passo a ser considerado é o mais importante. Mesmo que se esqueça de tudo o que já leu até aqui, lembre-se: de um modo ou de outro, o método infalível para se desenvolver a autoconfiança para se falar em público é falar. Na verdade, toda a questão se resume, por fim, a um método essencial: pratique, pratique, pratique! Essa é a condição *sine qua non* de tudo, "a condição indispensável".

Conforme advertiu Roosevelt: "Qualquer principiante é capaz de sentir o 'frio na barriga do caçador novato'. Esse frio na barriga significa o estado de intensa excitação nervosa, que pode não ter a menor relação com a timidez. Pode afetar um indivíduo na primeira vez que ele tenha de falar para um grande público, assim como pode afetar um caçador na primeira vez em que ele se vê diante de um animal ou um militar em sua primeira experiência na linha de frente de batalha. O que esse indivíduo precisa, não é de coragem, e sim controlar o nervosismo, esfriar a cabeça. E isso só pode ser obtido com a prática. Ele deve ter os nervos completamente sob controle através do exercício personalizado e repetitivo de autodomínio. É basicamente uma questão de hábito, no sentido do esforço repetido e no exercício repetido da força de vontade. Se o homem tiver a força dentro dele, vai ficar cada vez mais forte a cada exercício."

Quer se livrar de seu medo de plateia? Você deve primeiro saber o que causa esse medo.

Em poucas palavras: é o resultado da falta de confiança.

E o que causa a falta de confiança? É o resultado de não saber o que você realmente é capaz de fazer. E isso é causado pela falta de experiência. Quando tiver um registro de experiências de sucesso, seus medos vão desaparecer, derreterão como flocos de neve sob o brilho do sol de verão.

CAPÍTULO 4

Preparando a palestra

A aquisição da autoconfiança por meio da preparação

O AUTOR TEVE COMO dever profissional, assim como prazer pessoal, ouvir e criticar aproximadamente 6 mil discursos por ano, a cada temporada, desde 1912. Esses discursos eram feitos não por estudantes universitários, mas por profissionais de negócios na fase madura das suas vidas. Se essa experiência serviu para gravar na mente alguma coisa mais profunda do que outra, com certeza, é a necessidade urgente de preparar uma palestra antes de começar a dá-la e de ter algo claro e definido para falar, algo que tenha impressionado alguém, algo que não fique por dizer. Quem não se sente inconscientemente atraído pelo orador que deseja, de forma fervorosa, comunicar uma mensagem verdadeira? Uma mensagem que se encontra em sua cabeça e em seu coração e vai direto à cabeça e ao coração do ouvinte? Esta é metade do segredo do discurso.

Quando estiver nesse tipo de estado mental e emocional, o palestrante descobrirá um fato significativo: seu discurso vai se desenrolar quase que por si. O peso do discurso será fácil, e seu ônus será leve. Um discurso bem-preparado já é nove décimos de caminho andado.

Por que alguns oradores não preparam seus discursos com mais cuidado? Alguns não entendem de forma clara o que vem a ser a preparação, ou como fazê-la com sabedoria; outros alegam falta de tempo.

Os segredos que vão mudar sua vida

A MANEIRA CORRETA DE PREPARAR

O que é a preparação? Ler um livro? Este é um modo, mas não o melhor. Ler pode ajudar. Porém, se o indivíduo tentar retirar vários pensamentos "enlatados" de um livro e apresentá-los de imediato como seu, faltarão elementos importantes em seu desempenho como um todo. O público pode não saber exatamente o que está faltando, mas também não vai sentir uma ligação emocional com o palestrante.

O QUE É A PREPARAÇÃO NA VERDADE

A preparação de um discurso significa juntar algumas frases irrepreensíveis por escrito ou memorizadas? Não. Então, significa reunir alguns pensamentos casuais que realmente transmitem muito pouco da personalidade do orador? Nada disso. Na verdade, significa a união dos pensamentos do palestrante, de suas ideias, suas convicções e seus anseios. E todo mundo tem tais pensamentos, tais anseios. Todo mundo os tem todos os dias de sua vida de vigília e até mesmo através dos sonhos. Toda a existência do ser humano é preenchida com sentimentos e experiências. Isso tudo permanece no fundo do subconsciente de forma tão densa como rochas na beira do mar. A preparação significa pensar, meditar, recordar, selecionar os pensamentos que mais atraem o próprio orador, aperfeiçoá-los, trabalhá-los dentro de um padrão, de uma estrutura feita sob medida. Não parece um programa difícil, parece? Não, não parece. Requer apenas um pouco de concentração e pensar em um propósito.

COMO PREPARAR SEU DISCURSO

Não cometa o erro quase universal de tentar cobrir um assunto de forma muito profunda em um discurso breve. Pegue apenas um ou dois pontos de vista de um assunto e tente cobri-los de forma adequada. Será bastante satisfatório se conseguir aplicar esse método nos discursos curtos que são exigidos pelo cronograma desse curso.

Determine o assunto com uma semana de antecedência, para ter tempo de pensar sobre isso em diversos momentos do dia. Pense sobre o tema durante sete dias e sonhe com ele durante sete noites. Que seja o último pensamento antes de dormir. Pense na matéria na manhã seguinte, enquanto faz a barba, enquanto toma banho, enquanto anda pelo centro da cidade, nos momentos de espera do elevador, do almoço e dos compromissos. Discuta sobre isso com os amigos. Torne-o um tópico de conversas.

Faça a si mesmo todas as perguntas possíveis relacionadas ao assunto. Se, por exemplo, for falar sobre divórcio, questione-se quanto às causas do divórcio, quanto aos efeitos econômicos e sociais do mesmo. Como o mal pode ser remediado? Deveriam existir leis do divórcio uniformes? Por quê? Ou deveriam existir quaisquer leis do divórcio? O divórcio deveria se tornar ilegal? Mais difícil? Mais fácil?

Acima de tudo, não faça de seu discurso uma pregação abstrata. Isso vai aborrecer o público. Faça de seu discurso um bolo com camadas de ilustrações e declarações genéricas. Pense em casos concretos anteriormente observados e imbuídos de verdades fundamentais em que acredita, e ilustre-os. Você vai descobrir também que esses casos concretos são muito mais fáceis de se lembrar do que abstrações, além de serem mais fáceis de relatar. Além disso, ainda vão dar embasamento e animar a apresentação.

Alguns homens, ao discorrer sobre seus negócios, cometem o erro imperdoável de falar apenas dos aspectos que lhes interessam. O orador não deveria tentar verificar o que vai entreter os seus ouvintes, em vez de si mesmo? Não deveria tentar atrair os interesses do público? Se, por exemplo, o palestrante vende seguro contra incêndio, não deveria falar ao público sobre como evitar incêndios na propriedade de cada um? Se é um banqueiro, não deveria dar a eles conselhos sobre finanças ou investimentos? Enquanto se prepara, estude o público. Pense sobre suas vontades, seus desejos. Às vezes, isso é metade da batalha.

Na preparação de alguns tópicos, é muito aconselhável, se o tempo permitir, procurar ler sobre o assunto para descobrir o que os outros pensam, o que os outros dizem sobre o tema. Entretanto, não leia até que tenha trabalhado o assunto a partir dos próprios pensamentos e sinta necessidade para tal.

O SEGREDO DA RESERVA DE ENERGIA

Luther Burbank disse, pouco antes de sua morte: "Produzo com frequência 1 milhão de espécimes de plantas para encontrar apenas uma ou duas extremamente boas, e, depois, destruo todas as espécies inferiores." Um discurso deve ser preparado com um tanto desse espírito abundante e diferenciado. Reúna uma centena de pensamentos e descarte noventa.

Arrecade mais material e mais informação do que seja possível empregar. Isso fará com que tenha confiança adicional e a certeza do que fala, além de causar um efeito sobre a mente e o coração e em toda a forma de se expressar. Esse é um fator fundamental e importante da preparação e, no entanto, vários palestrantes o ignoram, tanto para discursos públicos quanto particulares.

"O quê?", alguém pode objetar. "Esse autor acha que consigo encontrar tempo para tudo isso? Gostaria que ele soubesse que tenho um negócio para conduzir, uma esposa e dois filhos, além de dois cachorros, para sustentar. Não posso correr museus e ler livros e muito menos sentar-me na cama durante o dia para balbuciar meus discursos."

Se adiar até que tenha tempo livre para preparar e planejar seu discurso, esse tempo livre provavelmente nunca será encontrado. No entanto, é mais fácil fazer aquilo a que se está habituado, não é? Então, por que não deixar de lado uma noite específica por semana, das 20 às 22 horas, para se dedicar exclusivamente a essa tarefa? Essa é uma maneira certa, uma maneira sistemática. Por que não tentar?

Nenhum homem em sã consciência começaria a construir uma casa sem algum tipo de plano. No entanto, por que ele faria um discurso sem um esquema ou programa, por mais vago que fosse?

Um discurso é uma jornada com um propósito e, como tal, deve ser traçado. O indivíduo que começa do nada, geralmente não sai do lugar.

O autor deste livro gostaria de poder pintar os dizeres de Napoleão em letras flamejantes de vermelho, com trinta centímetros de altura, sobre cada porta do globo terrestre em que os alunos de oratória se reúnem: "A arte da guerra é uma ciência em que nada é bem-sucedido se não for previamente calculado e pensado."

Isso é tão verdadeiro para o ato de falar em público quanto para atirar. Mas será que os palestrantes percebem isso? Ou, se percebem, será que sempre agem assim? Não. Mais enfaticamente: *não, não percebem*. Muitas das palestras têm apenas um pouco mais de plano e de organização do que a preparação de um prato de sopa.

Qual é a melhor e mais eficaz organização para um dado conjunto de ideias? Ninguém é capaz de dizer até que faça um estudo delas. É sempre um problema novo e, portanto, uma questão eterna e que cada palestrante deve se fazer e responder repetidas vezes.

Não há projetos, esquemas ou gráficos que se encaixem em todos ou mesmo na maioria dos discursos. Ainda assim, aqui estão alguns planos de discurso que podem ser úteis para alguns casos. Exponha os fatos e:

1. Argumente a partir deles.
2. Apele para a ação.

Muitos alunos do curso de oratória do autor acharam esse plano muito útil e estimulante.

1. Mostre algo que esteja errado.
2. Mostre como remediá-lo.
3. Solicite cooperação.

Ou, em outras palavras:

1. Aqui está uma situação que deve ser corrigida.

Os segredos que vão mudar sua vida

2. Deve-se fazer isso e aquilo em relação ao assunto.
3. Você deve ajudar pelas seguintes razões.

A seção *Como entrar em ação* descreve outro plano de discurso. Em resumo, é o seguinte:

1. Prenda a atenção dos interessados.
2. Ganhe confiança.
3. Exponha os fatos e eduque as pessoas quanto aos méritos de sua proposição.
4. Recorra aos motivos que levam os homens a agir.

Caso tenha interesse, passe agora para aquela seção e estude esse plano de detalhes.

JOGUE PACIÊNCIA COM SUAS ANOTAÇÕES

Já foi aconselhado pesquisar o tema a fundo e fazer anotações. Após ter redigido as várias ideias e anexado as anotações em pedaços de papel, jogue paciência com eles, ou seja, disponha-os em várias pilhas relacionadas. Essas pilhas principais devem representar, de forma aproximada, os pontos mais importantes da palestra. Divida as pilhas em lotes menores. Separe o joio do trigo. Jogue fora o joio até sobrar apenas um monte de trigo. E até mesmo uma parte do trigo restante provavelmente será colocada de lado e inutilizada. Nenhum homem que trabalhe de forma correta é capaz de usar mais do que um percentual do material que reúne.

O palestrante nunca deve deixar de realizar esse processo de revisão até que a palestra seja feita, pois, mesmo então, é muito provável que pense em pontos, melhorias e aperfeiçoamentos que deveriam ter sido feitos.

O bom orador geralmente acha que, quando acaba o discurso, ocorreram quatro versões de seu discurso: a que preparou, a que apresentou, a que os jornais disseram que ele apresentou e a que ele desejaria, em seu caminho para casa, ter apresentado.

"DEVO USAR ANOTAÇÕES AO FALAR?"

Embora fosse um excelente improvisador, Lincoln, depois que chegou à Casa Branca, nunca fez nenhuma apresentação, nem mesmo um discurso informal para o seu gabinete, antes de colocar cuidadosamente tudo por escrito, com antecedência. É claro que ele era obrigado a ler seus discursos inaugurais. A terminologia exata dos documentos históricos do Estado com aquele caráter é importante demais para ser improvisada. Porém, de volta a Illinois, Lincoln nunca usou nem mesmo anotações quando falava ao público. "Elas sempre tendem a cansar e a confundir o ouvinte", ele dizia.

E quem seria capaz de contradizê-lo? Anotações não destroem cerca de 50% do interesse do público por uma palestra? Anotações não impedem, ou pelo menos dificultam, um contato precioso e uma convivência que deveria existir entre o palestrante e a plateia? Será que elas não criam um ar de artificialidade? Não impedem os ouvintes de sentir que o orador tem a confiança e a energia de reserva que deveria ter?

Lembre-se: faça anotações durante a preparação, elabore-as e aperfeiçoe-as. Talvez queira recorrer a elas quando estiver praticando seu discurso sozinho. Pode ser que se sinta mais confortável se deixá-las guardadas no bolso quando estiver diante da plateia, para que, assim como o martelo, o serrote e o machado, elas possam servir como ferramentas de emergência, a serem usadas apenas em caso de destruição total, desastre e ameaça de morte.

Caso precise usar anotações, dê preferência às mais sucintas e com letras grandes em uma folha grande de papel. E chegue cedo no local onde fará a palestra e esconda suas anotações atrás de alguns livros sobre a mesa. Olhe-as de relance quando precisar, mas se esforce para disfarçar sua fraqueza perante a plateia. John Bright costumava esconder suas anotações embaixo de um grande chapéu que ficava em cima da mesa diante dele.

No entanto, apesar de tudo que foi dito, em alguns momentos é prudente usar anotações. Por exemplo, alguns homens, em suas primeiras palestras, ficam tão nervosos e inseguros que se veem total-

Os segredos que vão mudar sua vida

mente incapazes de lembrar os discursos que prepararam. Qual é o resultado disso? Saem pela tangente, esquecem o material que ensaiaram com tanto cuidado, acabam perdendo o fio da meada e se veem em uma situação ruim. Por que não manter algumas poucas anotações resumidas nas mãos enquanto falam em público? A criança agarra os móveis nas primeiras tentativas para andar, mas não se estende por muito tempo.

NÃO TENTE DECORAR LITERALMENTE

Não leia nem tente decorar o discurso palavra por palavra. Além de consumir tempo, é um convite ao desastre. Ainda assim, apesar desta advertência, alguns dos indivíduos que leem estas linhas hão de tentar decorar. E se assim procederem, em que estarão pensando quando se levantarem para falar? Em suas mensagens? Não. Vão tentar lembrar o texto literal. Vão pensar para trás e não para a frente, em uma inversão dos processos comumente utilizados da mente humana. A exposição como um todo vai ser rígida, insensível, inexpressiva e desumana. O autor implora aos oradores que não percam tempo e energia com essa futilidade.

Quando tem uma entrevista de negócios importante, você costuma sentar-se e decorar, na íntegra, o que vai dizer? Claro que não. Costuma refletir sobre o tema até que tenha as principais ideias na mente de forma clara. Pode até fazer algumas anotações e consultar alguns documentos. E diz para si próprio: "Vou apresentar este e aquele ponto. Vou dizer que uma determinada coisa deve ser feita por estas razões." Depois, enumera as razões para si mesmo e ilustra-as com casos concretos. Não é desta forma que se prepara para uma entrevista profissional? Por que não usar o mesmo método de senso comum na preparação de uma palestra?

Depois de ter suas ideias em mente, ensaie o discurso do começo ao fim. Faça-o em silêncio, mentalmente, enquanto anda na rua, espera o carro ou o elevador. Isole-se em uma sala e ensaie em voz alta, com gestos, vivacidade e energia. À medida que pratica, imagine uma plateia à sua frente. Procure imaginá-la com bastante intensidade, de modo que, quando estiver diante de uma plateia real, sinta como se já estivesse acostumado com a experiência. É por isso que tantos criminosos são capazes de ir para a cadeira elétrica com bravura, pois já fizeram isso tantas vezes em sua imaginação que perderam o medo. Quando ocorre a execução real, parece que já passaram por isso muitas vezes antes.

Estude a carreira de oradores famosos e vai descobrir um aspecto comum a todos eles: *eles praticavam*. E os indivíduos que têm progresso mais rápido no presente curso são aqueles que mais praticam.

Não tem tempo para isso? Todas as pessoas têm três horas por dia para fazer o que quiserem. Foi esse tanto de horas que Darwin teve para trabalhar quando teve problemas de saúde. Três horas a cada 24, utilizadas com sabedoria, tornaram-no famoso.

É preciso descansar e ter momentos de descontração em seu trabalho regular. E é isso que a prática de seus discursos deve oferecer.

O APRIMORAMENTO DA MEMÓRIA

O homem cujas aquisições persistem é aquele que sempre alcança e avança enquanto seus vizinhos, que passam a maior parte do tempo reaprendendo o que já sabiam, mas se esqueceram, simplesmente ficam onde estão.

Professor William James

Segundo o famoso psicólogo Carl Seashore, "O indivíduo comum não usa acima de 10% de sua real capacidade hereditária para a memória. E desperdiça os 90% ao violar as leis naturais da lembrança".

Você é um desses indivíduos? Em caso positivo, significa que você luta devido a uma desvantagem social e econômica e, consequentemente, estará interessado em ler e reler esta seção, com a qual se beneficiará. Esta descreve e explica essas leis naturais da lembrança e mostra como usá-las nos negócios e no discurso.

Essas "leis naturais da lembrança" são muito simples. São apenas três. Todo chamado "sistema de memória" foi fundamentado nelas. Em suma, são elas: por impressão, por repetição e por associação.

O primeiro mandamento da memória é o seguinte: tenha uma *impressão* profunda, intensa e duradoura daquilo que deseja reter. E, para tal, é necessário que se concentre. Cinco minutos de concentração intensa e enérgica vão produzir resultados maiores do que dias sonhando acordado com uma confusão mental.

Este é um dos segredos do poder, especialmente do poder da memória.

Apresente o indivíduo comum a dois ou três de seus amigos e são grandes as chances de, dois minutos depois, ele não conseguir lembrar o nome de nenhum deles. E por quê? Porque esse indivíduo comum nunca prestou atenção suficiente a eles, em primeiro lugar, e nunca os observou com cuidado. Provavelmente, dirá que tem péssima memória. Não, não é isso. Ele tem é um senso de observação ruim. Embora fosse incapaz de criticar uma câmera por não poder tirar fotos na névoa, espera que sua mente retenha impressões que são obscuras e nebulosas em determinado grau.

O que se almeja é a precisão. Ouça o nome do indivíduo de modo preciso. Insista nisso. Peça a ele que, repita. Pergunte como se escreve. Ele vai se sentir lisonjeado por seu interesse e você, por sua vez, vai ser capaz de se lembrar do nome, uma vez que se concentrou nele. Isso bastou para que tivesse a impressão exata e clara.

O ideal seria não apenas ver e ouvir a coisa a ser lembrada, mas também tocá-la, cheirá-la e saboreá-la.

E, acima de tudo, vê-la. A mente do ser humano é visual. As impressões visuais permanecem. As pessoas, muitas vezes, se lembram do rosto de um indivíduo, embora nem sempre consigam lembrar do nome dele. Os nervos que vão dos olhos para o cérebro são vinte vezes o tamanho daqueles que vão do ouvido para o cérebro. Os chineses têm um provérbio que diz: "O que se vê uma única vez equivale a mil vezes o que se ouve."

Anote o nome, o número do telefone e o esboço do discurso que deseja se lembrar. Olhe para a anotação. Feche os olhos. Visualize-a em flamejantes letras de fogo.

Preparando a palestra

A *repetição* é a segunda "lei natural da lembrança".

Pode-se memorizar uma quantidade praticamente infinda de informações repetindo-as com frequência suficiente. Revise o conhecimento que deseja se lembrar. Use-o. Aplique-o. Empregue a palavra nova em sua conversa. Chame o desconhecido pelo nome, se quiser lembrar-se dele. Discuta ao longo da conversa as questões que deseja colocar em sua apresentação ao público. O conhecimento que é usado, tende a permanecer.

O TIPO DE REPETIÇÃO QUE CONTA

Porém, uma simples revisada por cima e de forma mecânica não é suficiente. O que se deve fazer é uma repetição inteligente, uma repetição feita de acordo com determinadas características bem-estabelecidas da mente. Sabe-se, agora, que o indivíduo que se mantém sentado e repete determinado texto várias vezes, até que o fixe em sua memória, usa duas vezes mais tempo e energia do que é necessário para atingir os mesmos resultados quando o processo de repetição é feito em intervalos sensatos.

Essa peculiaridade da mente, se é que se pode chamar assim, pode ser explicada por dois fatores:

Primeiro, durante os intervalos entre as repetições, o subconsciente fica ocupado porque realiza associações mais seguras. Segundo, a mente, ao ser requisitada em intervalos de tempo, não sofre o cansaço causado pelo esforço de uma aplicação ininterrupta. Com certeza, agora, diante desses fatos, nenhum indivíduo que se preze por seu senso comum vai adiar a preparação de uma tarefa até a noite anterior à sua realização. Caso adie, sua memória vai trabalhar, necessariamente, com metade da capacidade eficiente.

Eis aqui uma descoberta muito útil sobre o processo através do qual o indivíduo se esquece de alguma coisa. Experimentos psicológicos têm revelado constantemente que, do material novo aprendido, o indivíduo esquece mais durante as primeiras oito horas do que durante os trinta dias seguintes. Uma relação surpreendente!

Os segredos que vão mudar sua vida

Por isso, imediatamente antes de se dirigir para uma conferência de negócios, e bem antes de fazer um discurso, examine os dados, repense os fatos e refresque sua memória.

ASSOCIAÇÃO: COMO INTERLIGAR OS FATOS

Tanta coisa para as duas primeiras leis da lembrança! No entanto, a terceira lei, a *associação*, é o elemento indispensável para a recordação. Na verdade, é a explicação da própria memória. Então, como se dá o entrelaçamento dos fatos em relações sistemáticas entre si? A resposta é a seguinte: encontrando-se o significado desses fatos e repensando-os. Por exemplo, se fizer e responder questões sobre qualquer fato novo, esse processo vai ajudá-lo a entrelaçar esse fato em uma relação sistemática com outros fatos.

a) Por que isso é assim?
b) Como isso é assim?
c) Quando isso acontece?
d) Onde isso é assim?
e) Quem disse que é assim?

Caso seja o nome de um desconhecido, por exemplo, e este seja um nome comum, pode-se, talvez, vinculá-lo a algum amigo da área profissional que tenha o mesmo nome. Por outro lado, se for um nome incomum, pode ser uma boa ocasião para comentar este fato. Isso muitas vezes leva o desconhecido a falar sobre seu próprio nome. Por exemplo: enquanto redigia este capítulo, o autor foi apresentado a uma mulher chamada Sra. Soter. Pediu a ela que soletrasse o nome e comentou sobre a originalidade do mesmo. Ao que ela respondeu: "Sim, é muito incomum. É uma palavra grega que significa 'salvador'." Depois contou sobre a família de seu marido, que era de Atenas, e dos altos cargos que ocuparam no governo de lá. O autor descobriu que é muito fácil fazer com que as pessoas falem sobre seus nomes, o que sempre o ajuda a lembrá-los.

Observe a aparência do desconhecido em detalhes. Repare na cor dos olhos e dos cabelos e observe cuidadosamente suas feições. Note a maneira como ele se veste. Ouça o modo como se expressa. Tenha uma impressão clara, perspicaz e vívida de seu aspecto e personalidade, e associe isso com o nome. Da próxima vez que essas impressões voltarem de forma nítida à sua mente, com certeza, hão de ajudar a recordar o nome.

Já teve a experiência, ao encontrar uma pessoa pela segunda ou terceira vez, de descobrir que, embora consiga se lembrar de sua profissão ou negócio, não consegue se lembrar do nome dela? A razão é a seguinte: o negócio de um homem é algo definido e concreto. Tem um propósito e vai grudar como um esparadrapo; já seu nome, que não tem um propósito específico, vai escorregar como gotas de chuva caindo de um telhado. Consequentemente, para se certificar da capacidade de recordar o nome de uma pessoa, crie uma frase que vincule o nome da pessoa ao seu negócio. Não pode haver qualquer dúvida sobre a eficácia desse método. Por exemplo, vinte homens, estranhos uns aos outros, encontraram-se recentemente no Penn Athletic Club, de Filadélfia, para frequentar o curso do autor. Cada um deles foi solicitado que se levantasse e anunciasse nome e profissão. Em seguida, foi criada uma frase para conectar os dois. Em poucos minutos cada pessoa presente pôde repetir o nome de qualquer outra pessoa na sala. Mesmo ao final do curso, nenhum dos nomes nem as profissões foram esquecidos, pois foram interligados. Foram aderidos.

COMO LEMBRAR DATAS

Vinculá-las com datas importantes já bem-estabelecidas na mente ajuda a retê-las. Não é mais difícil, por exemplo, para um norte-americano, lembrar que o Canal de Suez foi inaugurado em 1869 do que lembrar que o primeiro navio passou por ele quatro anos depois do fim da Guerra Civil? Se um norte-americano tentasse lembrar que o primeiro assentamento na Austrália aconteceu em 1788, é provável que a data se desprendesse de sua mente como um parafuso solto de um carro. É muito mais provável que a mantivesse se fizesse uma conexão entre esta e o ano de 1776 e lembrasse que esta ocorrera anos após a Declaração de Independência dos Estados Unidos. É como aparafusar uma porca no parafuso frouxo para retê-lo.

É bom ter este princípio em mente quando seleciona um número de telefone. Por exemplo, o final do número de telefone do escritor deste livro, durante a guerra, era 1776. Ninguém tinha dificuldade para lembrá-lo. Se puder obter de uma companhia telefônica algum número com o final 1492, 1500, 1914, 1964, seus amigos não terão de consultar listas telefônicas. Podem esquecer que o seu número de telefone termine em 1492 apenas se *você* lhes der a informação de uma forma inexpressiva. Entretanto, transitaria com facilidade em suas mentes, se dissesse: "É fácil se lembrar do meu telefone. Termina em 1492, ano em que Colombo descobriu a América."

COMO SE LEMBRAR DO QUE TEM A DIZER DURANTE O DISCURSO

Há apenas duas maneiras possíveis de se pensar em algo: a primeira é por meio de um estímulo externo e, a segunda, pela associação com algo já existente na mente. Aplicado a discursos, isso também é possível exatamente da mesma forma: primeiro, pode-se recordar o que se tem a dizer durante o discurso com o auxílio de algum estímulo externo, como anotações. Mas quem gosta de ver um palestrante usar anotações? Segundo, é possível lembrar-se do discurso, durante sua execução, ao associá-lo com algo que já se encontra na mente. Os tópicos devem ser organizados em uma ordem lógica em que o primeiro leve, inevitavelmente, ao segundo, o segundo ao terceiro etc., de forma tão natural como a porta de uma sala que leva à outra.

Parece simples, porém pode não ser para o principiante cujos poderes de pensamento fiquem fora de combate em função do medo. Existe, no entanto, um método de unir os pontos importantes do discurso de um modo fácil, rápido e praticamente infalível. Tra-

Preparando a palestra

ta-se do uso de uma frase sem sentido. Para ilustrar, suponha que deseja discutir uma verdadeira miscelânea de ideias, sem qualquer associação e, por isso mesmo, difícil de lembrar, como, por exemplo, vaca, charuto, Napoleão, casa, religião. Veja como é possível juntar essas ideias como elos de uma corrente, por meio desta frase absurda: "A vaca fumou um charuto e cativou Napoleão, e a casa incendiou-se com a religião."

Agora, poderia fazer o favor de cobrir a frase anterior com a mão enquanto responde às questões a seguir? Qual é o terceiro tópico nesta palestra? E o quinto, o quarto, o segundo e o primeiro?

Será que o método funciona? Funciona! E os membros deste curso estão convidados a usá-lo.

Qualquer grupo de ideias pode ser trabalhado de forma a juntá-las, e, quanto mais ridícula for a frase usada para uni-las, mais fácil será para recordar.

O QUE FAZER EM CASO DE ESQUECIMENTO TOTAL

Suponha que, apesar de toda a preparação e precaução, no meio da palestra ocorra um branco súbito na mente do palestrante. De repente, ele se encontra olhando para os ouvintes, completamente frustrado e incapaz de prosseguir, em uma situação classificada como assustadora. Seu orgulho se rebela, gerando confusão e derrota. Sente que poderia ser capaz de se lembrar do próximo tópico, de algum tópico, se tivesse apenas dez, 15 segundos de graça. Entretanto, mesmo 15 segundos de silêncio desesperado diante da plateia seriam pouco menos do que desastroso. O que se deve fazer? Quando um senador norte-americano bem conhecido encontrou-se, recentemente, nessa situação, perguntou ao público se ele estava falando alto o bastante, se conseguia se fazer ouvir com clareza no fundo da sala. Sabia que sim. Não estava buscando informações. Estava buscando tempo. E, naquela pausa momentânea, dominou o raciocínio e prosseguiu.

Entretanto, talvez o melhor salva-vidas em um furacão mental como esse seja usar a última palavra, ou frase, ou a ideia na última

Os segredos que vão mudar sua vida

frase para o início de uma nova frase. Com isso vai se formar uma cadeia infindável que, como o rio Tennyson, e, conforme lamenta o autor, com tão pouca finalidade quanto o rio Tennyson, vai continuar fluindo para sempre. Enquanto o palestrante declara estas trivialidades de sua mente, deve, ao mesmo tempo, se concentrar no próximo tópico de seu discurso planejado, ou seja, do que tinha pretendido dizer originalmente.

Se esse método de cadeia sem-fim, utilizado para falar em público, continuar por muito tempo, pode se transformar em uma armadilha e o orador passar a falar sobre pudim de ameixa ou preço de canários. No entanto, é uma primeira ajuda esplêndida para a mente que tenha sofrido um colapso temporário por esquecimento e, como tal, tem sido um meio de ressuscitar um discurso ofegante e prestes a morrer.

NÃO SE PODE APRIMORAR AS MEMÓRIAS PARA TODAS AS CLASSES DE COISAS

O autor ressaltou, neste capítulo, como o indivíduo pode aprimorar seus métodos para a obtenção de impressões vivas, para a repetição e para colocar os fatos juntos. Contudo, a memória é tão essencialmente uma questão de associação que, segundo aponta o professor James, "não pode haver melhoria da faculdade geral ou elementar da memória. A melhoria da nossa memória pode acontecer apenas para sistemas especiais de coisas associadas".

Com a memorização, por exemplo, de citações de Shakespeare, pode-se aprimorar a memória para citações literárias em um grau surpreendente. Cada citação adicional vai encontrar muitos amigos a quem se unir na mente. Entretanto, a memorização de tudo, desde *Hamlet* até *Romeu e Julieta*, não vai necessariamente ajudar alguém a reter fatos sobre o mercado de algodão ou o processo de Bessemer para produzir aço.

Vale repetir: se os princípios discutidos neste capítulo forem aplicados e usados, haverá uma melhoria na forma e na eficiência da memorização de qualquer coisa. Porém, caso esses princípios não sejam aplicados, a memorização de 10 milhões de fatos sobre beisebol não vai ajudar nem um pouco na memorização de fatos sobre o mercado de ações. Esses dados sem relação não podem ser interligados. "A nossa mente é essencialmente uma máquina de associação."

O DESENVOLVIMENTO DO ENTUSIASMO: O SEGREDO PARA MANTER O PÚBLICO ATENTO

"Todos os grandes movimentos na história do mundo se devem ao triunfo do entusiasmo", segundo Emerson.

Essa palavra mágica é derivada de duas palavras gregas: *en* que significa "em", e *theos* que significa "Deus". A palavra entusiasmo significa, literalmente, "Deus dentro de si". O homem entusiasmado é aquele que fala como se estivesse possuído por Deus.

Essa qualidade se define como o fator mais eficaz e mais importante na propaganda e venda de produtos e para fazer com que as coisas aconteçam. O maior anunciante de um único produto no mundo foi para Chicago, há trinta anos, com menos de 50 dólares no bolso. Wrigley, agora, vende 30 milhões de dólares de sua goma de mascar a cada ano, e na parede de seu escritório particular encontra-se pendurado um quadro com as seguintes palavras de Emerson: "Nada de grande jamais foi alcançado sem entusiasmo."

Houve um tempo em que o autor depositava considerável confiança nas regras para se falar em público. Entretanto, com o passar dos anos, passou a depositar cada vez mais fé no espírito do discurso.

Este é o fato mais importante a ser lembrado: toda vez que o orador fala, ele determina a atitude de seus ouvintes. Com isso, os ouvintes são mantidos na palma da mão do orador. Se o orador for indiferente, os ouvintes serão indiferentes. Se o orador for reservado, os ouvintes serão reservados. Se o orador for apenas um pouco interessado, os ouvintes ficarão apenas ligeiramente interessados. Contudo, se o orador for bastante sincero no que diz, e se o disser

Os segredos que vão mudar sua vida

com sentimento, espontaneidade, força e convicção contagiante, os ouvintes não podem deixar de se imbuir desse espírito até certo ponto.

Dado o calor, o fervor e o entusiasmo, a influência do palestrante se expande como vapor. Paixão-Sentimento. Espírito-Sinceridade emocional. Ao usar essas qualidades em seu discurso, seus ouvintes perdoarão a menor falha, ou sequer terão consciência dela.

TEM ALGO QUE O ORADOR QUER MUITO DIZER

Alguém pode dizer: "Ah, muito bem. Mas como devo desenvolver essa sinceridade, esse espírito e esse entusiasmo que o autor elogia tanto?" Uma coisa é certa: ninguém nunca vai desenvolvê-los com um discurso superficial. Qualquer ouvinte exigente pode detectar se um palestrante está falando a partir de impressões superficiais ou se sua expressão está brotando do fundo de seu interior. Portanto, o que o palestrante tem a fazer é sacudir sua inércia. Coloque o coração para trabalhar. Cave. Busque os recursos ocultos que estão enterrados dentro de si. Obtenha os fatos e as causas por trás dos fatos. Concentre-se. Debruce-se sobre eles, medite sobre eles até que se tornem importantes. Em última análise, está tudo condicionado à preparação minuciosa e ao tipo certo de preparação. A preparação do coração é tão essencial quanto a preparação da cabeça. "Tenho que viver", gritou um jovem para Voltaire, ao que o filósofo respondeu: "Não vejo a necessidade."

Em muitos casos, essa será a atitude do mundo em relação ao que o orador tem a dizer: não ver a necessidade do que está sendo dito. Por isso, aquele que deseja ser bem-sucedido deve sentir a necessidade, se é que existe alguma. A necessidade deve agarrá-lo. Para o orador, deve parecer a coisa mais importante, por um determinado momento, na face da Terra.

Gerar uma sinceridade que venha do coração é parte fundamental da preparação. Conforme descrito, a preparação de um discurso, de um verdadeiro discurso, não consiste em simples-

Preparando a palestra

mente colocar algumas palavras de forma mecânica no papel nem decorar frases. Tampouco consiste em se apossar de alguns pensamentos de algum livro ou artigo de jornal. Não, não. Consiste, sim, em cavar fundo dentro da própria mente, do coração e da vida, para trazer à tona algumas convicções e entusiasmos que pertencem essencialmente a cada um. A cada um! *A cada um!* Cave. Cave. Cave. Está lá. Nunca duvide disso. Minas, quantidades disso, com cuja existência muitos nunca nem sonharam. Quem é que percebe a força das próprias potencialidades? O autor acredita que pouquíssimos. O falecido professor James disse que o homem comum não desenvolve mais do que 10% de seus poderes mentais. Pior do que uma máquina de oito cilindros com apenas um cilindro funcionando!

Sim, a grande coisa em um discurso não é o vocabulário variado, mas o indivíduo, o espírito, as convicções por trás do que está sendo dito. É preciso lembrar sempre que o indivíduo, em si, é o fator mais importante na própria apresentação. Ouça estas palavras de ouro de Emerson! Elas contêm um mundo de sabedoria: "Independentemente do idioma que usar, você nunca pode dizer nada a não ser quem você é." Esta é uma das declarações mais significativas que o autor já ouviu sobre a arte da expressão pessoal e para dar mais ênfase, faz questão de repeti-la: "Independentemente do idioma que usar, você nunca pode dizer nada a não ser quem você é."

O autor espera que tenha deixado claro que o primeiro requisito para gerar calor e entusiasmo é se preparar até que tenha uma verdadeira mensagem que queira transmitir. O próximo passo é o seguinte:

AJA COM SINCERIDADE

Para sentir-se sincero e entusiasmado, levante-se e aja com seriedade e entusiasmo. Pare de se encostar na mesa. Fique de pé. Fique parado. Não balance para frente e para trás, nem para cima e para baixo. Não transfira o próprio peso de um pé para o outro e vice-

Os segredos que vão mudar sua vida

versa como um cavalo cansado. Em suma, não faça um monte de movimentos nervosos, pois eles podem denunciar a falta de vontade e de autodomínio. Controle-se fisicamente. Isso vai transmitir um senso de equilíbrio e poder. Levante-se e destaque-se "como um homem forte que está contente porque vai participar de uma corrida". Vale repetir mais uma vez: encha os pulmões com oxigênio. Encha-os ao máximo. Olhe diretamente para o público. Olhe como se tivesse algo urgente para dizer e como se soubesse que isso era urgente. Olhe com a confiança e a coragem de um professor diante de seus alunos, pois o orador é um professor, e o público está lá para ouvir o palestrante e para ser ensinado. Portanto, fale de modo confiante e com energia. E use gestos enfáticos. Não importa, agora, se as pessoas na plateia são bonitas ou elegantes. O palestrante deve pensar apenas em torná-las enérgicas e espontâneas. E deve fazer isso agora, não pelo fato do que elas podem transmitir para outros, mas pelo que elas podem fazer pelo orador. Mesmo que fale para ouvintes de rádio, use gestos, gesticule. É claro que os gestos não serão visíveis para os ouvintes, mas o resultado vai ser audível para a audiência. Vão dar maior vitalidade e energia para os tons e a maneira de falar como um todo.

Acima de tudo, abra a boca e fale. O autor assistiu recentemente a um discurso público do diretor de uma grande universidade. Sentou-se na quarta fileira e quase não conseguiu ouvir mais da metade do que foi dito. O embaixador de um país importante da Europa apresentou, recentemente, o discurso inaugural diante do Union College. Seu discurso foi tão fraco que suas palavras quase não se fizeram ouvir a 6 metros do palco.

Se oradores experientes cometem esse tipo de erro, o que há de se esperar do iniciante? Ele não está acostumado a ter sua voz amplificada para que chegue ao público e é por isso que, quando fala com bastante vitalidade, pode achar que está gritando demais e que as pessoas estão prestes a rir dele.

Use tons de conversação, mas amplifique-os. E intensifique-os. O ser humano é capaz de ler letras minúsculas a trinta centímetros de distância, mas é preciso dispor de manchetes ousadas para serem vistas do outro lado do salão.

"PALAVRAS EVASIVAS" E CAMPOS DE CEBOLA

É preciso colocar energia por trás do que se diz e dizer de forma positiva. Mas não se deve ser positivo de forma exagerada. Apenas um ignorante é positivo em tudo. E apenas um orador fraco introduz cada comentário com um *parece-me que*, *talvez* ou *na minha opinião*.

Um problema bastante frequente com palestrantes iniciantes não é o fato de serem positivos em demasia, e sim o uso exagerado dessas frases tímidas em seus discursos. O autor conta que ouviu um empresário de Nova York descrever uma viagem por Connecticut: "Do lado esquerdo da estrada parecia haver um campo de cebolas." Bem, não pode parecer um campo de cebolas. Ou é, ou não é. E não requer poderes extraordinários para reconhecer um campo de cebolas quando se vê um. No entanto, isso demonstra os absurdos a que um orador é capaz de chegar algumas vezes.

"Palavras evasivas" foi o nome dado por Roosevelt para essas expressões, que funcionam como uma doninha sugando o que tem dentro de um ovo e não deixando nada além da casca vazia. É isso que essas frases fazem com o seu discurso.

Tons apologéticos que diminuem e frases casca de ovo vão provocar distúrbios na confiança e nas convicções. Imagine casas comerciais que usam slogans como estes: "Parece-nos que a Underwood é a máquina que você vai acabar comprando", "Na minha opinião, a Prudential tem a força de Gibraltar", "Achamos que você vai usar a nossa farinha, finalmente. E por que não agora?"

Por outro lado, conforme já enfatizado pelo autor, não seja positivo demais em todas as ocasiões. Há momentos, há lugares, há assuntos, há públicos em que ser positivo de forma exagerada atrapalha em vez de ajudar. Em geral, quanto maior o nível de inteligência dos ouvintes, menor é o sucesso das afirmações enérgicas. As pessoas pensantes querem ser orientadas, não conduzidas. Querem ter os fatos apresentados e chegar às próprias conclusões. Gostam de responder a perguntas, e não ter um fluxo incessante de declarações diretas derramadas sobre elas.

AME SEU PÚBLICO

Há alguns anos, o autor teve de contratar e treinar vários professores na Inglaterra. Após testes árduos e caros, três deles tiveram de ser dispensados, e um teve de ser mandado de volta para os Estados Unidos, a 3 mil milhas de distância. O maior problema era que eles não estavam realmente interessados em atender a seus públicos. Estavam essencialmente preocupados, não com os outros, mas com eles próprios e seus pagamentos. Todos podiam perceber isso. Eles eram indiferentes a seus públicos e, seus públicos, em troca, eram indiferentes a eles.

A bem conhecida raça humana é muito rápida em detectar se um discurso vem de cima das sobrancelhas ou de dentro do peito. Até um cachorro pode perceber isso.

A melhor coisa no ato de falar em público não é nem física nem mental. É espiritual. O livro que Daniel Webster tinha em seu travesseiro antes de morrer era um livro que todo palestrante deveria ter em sua mesa enquanto viver.

Jesus adorava os homens e seus corações ardiam dentro Dele quando lhes falava pelo caminho. Se quiser um texto esplêndido sobre discurso, por que você não lê o Novo Testamento?

A IMPORTÂNCIA DA PERSISTÊNCIA

Anos atrás, quando o autor se envolveu pela primeira vez com trabalho educacional, ficou surpreso ao saber que muitos dos alunos matriculados em escolas noturnas de todos os tipos ficavam cansados e desanimavam pelo caminho antes que seus objetivos fossem alcançados. O número é, ao mesmo tempo, lamentável e assombroso. É uma constatação triste sobre a natureza humana.

Quando o indivíduo começa a aprender algo novo, como francês ou tênis, ou a falar em público, nunca tem um avanço contínuo. O aprimoramento não é gradual. O aprendizado é feito por meio de solavancos repentinos, de partidas abruptas. Depois, durante certo

Preparando a palestra

tempo, o processo de aprendizagem fica em uma situação estacionária, ou há um retrocesso com a perda de alguns fundamentos anteriormente adquiridos. Esses períodos de estagnação ou retrocesso são bem conhecidos por todos os psicólogos e foram denominadas "barreiras na curva de aprendizado". Os alunos do curso de como falar em público, às vezes, ficam parados durante semanas em uma dessas barreiras. Não importa o quanto trabalhem, não conseguem sair do lugar. Os mais fracos desistem, desesperados. Aqueles com espírito indômito persistem e descobrem que, de repente, da noite para o dia, sem saber como ou por quê, tiveram um grande progresso. Superam a barreira como se voassem. De repente, pegaram o jeito da coisa. De repente, adquiriram naturalidade, força e confiança no ato de falar em público.

É sempre possível, conforme observado em outras páginas, sentir certo medo transitório, algum choque, alguma ansiedade nos primeiros momentos diante da plateia. No entanto, se o indivíduo persistir, em breve erradicará tudo, não só o medo inicial, e constatará que não passa de um medo inicial, nada mais. Após as primeiras frases, terá controle de si mesmo. E falará com prazer.

O autor chega a ponto de dizer que, se o indivíduo seguir este curso fielmente e com entusiasmo, além de continuar a praticar com inteligência, pode esperar, com certeza, que um belo dia vai acordar e se ver como um dos oradores competentes da sua cidade ou comunidade.

Independentemente do quanto possa parecer fantástico agora, na verdade, trata-se de princípio geral. Existem exceções, é claro. Um homem com uma mentalidade e personalidade inferior, sem ter nada para dizer, não vai se transformar em um Daniel Webster local, mas, dentro dos limites do bom senso, a afirmação está correta.

A questão do sucesso como um todo de um indivíduo como orador depende de duas coisas: sua capacidade natural e a profundidade e a força de seus desejos.

Segundo o professor James, "Em praticamente todo assunto, a paixão do indivíduo pelo tema o salvará". Basta se importar o suficiente com o resultado para que venha a alcançá-lo. Se deseja ser rico, será rico; se deseja ser instruído, será instruído; se deseja ser bom, será bom. Só é preciso que o indivíduo realmente deseje essas coisas, e as deseje com exclusividade, não almejando, ao mesmo tempo, várias coisas incompatíveis com a mesma força.

O professor James poderia ter acrescentado, com a mesma verdade: "Se quiser ser um orador confiante, será um orador confiante. Mas é preciso que realmente deseje isso."

O autor conheceu e observou atentamente milhares de homens que se esforçaram para ganhar autoconfiança e a capacidade de falar em público. Aqueles que foram bem-sucedidos eram, em apenas alguns poucos casos, homens com um brilhantismo excepcional. Em sua maior parte, estavam na trilha naturalmente seguida pelo empresário que pode ser encontrado em qualquer cidade do mundo. Mas persistiam. Os indivíduos mais inteligentes, às vezes, desanimavam ou mergulhavam fundo no propósito de ganhar dinheiro, e acabavam não chegando muito longe. No entanto, o indivíduo comum com coragem e singularidade de propósito, ao final do curso, estava no topo.

Isso é simplesmente humano e natural. Não é o que acontece o tempo todo no comércio e nos negócios? Rockefeller disse, há muito tempo, que o primeiro aspecto fundamental para o sucesso nos negócios era a paciência. É também um dos primeiros aspectos fundamentais para o sucesso neste curso.

A ESCALADA DO "WILD KAISER"

Há alguns verões, o autor começou a escalar um pico chamado Wilder Kaiser, nos Alpes austríacos. Baedecker avisou que a subida era difícil e que, para escaladores amadores, era fundamental ter um guia. Como o autor e um amigo não tinham um guia e eram, com certeza, amadores, uma terceira pessoa lhes perguntou se achavam que seriam bem-sucedidos.

— É claro — responderam.

— O que os faz pensar assim? — perguntou.

— Outros conseguiram sem guias — declarou o autor. — Por isso sei que está dentro dos limites do bom senso, e eu nunca me comprometo com nada pensando em derrota.

Como alpinista, o autor diz ser mero novato atrapalhado, mas essa é a psicologia apropriada para qualquer coisa, desde o ensaio para falar em público até uma empreitada até o monte Everest.

Pense no sucesso durante esse curso. Imagine-se falando em público com perfeito autocontrole.

O poder para fazer isso está ao alcance de todos. É preciso acreditar que vai ser bem-sucedido. Acredite firmemente e faça o que for necessário para conseguir o sucesso.

CAPÍTULO 5

A realização da palestra

O segredo da boa apresentação.

HÁ ALGO MAIS EM uma palestra além de meras palavras. É o tempero como se apresenta. "Não é tanto o que se diz, mas *como* se diz."

Há um velho ditado no Parlamento inglês que afirma que tudo depende da maneira como se fala e não do assunto em si. Foi Quintiliano, orador e professor de retórica romano, que viveu faz quase 2 mil anos, quem afirmou isso, há muito tempo, quando a Inglaterra era uma das colônias mais afastadas de Roma.

Se, como a maioria dos ditados antigos, este precisa ser absorvido *cum grano salis* (com ponderação), por outro lado, uma boa apresentação faz com que um assunto muito simples percorra um caminho muito longo. O autor muitas vezes observou, em concursos universitários, que nem sempre é o orador com o melhor material que ganha. Pelo contrário, é o palestrante que consegue falar tão bem que faz com que o seu material pareça ser o melhor.

O QUE ENVOLVE A APRESENTAÇÃO?

O que uma loja de departamentos faz quando entrega o artigo que um indivíduo comprou? O motorista simplesmente atira o pacote

A realização da palestra

no quintal do indivíduo e deixa por isso mesmo? O simples fato de obter alguma coisa com as próprias mãos é o mesmo que obtê-la através de entrega?

O primeiro aspecto essencial da boa palestra é o senso de comunicação. O público precisa sentir que existe uma mensagem a ser transmitida diretamente da mente e do coração dos oradores para sua mente e coração. Esta questão da apresentação de uma palestra é um processo, ao mesmo tempo muito simples e complicado. E, além disso, é mal compreendido, e muitos tendem a abusar dele.

Escreveu-se uma enorme quantidade de absurdos e disparates sobre o que envolve a apresentação, assim como foi criada uma série de regras, ritos e mistérios em torno do tema. Um público moderno, não importa se composto por 15 pessoas em uma conferência de negócios ou por mil pessoas sob uma tenda, quer que o palestrante fale de forma direta como se fosse um bate-papo, da mesma maneira que faria ao conversar com um deles.

Da mesma maneira, mas não com a mesma intensidade. Se o orador fizer essa tentativa, dificilmente conseguirá ser ouvido. Para que pareça natural, o palestrante tem de usar muito mais energia ao falar para quarenta pessoas do que para uma única pessoa, tanto quanto uma estátua no topo de um edifício tem de ser enorme para que pareça ter proporções realistas na visão de um observador que se encontra no chão.

Fale à Câmara do Comércio da mesma forma que falaria a um indivíduo comum. O que é uma reunião na Câmara do Comércio, afinal de contas, se não uma mera reunião de indivíduos? Os mesmos métodos que são bem-sucedidos com aqueles homens individualmente não seriam bem-sucedidos com eles coletivamente?

Uma boa janela não chama a atenção, apenas deixa que a luz entre. Um bom orador é como a janela. É tão natural que seus ouvintes nunca notam sua maneira de falar. Eles têm consciência apenas do assunto.

Os segredos que vão mudar sua vida

O CONSELHO DE HENRY FORD

"Todos os carros da Ford são exatamente iguais", disse seu criador. "Mas nunca dois homens são iguais. Toda vida nova é uma coisa nova sob o sol. Nunca houve nada igual antes e nunca haverá novamente. Um jovem tem que ter essa ideia sobre si mesmo. Deve buscar a centelha única de individualidade que o faz diferente dos outros e desenvolvê-la da melhor forma possível. A sociedade e as escolas podem tentar tirar isso dele, uma vez que a tendência dessas entidades é colocar todos os indivíduos no mesmo molde, mas aconselho que não deixem a centelha se perder, pois é a única real reivindicação de importância do indivíduo."

Tudo isso é duplamente verdadeiro quando se trata de falar em público. Não há nem um único ser humano no mundo igual a outro. Embora milhões de pessoas tenham dois olhos, um nariz e uma boca, nenhuma delas se parece exatamente igual às outras e nenhuma tem exatamente os mesmos traços, métodos e características da mente que as outras. Poucas vão falar e se expressar como alguém específico quando falarem naturalmente. Em outras palavras, cada indivíduo tem uma individualidade. Para o palestrante, este é o bem mais precioso. Apegue-se a ele. Estime-o. Desenvolva--o. É a centelha que vai imprimir força e sinceridade na maneira de falar e se expressar: "É a única real reivindicação de importância do indivíduo."

É uma orientação fácil de dar. Mas é fácil de seguir? Enfaticamente falando, não. É preciso praticar para ser natural diante de uma plateia. Os atores sabem disso. Qualquer indivíduo, quando criança, com cerca de 4 anos de idade, provavelmente, montou um palco e "recitou" naturalmente para uma plateia. Mas quando se tem 24 ou 44 anos, o que acontece se montar um palco e começar a falar? Será que a pessoa vai reter aquela naturalidade inconsciente de quando tinha 4 anos? Pode até ser, mas é de se apostar que muitos vão ficar rígidos e agir artificial e mecanicamente, além de recuar como uma tartaruga.

O problema de ensinar ou treinar pessoas a se expressar não é tanto a sobreposição de características adicionais, e sim a remoção

A realização da palestra

de impedimentos, de modo a libertá-las e fazê-las falar com a mesma naturalidade como se aprendessem a caminhar.

O autor, por várias vezes, parou os oradores no meio de suas falas para implorar que eles "falassem como seres humanos". Quantas noites o autor voltou para casa mentalmente cansado e com os nervos exauridos de tentar ensinar e forçar os alunos a falarem de forma natural. E dizia: "Não, acreditem, não é fácil como parece."

E a única forma de adquirir essa naturalidade é através da prática. E, à medida que pratica, se o palestrante perceber que está falando de uma maneira afetada, deve parar e dizer para si mesmo, mentalmente: "Ei! O que há de errado? Atenção. Seja humano." Em seguida, deve pegar um espectador na plateia, alguém sentado ao fundo, que esteja com um aspecto de tédio, e falar com ele. Esqueça que existem outras pessoas presentes. Converse com ele. Imagine que esse espectador tenha feito uma pergunta e responda-a. Se ele se levantasse e falasse com o palestrante, e este respondesse, o processo tornaria sua fala, imediata e inevitavelmente, mais coloquial, natural e direta. Portanto, é exatamente isso que o palestrante deve imaginar.

O palestrante pode até fazer perguntas e respondê-las. Por exemplo, no meio da fala, pode dizer: "E você pode perguntar: que provas eu tenho do que acabei de afirmar? Tenho uma prova adequada, que é..." Em seguida, dê a resposta para a questão imaginária. Esse método pode ser aplicado de forma bastante natural. Vai quebrar a monotonia da apresentação, além de torná-la direta, agradável e coloquial.

A sinceridade, o entusiasmo e a seriedade elevada também ajudam no desempenho do orador. Quando um indivíduo está sob a influência de seus sentimentos, seu verdadeiro eu vem à tona. O calor das emoções derruba todas as barreiras. Ele age espontaneamente. Fala espontaneamente. E, portanto, fica mais natural.

Por isso, no fim, mesmo essa questão da maneira como o indivíduo se apresenta volta a frisar o que já foi enfatizado repetidamente nestas páginas, isto é, que é necessário colocar o coração nos discursos.

Os segredos que vão mudar sua vida

Este é o segredo. Apesar de o autor saber que conselhos como este não são populares. Parecem vagos. Soam indefinidos. O aluno mediano quer regras infalíveis. Algo definitivo. Algo que esteja ao alcance de suas mãos. Regras tão precisas quanto as instruções para dirigir um carro.

É isso que o aluno quer. É o que o autor gostaria de dar a ele. Seria fácil para o aluno. Seria fácil para o autor. Essas regras existem, e há apenas um pequeno detalhe de errado com elas: não funcionam. Elas tiram toda a naturalidade, espontaneidade, vida e essência da maneira de falar de um palestrante. O autor que o diga. Quando jovem, desperdiçou bastante energia experimentando-as. Essas regras não vão aparecer nestas páginas.

Mesmo que um orador siga as orientações estabelecidas nesta seção, pode ainda vir a ter muitas falhas. Pode falar ao público como se fosse uma conversa, mas, por outro lado, falar com uma voz irritante, cometer erros gramaticais, ser desagradável, ofensivo e fazer observações impertinentes. O método natural de falar de um indivíduo, no seu dia a dia, pode precisar de uma série de melhorias. É preciso aperfeiçoar o método natural de se falar nas conversas para então aplicá-lo no palco.

PRESENÇA E PERSONALIDADE NO PALCO

A personalidade, com exceção da preparação, é provavelmente o fator mais importante no discurso público. Mas a personalidade é uma coisa vaga e indescritível, e difícil de analisar, tanto quanto o perfume de uma violeta. É toda a combinação do indivíduo, ou seja, a parte física, espiritual e mental, as características, as preferências, as tendências, o temperamento, as características da mente, o vigor, as experiências, a formação, a vida como um todo. É tão complexo quanto a Teoria da Relatividade de Einstein, quase tão pouco compreendida.

A personalidade de um homem é, em grande parte, o resultado de suas heranças, amplamente determinada antes do nascimento. Na verdade, seu último ambiente tem alguma relação com isso. Po-

A realização da palestra

rém, apesar disso, trata-se de um fator extremamente difícil de ser alterado ou melhorado. No entanto, é possível, por pouco que seja, fortalecê-la de alguma forma e torná-la mais forte, mais atraente. De todo modo, o indivíduo pode se empenhar para obter o máximo que puder desse fenômeno estranho dado pela natureza. O assunto é de importância vasta para todo ser humano. As possibilidades de melhoria, mesmo que limitadas, ainda são grandes o suficiente para garantir uma discussão e investigação.

O palestrante que pretende tirar o maior proveito possível de sua individualidade deve estar descansado quando diante do público. Quando o indivíduo está cansado, não tem magnetismo nem é atraente. Não deve cometer o erro muito comum de deixar a preparação e o planejamento para o último momento e, então, trabalhar a um ritmo desenfreado para tentar compensar o tempo perdido. Ao fazer isso, está fadado a acumular venenos corporais e fadigas cerebrais que vão ser terríveis entraves e mantê-lo desanimado, minar sua vitalidade e enfraquecer tanto seu cérebro quanto seus nervos.

Se tiver de fazer uma palestra importante para uma reunião de comitê às 16 horas, se puder, não volte para o escritório depois do almoço. Vá para casa, se possível, faça uma refeição leve e tire uma soneca. Descanso é o que o palestrante precisa, tanto física e mentalmente quanto para os nervos.

Quando tiver de fazer um discurso importante, tenha cuidado com o apetite. Coma com a moderação de um monge. Nas tardes de domingo, Henry Ward Beecher costumava comer biscoitos e leite às 17 horas, nada mais depois disso.

A cantora lírica Nellie Melba conta: "Quando canto à noite, não janto. Faço uma refeição leve às 17 horas, que consiste de peixe ou frango, uma maçã assada e um copo d'água. Sempre tenho muita fome na hora do jantar, quando chego em casa depois da ópera ou do concerto."

O autor nunca entendeu isso até se tornar um palestrante profissional e tentar fazer uma palestra de duas horas a cada noite após ter consumido uma refeição reforçada. A experiência ensinou-o que não era possível saborear um filé de linguado com batatas cozidas,

Os segredos que vão mudar sua vida

seguido de um bife com batatas fritas, salada, legumes e uma sobre-mesa e depois disso ficar de pé, durante uma hora, e fazer jus a si ou ao assunto a ser apresentado ou ao próprio corpo. O sangue que deveria estar no cérebro, estava no estômago, lutando com aquela refeição.

Não faça nada para prejudicar a energia. Ela tem magnetismo, vitalidade, vivacidade e entusiasmo, qualidades que estão entre as primeiras que o autor busca na contratação de palestrantes e instru-tores para falar em público. As pessoas se aglomeram em torno do orador que tem energia, o dínamo humano de energia, como os gansos selvagens em volta de um campo de trigo no outono.

Certifique-se de que a própria aparência pessoal esteja impecá-vel. Foi realizado por um psicólogo e também reitor de uma univer-sidade, um levantamento junto a um grande grupo de pessoas para saber qual a impressão que as roupas lhes causavam. Todos, de for-ma unânime, testemunharam que, quando estavam bem-arruma-dos e perfeita e impecavelmente vestidos, o fato de terem a consci-ência e a sensação disso produzia um efeito que, embora fosse difícil de explicar, era bastante claro e muito real. Proporcionava-lhes mais confiança, trazia-lhes mais fé em si mesmos e elevava a autoestima. Declararam que, quando tinham a aparência de sucesso, achavam mais fácil pensar no sucesso, alcançá-lo. Tal é o efeito das roupas sobre quem as utiliza.

Qual é o efeito que a aparência tem sobre o espectador? O autor observa que, vez por outra, se um palestrante tem uma aparência desleixada, o público tem tão pouco respeito por ele quanto ele pró-prio por sua aparência. Será que esses oradores têm consciência de que sua mente é tão desleixada como seu cabelo despenteado?

O palestrante é sempre suscetível à minuciosa análise do públi-co, pois está sob uma lupa, é o centro das atenções, e todos os olhos estão voltados para ele. A menor desarmonia em sua aparência pes-soal, naquele momento, se aproxima ao Pico do Pike, no Colorado, quando visto das planícies.

É preciso sorrir de forma calorosa e acolhedora. Conforme um provérbio chinês: "Aquele que não consegue sorrir, não deve ter

A realização da palestra

uma loja." E não é que um sorriso é tão bem-vindo diante uma plateia quanto atrás de um balcão? As atitudes são contagiantes.

Promova a aglomeração do público. A questão é que nenhuma audiência pode ser facilmente conduzida quando se encontra dispersa. Nada amortece tanto o entusiasmo como espaços amplos e abertos e cadeiras vazias entre os ouvintes.

Um indivíduo em meio a um grande público tende a perder sua individualidade. Ele se torna membro da multidão e se deixa levar mais facilmente do que um indivíduo sozinho. Vai rir e aplaudir coisas que o deixariam indiferente se fosse apenas um indivíduo em meio a meia dúzia de pessoas que ouvem um palestrante.

Ao falar para um grupo pequeno, deve-se escolher uma sala pequena. Melhor acumular pessoas nos corredores de um lugar pequeno do que tê-las dispersas pelos espaços frios e solitários de um grande salão.

Se os ouvintes estão espalhados, o palestrante deve pedir que venham para a frente e se sentem perto dele. É preciso que insista nisso, antes de começar a apresentação.

A menos que o público seja muito grande e haja uma razão ou necessidade para ficar de pé sobre um tablado, o orador não deve fazê-lo. É recomendável que fique no mesmo nível do público. Deve ficar perto da plateia, quebrar todas as formalidades, ter um contato íntimo, fazer com que a apresentação seja uma conversa descontraída.

Mantenha o ar circulando. No processo bem-conhecido de se falar em público, o oxigênio é tão essencial como a laringe, a faringe e a epiglote humana. Portanto, quando o autor é um dos vários oradores, antes de começar, quase sempre pede ao público que se levante e descanse por dois minutos, enquanto as janelas são abertas.

Encha a sala, se possível, com luzes. É impossível desenvolver o entusiasmo em uma sala sombria e tão pouco iluminada quanto o interior de uma garrafa térmica.

O palestrante deve deixar que a luz atinja seu rosto. As pessoas querem vê-lo. As mudanças sutis que permitem reproduzir de formas diferentes seus traços físicos fazem parte, e uma parte muito real, do processo de autoexpressão. Às vezes, significam mais do que palavras. Se ficar diretamente sob uma luz, o rosto do apresen-

Os segredos que vão mudar sua vida

tador pode ficar obscurecido por uma sombra; se ficar em frente a uma luz, certamente, ficará obscurecido por completo. Não seria, portanto, sábio selecionar, antes de se levantar para falar, o local que dará a iluminação mais vantajosa?

Não deve haver coisas amontoadas no palco. E o orador não deve se esconder atrás de uma mesa. As pessoas querem olhar para o palestrante como um todo. São capazes até mesmo de se inclinar para fora dos assentos para vê-lo inteiro.

Alguma alma bem-intencionada é bem capaz de oferecer ao palestrante uma mesa e uma jarra de água e um copo. Porém, caso a garganta fique seca, uma pitada de sal ou um pouco de limão é o suficiente para voltar a salivar.

O palestrante não vai querer um copo ou uma jarra com água, nem outros apetrechos inúteis e feios que atravancam o palco comum.

Os salões de vendas de vários fabricantes de automóveis na Broadway, em Nova York, são bonitos, bem-montados e agradáveis aos olhos. Os escritórios dos grandes fabricantes de perfumes e joalheiros em Paris são projetados artística e luxuosamente. Por quê? É um bom negócio. Tem-se mais respeito, mais confiança e mais admiração por uma empresa bem-montada.

Pela mesma razão, um palestrante deve estar em um ambiente agradável. O arranjo ideal, do ponto de vista do autor, seria a ausência total de mobília. Nada atrás do orador que atraia atenção, ou mesmo em ambos os lados; nada além de uma cortina de veludo azul-escuro.

Mas o que normalmente tem atrás dele? Mapas, tabuletas e mesas, talvez um monte de cadeiras empoeiradas, algumas empilhadas sobre as outras. E qual é o resultado? Uma atmosfera grosseira, desleixada e desordenada. Portanto, é preciso tirar todas as quinquilharias do espaço.

"A coisa mais importante no discurso é o homem", afirmou Henry Ward Beecher.

Por isso, deixe o apresentador se destacar como o topo coberto de neve da Jungfrau, uma das montanhas dos Alpes Suíços, elevando-se contra o céu azul da Suíça.

A realização da palestra

Não se deve ter distrações móveis no palco. Certa vez, o autor esteve presente em um discurso do primeiro-ministro canadense, em London, cidade localizada em Ontário, no Canadá. Pouco após o início, o servente, com uma longa vassoura, começou a ventilar a sala, abrindo uma janela após outra. O que aconteceu? O público ignorou o orador por um momento e olhou para o servente com tamanha atenção como se ele estivesse executando algum milagre.

Uma plateia não consegue resistir ou, o que vem a ser a mesma coisa, não vai resistir à tentação de olhar para objetos em movimento. Se tiver em mente algumas instruções, o orador poderá se poupar de alguns problemas e aborrecimentos desnecessários.

Em primeiro lugar, ele pode deixar de girar os polegares, de mexer em qualquer peça de seu vestuário e de fazer pequenos movimentos nervosos que só podem prejudicá-lo. O autor observou uma plateia em Nova York que assistia à evolução das mãos de um palestrante bem conhecido, por meia hora, enquanto ele falava e, ao mesmo tempo, brincava com a cobertura de um púlpito.

Segundo, o orador deve providenciar, se possível, que o público fique sentado, para que as pessoas não tenham a atenção voltada para aqueles que chegam atrasadas.

Terceiro, o palestrante não deve ter convidados no palco. Quando convidado certa vez, junto com outras pessoas, a sentar-se em uma cadeira no palco enquanto um orador bem conhecido realizava sua apresentação, o autor declinou, alegando que era injusto para com o palestrante. Na primeira noite, notou como vários dos convidados mudavam de posição, cruzavam e descruzavam as pernas e assim por diante. Cada vez que um deles se movimentava, a plateia desviava o olhar do orador para o convidado. No dia seguinte, chamou a atenção do orador para esse fato e, durante o restante das noites de apresentação, ele muito sabiamente ocupou o palco sozinho.

Domine a arte de sentar-se. É bom para o próprio orador que ele não se sente de frente para a plateia antes de começar. Não é melhor chegar como uma nova atração em vez de uma antiga?

Os segredos que vão mudar sua vida

Entretanto, se for preciso sentar, deve-se dar atenção à forma apropriada. Quem já não viu os homens que olham à sua volta, em busca de uma cadeira, com os movimentos inquietos de um cão que se deita para dormir? Viram-se e, quando localizam uma cadeira, curvam-se e se deixam cair sobre ela com todo o autocontrole de um saco de areia.

Um homem que sabe como deve se sentar sente a cadeira atingir a parte de trás de suas pernas e, com o corpo ereto da cabeça aos quadris, afunda nela com seu corpo sob perfeito controle.

É preciso demonstrar firmeza na aparência e no discurso. Foi dito anteriormente que não se deve mexer nas peças do vestuário, pois isso atrai a atenção. Existe outra razão para isso. Passa uma impressão de fraqueza, de falta de autocontrole. Cada movimento que não acrescenta algo à presença do orador pode prejudicá-lo. Não há movimentos neutros. Nenhum. Portanto, o palestrante deve ficar parado e se controlar fisicamente, o que lhe dará uma impressão de controle mental e firmeza.

Após entrar no palco para se apresentar ao público, o palestrante não deve ter pressa para começar. Esta é a marca registrada do amador. Respire fundo. Observe a plateia por um instante e, se houver barulho ou algum tipo de agitação, faça uma pausa até que o ambiente fique tranquilo.

Deve manter-se ereto, com o peito estufado. Mas por que esperar até que se veja diante de uma plateia para fazer isso? Por que não adotar essa postura no cotidiano? Com isso, passará a adotá-la inconscientemente em público.

E o que fazer com as mãos? Esqueça-as. O ideal é que elas estejam soltas naturalmente, ao lado do corpo. Se o orador as sente como se elas fossem um cacho de bananas, não deve se iludir a ponto de achar que ninguém mais está prestando atenção ou que não tenha o menor interesse nelas.

A melhor posição das mãos é solta e relaxada nas laterais do corpo. Dessa forma, vão atrair o mínimo de atenção. Nem mesmo o hipercrítico pode criticar essa posição. Além disso, as mãos estarão desimpedidas e livres para gesticular naturalmente quando o palestrante desejar.

A realização da palestra

Porém, supondo que o orador esteja muito nervoso e ache que colocar as mãos para trás das costas ou dentro dos bolsos pode ajudá-lo a aliviar sua ansiedade, o que ele deve fazer? O uso do bom senso é sempre bem-vindo. Se um indivíduo tem algo a dizer que valha a pena, e o diz com uma convicção contagiosa, com certeza, pouco vai importar o que ele faz com as mãos e com os pés. Se sua cabeça estiver repleta e o coração agitado, esses detalhes secundários não serão um problema.

Afinal, o que há de importante na execução do discurso é o aspecto psicológico deste, e não a posição das mãos e dos pés.

Caso se esqueça de tudo o que foi dito aqui sobre gestos e a maneira de se expressar, lembre-se do seguinte: se um indivíduo estiver completamente envolvido com o que tem a dizer, se estiver tão ávido para transmitir sua mensagem a ponto de esquecer e passar a falar e agir espontaneamente, então seus gestos e sua forma de se apresentar, embora possam ser espontâneos, muito provavelmente estarão acima da crítica. Aquele que duvida disso pode ir até um indivíduo e derrubá-lo. E, provavelmente, constatará que, quando esse homem voltar a ficar de pé, o discurso que irá proferir será quase impecável, uma joia da eloquência.

CAPÍTULO 6

O conteúdo da palestra

Os quatro principais objetivos de cada discurso

CADA DISCURSO, PERCEBA o orador ou não, tem um dos quatro principais objetivos. Quais são eles?

- Esclarecer algo.
- Impressionar e convencer.
- Entrar em ação.
- Entreter.

O orador deve saber qual é o seu objetivo. Este deve ser escolhido com cuidado antes de você começar a preparar a palestra. Saiba como obtê-lo. Em seguida, defina-o com habilidade e ciência.

COMO TORNAR O DISCURSO DE FÁCIL COMPREENSÃO
USE COMPARAÇÕES PARA PROMOVER CLAREZA

Quanto à clareza, não subestime a importância ou a dificuldade disso. Quando os discípulos perguntaram a Cristo por que Ele ensinava o público através de parábolas, Cristo respondeu: "Porque eles, vendo, não veem; e, ouvindo, não ouvem, nem compreendem."

O conteúdo da palestra

E quando o palestrante fala sobre um assunto estranho ao ouvinte ou ouvintes, espera que o compreendam mais rapidamente do que o povo costumava compreender o Mestre?

Dificilmente. Então, o que se pode fazer em relação a isso? O que Ele fazia quando confrontado com uma situação semelhante? Resolvia da maneira mais simples e natural que se possa imaginar: descrevia as coisas que as pessoas não conheciam comparando-as com coisas que conheciam. O reino dos céus... como ele seria? Como aqueles camponeses, sem instrução, da Palestina poderiam saber? Assim, Cristo fazia descrições em termos de objetos e ações com os quais as pessoas já estavam familiarizadas: "A que compararei o reino de Deus? É semelhante ao fermento que uma mulher, tomando-o, escondeu em três medidas de farinha, até que tudo levedou"; "Outrossim, o reino dos céus é semelhante ao homem, negociante, que busca boas pérolas"; "Igualmente, o reino dos céus é semelhante a uma rede lançada ao mar, e que apanha toda qualidade de peixes".

Isso estava claro. As pessoas conseguiam compreender. As donas de casa na plateia usavam fermento toda semana, os pescadores lançavam suas redes ao mar diariamente, os comerciantes negociavam pérolas.

E como Davi esclareceu a guarda e a bondade de Jeová? "O Senhor é o meu pastor, nada me faltará. Deitar-me faz em verdes pastos, guia-me mansamente a águas tranquilas." Pastagens verdes naquele país praticamente árido... águas paradas onde as ovelhas podiam beber. Aqueles povos pastorais podiam compreender isso.

O Sr. Oliver Lodge felizmente usa esse método para explicar o tamanho e a natureza dos átomos a um público popular. O autor ouviu-o falar, a uma plateia europeia, que havia tantos átomos em uma gota de água quanto havia gotas de água no mar Mediterrâneo, e muitos dos ouvintes haviam passado mais de uma semana navegando de Gibraltar ao Canal de Suez. Para trazer o assunto para uma realidade ainda mais próxima, ele disse que havia tantos átomos em uma gota de água como havia folhas de grama sobre toda a Terra.

Os segredos que vão mudar sua vida

Use esse princípio a partir de agora em suas palestras. Ao descrever a grande pirâmide, primeiro diga aos ouvintes que ela tem 137,46 metros de altura, depois diga-lhes que é tão alta quanto algum prédio que eles veem todos os dias. Diga quantos quarteirões da cidade a base poderia cobrir. Não fale sobre tantos mil litros disso ou sobre tantas centenas de milhares de barris daquilo sem falar também de quantas salas do tamanho da que está sendo usada para a palestra poderiam ser preenchidas com aquele líquido. Em vez de dizer 6,10 metros de altura, por que não dizer uma vez e meia a altura até o teto? Em vez de falar sobre distância em termos de milhas ou quilômetros, não é mais fácil dizer que é tão longe como daqui até a estação de trem ou até tal rua?

EVITE TERMOS TÉCNICOS

O profissional cujo trabalho é técnico, ou seja, advogado, médico, engenheiro ou alguma profissão altamente especializada, deve ter cuidado em dobro quando fala para leigos e precisa se preocupar em se expressar numa linguagem simples e dar detalhes necessários.

O autor sugere cuidado em dobro, pois, como parte de seus deveres profissionais, ouviu muitos discursos que falharam exatamente nesse quesito, e falharam feio. Os palestrantes pareciam tanto não perceber a dispersão do público em geral quanto ter profunda ignorância no que diz respeito às suas especialidades particulares. E, então, o que acontecia? Divagavam sem parar e expressavam pensamentos com o uso de frases que se encaixavam à experiência deles e que eram imediata e continuamente significativas para eles próprios, mas que, para os leigos, eram tão claras quanto o rio Missouri depois das chuvas de junho terem caído sobre os campos de milho recém-arados em Iowa e no Kansas.

O que esse orador deveria fazer? Deveria ler e prestar atenção ao conselho simples do ex-senador Beveridge de Indiana:

"É uma boa prática escolher a pessoa aparentemente menos inteligente na plateia e se empenhar para fazer com que ela se interesse

O conteúdo da palestra

pelo seu argumento. Isso pode ser feito apenas por meio da declaração lúcida do fato e do raciocínio claro. Um método ainda melhor é concentrar seu discurso em algum menino ou menina presente que estejam com os pais.

"Diga a si mesmo, ou, se preferir, em voz alta para a plateia, que vai tentar ser tão claro que a criança vai entender e se lembrar de sua explicação sobre a questão discutida e que, após o evento, será capaz de repetir o que você disse."

Outra razão muito comum pela qual os oradores não conseguem ser inteligíveis é que aquilo que desejam expressar não é claro nem mesmo para eles próprios. Impressões obscuras! Ideias vagas e indistintas! O resultado disso? Suas mentes não funcionam melhor em uma névoa mental do que uma câmera fotográfica em uma névoa real.

APELE PARA O SENTIDO DA VISÃO

Os nervos que vão dos olhos até o cérebro são muitas vezes maiores do que os que vão a partir do ouvido. E a ciência esclarece que o ser humano dá 25 vezes mais atenção às sugestões do olho do que as do ouvido.

Existe um provérbio japonês que diz: "É melhor ver uma vez do que ouvir cem vezes." Portanto, se quiser ser claro, imagine os pontos importantes, visualize suas ideias. É claro que nem todo assunto ou ocasião exige exposição física e desenhos, mas é possível usá-los quando sentir necessidade. Eles atraem a atenção, estimulam o interesse e frequentemente tornam a apresentação ainda mais clara.

Faça com que o apelo ao sentido da visão seja definido e específico. Pinte imagens mentais que se destaquem de forma tão nítida e clara como o recorte do chifre de um touro contra o pôr do sol. Por exemplo, a palavra "cão" solicita uma imagem mais ou menos definida de tal animal, como talvez um cocker spaniel, um scotch terrier, um são-bernardo ou um pomeranian. Observe quantas imagens diferentes aparecem na mente quando alguém diz "buldogue", pois o termo é menos inclusivo. Um "buldogue malhado" não chama uma imagem ainda mais explícita? Não fica mais nítido dizer "um pônei de Shetland preto" do que dizer "um cavalo"? Um "galo anão branco com uma perna quebrada" não dá uma imagem muito mais definida e nítida do que simplesmente a palavra "galo"?

REAFIRME AS IDEIAS IMPORTANTES COM PALAVRAS DIFERENTES

Napoleão declarou que a repetição é o único princípio sério de retórica. Ele sabia que o fato de uma ideia ser clara para ele nem sempre era prova de que os outros a compreendessem instantaneamente. Sabia que se leva tempo para alcançar o sentido das novas ideias, que a mente deve se manter concentrada nelas. Em suma, sabia que as ideias deviam ser repetidas. Não exatamente na mesma linguagem. As pessoas vão se revoltar com isso, com razão. Contudo, se a repetição for expressa em uma linguagem nova, e for variada, os ouvintes nunca vão considerá-la como repetição.

USE ILUSTRAÇÕES GERAIS E EXEMPLOS ESPECÍFICOS

Um das formas mais seguras e fáceis de tornar o assunto claro é acompanhá-lo com ilustrações gerais e casos concretos. Qual é a diferença entre os dois? Um, conforme o termo indica, é geral; já o outro, é específico.

Veja a diferença e o uso de cada um deles a partir de um exemplo concreto. Considere a afirmação: "Há profissionais que ganham salários surpreendentemente grandes."

Essa afirmação está clara? É possível ter uma ideia bem-definida do que o orador realmente quer dizer? Não, e o próprio orador não consegue ter certeza de como tal afirmação vai ser recebida na mente dos outros. A declaração, tal como está, é inteiramente vaga e

O conteúdo da palestra

solta. Precisa ser ajustada. Alguns detalhes esclarecedores devem ser fornecidos para indicar a quais profissões o orador se refere e o que ele quer dizer com "surpreendentemente grandes".

"Há advogados, lutadores, compositores, escritores, dramaturgos, pintores, atores e cantores que ganham muito mais dinheiro do que o presidente dos Estados Unidos."

Mas será que não existe uma ideia mais clara do que o orador queira dizer? Ele não individualizou a ideia, ou seja, ilustrou de forma geral e não apresentou exemplos específicos. Disse "cantores", e não nomes de cantores específicos. Por isso, a afirmação é mais ou menos vaga. Os espectadores não conseguem visualizar casos concretos para ilustrar isso. Não é o orador quem deveria fazer isso para o público? Ele não seria mais claro se empregasse exemplos específicos?

O palestrante tem de ser concreto, definido, específico. Essas qualidades não só contribuem para a clareza, como também causam boa impressão, além de estimular a convicção e o interesse.

NÃO QUEIRA IMITAR O CABRITO DA MONTANHA

Recentemente, o autor ouviu um orador que estava limitado a três minutos cronometrados para o seu discurso. Ele começou dizendo que queria chamar a atenção para 11 pontos. Dezesseis segundos e meio para cada fase de seu assunto! Parece inacreditável que um homem inteligente deva tentar algo tão absurdo. É verdade, trata-se de um caso extremo, mas a probabilidade de errar dessa maneira, se não em grandes proporções, prejudica praticamente todos os principiantes. Ele é como um guia que mostra Paris ao turista em um dia. Pode ser feito, da mesma forma que é possível percorrer o Museu de História Natural norte-americano em trinta minutos. É possível, porém não dá para desfrutar com clareza nem ter prazer. Muitos discursos falham no quesito clareza porque o orador parece preocupado em estabelecer um recorde mundial em cobertura de fatos no tempo determinado. Salta de um tópico a outro com a rapidez e a agilidade de um cabrito da montanha.

COMO CAUSAR BOA IMPRESSÃO E SER CONVINCENTE

Aristóteles ensinou que o homem era um animal que raciocinava, ou seja, que agia de acordo com os ditames da lógica. Era um elogio ao ser humano. Atos de raciocínio puro são tão raros quanto pensamentos românticos antes do café da manhã. A maior parte das ações dos indivíduos é o resultado de sugestão.

A sugestão é conseguir que a mente aceite uma ideia sem oferecer nenhuma prova ou demonstração. Se um palestrante disser a um espectador "O pó de fermento Royal é absolutamente puro", e não tentar provar que isso é verdade, está usando a sugestão. Por outro lado, se apresentar uma análise do produto e o testemunho de chefs bem conhecidos a respeito disso, está tentando provar sua afirmação.

Aqueles que são mais bem-sucedidos em lidar com outras pessoas contam mais com a sugestão do que com argumentos. O negócio de vendas e a publicidade moderna são baseados, fundamentalmente, na sugestão.

Se por um lado, é fácil acreditar, por outro, é mais difícil duvidar. A experiência, o conhecimento e o raciocínio não são necessários antes que se possa duvidar e questionar de forma inteligente. Diga a uma criança que o Papai Noel desce pela chaminé e ela vai aceitar suas afirmações até que adquira conhecimento suficiente que a leve a objetar. No entanto, todo e qualquer indivíduo, ao analisar os fatos de perto, vai descobrir que a maioria de suas opiniões, suas crenças mais estimadas, suas convicções, os princípios de conduta sobre os quais muitos dos indivíduos baseiam suas vidas, são resultado de sugestão, em vez de raciocínio.

Toda ideia que entra na mente não apenas tende a ser aceita como verdade, mas também, de acordo com o fator psicológico bem conhecido, tende a passar à ação. Por exemplo, ninguém pode sequer pensar em uma letra do alfabeto sem mover, mesmo que ligeiramente, os músculos usados para pronunciá-la. Não se pode pensar em engolir sem mover, ainda que ligeiramente, os músculos usados para essa ação. O movimento pode ser imperceptível para quem executa a ação, mas existem máquinas bastante sensíveis para registrar essa reação muscular. A única razão para que um indivíduo não faça tudo que pensa fazer é devido a outra ideia, à inutilidade disso, à despesa, ao fato de poder causar problema, ao fato de poder ser um absurdo, ao perigo ou a algum pensamento que possa surgir para matar o impulso.

O PRINCIPAL PROBLEMA

Assim, em última análise, o problema do indivíduo em fazer com que as pessoas aceitem suas convicções ou ajam de acordo com suas sugestões pode ser solucionado da seguinte forma: plantar a ideia na mente das pessoas e impedir que ideias contraditórias e opostas surjam. Aquele que tiver a habilidade de fazer isso terá poder para falar em público e lucro nos negócios.

A PSICOLOGIA PODE SER ÚTIL

A psicologia tem sugestões que podem ser úteis em tal contexto?

Sim, e de forma enfática. Veja a seguir quais são elas. Primeiro, quem ainda não observou que ideias contraditórias têm muito menor probabilidade de surgir na mente quando a ideia principal é apresentada com sentimento e entusiasmo contagioso? Diz-se "contagioso" pois é a isso que o entusiasmo se refere, não é? Ele acalma as faculdades críticas. Quando o objetivo do indivíduo é causar boa impressão, deve lembrar-se que é mais produtivo agitar as emoções do que despertar pensamentos. Os sentimentos são mais poderosos do que as ideias frias. Para despertar sentimentos o indivíduo deve ser bastante sincero. A falta de sinceridade rompe com os sinais vitais da maneira de se expressar em uma palestra. Independentemente das belas frases que um orador possa criar, independentemente das ilustrações que ele possa mostrar, independentemente da harmonia de sua voz e da graça de seus gestos, se o orador não falar de maneira sincera, tudo não passa de armadilhas vazias e reluzentes. Aquele que quiser impressionar uma plateia tem de im-

Os segredos que vão mudar sua vida

pressionar a si próprio. Seu espírito, que brilha através de seus olhos, irradia através de sua voz e se pronuncia através de sua maneira de se expressar, vai se comunicar com seus ouvintes.

COMPARE O QUE DESEJA QUE AS PESSOAS ACEITEM COM ALGO QUE ELAS JÁ ACREDITAM

Um ateu certa vez declarou a William Paley que Deus não existia, e desafiou o reitor e teólogo inglês a refutar sua alegação. Paley, muito calmamente, tirou o relógio, abriu a tampa traseira e mostrou as engrenagens para o incrédulo, à medida que dizia: "Se eu lhe dissesse que essas alavancas, rodas e molas foram feitas sozinhas e se juntaram e se ajustaram umas às outras, sem mãos humanas, começando a funcionar por conta própria, você não iria questionar a minha inteligência? É claro que sim. Mas olhe para as estrelas. Cada uma delas tem seu movimento e curso perfeitamente definidos, a Terra, os planetas ao redor do sol e todo o grupo é arremessado ao longo de mais de 1 milhão de milhas por dia. Cada estrela é outro sol com seu próprio grupo de mundos, avançando sobre o espaço como o nosso sistema solar. No entanto, não há colisões, perturbação ou confusão. Em vez disso, tudo é calmo, eficiente e controlado. É mais fácil acreditar que eles aconteceram ou que alguém os criou?"

Bastante impressionante, não? Qual foi a técnica que o orador usou? Vejamos: ele começou em um terreno comum, conseguiu que seu oponente dissesse "sim" e concordou com ele no início, conforme aconselhado aqui anteriormente. Em seguida, passou a mostrar que a crença em uma divindade é tão simples e inevitável quanto a crença em um relojoeiro.

Suponha que ele tivesse retorquido da seguinte forma: "Deus não existe? Não seja idiota. Você não sabe do que está falando." O que teria acontecido? Sem dúvida, uma disputa verbal, ou seja, teria se seguido uma fútil e inflamada guerra prolixa verbal. Por quê? Porque, conforme o professor Robinson ressaltou, essas eram as

O conteúdo da palestra

opiniões dele, e sua autoestima indispensável e preciosa teria sido ameaçada, além do fato de que seu orgulho estaria em jogo.

Uma vez que o orgulho é uma característica tão fundamentalmente explosiva da natureza humana, não seria sábio fazer com que o orgulho de um homem trabalhasse a seu favor e não contra? Como? Mostrando, como Paley o fez, que o que uma pessoa propõe é muito semelhante a algo em que o oponente já acredita. Este método faz com que fique mais fácil para o oponente aceitar a proposta em vez de rejeitá-la. E impede que ideias contraditórias e opostas surjam em sua mente para atrapalhar o que a pessoa disse.

Paley demonstrou um reconhecimento sensível de como a mente humana funciona. A maioria dos indivíduos, no entanto, não tem essa capacidade sutil de entrar na fortaleza das crenças de um homem, de braço dado com o proprietário. Eles imaginam erroneamente que, para tomar a fortaleza, devem invadi-la, arrombá-la por meio de um ataque frontal. O que acontecerá? No momento em que as hostilidades começam, a ponte levadiça é erguida, os grandes portões são fechados e trancados, os arqueiros a postos sacam seus arcos e a batalha de palavras e ofensas tem início. Tais desgastes sempre terminam em um empate, pois nenhum dos dois convence o outro de nada.

O QUE A REAFIRMAÇÃO PODE PROVOCAR

A reafirmação é outro método que pode ser usado para impedir que surjam ideias contraditórias e discordantes que possam desafiar alegações. No entanto, é preciso que se saiba que esse método, nas mãos de um orador inexperiente, pode vir a ser uma ferramenta perigosa. A menos que ele tenha um léxico bastante rico, sua reafirmação pode se deteriorar e se transformar em uma repetição pobre e evidente demais. E isso é mortal. O público, ao perceber isso, vai começar a se mexer em seus assentos e a olhar para os relógios.

ILUSTRAÇÕES GERAIS E EXEMPLOS ESPECÍFICOS

São usados com a finalidade de convencer. No entanto, o perigo de aborrecer os espectadores quando se empregam ilustrações gerais e exemplos específicos é pequeno. Se forem interessantes e fáceis de prestar atenção, serão extremamente valiosos não só para tornar o discurso mais claro, conforme mencionado, como também para torná-lo mais impressionante e convincente. Além disso, ajudam a impedir que surjam ideias contraditórias.

As pessoas gostam quando o palestrante fornece nomes e datas, algo que podem examinar por si mesmas, se desejarem. Este tipo de procedimento é franco e honesto, proporciona confiança e impressiona.

O PRINCÍPIO DO ACÚMULO

Não espere que uma apressada referência a um ou possivelmente dois exemplos específicos tenha o efeito desejado.

RECORRA À VOZ DE AUTORIDADE COMO APOIO

Em sua infância no Centro-Oeste dos Estados Unidos, o autor costumava divertir-se segurando uma vara atravessada no portão por onde as ovelhas tinham que passar. Depois que as primeiras ovelhas tinham pulado a vara, ele a retirava e, apesar disso, todas as outras ovelhas saltavam sobre uma barreira imaginária. A única razão para que elas saltassem era a de que as da frente haviam saltado. A ovelha não é o único animal com essa tendência. Praticamente todos os seres humanos estão propensos a fazer o que os outros fazem, a acreditar no que os outros acreditam, a aceitar, sem questionar, o testemunho de pessoas importantes.

As palavras dos outros impressionam. A influência deles tende a impedir que surjam ideias opostas.

O conteúdo da palestra

No entanto, ao citar autoridades, é preciso ter em mente os seguintes pontos.

1. Ter certeza do que diz.

É preciso ter cuidado quando fizer uso de frases que começam, por exemplo, como: "As estatísticas mostram..." Que estatísticas? Quem as reuniu e por qual motivo? Tenha cuidado, pois "os números não mentem, mas os mentirosos os fabricam".

A frase muito comum "Muitas autoridades declaram" é completamente vaga. Quem são as autoridades? Nomeie uma ou duas. Se não sabe quem são, como é que pode ter certeza do que disseram?

O orador precisa ter certeza do que diz. Com isso, ganha confiança e demonstra ao público que sabe o que diz.

2. Citar uma autoridade qualificada na qual o público confia.

Faça as seguintes perguntas a si: essa pessoa geralmente é reconhecida como autoridade nesse assunto? Por quê? É uma testemunha preconceituosa? Tem quaisquer finalidades egoístas para servir? Porém, ainda mais importante: meu público visualiza essa pessoa como uma autoridade confiável? Os gostos e as preferências das pessoas têm mais a ver com suas crenças do que a maioria gostaria de admitir.

COMO DESPERTAR O INTERESSE DO PÚBLICO

Ao ser convidado para jantar na casa de um homem rico em certas regiões da China, seria recomendável que qualquer indivíduo ocidental jogasse ossos de galinha e azeitonas sobre os ombros para o chão. É um cumprimento ao anfitrião quando o convidado faz isso. Demonstra que o convidado compreende que o anfitrião é rico e tem abundância de empregados para arrumar tudo depois da refeição. E ele gosta.

Os segredos que vão mudar sua vida

Pode-se ser imprudente com os restos de uma refeição suntuosa na casa de um homem rico, porém, em algumas regiões da China, as pessoas mais pobres devem poupar até mesmo a água com que tomam banho. Como é muito caro aquecer a água, elas precisam comprá-la em um mercado de água quente. Depois de se banharem nela, podem levá-la de volta e vendê-la de segunda mão para o lojista de quem compraram. Depois que o segundo cliente a reutiliza, a água ainda mantém um valor de mercado, embora o preço sofra uma pequena redução.

Achou tais fatos sobre a vida chinesa interessantes? Se sim, sabe dizer por quê? Porque esses são aspectos muito incomuns de coisas muito habituais. São verdades estranhas sobre tais hábitos comuns, como jantar fora e tomar banho.

Eis o que é interessante nisso tudo: algo novo sobre o velho. Aí reside um dos segredos das pessoas interessantes. Essa é uma verdade significativa, da qual se deve tirar proveito em todas as relações, todos os dias. O que é inteiramente novo não é interessante e, da mesma forma, o que é inteiramente velho não tem atratividade para as pessoas. Todos querem ouvir algo novo sobre o velho.

AS TRÊS COISAS MAIS INTERESSANTES DO MUNDO

Quais seriam os três assuntos mais interessantes do mundo? Sexo, habitação e religião. Com o primeiro pode-se criar vida, com o segundo pode-se mantê-la e, com o terceiro, espera-se dar continuidade à vida no mundo que está por vir. Entretanto, é o próprio sexo, a própria habitação e a própria religião que interessam a cada um. Os interesses do indivíduo povoam seu próprio ego.

O palestrante deve lembrar-se que as pessoas para quem está prestes a falar passam grande parte de seu tempo, quando não estão preocupadas com os problemas profissionais, pensando sobre si além de justificar e elogiar a si próprias. É bom lembrar que o homem comum estará mais preocupado com a saída para jantar do que sobre o pagamento das dívidas que a Itália deve aos Estados

O conteúdo da palestra

Unidos. Ele terá mais conhecimento sobre um aparelho de barbear sem graça do que sobre uma revolução na América do Sul. Sua própria pasta de dentes vai angustiá-lo mais do que um terremoto na Ásia que ceifou meio milhão de vidas. Preferiria que o orador dissesse alguma coisa agradável sobre ele do que ouvi-lo discutir sobre os dez maiores homens da história.

COMO SER BOM DE CONVERSA

A razão de tantas pessoas terem uma conversa medíocre é o fato de falarem apenas sobre coisas que lhes interessam. E isso pode ser bastante chato para os outros. É necessário reverter esse processo. Leve a outra pessoa a falar sobre os próprios interesses, seu negócio, seu sucesso ou sobre seus filhos, caso os tenha. Faça isso e ouça com atenção, pois proporcionará prazer e, consequentemente, será considerado alguém bom para se conversar, apesar de ter falado pouco.

O TIPO DE CONTEÚDO QUE SEMPRE PRENDE A ATENÇÃO

O palestrante pode até aborrecer as pessoas ao falar sobre coisas e ideias, mas não pode deixar de prender sua atenção quando fala de pessoas. Amanhã haverá milhões de conversas pairando sobre as cercas dos quintais dos Estados Unidos, sobre as mesas durante o almoço e o jantar. E qual será a observação predominante na maioria delas? Personalidades. O Sr. Fulano disse isso. A Sra. Fulana disse aquilo. Eu a vi fazendo isto, ou aquilo. Ele está ganhando dinheiro a rodo e assim por diante.

O discurso comum seria muito mais atraente se fosse rico e repleto de histórias de interesse humano. O palestrante deve procurar se ater a apenas alguns poucos pontos e ilustrá-los com casos concretos. Esse método de construção de discurso dificilmente deixará de obter e manter a atenção.

Os segredos que vão mudar sua vida

Essas histórias, se possível, devem falar das lutas, dos motivos das mesmas e das vitórias alcançadas. Todos os indivíduos têm bastante interesse em lutas e combates. Há um velho ditado que diz que todo mundo ama um amante. Não é verdade. O que o mundo todo ama é um fragmento, um extrato. Querem ver dois amantes que lutam pela mão de uma mulher. Como ilustração deste fato, é só ler qualquer romance, revista ou assistir a praticamente qualquer drama. Quando todos os obstáculos são removidos e o reputado herói toma a chamada heroína em seus braços, a plateia começa a apanhar seus chapéus e casacos. Cinco minutos depois, as mulheres que não deixam nada escapar estão fofocando sobre isso.

Quase todas as revistas de ficção são baseadas nessa fórmula. Fazem com que o leitor goste do herói ou da heroína. Fazem com que ele ou ela anseiem por algo intenso. Fazem com que algo pareça impossível de obter. Mostram como o herói ou a heroína lutam e conseguem obtê-lo.

A história de como um homem batalhou nos negócios ou na profissão e ganhou, contra todas as probabilidades desanimadoras, é sempre inspiradora, interessante. Um editor de revista uma vez disse ao autor que a história real da vida de qualquer pessoa é motivo de entretenimento. Qualquer pessoa que tenha lutado e batalhado, e é difícil encontrar uma que não tenha, certamente terá uma história que, se contada de forma correta, há de atrair o público. Não pode haver nenhuma dúvida em relação a isso.

SEJA CONCRETO

Apesar de, nas seções anteriores, já ter sido abordada a importância de se ter certeza do que se diz e de ser concreto, esse princípio é tão fundamental que será abordado mais uma vez aqui, para tentar fixá-lo com firmeza na mente do leitor. Espera-se que nunca venha a esquecê-lo nem negligenciá-lo.

É mais interessante, por exemplo, declarar que Martin Luther, na infância, era "teimoso e intratável" ou é melhor dizer que ele confessou que seus professores com frequência o açoitavam "15

O conteúdo da palestra

vezes em uma manhã"? Palavras como "teimoso e intratável" suscitam pouca atenção. E não é mais fácil ouvir falar do número de açoites?

O antigo método de se escrever uma biografia consistia em abordar uma série de generalidades, que Aristóteles chamava, com razão, de "O refúgio das mentes fracas". O novo método consiste em tratar de fatos concretos que falem por si. O biógrafo à moda antiga disse que John Doe nascera de "pais pobres, porém honestos". O novo método diria que o pai de John Doe não tinha condições de comprar um par de galochas e que, então, quando caía neve, ele precisava amarrar um saco de juta em volta dos sapatos para manter os pés secos e aquecidos. Porém, apesar de sua pobreza, nunca diluía o leite e nunca barganhava um cavalo enfermo como se fosse um animal saudável. Isso mostra que seus pais eram "pobres, porém honestos", não é mesmo? E o novo método não apresenta uma maneira muito mais interessante do que o método "pobre, porém honesto"?

Se esse método funciona para biógrafos modernos, vai funcionar para palestrantes modernos também.

PALAVRAS QUE CONSTROEM IMAGEM

Nesse processo de fomentação do interesse, há um método auxiliar, uma técnica, que é da mais alta importância e que, no entanto, é praticamente ignorada. O palestrante comum parece não ter consciência de sua existência. Ele provavelmente nunca pensou de modo consciente sobre isso. Esse método consiste no processo de uso de palavras que criam imagens. O orador que tem facilidade para ouvir tem propensão a definir imagens que flutuam diante dos olhos dos espectadores. Aquele que emprega símbolos insignificantes, comuns e incertos, faz com que a plateia fique desatenta.

Imagens, imagens, imagens. São tão livres quanto o ar que todos respiram. Aquele que as salpicar através de palestras e conversas tende a ser uma pessoa mais divertida e mais influente.

Já parou para observar que praticamente todos os provérbios que passam de geração a geração são visuais? "Melhor um pássaro na mão do que dois voando"; "Caiu um pé-d'água"; "Um homem pode muito bem levar um cavalo até a água, mas não pode obrigá-lo a bebê-la". E é possível encontrar o mesmo elemento de imagem em quase todas as analogias que existem há séculos e que se tornaram clássicas de tanto uso: "Esperto como uma raposa"; "Burro como uma porta"; "Vermelho como um pimentão"; "Duro como uma rocha".

O INTERESSE É CONTAGIOSO

Até aqui, foi discutido o tipo de conteúdo que estimula o interesse do público. No entanto, podem-se seguir mecanicamente todas as sugestões feitas e falar de acordo com Cocker e, ainda assim, ser insípido e monótono. Captar e manter o interesse das pessoas é uma tarefa delicada, uma questão de sentimento e de espírito. Não é como operar uma máquina a vapor. Nenhum livro com regras precisas vai dar essa informação.

O interesse é contagiante, e isso merece ser lembrado. É praticamente certo que os ouvintes vão ficar interessados se o palestrante tiver um caso grave para contar. Há pouco tempo, um senhor levantou-se durante uma palestra do presente curso, em Baltimore, e alertou a plateia que, se os métodos atuais para a pesca de peixe bodião na Chesapeake Bay continuassem a ser utilizados, a espécie entraria em extinção. E em pouquíssimos anos! Ele se expressou com sentimento em relação ao assunto. Era algo importante. Ele falou com sinceridade a respeito. Tudo em relação ao seu assunto e à sua maneira de se expressar demonstrou isso. Quando o senhor se levantou para falar, o autor não sabia que existia um animal como o peixe bodião na Chesapeake Bay. E, além disso, achou que a maioria que se encontrava na plateia compartilhava de sua falta de conhecimento, além da falta de interesse. Entretanto, antes que o senhor acabasse de contar o caso, toda a plateia tinha captado algo de sua preocupação. Todos provavelmente estariam dispostos a assinar uma petição em prol da proteção do peixe bodião.

O autor certa vez assistiu a uma palestra em Londres, na qual, ao término, um romancista inglês conhecido comentou que havia gostado muito mais da última parte do discurso do que da primeira. Quando o autor lhe perguntou o motivo, ele respondeu: "O próprio palestrante pareceu mais interessado na última parte, e eu sempre dependo do palestrante para abastecer o entusiasmo e o interesse."

Todos dependem. Lembre-se disso.

COMO ENTRAR EM AÇÃO

Se você pudesse ter o poder dobrado ou triplicado de algum talento que possui no momento, através de um pedido, qual deles selecionaria para esse poderoso benefício? Não seria provável que indicasse a sua capacidade de influenciar os outros, de entrar em ação? Isso significaria poder adicional, benefício adicional e prazer adicional.

Essa arte, tão essencial ao sucesso de todos na vida, deve se manter para sempre desconhecida para a maioria das pessoas? As pessoas erram apenas quando contam com seus instintos, com regras provenientes das próprias práticas na vida? Ou existe uma maneira mais inteligente para se definir como alcançá-la?

Sim, existe, e será discutida agora. Trata-se de um método baseado em regras do senso comum, regras da natureza humana, regras de cada uma das pessoas, um método que o autor frequentemente emprega para si, um método que ele ensina a outras pessoas para que o apliquem com sucesso.

O primeiro passo nesse método é obter a atenção dos interessados. Se o palestrante não fizer isso, as pessoas não vão ouvir atentamente o que ele tem a dizer. O modo como se deve fazer isso foi abordado em profundidade anteriormente.

O segundo passo é ganhar a confiança dos ouvintes. A menos que o palestrante faça isso, os ouvintes não vão acreditar no que ele diz. E é aqui que muitos oradores falham. Aqui é que muitos anúncios, muitas cartas comerciais, muitos empregados e muitas empresas fracassam. Aqui é que muitos indivíduos deixam de se tornar eficazes em seu próprio ambiente humano.

Os segredos que vão mudar sua vida

Ganhe confiança por merecê-la. O principal caminho para ganhar a confiança é merecê-la. O autor observou inúmeras vezes que oradores simples e espirituosos, se é que estas são suas principais qualidades, não são nem de perto tão eficazes quanto aqueles que são menos brilhantes, porém mais sinceros.

Fale de sua própria experiência. O segundo caminho para ganhar a confiança do público é falar de forma discreta sobre sua própria experiência. Isso ajuda bastante. Se der opiniões, as pessoas podem questioná-las. Ao referir-se a boatos ou repetir o que leu, o assunto pode parecer artificial. Entretanto, o que o palestrante vivenciou e experimentou tem um toque genuíno, um quê de realidade e veracidade, e as pessoas gostam disso. Acreditam nisso. Reconhecem o palestrante como a principal autoridade do mundo sobre tal tema em específico.

Como exemplo da eficácia desse método basta ir até uma banca de jornal e comprar um exemplar de qualquer revista popular. Vai encontrar, em qualquer uma delas, artigos com relatos de homens que falam de suas próprias experiências.

Ser introduzido de forma apropriada. Muitos palestrantes não conseguem obter a atenção de seu público imediatamente porque não são apresentados de forma apropriada.

Uma introdução — termo formado a partir de duas palavras em latim: *intro*, para o interior, e *ducere*, levar — deve levar o público para o interior do assunto, o suficiente para que queira ouvi-lo ser discutido. Deve conduzir o público para dentro dos fatos a respeito do orador, fatos que demonstram sua aptidão para discutir tal tema em particular. Em outras palavras, uma introdução deve "vender" o assunto para a plateia, além de "vender" o palestrante. E isso deve ser feito no menor espaço de tempo possível.

Isso é o que se deve fazer. Mas é feito? Não, nove em cada dez vezes não é feito apropriadamente. Na maior parte das introduções aborda-se assuntos fracos, pobres e imperdoavelmente inadequados.

E o que se pode fazer a respeito? Com a devida humildade da alma e docilidade de espírito, o palestrante deve se dirigir ao me-

O conteúdo da palestra

diador, de antemão, e perguntar-lhe se gostaria que fossem usados alguns fatos na introdução. Ele vai apreciar as sugestões. Em seguida, o palestrante deve dizer o que gostaria que fosse mencionado, ou seja, aquilo que mostra por que ele está em uma posição que lhe permite falar sobre aquele assunto, os fatos simples que o público deve saber, os fatos que vão fazer com que ele desperte o interesse dos ouvintes. É claro que se o palestrante comentar os fatos apenas uma única vez com o mediador, este haverá de esquecer metade deles e misturar a outra metade. E é por isso que é uma boa ideia lhe entregar, por escrito, apenas uma ou duas frases, na esperança de que ele atualize sua mente antes de apresentar o palestrante à plateia. Mas será que ele vai proceder dessa forma para apresentar o palestrante? Provavelmente, não. E isso é tudo.

Sinceridade. Seu poder é incrível, especialmente com um público popular. Poucas pessoas têm a capacidade de ter um pensamento independente. É tão raro quanto o topázio da Etiópia. Mas todos os indivíduos têm sentimentos e emoções, e são influenciados pelo sentimento da pessoa que faz o discurso.

Após ter obtido a atenção, o interesse e a confiança do público é que começa o verdadeiro trabalho. O terceiro passo, então, acontece quando o palestrante apresenta os fatos, ou seja, *instruir as pessoas em relação aos méritos de sua proposta*.

Este é o coração do discurso, ou seja, o ponto central. É o ponto em que o orador precisa dedicar a maior parte do tempo. Esse é o momento de aplicar tudo o que foi aprendido na seção sobre a clareza, tudo o que se aprendeu na seção sobre como causar boa impressão e ser convincente.

É nesse momento que a preparação vai fazer a diferença. É aqui que a falta da preparação vai aparecer e zombar do orador.

Essa é a linha de fogo. É o momento em que o palestrante precisa saber muito mais sobre o assunto a ser apresentado do que vai propriamente utilizar. Se o palestrante está apresentando a um grupo empresarial alguma proposta que os afeta, seu papel não é apenas o de instruí-los, mas de deixar também que eles o instruam. Deve saber o que se passa na mente do grupo, pois, caso contrário, pode estar

Os segredos que vão mudar sua vida

tratando de algo completamente irrelevante. É preciso deixar que os indivíduos do grupo expressem o que têm em mente, e responder às suas objeções. Apenas depois disso é que eles estarão em um estado mais adequado para ouvir o que o palestrante tem a dizer.

ESTABELECER UM DESEJO PARA LUTAR CONTRA OUTRO

O quarto passo desse método é recorrer aos motivos que levam os homens a agir. Esta Terra e todas as coisas sobre e sob ela são executadas não ao acaso, e sim de acordo com a lei imutável de causa e efeito.

Tudo o que já aconteceu ou que ainda há de acontecer foi ou será o efeito lógico e inevitável de algo que o precedeu, ou seja, a causa lógica e inevitável de algo que se segue. Esse princípio, como as leis dos medo-persas, não mudou. É tão verdadeiro quanto os terremotos, a grasnada de gansos selvagens, o ciúme, o preço do feijão, o diamante Koh-i-Noor e o belo porto de Sydney. E essas coisas são tão verdadeiras quanto a ação de se colocar uma moeda em uma máquina e obter um pacote de chiclete. Quando se reconhece isso, é possível que se entenda, de uma vez por todas, por que a superstição é indescritivelmente tola. Como as leis imutáveis da natureza podem ser interrompidas, alteradas ou afetadas, por pouco que seja, por 13 pessoas sentadas em uma mesa ou por alguém que quebra um vidro?

O que causa cada um dos atos conscientes e deliberados que o ser humano executa? Algum desejo. As únicas pessoas a quem isso não se aplica estão encarceradas em hospícios. As coisas que acionam as pessoas não são muitas. O ser humano é controlado de hora em hora, e dominado dia e noite, por um número surpreendentemente pequeno de anseios.

Tudo isso significa apenas isto: aquele que souber quais são esses motivos, e puder recorrer a eles com força suficiente, terá um poder extraordinário. O orador sábio tenta fazer exatamente isso. Entretanto, o incompetente tateia seu caminho às cegas e sem nenhum propósito.

O conteúdo da palestra

O homem qualificado para entrar em ação estabelece um motivo para guerrear contra outro. Esse método é tão sensível, tão simples e tão absolutamente evidente que qualquer um poderia imaginar que seu uso é praticamente universal. Longe disso. Quem participa com frequência de exposições fica inclinado a suspeitar que o uso desse método é muito raro.

Para citar um caso concreto: o escritor participou recentemente de uma confraternização em uma determinada cidade. Estavam organizando uma partida de golfe contra o clube de campo de uma cidade vizinha. Apenas alguns membros tinham colocado seus nomes. O presidente do clube estava insatisfeito, ele devia ter alguma intenção secreta com a atividade e seu prestígio estava em jogo. Então, ele fez o que achou que fosse um apelo para que mais membros participassem. Seu discurso foi completamente inadequado, pois baseou seu desejo, em grande parte, no fato de que ele queria que os outros participassem. Isso não foi, de modo algum, um apelo. Ele não estava lidando com a natureza humana com habilidade. Pelo contrário, estava apenas descarregando seus próprios sentimentos. Como o pai furioso com o filho que fuma cigarro, ele se recusou totalmente a situar seu discurso levando em consideração os desejos de seus ouvintes.

O que ele deveria ter feito? Deveria ter usado um suprimento generoso de senso comum. Deveria ter conversado tranquilamente consigo mesmo antes de falar com os outros. Além disso, deveria ter tido o cuidado de se concentrar em alguns pontos, como, por exemplo: "Por que mais homens não participam dessa partida de golfe? Alguns, provavelmente, imaginam que não podem dispor de tempo. Outros podem estar pensando na tarifa do trem e em várias outras despesas. Como posso superar essas objeções? Vou provar que a recreação não é perda de tempo, que os profissionais que trabalham arduamente não são os mais bem-sucedidos, que se pode fazer mais em cinco dias quando se está descansado do que em seis, quando suas baterias precisam ser recarregadas. É claro que eles já sabem disso. Mas é preciso lembrá-los a respeito. Vou jogar com coisas que eles devam querer mais intensamente do que poupar a pequena despesa relacionada a essa partida. Vou mostrar que se tra-

Os segredos que vão mudar sua vida

ta de um investimento em saúde e prazer. Vou mexer com a imaginação deles, fazer com que se vejam no campo, com o vento no rosto, a grama sob seus pés, sentindo pena daqueles que voltaram para a cidade quente, que só vivem pelo dinheiro."

Será que tal procedimento, na opinião do leitor, teria mais chances de sucesso do que simplesmente apelar para o "quero que você vá" usado pelo orador?

OS DESEJOS QUE DETERMINAM AS AÇÕES

Então, o que são esses anseios básicos e humanos que devem moldar a conduta do indivíduo e fazer com que ele se comporte como um ser humano? Se a compreensão e a satisfação são tão essenciais para o sucesso do indivíduo, então vamos dar atenção a isso. Vamos esclarecer esses anseios, examiná-los, dissecá-los, analisá-los e contar algumas histórias sobre eles. Qualquer um há de concordar que essa é uma maneira de torná-los evidentes, convincentes, e de gravá-los nas paredes da memória.

Qual seria um dos mais fortes desses motivos? O desejo de ganho. Esse será o grande responsável para que alguns milhões de pessoas levantem da cama no dia de amanhã, duas ou três horas mais cedo do que se não tivessem esse estímulo. Será que é necessário discorrer mais sobre a potência desse impulso tão conhecido?

E até mesmo mais forte do que a motivação pelo dinheiro é o desejo de autoproteção. Todos os apelos à saúde estão baseados na autoproteção. Para fazer com que o apelo a esse motivo se torne forte, torne-o pessoal. Por exemplo, o orador não deve citar estatísticas para mostrar que o câncer está em crescimento. Não. Deve referir-se às pessoas que estão na plateia adotando a seguinte abordagem: "Há trinta pessoas nesta sala. Se todos vocês viverem até os 65 anos de idade, três de vocês, de acordo com a média na área médica, vão morrer de câncer. Eu me pergunto se vai ser você, você ou você ali."

Tão forte quanto o desejo de dinheiro, e para muitas pessoas até mais forte, é o desejo de ser bem-considerado, de ser admirado. Em

O conteúdo da palestra

outras palavras, é o Orgulho. Orgulho com "O" maiúsculo. *Orgulho* em itálico. ORGULHO em caixa alta.

O ser humano é uma criatura de sentimento, que anseia por conforto e prazer. Toma café e usa meias de seda, vai ao teatro e dorme numa cama não porque raciocina que essas coisas sejam boas para si, mas porque dão prazer. Por isso, é preciso que o palestrante mostre que o que ele tem a propor ao público vai acrescentar conforto e aumentar os prazeres dos ouvintes, para que tenha acesso a uma poderosa fonte de ação.

MOTIVOS RELIGIOSOS

Existe outro grupo poderoso de motivos que influenciam as pessoas de forma vigorosa. Será que devemos chamá-los de motivos religiosos? Religioso não no sentido da adoração ortodoxa ou dos dogmas de qualquer crença ou seita em particular, mas no sentido de um grande grupo de verdades belas e eternas, de justiça, perdão e misericórdia, com a proposta de cada indivíduo servir aos outros e de amar ao próximo como a si mesmo.

Ninguém gosta de admitir, nem para si próprio, que não é bom, gentil e generoso. E é por isso que as pessoas gostam de ser atraídas por esses motivos. Isso implica certa nobreza da alma. Todos se orgulham disso. Esse é o poder do apelo às emoções e convicções religiosas.

Parte IV
QUESTIONÁRIO DE AUTOAVALIAÇÃO — COMO FALAR EM PÚBLICO E INFLUENCIAR PESSOAS NO MUNDO DOS NEGÓCIOS

AGORA QUE AS TRÊS habilidades cruciais de vida de Napoleon Hill, de Joseph Murphy e de Dale Carnegie para descobrir o sucesso já são conhecidas, é hora de transformar as ideias em ação. E a melhor maneira de desenvolver o plano de ação correto é começar com uma profunda autoavaliação.

No questionário dividido em três partes, faça uma autoavaliação para cada uma das questões, em uma escala de 1 a 4:

1 = nunca ou quase nunca
2 = poucas vezes ou às vezes
3 = frequentemente
4 = sempre ou quase sempre

Para as questões com letras (a, b, c ou d), some as pontuações e tire a média. Se realmente quiser conhecer a si mesmo, como Napoleon Hill sugere, entregue esse questionário a um amigo de confiança e que se importe com você o suficiente para lhe dizer a verdade, pedindo para que ele o preencha com a visão que tem a seu respeito.

Os segredos que vão mudar sua vida

HABILIDADES DE VIDA 1:
CRIAR UMA MENTALIDADE DE RIQUEZA

Questões

1. **Desejo**. Examine seu coração e sua mente. O quanto o seu desejo de riqueza é forte e específico?
2. **Fé**. Você realmente acredita que pode realizar seu desejo? Sua fé é suficientemente forte para que, além de esperar recebê-lo, possa também se ver na posse do mesmo?
3. **Autossugestão**. Na busca do desejo, você costuma seguir diariamente as instruções de autossugestão de Napoleon Hill listadas nas páginas anteriores de modo a direcionar seu subconsciente para atrair o que deseja? Você segue essa fórmula com o espírito de fé, acreditando piamente nas declarações à medida que as repete, em vez de apenas repeti-las de cor?
4. **Conhecimento especializado**. Você está adquirindo o conhecimento especializado requerido pelo seu campo de atuação para ser bem-sucedido? (Pode ser na forma de educação formal, cursos de treinamento, pesquisa na internet ou acesso direto aos especialistas confiáveis.)
5. **Imaginação**. Acredita realmente que as ideias sejam uma fonte de riqueza, e não apenas o trabalho duro? Está usando tanto sua Imaginação Criativa quanto a Imaginação Sintética para criar ideias para transformar seu desejo em dinheiro?
6. **Planejamento organizado**. Desenvolveu um plano específico para a riqueza baseado em seu desejo, no conhecimento especializado, nas ideias nascidas de sua imaginação e na aprovação de seus consultores de confiança (seu grupo da Mente Mestra)?
7. **Decisão**. Toma as suas decisões de forma rápida e demora a mudá-las?
8. **Persistência**. Canaliza sua força de vontade para a persistência? É comprometido em perseverar quando, no desenvolvimento de seu plano, ocorre um contratempo temporário, e se mostra decidido para reconstruir aqueles planos baseados no que o fracasso lhe ensinou, não desistindo até alcançar seu objetivo?

Questionário de autoavaliação

9. **O poder da Mente Mestra.** Já montou um grupo de Mente Mestra, de uma ou mais pessoas, para trabalharem em conjunto em um espírito de harmonia com o propósito definido de ajudá-lo a executar seu plano de riqueza?

10. **O mistério da transmutação do sexo.** Você domina a sua energia sexual de modo a poder aproveitá-la de forma consistente e redirecioná-la para um esforço específico e criativo na execução de seu plano de riqueza?

11. **O subconsciente.** Você dá instruções consistentes para a construção da riqueza para o seu subconsciente, usando os princípios da autossugestão?

12. **O cérebro.** Você compreende e acredita que o cérebro é o seu bem mais poderoso? Está empenhado em descobrir e nutrir o espectro completo de suas capacidades?

13. **O sexto sentido.** Acredita em "sexto sentido", ou seja, que há inteligência por trás de todas as formas de matéria e energia e que os seres humanos estão preparados para aproveitá-la? Estrutura sua vida para receber o máximo possível de inspiração e de intuição? Age sem hesitação quando adquire essa inteligência?

HABILIDADES DE VIDA 2: DOMINAR O PODER DO SUBCONSCIENTE

Questões

1. Qual é o seu grau de "consciência em relação à saúde"? Você acredita que os pensamentos afetem a saúde física de modo concreto e mensurável?

2. Você aproveita o poder do subconsciente para melhorar a sua saúde quando confrontado com sintomas de doença?

3. Qual é o seu grau de "consciência em relação à riqueza"? Você acredita que os seus pensamentos afetem a sua situação financeira de forma concreta e mensurável?

Os segredos que vão mudar sua vida

4. Você aproveita o poder do subconsciente para produzir riqueza quando se depara com riscos e oportunidades financeiras?
5. Quando tem decisões a tomar ou problemas a resolver, e não tem certeza do passo a seguir, você costuma estar aberto à orientação do seu subconsciente?
6. Quando se depara com dificuldades no casamento (ou relacionamentos sérios, se for solteiro), você acredita plenamente que pode ter um casamento/relacionamento solidário e com amor mútuo, e que pode instruir seu subconsciente nesse sentido e acreditar que o que deseja vai se tornar realidade, sem preocupações?
7. Quando confrontado com dificuldades nos relacionamentos de trabalho ou amizades, você segue o mesmo processo descrito acima, ou seja, acredita em uma restauração completa do relacionamento, instrui o subconsciente nesse sentido e crê que isso vai acontecer no momento certo e da maneira correta?
8. Quando alguém é injusto com você, você é capaz de perdoá-lo? Você usa o poder do subconsciente para perdoar de coração, mente e ação?
9. Você costuma escolher a felicidade em sua vida quando atingido por circunstâncias adversas?
10. Ao se deparar com bloqueios mentais, problemas emocionais e medos persistentes, você costuma aproveitar o poder do subconsciente para trabalhar a seu favor, em vez de depender da força de vontade e esforço extremos?
11. Você acredita que a idade é um ativo, e não um passivo?

HABILIDADES DE VIDA 3: INFLUENCIAR OS OUTROS ATRAVÉS DA AMIZADE E AO FALAR EM PÚBLICO

Questões

CONSTRUIR AS HABILIDADES DE AMIZADE

1. Você quase nunca critica, condena ou se queixa?
2. Você aprecia os outros de forma honesta e sincera? Você se diverte quando está com os outros?

Questionário de autoavaliação

3. Você está genuinamente interessado nas outras pessoas (dá atenção a elas)?
4. Você sorri com frequência?
5. Você se lembra do nome das pessoas?
6. Você é um bom ouvinte e incentiva os outros a falar sobre eles próprios?
7. Você conversa sobre assuntos que interessam ao outro?
8. Você faz com que a outra pessoa se sinta importante (com sinceridade)?

DESENVOLVER GRANDES HÁBITOS PARA O SUCESSO

9. Você faz uma autoavaliação com regularidade para conhecer seus pontos fortes e seus pontos fracos?
10. Você agarra todas as oportunidades para praticar as suas novas resoluções com entusiasmo?
11. Você sempre evita dar desculpas para si mesmo?
12. Você assume compromissos definitivos?
13. Você se esforça para sempre causar uma boa impressão no que diz respeito à aparência, à maneira de agir e ao discurso?
14. Você participa com regularidade de jogos que exigem esforço físico ou que envolvam o uso de inteligência, como esportes, jogos de cartas, xadrez ou videogames competitivos?
15. Você faz com frequência coisas para outras pessoas?
16. Você foca a excelência em seu trabalho?
17. Você demonstra equilíbrio em seu discurso e aparência? Ou seja:
    a) Você se livrou de hábitos nervosos?
    b) Em vez de se concentrar conscientemente em si mesmo, você sempre se concentra nos outros?
18. Você relaxa pelo menos uma vez por hora?
19. Dorme o suficiente?
20. Você come de forma adequada, de acordo com o seu nível de atividade?
21. Você cuida de seus dentes e das gengivas?
22. Você organiza seu trabalho diariamente para minimizar as distrações e maximizar o foco?

23. Você descansa antes de ficar cansado?
24. Você se permite se curar quando fica doente?
25. Você vive sua vida como se o tempo fosse o seu bem mais valioso?

FALAR EM PÚBLICO

26. Você tem um desejo forte e persistente de dominar a habilidade de falar em público para influenciar os outros?
27. Quando se prepara para falar, você sabe perfeitamente sobre o que vai falar?
28. Você age com confiança quando aborda os outros (mesmo quando não se sente confiante)?
29. Você ensaia com frequência e de forma consistente antes de falar para grupos?
30. Você investe tempo de qualidade na preparação do que vai falar, seguindo os passos de Dale Carnegie para preparar o discurso?
31. Você entende e pratica os princípios do bom desempenho ao falar em público?
32. Você entende e cumpre os quatro principais objetivos do conteúdo de cada discurso:
    a) Tornar o significado claro?
    b) Causar boa impressão e ser convincente?
    c) Despertar o interesse do público?
    d) Fazer com que o público entre em ação?

Após ter completado o questionário (seja você ou seu amigo de confiança), tome nota dos aspectos em que está bem (com pontuação 3 ou 4) e nos que precisa melhorar (com pontuação 1 ou 2). Faça uma lista de todos os itens com pontuação 1 ou 2 e se comprometa a usar os princípios da mente e as habilidades práticas que aprendeu neste livro para fortalecer essas áreas que precisam ser melhoradas. Lembre-se de que o conhecimento é poder. Depois, faça uma lista de todos os itens com pontuação 3 ou 4 e pense na forma como poderia ter um papel maior de liderança e/ou ser mentor de outros nessas áreas. Lembre-se de que você deve dar de livre e espontânea vontade, de modo a receber.

Ninguém pode garantir o seu sucesso a não ser você, e isso deve estar enraizado em seu desejo. O que você realmente quer? Armado com a mais completa autoconsciência, desenvolva um plano perfeito e siga-o. Use os plenos poderes do subconsciente. E desenvolva as habilidades da amizade autêntica e de falar em público, para estender sua influência e ampliar o seu sucesso para além do que jamais imaginou ser possível. Seu sucesso já existe, no poder de sua mente. O que falta é colocá-lo em ação, utilizando um passo de cada vez.

Este livro foi composto na tipografia
Palatino LT Std, em corpo 11/14,8, e impresso em
papel off-white no Sistema Digital Instant Duplex
da Divisão Gráfica da Distribuidora Record.